suhrkamp taschenbuch
wissenschaft 1167

Die Beiträge dieses Bandes vereint die Idee, daß zwischen dem Recht, der Vernunft und dem Diskurs ein innerer Zusammenhang besteht. Vernunft bedarf, um in einer Gesellschaft praktisch zu werden, der Form des Rechts, und nur ein diskursiv verfaßtes Rechtssystem kann vernünftig sein. Die bedeutendste Form eines solchen Rechtssystems ist der demokratische Verfassungsstaat. Die hier zusammengefaßten Aufsätze verstehen sich als Bausteine zu einer Theorie seines Rechts.

Robert Alexy, geb. 1945, ist Professor für Öffentliches Recht und Rechtsphilosophie an der Christian-Albrechts-Universität zu Kiel. Weitere Buchveröffentlichungen: *Theorie der juristischen Argumentation*, 1978, 2. Aufl. 1991 (stw 436); *Theorie der Grundrechte*, 1985, 2. Aufl. 1994 (stw 582); *Begriff und Geltung des Rechts*, 1992, 2. Aufl. 1994.

Robert Alexy
Recht, Vernunft, Diskurs

Studien zur Rechtsphilosophie

Suhrkamp

Die Deutsche Bibliothek – CIP-Einheitsaufnahme
Alexy, Robert:
Recht, Vernunft, Diskurs :
Studien zur Rechtsphilosophie /
Robert Alexy. –
1. Aufl. – Frankfurt am Main :
Suhrkamp, 1995
(Suhrkamp-Taschenbuch Wissenschaft ; 1167)
ISBN 3-518-28767-2
NE: GT

suhrkamp taschenbuch wissenschaft 1167
Erste Auflage 1995
© Suhrkamp Verlag Frankfurt am Main 1995
Suhrkamp Taschenbuch Verlag
Alle Rechte vorbehalten, insbesondere das
des öffentlichen Vortrags, der Übertragung
durch Rundfunk und Fernsehen
sowie der Übersetzung, auch einzelner Teile.
Satz und Druck: Wagner GmbH, Nördlingen
Printed in Germany
Umschlag nach Entwürfen von
Willy Fleckhaus und Rolf Staudt

1 2 3 4 5 6 – 00 99 98 97 96 95

Inhalt

Vorwort

Dieser Band enthält elf Arbeiten aus rund fünfzehn Jahren zu drei Themen: der juristischen Interpretation, dem Verhältnis von Diskurs und Recht und der Struktur der Rechte und Prinzipien.

Den Auftakt bildet ein 1978 in München auf einer Tagung der Deutschen Sektion der Internationalen Vereinigung für Rechts- und Sozialphilosophie vorgetragener Versuch der logischen Analyse einer juristischen Entscheidung. Ich bin bei dieser Untersuchung gleichsam wie von selbst auf einige Grundzüge der Prinzipientheorie gestoßen. Schon dies scheint mir ein Beleg für die Fruchtbarkeit der logischen Analyse im Recht zu sein. In dem zweiten Aufsatz geht es um die Unterscheidung zwischen der Begründung und der Anwendung von Normen, der von Klaus Günther und Jürgen Habermas eine fundamentale Bedeutung zugesprochen wird. Ihr sollen zwei gänzlich verschiedene Diskursformen entsprechen: der Begründungs- und der Anwendungsdiskurs. Jedermann wird den beiden Autoren darin zustimmen, daß sich Normenbegründungen und Normanwendungen unterscheiden lassen. Fraglich ist allein, ob dieser Unterscheidung die behauptete essentielle Bedeutung zukommt. Ich versuche darzulegen, daß dies nicht der Fall ist. Mein Hauptargument ist, daß jeder Anwendungsdiskurs einen Begründungsdiskurs einschließt. Das gilt jedenfalls dann, wenn man an einer universalistischen Entscheidungspraxis festhält. Sie aufzugeben bedeutete, auf eine der wichtigsten Anforderungen praktischer Rationalität zu verzichten. Damit ist zugleich gesagt, daß die Unterscheidung zwischen der Begründung und der Anwendung einer Norm nur wenig zu dem im demokratischen Verfassungsstaat so zentralen Problem der Abgrenzung der Kompetenzen der Legislative von denen der Judikative beitragen kann. Die dritte Arbeit des ersten Abschnitts, der Artikel »Juristische Interpretation«, führt meine früheren Überlegungen zu diesem Thema fort. Es werden drei Arten des hermeneutischen Zirkels unterschieden, denen drei für die Theorie der juristischen Argumentation wesentliche Rationalitätspostulate entsprechen, nämlich das der Reflexion, das der Kohärenz und das der Vollständigkeit. Neu ist auch die Einteilung der juristischen Argumente in nur vier Kategorien, und zwar in linguistische, genetische, systematische und allgemeine praktische Argumente. Die von mir 1978 in der »Theorie der juristischen Argumentation« vorgeschlagene Einteilung wird damit nicht für falsch erklärt. Klassifikationen sind eine Frage der Zweckmäßigkeit. Die neue Einteilung hat den Vorteil der Einfachheit. Sie eröffnet zudem die Möglichkeit, eine der tiefsten Ideen der juristischen Interpretationslehre, die Idee der Kohärenz, unter einem Gesichtspunkt, dem der systematischen Argumentation, umfassend zu behandeln.

Die Studien zum Verhältnis von Diskurs und Recht beginnen mit einem 1979 in Helsinki gehaltenen Vortrag, in dem ich erstmals versuche, die Diskurstheorie nicht nur auf die Theorie der juristischen Argumentation anzuwenden, sondern darüber hinaus zu einer Theorie des Rechts überhaupt auszubauen. Die vorgeschlagene Diskurstheorie des Rechts verknüpft vier Prozeduren: die des allgemeinen praktischen Diskurses, die der staatlichen Rechtserzeugung, die der juristischen Argumentation und die des gerichtlichen Prozesses. Nur in einer derartigen Verbindung des Institutionellen mit dem Nichtinstitutionellen kann praktische Vernunft wirklich werden. Der Aufsatz »Probleme der Diskurstheorie« vertieft dies. Es geht in ihm vor allem um das Verhältnis zwischen dem Diskurs und der Wahrheit oder Richtigkeit. In realen Diskursen kann grundsätzlich nur eine relative Richtigkeit erreicht werden. Dennoch darf der Gedanke der absoluten Richtigkeit nicht aufgegeben werden. Die Teilnehmer eines realen praktischen Diskurses müssen unabhängig davon, ob stets eine einzig richtige Antwort existiert, den Anspruch erheben, daß ihre Antwort die einzig richtige ist, wenn ihre Behauptungen und Begründungen sinnvoll sein sollen. Die absolute Richtigkeit hat damit den Charakter einer notwendigen regulativen Idee. Ihr korrespondiert die Vorstellung des idealen Diskurses. Die Abhandlung »Diskurstheorie und Menschenrechte« habe ich eigens für diesen Band geschrieben. Es geht in ihr um die Frage, ob sich die Menschenrechte mit Hilfe der Diskurstheorie begründen lassen. Ich behaupte, daß dies der Fall ist. Meine diskurstheoretische Begründung der Menschenrechte besteht aus zwei Schritten. In einem ersten Schritt versuche ich die Diskursregeln, in einem zweiten sodann auf ihrer Basis die Menschenrechte zu begründen. Die Begründung der Diskursregeln ruht auf drei Säulen: einem transzendentalen Argument, einem auf Nutzenmaximierung abstellenden Argument und einer anthropologischen These. In dieser Begründung verschmelzen kantische und hobbesianische Linien. Die anthropologische These mag auch aristotelisch gedeutet werden. Ein Hauptproblem der diskurstheoretischen Begründung der Menschenrechte besteht darin, daß die Diskursregeln nur Regeln für die Rede sind. Aus ihnen folgen unmittelbar noch keine Regeln für das Handeln, also noch keine Menschenrechte. Um sie zu begründen, ist deshalb ein zweiter Schritt erforderlich. In ihm versuche ich, mit Hilfe von drei Argumenten von den Diskursregeln zu den Menschenrechten zu gelangen. Bei diesen Argumenten geht es um die Autonomie, den Konsens und die Demokratie. Der letzte Artikel des Abschnitts über das Verhältnis von Diskurs und Recht beschäftigt sich mit einigen Thesen von Jürgen Habermas über den juristischen Diskurs aus seinem 1992 erschienenen Buch »Faktizität und Geltung«. Ich versuche darzulegen, daß Habermas' Einwände gegen die Prinzipientheorie und die Sonderfallthese unbegründet sind.

Im dritten Abschnitt geht es um die Struktur der Rechte und Prinzipien. Auch hier steht eine ältere Arbeit am Anfang, der 1979 erschienene Aufsatz »Zum Begriff des Rechtsprinzips«. In ihm erörtere ich in Auseinandersetzung mit den von Ronald Dworkin getroffenen Unterscheidungen die Abgrenzung von Regeln und Prinzipien. Das Ergebnis ist die Einstufung der Prinzipien als Optimierungsgebote und die Charakterisierung des durch sie ausgedrückten Sollens als »ideales Sollen«. Es folgt meine Kieler Antrittsvorlesung aus dem Jahre 1987, in der ich versuche, die Prinzipientheorie mit der Diskurstheorie zu einer Theorie des demokratischen Verfassungsstaates zu verbinden, die ich als »konstitutionalistisch« bezeichne. In dem Artikel »Individuelle Rechte und kollektive Güter« geht es erst um eine begriffliche und dann um eine normative Analyse dieser so häufig ohne jede nähere Bestimmung verwendeten Dichotomie. Ich bemühe mich zu zeigen, daß es verschiedene Möglichkeiten gibt, das eine begrifflich auf das andere zu reduzieren. Gegen solche Reduktionen sprechen jedoch normative Gründe. In jedem rechtfertigungsfähigen normativen System muß es sowohl individuelle Rechte als auch kollektive Güter mit eigener Kraft geben. Dabei ist das Verhältnis zwischen beiden durch einen prima facie-Vorrang zugunsten individueller Rechte zu bestimmen. Den Abschluß des Bandes bildet ein Aufsatz über die Grundrechte als subjektive Rechte und als objektive Normen. Die Analyse der Struktur der Rechte und Prinzipien führt hier unmittelbar in die Grundrechtsdogmatik. Meine Kernthese zum Verhältnis zwischen der subjektiven und der objektiven Dimension der Grundrechte ist die Subjektivierungsthese. Sie besagt, daß jeder bindenden grundrechtlichen Pflicht des Staates grundsätzlich Grundrechte in Gestalt subjektiver öffentlicher Rechte korrespondieren.

Die hier versammelten elf Artikel unterscheiden sich durch ihre Gegenstände und die Art der Darstellung. Was sie zusammenhält, sind die analytische Methode und die liberalen Ideen der Autonomie und der Universalität. Wenn meine Vermutung zutrifft, daß zwischen jener Methode und diesen Ideen eine engere Beziehung besteht, könnte man daran denken, von einem »analytischen Liberalismus« zu sprechen.

Den Aufsätzen dieses Bandes sind Anregungen und Kritik von vielen Seiten zugute gekommen. Hierfür danke ich. Zu danken habe ich ferner Frau Heinke Dietmair für ihre Sorgfalt bei der Erstellung der meisten der Manuskripte sowie Stefanie Borchardt, Madis Ernits, Nicola Fenner, Petra Grommeck, Antje Hentschel und Birgit Staenke für die Mithilfe beim Lesen der Korrekturen.

Kiel, im September 1994   Robert Alexy

I.
Logik und Interpretation

1. Die logische Analyse juristischer Entscheidungen

1. Programm und Instrumentarium

Gottlob Frege hat im Vorwort seiner 1879 erschienenen Begriffs-schrift die mathematische Logik mit einem Mikroskop verglichen, das dem Auge, in seinem Bild der natürlichen Sprache, zwar an Beweglichkeit unterlegen sei, es aber an Schärfe weit übertreffe.[1] Nicht jede Tätigkeit erfordere die Präzision eines solchen Instru-ments. Eine verlange sie aber auf jeden Fall: die, bei der es darum gehe, »die Bündigkeit einer Schlusskette auf die sicherste Weise zu prüfen und jede Voraussetzung, die sich unbemerkt einschleichen will, anzuzeigen, damit letztere auf ihren Ursprung untersucht werden könne«[2]. Frege, der das hiermit angedeutete Programm auf dem Gebiet der Mathematik zu verwirklichen versuchte, hebt hervor, daß die von ihm entwickelte Formelsprache »eine über die Mathematik hinausreichende Bedeutung« habe.[3] Die Entwick-lung der Logik seit Frege sowie die Geschichte des Erfolgs ihrer Verwendung auf zahlreichen Gebieten haben diese Einschätzung bestätigt.

Auch im Bereich der Jurisprudenz ist der Versuch, mit Hilfe des Instruments der modernen Logik zu neuen Erkenntnissen zu ge-langen, längst nichts Neues mehr.[4] Ein Gebiet, auf dem sich die

1 G. Frege, Begriffsschrift. Eine der arithmetischen nachgebildete For-melsprache des reinen Denkens, Halle 1879, S. V.
2 Ders. (Fn. 1), S. IV.
3 Ders., Über die wissenschaftliche Berechtigung einer Begriffsschrift, in: Zeitschrift für Philosophie und philosophische Kritik 81 (1882), S. 56.
4 Vgl. hierzu etwa U. Klug, Juristische Logik, 3. Aufl., Berlin/Heidel-berg/New York 1966; R. Schreiber, Logik des Rechts, Berlin/Göttin-gen/Heidelberg 1962; J. Rödig, Die Denkform der Alternative in der Jurisprudenz, Berlin/Heidelberg/New York 1969; H. Wagner/K. Haag, Die moderne Logik in der Rechtswissenschaft, Bad Homburg/Ber-lin/Zürich 1970; O. Weinberger, Rechtslogik, Wien/New York 1970; I. Tammelo/G. Moens, Logische Verfahren der juristischen Begrün-dung, Wien/New York 1976; C. Weinberger/O. Weinberger, Logik, Semantik, Hermeneutik, München 1979.

Anwendung der modernen Logik besonders nahe legt, ist die logische Analyse tatsächlich vorgetragener juristischer Entscheidungsgründe im ganzen. Um so mehr muß verwundern, daß dies Feld bis in die jüngste Zeit[5] kaum bearbeitet wurde.[6] Eine Methode für solche Analysen existiert nicht. Aus den allgemeinen

5 Eine Ausnahme bilden die noch nicht veröffentlichten, im Rahmen des von H.-J. Koch und H. Rottleuthner geleiteten und von der Deutschen Forschungsgemeinschaft getragenen Projekts »Juristische Argumentationstheorie« erarbeiteten Analysen von H. Seitz, H. Spengler, R. Trapp und H. Zimmermann. Eine Auseinandersetzung mit ihnen konnte hier nicht mehr erfolgen.

6 Wenn im Kontext logischer Analysen auf gerichtliche Entscheidungen eingegangen wird, dann geschieht dies zumeist, um Beispiele für eine zu analysierende Figur anzuführen (vgl. etwa U. Klug (Fn. 4), S. 120). Auch Rödig, der in seiner »Theorie des gerichtlichen Erkenntnisverfahrens« einen voll entwickelten logischen Apparat zur Verfügung stellt, verzichtet am Schluß dieser Untersuchung bei der Erörterung einer Reihe von Entscheidungen auf die Verwendung formaler Mittel und diskutiert lediglich einige Aspekte der Entscheidungen unter logischen Gesichtspunkten (J. Rödig, Die Theorie des gerichtlichen Erkenntnisverfahrens, Berlin/Heidelberg/New York 1973, S. 307 ff.). Eine gewisse Verwandtschaft zum hier verfolgten Programm zeigt eine Analyse E. v. Savignys eines Strafurteils (BGHSt 2, 194; E. v. Savigny, Übereinstimmende Merkmale in der Struktur strafrechtsdogmatischer und empirischer Argumentation, in: U. Neumann/J. Rahlf/E. v. Savigny, Juristische Dogmatik und Wissenschaftstheorie, München 1976, S. 120 ff.). Bei v. Savigny stehen allerdings wissenschaftstheoretische Fragen und nicht Probleme der logischen Analyse im Vordergrund. Neben der logischen Analyse gibt es eine Reihe von weiteren Analyseformen. So können Analysen etwa unter rechtstheoretischen (vgl. hierzu K. Lüderssen, Erfahrung als Rechtsquelle. Abduktion und Falsifikation von Hypothesen im juristischen Entscheidungsprozeß. Eine Fallstudie aus dem Kartellstrafrecht, Frankfurt a. M. 1972), methodologischen (vgl. hierzu Fr. Müller, Fallanalysen zur juristischen Methodik, Berlin 1974) und linguistischen (vgl. hierzu Th.-M. Seibert, Argumentationsbeispiele aus dem Rechtsbereich. Handlungs- und Inhaltsaspekte praktischer juristischer Argumentation, in: M. Schecker (Hg.), Theorie der Argumentation, Tübingen 1976) Gesichtspunkten vorgenommen werden. Es kann vermutet werden, daß die logische Analyse für alle diese Analyseformen wie insbesondere auch für die traditionelle dogmatische Analyse von Nutzen ist. Die Fruchtbarkeit des Einsatzes der modernen Logik bei der Lösung dogmatischer Probleme zeigt eindrucksvoll H. Rüßmann, Zur Abgrenzung von Rechts- und Tatfrage, in: H.-

Erörterungen etwa der deontischen Logik[7], der logischen Struktur der Rechtsnormen[8] und juristischer Begriffe[9], des juristischen Syllogismus[10] und juristischer Argumentformen[11] lassen sich zwar ohne Frage wichtige Hinweise entnehmen. Die Probleme, die sich bei der logischen Analyse von Entscheidungsbegründungen stellen, müssen jedoch zumindest zum Teil als noch nicht einmal formuliert angesehen werden. Dabei eröffnen Entscheidungsanalysen nicht nur die aus praktischem Interesse willkommene Möglichkeit, über die Urteilsbegründungen mehr zu erfahren, sondern auch die aus rechtstheoretischen Gesichtspunkten begrüßenswerte Gelegenheit einer Überprüfung und Weiterführung der Ergebnisse zumeist punktuell und abstrakt geführter Diskussionen. Es winkt als Lohn die Relevanz. Gelänge es, ein solides, auch von nicht auf Logik spezialisierten Juristen leicht erlern- und anwendbares Analyseverfahren zu entwickeln, das geeignet ist, hinreichend interessante Ergebnisse zu Tage zu fördern, könnte die Logik den Beitrag zum Gang der Jurisprudenz liefern, der ihr am leichtesten fallen sollte: den eines Instruments, das es erlaubt, Argumente besser zu durchschauen und zu beurteilen.

J. Koch (Hg.), Juristische Methodenlehre und analytische Philosophie, Kronberg/Ts. 1976, S. 242 ff.

7 Vgl. hierzu die Sammelbände R. Hilpinen (Hg.), Deontic Logic: Introductory and Systematic Readings, Dordrecht 1971; H. Lenk (Hg.), Normenlogik, Pullach 1974.

8 Vgl. etwa K. Makkonen, Zur Problematik der juridischen Entscheidung, Turku 1965, S. 30 ff.

9 Vgl. etwa H. H. Keuth, Zur Logik der Normen, Berlin 1972.

10 Vgl. etwa J. Rödig (Fn. 6), S. 163 ff.; W. Hassemer, Tatbestand und Typus, Köln/Berlin/Bonn/München 1968, S. 17 ff.; H. Rüßmann (Fn. 6), S. 244 f.

11 Vgl. etwa Th. Heller, Logik und Axiologie der analogen Rechtsanwendung, Berlin 1961.

1. Begründung und logische Folge

Die Analyse juristischer Entscheidungen ist die Analyse von Begründungen.[12] Es kann als ein analytisch wahrer Satz angesehen werden, daß jede Begründung entweder richtig, zutreffend oder gut oder aber falsch, unzutreffend oder schlecht ist.[13][14] Wer eine Folge von Sätzen lediglich unter dem Gesichtspunkt betrachtet, ob sie jemanden zur Annahme eines bestimmten Satzes bewegen oder motivieren, behandelt sie nicht als Begründung. Dies geschieht erst, wenn es darum geht, ob sie etwas für diesen Satz austragen, ihn stützen oder ihn rechtfertigen.[15]

Zwischen dem Begriff der Begründung und dem der logischen

---

12 Richterliche Urteile werden nicht nur in der Regel begründet, es ist, von eng begrenzten Ausnahmen abgesehen, auch rechtlich geboten, daß sie begründet werden. Vgl. etwa die §§ 30 Abs. 1 BVerfGG, 313 Abs. 1 Nr. 6 ZPO, 267 StPO, 117 Abs. 2 Nr. 5 VwGO, 60 Abs. 2, 75 Abs. 2, 96 Abs. 2 ArbGG. Das Gewicht der richterlichen Begründungspflicht ist an § 551 Nr. 7 ZPO zu erkennen, der festlegt, daß das Fehlen von Gründen ein absoluter Revisionsgrund ist. Zur richterlichen Begründungspflicht vgl. J. Brüggemann, Die richterliche Begründungspflicht, Berlin 1971.

13 Eine entsprechende Auffassung bezüglich des Begriffs des Arguments findet sich bei Urmson: »It might well be thought to be analytic that every argument is either valid or invalid« (J. O. Urmson, The Emotive Theory of Ethics, London 1968, S. 86).

14 Wenn dies zutrifft und wenn zutrifft, daß eine richterliche Begründungspflicht existiert, dann legt sich der Schluß nahe, daß eine Pflicht existiert, richterliche Urteile richtig zu begründen. Das ist ein Argument gegen Auffassungen, die meinen, mit der Analyse der Effekte juristischer Begründungstätigkeit diese hinreichend zu erfassen, und ein Argument für die Relevanz von Bemühungen, Kriterien für richtige juristische Begründungen zu erarbeiten.

15 Der Unterschied zwischen Motivieren und Rechtfertigen, der dem Unterschied zwischen effektiven und gültigen Argumenten entspricht, ist mit aller Deutlichkeit in der im Bereich der analytischen Ethik geführten Diskussion um den Emotivismus herausgearbeitet worden. Zum Emotivismus vgl. Ch. L. Stevenson, Ethics and Language, New Haven/London 1944; zu seiner Darstellung und Kritik vgl. R. Alexy, Theorie der juristischen Argumentation, Frankfurt a. M. 1978, S. 60 ff.

Folge[16] bestehen enge Beziehungen.[17] Zwar sind die Ausdrücke »Begründung« und »logische Folge« keinesfalls synonym. Der Begriff der Begründung umfaßt mehr als die logische Folge. Die logische Folge aber ist der aussichtsreichste Kandidat für die Bestimmung des Kernstücks eines adäquaten Begriffs der Begründung juristischer Urteile. Sie ist die am sichersten formulierbare Beziehung zwischen Sätzen, die etwas für einen Satz austragen, und diesem Satz. Im Bereich der Jurisprudenz sind Alternativen zu dieser Beziehung zwar häufig erwogen und vorgeschlagen, bislang aber weder hinreichend präzise noch überzeugend präsentiert worden. Bis zu einer solchen präzisen und überzeugenden Präsentation spricht deshalb alles dafür, die logische Folgerungsbeziehung zum Ausgangspunkt der Analyse juristischer Begründungen zu machen. Als minimale Bedingung für eine gelungene Begründung eines richterlichen Urteils ist zu fordern, daß die Entscheidung so rekonstruierbar ist, daß das Urteil aus den in den Gründen angeführten Sätzen zusammen mit dort vorausgesetzten Sätzen logisch folgt, wobei diese Sätze (ex falso quodlibet) widerspruchsfrei sein müssen.[18]

2. Interne und externe Rechtfertigung

Die Erfüllung dieses Kriteriums ist allerdings, da der Begriff der Begründung weiter ist als der der logischen Folge, nur eine notwendige, nicht schon eine hinreichende Bedingung einer gelungenen Begründung. Das Urteil muß nicht allein korrekt aus einer bestimmten Satzmenge folgen, die Sätze, aus denen es deduziert wird, müssen darüber hinaus wahr, richtig oder akzeptabel sein.[19] Es lassen sich demnach zwei Aspekte der Begründung juristischer Urteile unterscheiden: die *interne Rechtfertigung*, in der es darum

16 Zum Begriff der logischen Folge vgl. A. Tarski, On the Concept of Logical Consequence, in: ders., Logic, Semantics, Metamathematics, Oxford 1956, S. 409 ff.
17 Auf einige Unterschiede weist E. Morscher, Philosophische Begründung von Rechtsnormen?, in: H. Köchler (Hg.), Philosophie und Politik, Innsbruck 1973, S. 31 ff., hin.
18 Zu einer solchen Forderung vgl. J. Rödig (Fn. 6), S. 163; H. Rüßmann (Fn. 6), S. 250.
19 Vgl. hierzu E. Morscher (Fn. 17), S. 31 ff.

geht, ob das Urteil aus den zur Begründung angeführten Sätzen logisch folgt, und die *externe Rechtfertigung*, deren Gegenstand die Wahrheit, Richtigkeit oder Akzeptabilität der Prämissen der internen Rechtfertigung ist.[20]

Man kann die externe Rechtfertigung mit einigem Recht als das eigentliche Feld der juristischen Argumentation oder des juristischen Diskurses bezeichnen.[21] Auf ihr hat deshalb das Schwergewicht jeder Theorie der juristischen Argumentation zu liegen. Hieraus zu folgern, die interne Rechtfertigung sei unwichtig oder lediglich von technischer Bedeutung, wäre jedoch ein Fehlschluß. Durch sie wird der Gegenstand und ein Stück weit auch die Struktur der externen Rechtfertigung festgelegt. Letzteres allerdings nur in begrenztem Umfang. Deshalb folgt aus der hier vorzutragenden Theorie der internen Rechtfertigung noch keine bestimmte Theorie der externen Rechtfertigung. Sie ist mit verschiedenen Theorien der externen Rechtfertigung und insofern mit verschiedenen Theorien der juristischen Argumentation vereinbar. Dies deshalb, weil die Voraussetzungen der Theorie der internen Rechtfertigung so schwach sind, daß sich nicht leicht eine Theorie der externen Rechtfertigung begründen läßt, die ihr widerspricht. Nach dem allgemeinen Satz, daß »eine Theorie ... um so stärker (ist), je schwächer die Prämissen sind, aus denen sie ihre Lehrsätze ableitet«[22], ist diese Schwäche zugleich ihre Stärke.

---

20 Zu dem Begriffspaar interne und externe Rechtfertigung vgl. J. Wróblewski, Legal Syllogism and Rationality of Judical Decision, in: Rechtstheorie 5 (1974), S. 39 ff.; dens., Legal Decision and its Justification, in: H. Hubien (Hg.), Le Raisonnement Juridique, Akten des Weltkongresses für Rechts- und Sozialphilosophie Brüssel 1971, Brüssel 1971, S. 412 ff., sowie R. Alexy (Fn. 15), S. 273 ff. In der Sache dasselbe meint Rüßmann, wenn er vom »logischen« und vom »außerlogischen Beweis« spricht (H. Rüßmann (Fn. 6), S. 250).

21 Hierzu R. Alexy (Fn. 15), S. 283 ff.

22 G. Patzig, Die Begründung moralischer Normen, in: Logik, Ethik, Theorie der Geisteswissenschaften, XI. Deutscher Kongreß für Philosophie Göttingen 1975, Hamburg 1977, S. 13.

3. Zur Theorie des juristischen Syllogismus

Mit der Bedingung der Deduzierbarkeit aus einer widerspruchsfreien Prämissenmenge sind die an die interne Rechtfertigung zu stellenden Anforderungen nicht erschöpft. Wären sie es, wäre die Begründung eines richterlichen Urteils durch dieses Urteil eine gelungene interne Rechtfertigung, denn jeder Satz folgt aus sich selbst. Dies macht deutlich, daß es sich empfiehlt, über die Deduzierbarkeit hinaus zusätzliche Anforderungen an die logische Struktur der internen Rechtfertigung zu stellen. Solche Anforderungen werden in der Theorie des juristischen Syllogismus erörtert. Hieraus erhellt, daß die Theorie des juristischen Syllogismus keine rein logische Theorie ist. Gegenstand der Theorie des juristischen Syllogismus ist neben der Prüfung der Gültigkeit von Schlußschemata die Auszeichnung einiger gültiger Formen als normativ verbindlich oder/und tatsächlich verwendet. Die wichtigste Anforderung ist die, daß mindestens eine Prämisse die Formulierung einer universellen Norm sein muß. Diese Anforderung versteht sich zumeist von selbst, da die Theorie des juristischen Syllogismus in erster Linie eine Theorie der Anwendung des Gesetzes ist und Gesetze in der Regel universelle Normen sind. Sie gilt jedoch auch für die Fälle, in denen keine Gesetzesnorm zur Verfügung steht. Der Grund hierfür besteht darin, daß Urteile über das, was geboten, verboten oder erlaubt ist, sich auf eine universelle Regel stützen müssen. Das damit formulierte Universalisierbarkeitsprinzip,[23] das dem Prinzip der formalen Gerechtigkeit[24] entspricht, schließt aus, daß in zwei Fällen, deren entscheidungsrelevante Aspekte vollständig auf gleiche Weise beschrieben werden können, verschiedene Urteile gefällt werden. Es verhindert Willkür in der Relation zwischen den Gründen und dem Urteil und macht damit die Gründe allererst zu

---

23 Zum Begriff der Universalität sowie zum Universalisierbarkeitsprinzip vgl. R. M. Hare, Freedom and Reason, Oxford 1963, S. 10 ff., 30 ff.; R. Alexy (Fn. 15), S. 90 ff.
24 Unter dem Prinzip der formalen Gerechtigkeit wird hier mit Perelman die Forderung verstanden, »eine Regel zu beachten, welche die Verpflichtung formuliert, alle Wesen einer bestimmten Kategorie auf eine bestimmte Weise zu behandeln« (Ch. Perelman, Eine Studie über die Gerechtigkeit, in: ders., Über die Gerechtigkeit, München 1967, S. 58).

Gründen.[25] Damit ist es Bedingung für die Verwirklichung einer
Reihe von wünschenswerten Zielen wie der Rechtssicherheit, der
Gerechtigkeit und der Konsistenz und der rationalen Kontrolle
von Entscheidungen.

4. Die Rekonstruktionshypothese

Der Nutzen und die Probleme der logischen Analyse juristischer
Entscheidungen sollen hier anhand einer Analyse eines richterlichen Urteils dargestellt werden. Dabei dient als Rekonstruktionshypothese eine zugleich allgemeine und rudimentäre Form der
internen Rechtfertigung, die die wichtigsten strukturellen Anforderungen der eben erwähnten Art enthält.
Sie baut auf der einfachsten Form der internen Rechtfertigung auf,
die folgende Struktur hat:

(IR.1) .(1) (x) $(Tx \rightarrow ORx)$
      .(2) Ta
      (3) ORa (1), (2)[26]

25 Auf den Zusammenhang zwischen dem Begriff des Grundes und dem
    der Regel hat Hare hingewiesen: »the notion of a reason, as always,
    brings with it the notion of a rule which lays down that something is a
    reason for something else« (R. M. Hare (Fn. 23), S. 21).
26 »(x)« ist der Allquantor (für alle x gilt, . . .), »$\rightarrow$« das Zeichen für das
    Konditional (immer wenn . . ., dann . . .) und »O« ein deontischer Ope-
    rator (Gebotsoperator: es ist geboten, daß . . .). Zur Erläuterung der
    Symbole sei aus der umfangreichen Einführungsliteratur hier vor allem
    auf W. V. O. Quine, Grundzüge der Logik, 2. Aufl., Frankfurt a. M.
    1978; D. Hilbert/W. Ackermann, Grundzüge der theoretischen Logik,
    5. Aufl., Berlin/Heidelberg/New York 1967; A. Tarski, Einführung in
    die mathematische Logik, 2. Aufl., Göttingen 1966, und W. K. Essler,
    Einführung in die Logik, 2. Aufl., Stuttgart 1969, verwiesen. Die deon-
    tischen Operatoren werden im Sinne des Standardsystems der deonti-
    schen Logik gebraucht, das sich mit leichten Modifikationen etwa bei
    G. H. v. Wright, An Essay in Deontic Logic and the General Theory of
    Action, Amsterdam 1968, S. 17, und D. Føllesdal/R. Hilpinen, Deon-
    tic Logic: An Introduction, in: R. Hilpinen (Fn. 7), S. 13, findet.
    Umstritten ist die Stellung des deontischen Operators bei der Forma-
    lisierung bedingter Verpflichtungen. Für die Stellung hinter dem Kon-
    ditional spricht, daß auf diese Weise die Abtrennung und damit (IR. 1)
    keine Schwierigkeiten bereitet. Zu Argumenten für die hier gewählte

»*x*« ist eine Individuenvariable über den Bereich der Personen, der Handlungen oder der sonstigen Gegenstände, über die im juristischen Diskurs gesprochen wird, »*T*« ein Prädikat, das die Tatbestandsvoraussetzungen einer Norm als Eigenschaft eines Individuums einer der genannten Arten zusammenfaßt, und »*R*« ein Prädikat, das dies entsprechend hinsichtlich dessen, was sein soll, tut. »*a*« schließlich ist der Name oder die bestimmte Beschreibung einer Person, einer Handlung oder eines sonstigen Individuums. Die Punkte links vor den Zeilen zeigen an, daß diese Prämissen aus keinen weiteren Prämissen der Deduktion abgeleitet werden. Die Zahlen rechts der letzten Zeile besagen, daß diese Zeile aus den genannten Prämissen logisch folgt. (1) gibt die Formulierung einer Norm, (2) die Beschreibung eines Sachverhalts und (3) ein konkretes rechtliches Sollensurteil wieder.[27]

(1) und (3) sind mit Hilfe des deontischen Operators »*O*« formuliert worden. Die Erforderlichkeit eines solchen Operators und damit die Erforderlichkeit der deontischen Logik ist umstritten. Klug,[28] Rödig[29] und Yoshino[30] fassen die normativen Grundbegriffe als normale Prädikate bzw. als durch normale Prädikate definierbare Begriffe auf. Rödig und Yoshino vertreten ausdrücklich die These, daß die deontische Logik überflüssig sei. Auf

Formalisierung vgl. Fr. v. Kutschera, Einführung in die Logik der Normen, Werte und Entscheidungen, Freiburg/München 1973, S. 24 ff.; H. Lenk, Zur logischen Symbolisierung bedingter Normsätze, in: H. Lenk (Fn. 7), S. 112 ff. Zu Einwänden vgl. A. Ross, Directives and Norms, London 1968, S. 167.

27 Zu diesem Begriff vgl. K. Engisch, Logische Studien zur Gesetzesanwendung, 3. Aufl., Heidelberg 1963, S. 3 ff.

28 U. Klug (Fn. 4), S. 51 ff.

29 J. Rödig, Über die Notwendigkeit einer besonderen Logik der Normen, in: Jahrbuch für Rechtssoziologie und Rechtstheorie 2 (1972), S. 163 ff.; ders., Logik und Rechtswissenschaft, in: D. Grimm (Hg.), Rechtswissenschaft und Nachbarwissenschaften, Bd. 2, München 1976, S. 60 ff.; ders., Kritik des normlogischen Schließens, in: Theory and Decision 2 (1971), S. 79 ff.

30 H. Yoshino, Über die Notwendigkeit einer besonderen Normenlogik als Methode der juristischen Logik, in: U. Klug/Th. Ramm/F. Rittner/B. Schmiedel (Hg.), Gesetzgebungstheorie, Juristische Logik, Zivil- und Prozeßrecht. Gedächtnisschrift für Jürgen Rödig, Berlin/Heidelberg/New York 1978, S. 140 ff.

diesen Streit kann hier nicht eingegangen werden.[31] Es sei nur die Vermutung vorgetragen, daß beide Wege möglich sind und die Wahl eines der alternativen formalen Verfahren eine Frage der Zweckmäßigkeit und Eleganz ist. Die von der deontischen Logik in ihrer Anfangsphase selbsterzeugten Probleme[32] können heute als gelöst oder grundsätzlich lösbar angesehen werden.[33] Zudem muß vermutet werden, daß dann, wenn die These von der formalen Alternativität zutrifft, die bekannten Schwierigkeiten auch bei der Rödigschen Formalisierung auftreten und nur noch nicht entdeckt wurden, weil dies Verfahren bislang nicht annähernd so intensiv wie die deontische Logik erforscht wurde. Die Wahl hängt damit allein davon ab, welches Verfahren einfacher und fruchtbarer ist. Unter diesem Gesichtspunkt ist wegen ihrer Unkompliziertheit – es können z. B. deontische Operatoren vor Sätze gestellt werden, ohne daß Probleme von Logiken höherer Stufen auftreten – und ihrer analytischen Kraft, die sich bei der Rekonstruktion zeigen wird, die deontische Logik vorzuziehen. (IR.1) gibt nicht alle Schritte der Ableitung wieder. Zu diesem Zweck ist es durch die Zeile:

31 Zu Argumenten für die Notwendigkeit einer besonderen Logik der Normen vgl. O. Weinberger, Bemerkungen zur Grundlegung der Theorie des juristischen Denkens, in: Jahrbuch für Rechtssoziologie und Rechtstheorie 2 (1972), S. 148 ff.; ders., Bemerkungen zu J. Rödig's ›Kritik des normlogischen Schließens‹, in: Theory and Decision 3 (1973), S. 311 ff.; E. Morscher/G. Zecha, Wozu deontische Logik?, in: Archiv für Rechts- und Sozialphilosophie 58 (1972), S. 363 ff.

32 Hier ist insbesondere auf die zahlreichen sog. Paradoxien der deontischen Logik hinzuweisen (paradox of derived obligation, paradox of commitment, paradox of contrary-to-duty-imperatives). Vgl. hierzu etwa R. M. Chisholm, Contrary-to-Duty-Imperatives and Deontic Logic, in: Analysis 24 (1963), S. 33 ff.; G. H. v. Wright (Fn. 26), S. 77; B. Hansson, An Analysis of Some Deontic Logics, in: R. Hilpinen (Fn. 7), S. 133.

33 Bei den Paradoxien der deontischen Logik handelt es sich teilweise um Varianten der sog. Paradoxien der materialen Implikation, teilweise geht es um Probleme der umgangssprachlichen Wiedergabe logischer Formeln, und teilweise sind sie Ausdruck interessanter Probleme, die insbesondere mit modelltheoretischen Methoden fruchtbar diskutiert werden können, den praktischen Gebrauch des Standardsystems aber nicht zu hemmen brauchen. Zur Auflösung der sog. Paradoxien vgl. Fr. v. Kutschera (Fn. 26), S. 24 ff.; D. Føllesdal/R. Hilpinen (Fn. 26),

(1′) $Ta \to ORa$

zu ergänzen, die aus (1) durch Beseitigung des Allquantors und Einsetzen von Individuenkonstanten entsteht. Letzteres ist aufgrund einer in einem Kalkül des natürlichen Schließens[34] formulierbaren Allbeseitigungs- oder Substitutionsregel zulässig.[35] Eine solche Regel besagt nichts anderes als daß das, was für alles gilt, auch für jedes einzelne gilt. Aus (1′) und (2) folgt (3) dann aufgrund der Abtrennungsregel, des modus ponendo ponens. Will man die einzelnen Schritte verdeutlichen, muß das Schema die folgende Gestalt annehmen:

(IR.1′) .(1) (x) $(Tx \to ORx)$
    (1′) $Ta \to ORa$ (1) Allbeseitigungsregel
    .(2) Ta
    (3) ORa (1′), (2) Abtrennungsregel

Weitere technische Kennzeichnungen[36] sind möglich und häufig zweckmäßig. Hier soll die dargestellte Form ausreichen. Zudem wird der Einfachheit halber im folgenden auf das Hinschreiben von Zeilen wie (1′) und die Angabe von Schlußregeln verzichtet. Sie verstehen sich in aller Regel von selbst.

(IR.1) reicht in allen komplizierteren Fällen nicht aus. Solche Fälle liegen einerseits dann vor, wenn die vorauszusetzende Rechtsnorm eine komplexe Struktur hat, also etwa mehrere alternative Tatbestandsmerkmale enthält, durch erläuternde oder einschränkende Rechtsnormen zu ergänzen ist oder mehrere Rechtsfolgen zur Wahl stellt. Sie liegen andererseits vor allem aber auch dann vor, wenn die Formulierung einer Norm mehrere Interpretationen zuläßt, wenn also weder mit Sicherheit gesagt werden kann, daß *a* ein *T* ist, noch, daß *a* kein *T* ist, bzw. wenn unklar ist, was es

---

S. 21 ff.; zu modelltheoretischen Ansätzen in der deontischen Logik vgl. etwa J. Hintikka, Some Main Problems of Deontic Logic, in: R. Hilpinen (Fn. 7), S. 59 ff.

34 Zu Kalkülen des natürlichen Schließens, die wegen ihrer Einfachheit für die Analyse fach- und umgangssprachlicher Argumentationen besonders geeignet sein dürften, vgl. W. V. O. Quine (Fn. 26), sowie W. K. Essler (Fn. 26).

35 Zu einer solchen Regel vgl. W. V. O. Quine (Fn. 26), S. 194 ff., 253 f.; W. K. Essler (Fn. 26), S. 121.

36 Vgl. hierzu neben W. K. Essler (Fn. 26), S. 41 ff., etwa J. Rödig, Logik und Rechtswissenschaft (Fn. 29), S. 69 ff.

bedeutet, daß *a* ein *R* sein soll. An dieser Stelle sollen nur die den Tatbestand (*T*) betreffenden Probleme behandelt werden.

Wenn unklar ist, ob *a* ein *T* ist oder kein *T* ist, hat *T* einen semantischen Spielraum. Es ist zweckmäßig, drei Arten von semantischen Spielräumen zu unterscheiden: Mehrdeutigkeit, Vagheit und evaluative Offenheit.[37] Ein Ausdruck ist *mehrdeutig*, wenn er nach mehreren verschiedenen semantischen Regeln verwendet werden kann.[38] Der praktisch bedeutsamste Fall eines semantischen Spielraums ist die Vagheit. Ein Ausdruck ist *vage*, wenn aufgrund seiner Verwendungsregeln weder sicher gesagt werden kann, daß *a* ein *T* ist, noch, daß *a* kein *T* ist, es nach seinen Verwendungsregeln also sowohl möglich ist, daß *a* ein *T* ist, als auch, daß *a* kein *T* ist.[39] Einen Unterfall der Vagheit bildet, wie schon ihre Definition als potentielle Vagheit sagt, die Porosität.[40] *Evaluativ offen* schließlich sind Ausdrücke wie »gut«, »gerecht«, »sittenwidrig« usw. Insbesondere Hare hat gezeigt, daß diese Ausdrücke bei konstanter evaluativer Bedeutung nach unterschiedlichen mit deskriptiven Ausdrücken formulierbaren Regeln gebraucht werden können.[41] Diese Möglichkeit mehrerer Regeln stellt einen besonderen Fall eines semantischen Spielraums dar.[42]

---

37 Zu einer Klassifikation semantischer Spielräume vgl. H.-J. Koch, Über juristisch-dogmatisches Argumentieren im Staatsrecht, in: ders. (Hg.), Seminar: Die juristische Methode im Staatsrecht, Frankfurt a. M. 1977, S. 41 ff., sowie W. P. Alston, Vagueness, in: The Encyclopedia of Philosophy, hg. v. P. Edwards, New York/London 1967, Bd. 8, S. 218 ff.

38 Hierzu wie auch zum verwandten Fall der Mehrwertigkeit vgl. H.-J. Koch (Fn. 37), S. 41 f.

39 Vgl. hierzu R. Alexy (Fn. 15), S. 289 f.

40 Zur Porosität vgl. grundlegend Fr. Waismann, Verifizierbarkeit, in: R. Bubner (Hg.), Sprache und Analysis, Göttingen 1968, S. 154 ff.

41 R. M. Hare (Fn. 23), S. 23 f.; ders., The Language of Morals, London/Oxford/New York 1952, S. 118 f., 148 f.

42 Insofern kann der Analyse Kochs nicht zugestimmt werden. Koch ist der Meinung, daß auch bei evaluativen Ausdrücken »für die Frage der Gesetzesanwendung nur die deskriptive Bedeutungskomponente von Belang« sei, die evaluative Bedeutungskomponente evaluativer Ausdrücke im Falle der Gesetzesanwendung, was semantische Spielräume betrifft, also ohne Bedeutung sei (H.-J. Koch (Fn. 37), S. 54). Er begründet dies damit, daß der Gesetzgeber seine Wertungen bereits durch die Tatsache der Normgebung ausdrücke und daß es deshalb nicht adäquat sei, die Verwendung von evaluativen Ausdrücken in Ge-

Die Mehrdeutigkeit wird in der Regel durch den Kontext ausgeräumt. Im Falle der Vagheit und der evaluativen Offenheit jedoch
ist eine Entscheidung allein aufgrund von Feststellungen über den
Sprachgebrauch nicht möglich. Die Entscheidung setzt eine Festsetzung für die Sprache voraus.[43] Eine solche Festsetzung kann als
semantische Regel[44] formuliert werden, die die Bedeutung etwa

setzesformulierungen nochmals im Sinne des Sprechaktes der Empfehlung zu rekonstruieren. Kochs Begriff der evaluativen Bedeutung ist
jedoch zu eng. Er entspricht dem Hares vor dessen Korrektur des
sogenannten »Sprechakt-Fehlschlusses« (zu diesem Begriff vgl.
J. R. Searle, Speech Acts, Cambridge 1969, S. 147). Die von Hare inzwischen vollzogene Korrektur seiner alten Auffassung knüpft an die
Feststellung an, daß evaluative Ausdrücke nicht nur verwendet werden
können, um etwas zu empfehlen, sondern etwa auch, um zu fragen, ob
etwas empfehlenswert ist, oder dies zu vermuten oder zu behaupten
(vgl. R. M. Hare, Austins's Distinction between Locutionary and Illo-
cutionary Acts, in: ders., Practical Inferences, London/Basingstoke
1971, S. 107 ff.; ders., Meaning and Speech Acts, in: ders., Practical
Inferences, S. 30 ff.; vgl. hierzu R. Alexy (Fn. 15), S. 87 ff.). Diesen Verwendungsweisen entspricht die Anordnung, das Gute, Zumutbare
oder Empfehlenswerte zu tun. Die besondere Eigenschaft evaluativer
Ausdrücke, mit verschiedenen deskriptiven Bedeutungen gebraucht
werden zu können, führt bei solchen Verwendungsweisen zu einer besonderen Art des semantischen Spielraums, der evaluativen Offenheit,
die darin besteht, daß unterschiedliche deskriptive Bestimmungen dessen, was gut, zumutbar oder empfehlenswert ist, möglich sind. Der
Anordnende kann insofern eine genau bestimmte Vorstellung haben,
ihm kann eine bestimmte Eingrenzung vorschweben, und er kann
keine Vorstellungen haben. Wenn er keine Vorstellungen hat, wird er in
der Regel davon ausgehen, daß die Adressaten ihre Vorstellungen oder
die anderer zugrunde legen. Wenn er Vorstellungen hat, kann er davon
ausgehen, daß die Anwendenden seine Vorstellungen kennen und
strikt einhalten oder sie in etwa einhalten oder sie nicht einhalten,
sondern ihre Vorstellungen oder die Vorstellungen anderer an deren
Stelle setzen. Er kann aber auch davon ausgehen, daß die Adressaten
seine Vorstellungen nicht kennen und sich schon deshalb auf eigene
oder die anderer stützen müssen. Bereits diese wenigen Unterscheidungen zeigen, wie kompliziert eine Analyse der Verwendung evaluativer Ausdrücke in Gesetzen ist.

43 Zu diesen Begriffen vgl. E. v. Savigny, Grundkurs im wissenschaftlichen Definieren, München 1970, S. 22 f.
44 Vgl. hierzu H.-J. Koch (Fn. 37), S. 38 ff.; H. Rüßmann (Fn. 6),
S. 253 ff.; ders., Sprache und Recht, in: J. Zimmermann (Hg.), Sprache

eines vagen Ausdruckes dadurch präzisiert, daß sie seinen bisher geltenden Verwendungsregeln eine weitere hinzufügt. Für die logische Struktur der internen Rechtfertigung bedeutet dies, daß dann, wenn unklar ist, ob a ein T ist, und festgelegt werden soll, daß a als T anzusehen ist, eine Regel aufzustellen ist, die besagt, daß immer dann, wenn ein bestimmter Merkmalskomplex M, der bei a gegeben ist, vorliegt, das betreffende Individuum ein T ist. Diese Regel hat die Form:

$$(x) \ (Mx \rightarrow Tx).^{45}$$

Sie kann auch in der stärkeren Form:

$$(x) \ (Mx \leftrightarrow Tx)$$

aufgestellt werden.[46]
Solche Regeln können unmittelbar im Hinblick auf Ausdrücke der Norm formuliert werden. Es kann aber auch sein, daß bereits eine Regel $(x) \ (M^1x \rightarrow Tx)$ gilt und nun unklar ist, ob a ein M^1 ist. In dieser Situation ist eine weitere Regel zu formulieren, die als »(x) $(M^2x \rightarrow M^1x)$« notiert werden soll. Für M^2 kann eine entsprechende dritte Regel formuliert werden usw. Daß eine Regel durch eine weitere präzisiert wird, setzt nicht voraus, daß sie bereits gilt. Die Qualität einer Begründung steigt, wenn schrittweise Regeln bis zu einem Punkt festgelegt werden, an dem kein Zweifel oder kein Streit mehr über die Anwendbarkeit eines Ausdruckes besteht.
Ein Gericht wird diesen Punkt für erreicht halten, wenn es selbst

und Welterfahrung, München 1978, S. 222. Auf das Verhältnis von semantischen Regeln und empirischen Gesetzeshypothesen wird weiter unten einzugehen sein.

45 Zum universellen Charakter von semantischen oder Bedeutungsregeln vgl. R. M. Hare (Fn. 23), S. 15. Daß universelle Regeln zugrunde zu legen sind, ergibt sich aus denselben Gründen, die oben bereits für den universellen Charakter der vorauszusetzenden Norm angeführt wurden. Ohne universelle Bedeutungsregeln würden universelle Normen in Zweifelsfällen ihre willkürausschließende Kraft verlieren. Zwei in allen relevanten Hinsichten gleiche Individuen a und b könnten einmal als T und einmal nicht als T behandelt werden. Zur Forderung nach universellen Bedeutungsregeln vgl. E. v. Savigny, Die Rolle der Dogmatik – wissenschaftstheoretisch gesehen, in: U. Neumann/ J. Rahlf/ E. v. Savigny (Fn. 6), S. 104 ff.; R. Alexy (Fn. 15), S. 278 f.

46 »↔« ist das Zeichen für das Bikonditional (genau dann, wenn . . . , dann . . .). Vgl. hierzu W. V. O. Quine (Fn. 26), S. 43 f.

keine Zweifel mehr hat und meint, daß niemand vernünftiger-
weise die Anwendbarkeit eines Ausdruckes bestreiten kann.[47] Das
Prädikat, das in diesem Sinne verwendet wird, soll als »S« notiert
werden. Als allgemeine und rudimentäre Form der internen
Rechtfertigung ergibt sich damit das Schema:

(IR.2)   .(1) $(x)\ (Tx \rightarrow ORx)$
       .(2) $(x)\ (M^1x \rightarrow Tx)$
       .(3) $(x)\ (M^2x \rightarrow M^1x)$

       .
       .
       .

       .(4) $(x)\ (Sx \rightarrow M^nx)$
       .(5) Sa
       (6) ORa (1)–(5)[48 49]

47 Zu diesem Problem vgl. H. Rüßmann (Fn. 44), S. 218 ff.
48 Rödig bezeichnet die Angabe von Regeln wie (2)–(4) als Substanti-
    ierung (J. Rödig (Fn. 6), S. 173). Im Rahmen der Substantiierung unter-
    scheidet er weiter die Präzisierung und die Aktualisierung. Unter
    Präzisierung versteht er die »an rechtlich relevanten Kriterien orien-
    tierte ›schärfere‹ Fassung« einer Norm, unter Aktualisierung »die
    Angleichung der Bedingungen eines einzelnen Falles an die durch die
    präzisierte Fassung der Norm beschriebenen Bedingungen«. Dabei
    hebt er hervor, daß »die logische Form der Aktualisierung einer Norm
    mit derjenigen ihrer Präzisierung überein(stimmt)« (ders. (Fn. 6),
    S. 180). Damit ist zugleich gesagt, daß Rödigs Unterscheidung nur
    dann Sinn hat, wenn es ein außerlogisches Kriterium dafür gibt, bei
    einer Regel der Form $(x)\ (M^kx \rightarrow M^lx)$ stets hinreichend verläßlich zu
    entscheiden, ob sie der Präzisierung oder der Aktualisierung dient.
    Rödig spricht selbst von der »Schwierigkeit der Unterscheidung«
    (ders. (Fn. 6), S. 181). Will man das Problem nicht trivialisieren, indem
    man stets die letzte universelle Prämisse $((x)\ (Sx \rightarrow M^nx))$ als Aktuali-
    sierung auffaßt, dürfte ein brauchbares Kriterium nur schwer auffind-
    bar sein. Da jede der Regeln universell ist, ist jede von ihnen geeignet,
    die in der Norm oder einer präzisierenden Regel verwendeten Begriffe
    näher zu bestimmen. Daß dies im Hinblick auf einen konkreten Fall
    erfolgt, ändert nichts daran, daß hierdurch eine »Sonderung der durch
    die Norm erfaßten Fälle von den durch die Norm nicht erfaßten Fäl-
    len« eintritt, genau das, was nach Rödig das Ziel der Präzisierung ist
    (ders. (Fn. 6), S. 183). Berücksichtigt man dies und die Tatsache, daß
    die Rödigsche Unterscheidung bei der Rekonstruktion richterlicher
    Urteile, wie sich zeigen wird, nicht erforderlich ist, so spricht alles

(IR.2) ist rudimentär, weil es nicht der Möglichkeit komplizierter Strukturen des Tatbestands und der Rechtsfolge Rechnung trägt. (IR.2) ist allgemein, weil es die logische Struktur jeder Entfaltung einzelner Tatbestandsmerkmale auf die Sachverhaltsbeschreibung (*Sa*) hin deutlich macht. Dabei ist von Bedeutung, daß (IR.2) die logische Struktur jeder die Tatbestandsseite betreffenden internen Rechtfertigung juristischer Urteile wiedergibt, auch der, in der nicht von einer positiven Rechtsnorm ausgegangen wird. Nicht erfaßt wird in (IR.2) die logische Struktur der Konkretisierung der Rechtsfolge. Da diese, wie Rödig[50] und Wróblewski[51] gezeigt haben, in einer vor (IR.2) liegenden Modifikation der ersten Prämisse zu geschehen hat, wird (IR.2) hierdurch nicht berührt. Im Hinblick auf die modifizierte Prämisse findet (IR.2) uneingeschränkt Anwendung.

(IR.2) ist die Grundform der internen Rechtfertigung. Entsprechend (IR.2) könnten die Grundformen der externen Rechtfertigung hier als Rekonstruktionshypothesen vorgestellt werden. Hierauf wird, nicht zuletzt wegen ihrer Vielfalt, aus Raumgrün-

dafür, sie nicht zu bemühen. Sinnvoll ist es allerdings, die universellen Prämissen der internen Rechtfertigung auf verschiedene Weisen zu klassifizieren, etwa zwischen dogmatischen Sätzen, empirischen Sätzen, präjudiziellen Sätzen, neuen Präzisierungsbehauptungen des Gerichts usw. zu unterscheiden. Solche Unterscheidungen dürften allerdings nicht mit der Rödigschen Unterscheidung zusammenfallen. Der Ausdruck »Präzisierung« wie auch der damit verwandte Ausdruck »Konkretisierung« wird hier deshalb nicht im Rödigschen Sinne verwendet.

49 Zu diesem Schema vgl. R. Alexy (Fn. 15), S. 276 ff. In der Sache äquivalente Schemata sind im Rahmen des von H.-J. Koch und H. Rottleuthner geleiteten DFG-Projekts »Juristische Argumentationstheorie« (R. W. Trapp, Zur rationalen Rekonstruktion des richterlichen Urteils, in: H.-J. Koch/H. Rottleuthner, Juristische Argumentationstheorie, Bd. 1, S. 3 ff. (Manuskript)) und von H. Yoshino (Zu Ansätzen der juristischen Logik, in: I. Tammelo/H. Schreiner (Hg.), Strukturierungen und Entscheidungen im Rechtsdenken, Wien/New York 1978, S. 283) entwickelt worden. Auch Rüßmann legt seiner Analyse ein Schema wie (IR. 2) zugrunde (H. Rüßmann (Fn. 6), S. 252 ff.).

50 J. Rödig (Fn. 6), S. 174 ff.

51 J. Wróblewski, Legal Syllogism and Rationality of Judical Decision (Fn. 20), S. 44 f.

den verzichtet.[52] Einige wichtige Formen werden bei der nun vorzunehmenden Analyse zu erörtern sein. (IR.2) erlaubt die Rekonstruktion zunächst bis zu dem Punkt voranzutreiben, an dem diese Formen relevant werden. Indem dies versucht wird, kann zugleich die Brauchbarkeit von (IR.2) überprüft werden.

II. Die logische Rekonstruktion des Lebach-Urteils des Bundesverfassungsgerichts

1. Sachverhalt

In der Nacht vom 19. zum 20. Januar 1969 töteten zwei Männer vier schlafende Soldaten der Wachmannschaft eines Munitionsdepots der Bundeswehr bei Lebach, verletzten einen weiteren schwer und entwendeten Waffen und Munition. Die beiden strebten zusammen mit einem Dritten, der an dem Überfall nicht mitwirkte, vor dem Überfall aber einem der Täter die Handhabung einer bei der Tat verwendeten Pistole erläutert hatte, die Gründung einer Lebensgemeinschaft außerhalb der Gesellschaft an. Mit den erbeuteten Waffen sollten weitere Straftaten zu dem Zweck, sich die Mittel für ein Leben auf einer Hochseeyacht in der Südsee zu verschaffen, begangen werden. Später versuchten die zwei mit Billigung des Dritten, einen Finanzmakler unter Hinweis auf diese Tat zu erpressen. Die Beziehung der drei hatte eine homosexuelle Komponente.

Die Tat erregte großes Aufsehen. Nach einer aufwendigen Fahndung wurden die drei im Sommer 1969 gefaßt. Das Schwurgericht Saarbrücken verurteilte die beiden Haupttäter zu lebenslangen Freiheitsstrafen und den Dritten, um den es im folgenden geht, wegen Beihilfe zu einer Freiheitsstrafe von sechs Jahren.

Im Frühjahr 1972 wurde für das Zweite Deutsche Fernsehen (ZDF) ein Dokumentarfernsehspiel »Der Soldatenmord von Lebach« fertiggestellt. Die drei werden in diesem Spiel eingangs unter Namensnennung im Bilde vorgeführt und sodann von Schauspielern dargestellt. Ihre Namen werden immer wieder genannt. Das Spiel behandelt insbesondere die Beziehungen innerhalb der Freundesgruppe.

---

52 Zur Analyse der Grundformen der externen Rechtfertigung vgl. R. Alexy (Fn. 15), S. 285 ff.

Der wegen Beihilfe Verurteilte, der mit der Aussetzung der Rest-
strafe zur Bewährung im Sommer 1973 rechnen konnte, er sei im
weiteren als »a« bezeichnet, war der Meinung, daß durch die Ausstrahlung des Fernsehspiels seine Resozialisierung gefährdet werden würde. Er beantragte deshalb beim Landgericht Mainz den
Erlaß einer einstweiligen Verfügung, durch die dem ZDF untersagt wird, das Fernsehspiel insoweit auszustrahlen, als seine Person darin dargestellt oder namentlich erwähnt wird. Dieser
Antrag wurde zurückgewiesen; ebenso die hiergegen beim Ober-
landesgericht Koblenz eingelegte Berufung.[53] Gegen diese Entscheidungen erhob a Verfassungsbeschwerde. Zugleich stellte er
einen Antrag auf Erlaß einer einstweiligen Anordnung. Das Bundesverfassungsgericht hat dem ZDF im Wege der einstweiligen
Anordnung untersagt, das Dokumentarspiel auszustrahlen,[54] und
anschließend der Verfassungsbeschwerde stattgegeben, die Urteile
der Zivilgerichte aufgehoben und die beantragte einstweilige Verfügung selbst erlassen.[55]
Im folgenden soll nur das Urteil des BVerfG analysiert werden. In
ihm wird das Grundschema (IR.2) einer wesentlich härteren
Probe ausgesetzt als im Urteil des OLG Koblenz, das sich ihm
schon deshalb zwangloser fügt, weil die in ihm vorgetragene Begründung ein Fall der Anwendung der §§ 22, 23 Kunsturheberge-
setz (KUG) ist. Insbesondere muß auf einen Vergleich beider
Urteile, der eine gemeinsame Grundstruktur trotz unterschiedlicher Begründungswege und einander widersprechender Ergebnisse zeigen würde, an dieser Stelle verzichtet werden.

2. Die interne Rechtfertigung

Sowohl im Urteil des OLG Koblenz als auch im Urteil des
BVerfG finden die entscheidenden Begründungsschritte in Form
einer Güterabwägung zwischen dem durch Art. 2 Abs. 1 in Verbindung mit Art. 1 Abs. 1 GG garantierten Persönlichkeitsrecht

53 Urteil des 9. Zivilsenats des OLG Koblenz vom 5. 10. 1972 – 9 U
   552/72 –, NJW 73, 251–255; GRUR 73, 42–46; JZ 73, 279–283.
54 Beschluß des Ersten Senats des BVerfG vom 13. 3. 1973 – 1 BvR 536/72 –,
   BVerfGE 34, 341–344.
55 Urteil des Ersten Senats des BVerfG vom 5. 6. 1973 – 1 BvR 536/72 –,
   BVerfGE 35, 202–245.

und dem durch Art. 5 Abs. 1 Satz 2 GG gewährten Recht der Freiheit der Berichterstattung statt. Das OLG nimmt die Güterabwägung im Rahmen der Interpretation des § 23 Abs. 2 KUG vor. Damit werden die §§ 22, 23 KUG zur Ausgangsprämisse der internen Rechtfertigung seiner Entscheidung. Die Entscheidung ist trotz der Tatsache, daß die Güterabwägung die ausschlaggebende Rolle spielt, ein Fall der Anwendung der §§ 22, 23 KUG.

Die Entscheidung des BVerfG läßt sich demgegenüber nicht mit den §§ 22, 23 KUG als Ausgangsprämisse rekonstruieren. Die Aufgabe des BVerfG ist nicht die Prüfung der »Auslegung und Anwendung der betreffenden Rechtsvorschriften« als solcher. Seiner Prüfung unterliegt allein, »ob die Ausstrahlungswirkung der in den Grundrechten enthaltenen Wertentscheidungen auf das Zivilrecht hinreichend beachtet ist« (219)[56]. Dementsprechend betont es, daß es »verfassungsrechtlich nicht darauf an(kommt), bei welchem Tatbestandselement des § 23 KUG die Abwägung vorgenommen wird« (225).

Damit stellt sich die Frage, was als Ausgangsprämisse der internen Rechtfertigung des BVerfG anzusehen ist. Die Grundrechtsvorschriften kommen nicht ohne weiteres in Frage, denn zwischen den Grundrechten ist erst abzuwägen. Die Güterabwägung als solche läßt sich nicht als Prämisse formulieren. Bedeutet dies, daß die Begründung des BVerfG so zu rekonstruieren ist, daß das Urteil, ein konkretes rechtliches Sollensurteil, unmittelbar durch die Güterabwägung und nicht durch eine universelle Norm gerechtfertigt wird, das allgemeine Schema der internen Rechtfertigung (IR.2) also nicht anwendbar ist? Wäre dies so, wäre die analytische Kraft des Schemas (IR.2) sehr begrenzt. Es hätte als Rekonstruktionshypothese nicht einmal die Chance, sich zu bewähren, sondern erwiese sich gegenüber der Entscheidung des BVerfG als irrelevant. Da (IR.2), wie oben ausgeführt, kein beliebiges Schlußschema darstellt, sondern wichtige argumentationstheoretische Implikationen einschließt, ist die Frage, ob das Urteil des BVerfG im Sinne von (IR.2) rekonstruiert werden kann, nicht nur vom logischen Gesichtspunkt her interessant, sondern darüber hinaus vom argumentationstheoretischen Standpunkt aus von höchster Bedeutung.

---

56 Die zu analysierende Entscheidung des BVerfG (BVerfGE 35, 202) wird durch Angabe der Seitenzahl im Text zitiert.

Die Frage der Anwendbarkeit von (IR.2) ist positiv zu beantworten. Die positive Antwort kann auf verschiedene Weisen gegeben werden, denn es ist möglich, ganz unterschiedliche Normen als Ausgangsprämissen zu wählen. Zwei Wege, die hier nicht eingeschlagen werden, seien wenigstens angedeutet. Die vollständigste Form erhält man dann, wenn man eine Norm formuliert, die unter Einschluß sämtlicher, auch der prozessualen Voraussetzungen dem Gericht gebietet, eine Entscheidung, wie sie getroffen wurde, zu fällen. Eine grundrechtsdogmatisch interessante Form erhält man dann, wenn man von der Grundrechtsvorschrift ausgeht, der schließlich der Vorrang eingeräumt wird, und in den Vordersatz dieser Vorschrift sämtliche Bedingungen, die generell für die Anwendung von Grundrechtsvorschriften gelten, sowie sämtliche Bedingungen für das Vorziehen dieser Vorschrift im Fall des Konflikts mit anderen Grundrechtsvorschriften aufnimmt.[57] Beide Verfahren fordern einen die Technik der Analyse und einen die Sache betreffenden Preis. Der erste besteht darin, daß die Ausgangsprämisse stark anschwillt. Es müssen stets sämtliche bei der Anwendung von Grundrechtsvorschriften zu beachtenden Bedingungen, auch wenn sie das Gericht als unproblematisch erachtet oder als selbstverständlich gegeben nicht einmal erwähnt, angeführt werden. In den Vordersatz der im konkreten Fall vorrangigen Grundrechtsvorschrift aufzunehmen sind insbesondere sämtliche Voraussetzungen für das Zurücktreten der gegenläufigen Grundrechtsvorschrift. Der zweite Nachteil besteht darin, daß diese Rekonstruktionsweisen sich oft weit vom Gang der Argumentation des Gerichts entfernen müssen. Für bestimmte Zwecke, etwa wenn es um allgemeine Fragen der Grundrechtsdogmatik geht, ist beides nicht nur in Kauf zu nehmen, sondern sogar als wünschenswert anzusehen. Hier bietet sich jedoch, da die Analyse der Argumentation in einem einzelnen Urteil im Vordergrund steht, ein einfacherer Weg an.

Das BVerfG begründet im Wege der Güterabwägung eine neue[58] universelle Norm, unter die der Fall subsumiert werden kann.

57 Zu solchen Verfahren sei auf die im Rahmen des bereits erwähnten, von H.-J. Koch und H. Rottleuthner geleiteten Projekts (Fn. 5) erstellten Analysen verwiesen.
58 Auf die Neuheit dieser Norm weist das Gericht selbst hin, indem es von der Anwendung »bisher verfassungsgerichtlich nicht näher bestimmter Kriterien« spricht (238 f.).

Zwar gibt es, wie noch zu zeigen sein wird, auch die Möglichkeit eines unmittelbaren Schrittes von der Güterabwägung auf das Ergebnis, diese Möglichkeit ist jedoch sekundär. Die Güterabwägung ist die externe Rechtfertigung dieser Norm. Sie findet zwar, wie das BVerfG wiederholt hervorhebt (221, 225, 233), bezogen auf den konkreten Fall statt, dies schließt jedoch die Statuierung einer universellen Norm unter der Voraussetzung nicht aus, daß diese Norm, obgleich universell, doch so speziell ist, daß sie die Gewichte der Abwägung unverfälscht auf das konkrete rechtliche Sollensurteil überträgt. Daß eine solche Norm statuiert wird, entspricht dem Gebot einer universalistischen Entscheidungspraxis, zu der sich das Gericht mit einem Satz bekennt wie: »Die angefochtene Entscheidung ist auch dann zu beanstanden, wenn das Gericht bei Anwendung der *typischen Kriterien*, die sich aus der Ausstrahlung der Grundrechte für die Beurteilung von *Fällen der vorliegenden Art* ergeben, nicht zu dem gefundenen Ergebnis hätte gelangen können.« (219; Hervorhebung vom Verf.) Indem von der vom BVerfG statuierten Norm, die als Entscheidungsnorm im Sinne Ehrlichs[59] angesehen werden kann, ausgegangen wird, wird nichts anderes, sondern nur weniger getan, als bei den beiden oben erwähnten alternativen Verfahren zu tun wäre. Das, was durch die vom BVerfG statuierte Norm festgelegt wird, wäre Teil der bei diesen Verfahren zu rekonstruierenden umfassenderen Normen, und zwar der für die Entscheidung des vorliegenden Falles entscheidende Teil. Auch dies spricht, da nicht besondere Gründe eine Erweiterung nahe legen, dafür, als Ausgangsprämisse die vom Gericht folgendermaßen formulierte Norm zu wählen:[60]

»Insgesamt ist somit eine wiederholte, nicht mehr durch das aktuelle Informationsinteresse gedeckte Fernsehberichterstattung über eine schwere Straftat jedenfalls dann unzulässig, wenn sie die Resozialisierung des Täters gefährdet.« (237)

Den Begriff der »Gefährdung der Resozialisierung« präzisiert das Gericht gleich anschließend durch den universellen Satz:

»Eine Gefährdung der Resozialisierung ist regelmäßig anzunehmen, wenn eine den Täter identifizierende Sendung nach seiner Entlassung oder in

59 Vgl. E. Ehrlich, Grundlegung der Soziologie des Rechts, München/Leipzig 1913, S. 97 ff.
60 Eine abweichende Formulierung findet sich in den Leitsätzen (BVerfGE 35, 203).

zeitlicher Nähe zu der bevorstehenden Entlassung ausgestrahlt werden soll.« (238)

Die einfachste Formalisierung der vom BVerfG formulierten Entscheidungsnorm kommt mit einer Variablen über den Bereich der natürlichen Personen, einstelligen Prädikaten sowie einem deontischen Operator aus. Sämtliche Merkmale, auch die der Rechtsfolge, werden als Eigenschaften von Personen formuliert, was gelegentlich merkwürdig klingt, unter logischem Blickwinkel, und um diesen geht es hier, aber keine Probleme bereitet. Daß selbst komplizierte Zusammenhänge zu einem Prädikat zusammengefaßt werden können, liegt daran, daß, wie Quine es formuliert, »*jeder* offene Satz, wie kompliziert er auch sein mag, ... sich in die Form ›*Fx*‹ bringen lassen« muß.[61] Quine führt in diesem Zusammenhang das Prädikat »früherer Angestellter des seiner jüngsten Schwester zweiten Gatten Mörders« an.[62] Wann es zweckmäßig ist, derartig grob und einfach zu formalisieren, ergibt sich aus der von Quine formulierten Sparsamkeitsmaxime: »Wenn wir ... Worte in logische Zeichen übertragen und dann Schemabuchstaben einführen, ist es vernünftig, *nicht mehr Struktur bloßzulegen, als in der Ableitung, die folgen soll, voraussichtlich benötigt wird.*«[63] Wie subtil zu formalisieren ist, hängt also davon ab, was untersucht werden soll. Es gibt nicht *die* richtige Formalisierung, sondern nur je nach den Umständen adäquate und nicht adäquate.[64] Als pragmatisches Korollarium der Sparsamkeitsmaxime legt sich deshalb die Regel nahe, möglichst einfach zu beginnen und erst bei Schwierigkeiten komplizierter zu werden.[65]

61 W. V. O. Quine (Fn. 26), S. 131.
62 Ebd.
63 Ebd., S. 239.
64 Rödig spricht in diesem Zusammenhang von der Relativität der Normsatzstruktur: »Es gibt nicht *die* Normsatzstruktur ... Es kommt vielmehr auf die Zwecke an, welchen jeweils ein formalisiertes axiomatisches System genügen soll« (J. Rödig, Über die Notwendigkeit einer besonderen Logik der Normen (Fn. 29), S. 177).
65 Die Erfüllung dieser Regel dürfte Voraussetzung dafür sein, daß die logische Analyse juristischer Entscheidungen jemals zu einer Angelegenheit wird, die über Spezialistenkreise hinaus Verbreitung findet. Die zweite Hälfte der Regel bietet hinreichend Schutz vor Trivialisierung.

Bevor zur Formalisierung geschritten wird, empfiehlt sich eine Bemerkung zu einer grundsätzlichen Frage. Die häufig geäußerte Befürchtung, der natürlichen Sprache werde durch den logischen Kalkül Gewalt angetan, ihr Reichtum, ihre Ausdrucksvielfalt ersticke in den genormten Bahnen eines starren Apparats, ist nicht zum Verstummen gelangt. Diese Befürchtung geht jedoch von falschen Voraussetzungen aus. Wie insbesondere Patzig[66] betont hat, strebt die logische Analyse keine Übersetzung der Umgangssprache oder der speziellen Wissenschaftssprache an und verfolgt schon gar nicht das Ziel, diese überflüssig zu machen. Die Umgangssprache wird vielmehr ein Stück weit ersetzt, um Einblicke in Probleme zu erhalten, die allein mit den Mitteln der Umgangssprache nicht oder nicht so einfach möglich wären. Dies ist es, was mit dem eingangs bemühten Bild Freges, der die Logik mit einem Mikroskop vergleicht, gemeint ist.

Um in diesem Sinne vorzugehen, seien zunächst einige Schemabuchstaben für Prädikate eingeführt:

$R_G \dots$: ... ist einer, dessen Resozialisierung durch eine Fernsehberichterstattung gefährdet wird,

$W \dots$: ... ist einer, über dessen schwere Straftat bereits im Fernsehen berichtet wurde (d. h. von dem jede Fernsehberichterstattung eine wiederholte wäre),

$A \dots$: ... ist einer, bei dem eine Fernsehberichterstattung über dessen schwere Straftat einem aktuellen Informationsinteresse dient,

$F_S \dots$: ... ist einer, dessen schwere Straftat Gegenstand einer Fernsehberichterstattung ist.

Unter Verwendung dieser Buchstaben kann der Entscheidungsnorm des BVerfG die Form:

$$(1')\ (x)\ (R_G x \rightarrow (Wx \land \neg Ax \rightarrow O \neg F_S x))$$

bzw. die damit äquivalente Form:

$$(1'')\ (x)\ (R_G x \land Wx \land \neg Ax \rightarrow O \neg F_S x)$$

gegeben werden.[67] Wegen der Äquivalenz:

66 G. Patzig, Sprache und Logik, in: ders., Sprache und Logik, Göttingen 1970, S. 36 ff.
67 »∧« ist das Zeichen für die Konjunktion (und), »¬« das Zeichen für die

$$O \neg p \leftrightarrow Fp,$$

die besagt, daß genau dann, wenn es geboten ist, daß etwas nicht der Fall ist oder nicht getan wird ($\neg p$), dies (p) verboten ist,[68] kann statt (1″) mit dem Verbotsoperator F:

$$(1''') \; (x) \; (R_Gx \land Wx \land \neg Ax \to F \, F_Sx)$$

notiert werden.

Die Rechtsfolge $F \, F_Sx$ ist zwar bereits auf den Fall bezogen, F_S enthält aber noch nicht die Besonderheit, daß a nach einer Namensnennung und Wiedergabe seines Bildes dargestellt werden soll. Dies ist auch nicht erforderlich, denn $F \, F_Sx$ verbietet, bezogen auf den Fall, hinreichend konkret das, was verboten werden soll. Lediglich die strukturelle Entsprechung zum Urteil des OLG Koblenz läßt es wünschenswert erscheinen, die Rechtsfolge mit:

$F_N \ldots$:   … ist einer, dessen Person durch einen Schauspieler im Rahmen eines Fernsehspiels nach einer Namensnennung und Wiedergabe seines Bildes dargestellt wird,

zu formulieren.[69] Es ist bereits bemerkt worden, daß hier auf Probleme der Konkretisierung der Rechtsfolge nicht eingegangen werden kann. Dies ist auch nicht erforderlich, denn die Voraussetzungen in (1′″) tragen $F \, F_Nx$ gleichermaßen wie $F \, F_Sx$. Die Ausgangsnorm kann deshalb im folgenden die Gestalt:

$$(1) \; (x) \; (R_Gx \land Wx \land \neg Ax \to F \, F_Nx) \qquad \text{annehmen.}$$

Negation (nicht); vgl. hierzu W. V. O. Quine (Fn. 26), S. 25 ff. Es sei hervorgehoben, daß es sich bei den angeführten Formeln um vereinfachende Formalisierungen handelt. So wird z. B. vorausgesetzt, daß es stets um dieselbe Straftat geht. Dies könnte unter Verwendung mehrstelliger Prädikate um den Preis einer gewissen Komplizierung leicht dargestellt werden. Hierauf wie auf noch umständlicher gefaßte Prädikate wurde aus den oben angeführten Gründen verzichtet.

68 Vgl. G. H. v. Wright, Deontic Logic, in: ders., Logical Studies, London 1957, S. 61.

69 F_N ist eine fallbezogene Präzisierung der vom OLG Koblenz vorgenommenen Bestimmung der Rechtsfolge: »Das dem Antragsteller zustehende Recht am eigenen Bild erstreckt sich nicht ausschließlich auf Bildnisse seiner Person. Es bezieht sich vielmehr auch auf die Darstellung seiner Person durch einen Schauspieler im Rahmen eines Theaterstücks, eines Films oder Fernsehspiels« (OLG Koblenz, JZ 1973, S. 282).

Es sind andere Formalisierungen möglich und zu anderen Zwecken auch empfehlenswert. Näher an der Normformulierung und damit hinsichtlich der Struktur der Prädikate auch einfacher ist eine Quantifikation über Handlungen. Die Prädikate seien nur angedeutet: F^+_B: Fernsehberichterstattung; S^+_S: Bericht über eine schwere Straftat; R^+_G: resozialisierungsgefährdend; W^+: Wiederholung; A^+: aktuellem Informationsinteresse dienend; G^+_F: wird gesendet. Der Norm könnte damit die Form:

$$(1^+)\ (x)\ (F^+_Bx \land S^+_Sx \land R^+_Gx \land W^+x \land \neg A^+x \rightarrow O \neg G^+_Fx)$$

gegeben werden. Hier empfiehlt sich angesichts des Zusammenhangs mit dem Urteil des OLG Koblenz die in (1) vorgenommene Formalisierung.

Auffällig ist, daß in beiden Formalisierungen keine empirischen Gesetzmäßigkeiten ausgedrückt werden, obwohl die Normformulierung des BVerfG deutlich hierauf Bezug nimmt: Die Fernsehberichterstattung muß die Resozialisierung gefährden. Es kommt insofern auf die möglichen Wirkungen der Sendung an. Daß dies nicht anhand der formalen Struktur von (1) bzw. (1$^+$) erkennbar ist, bedeutet freilich nicht, daß empirische Gesetzmäßigkeiten in (1) bzw. (1$^+$) nicht enthalten sind. Sie finden sich in den Prädikaten R_G bzw. R^+_G und bleiben insofern im nicht analysierten Bereich eingekapselt. Dies Verfahren empfiehlt sich grundsätzlich schon wegen der bekannten Probleme der formalen Fassung empirischer Gesetzmäßigkeiten.[70] Im vorliegenden Fall erhöhen sich die Schwierigkeiten noch dadurch, daß nur eine Gefährdung gefordert wird, also auch Wahrscheinlichkeitsbegriffe ins Spiel kommen. Eine Auslagerung solcher Probleme in die Prädikate ist allerdings nur so lange sinnvoll, wie sie mit den Zwecken der Analyse verträglich ist. Ein Beispiel für einen Fall, in dem dieser Weg nicht möglich ist, bietet sofort der die Norm präzisierende Satz. Die in ihm behauptete Beziehung zwischen der Ausstrahlung der Sendung und der Gefährdung der Resozialisierung muß, um im Rahmen des Grundschemas der internen Rechtfertigung (IR.2) die Deduktion mitzutragen, durch das Konditional

---

70 Vgl. hierzu W. Stegmüller, Probleme und Resultate der Wissenschaftstheorie und Analytischen Philosophie, Bd. 1, Wissenschaftliche Erklärung und Begründung, Verbesserter Nachdruck, Berlin/Heidelberg/New York 1974, S. 273 ff., 428 ff.

wiedergegeben werden. Andererseits liegt dem Satz eine, wenn auch abgeschwächte (es wird von »regelmäßig« gesprochen), Annahme über empirische Gesetzmäßigkeiten zugrunde. Eine solche Bezugnahme auf empirische Gesetzmäßigkeiten ist keine Ausnahme. Sie bietet sich immer dann an, wenn das Zutreffen eines Prädikats in einer Norm oder einer präzisierenden Regel unsicher ist, also etwa unsicher ist, ob A_1a gilt, dafür aber hinreichend sicher ist, daß A_1a stets oder mit einer ausreichenden Wahrscheinlichkeit eintritt, wenn A_2a gegeben ist. Unter diesen Voraussetzungen kann aus A_2a zusammen mit einer entsprechenden empirischen Gesetzeshypothese auf A_1a geschlossen werden.

Für die Zwecke der Rekonstruktion richterlicher Urteile ist es, wenn es nicht gerade auf mit der Gesetzeshypothese verbundene Probleme ankommt, nicht nur unschädlich, sondern auch gerechtfertigt, ein generalisiertes Konditional, also einen Satz der Form (x) $(A_2x \rightarrow A_1x)$, zu verwenden. Hierfür spricht vor allem folgender Gesichtspunkt. Der Übergang von Gesetzeshypothesen zu semantischen Regeln in richterlichen Urteilen ist fließend. Die Gesetzeshypothesen, die in richterlichen Urteilen verwendet werden, unterscheiden sich von denen der empirischen Wissenschaften nicht nur dadurch, daß sie oft grob verallgemeinert und nicht wissenschaftlich überprüft sind, also die Merkmale sogenannter Alltagstheorien[71] aufweisen, sondern auch insofern, als sie einen Festsetzungs- und damit einen normativen Gehalt haben. Dies zeigt die Regel des BVerfG, in der festgelegt wird, was eine Gefährdung der Resozialisierung hervorruft. Der Begriff der Gefährdung der Resozialisierung schließt ein als positiv bewertetes Ziel (Resozialisierung) und das unerlaubte Risiko der Verfehlung dieses Ziels (Gefährdung) vage, insbesondere ohne das zweite zu präzisieren, ein. Indem eine Ausstrahlung als geeignet, die Resozialisierung zu gefährden, ausgezeichnet wird, wird aufgrund einer empirischen Gesetzeshypothese, die vom Gericht im übrigen nach recht eingehender Erörterung wissenschaftlicher Informationen angenommen wird, eine Festsetzung des Begriffs der

---

71 Vgl. hierzu R. Lautmann, Justiz – die stille Gewalt, Frankfurt a. M. 1972, S. 57 ff.; K.-D. Opp, Methodologie der Sozialwissenschaften, Reinbek 1970, S. 45 ff.; ders., Zur Anwendbarkeit der Soziologie im Strafprozeß, in: Kritische Justiz 3 (1970), S. 383 ff.

Gefährdung der Resozialisierung und damit eine Präzisierung des positiv bewerteten Ziels sowie des unerlaubten Risikos vorgenommen: Eine Gefährdung der Resozialisierung ist das, was durch die Ausstrahlung von Sendungen der zu beurteilenden Art in Fällen wie dem zu entscheidenden bewirkt wird. Die den Schluß auf R_{Ga} ermöglichende Regel des BVerfG kann deshalb als eine aufgrund einer vom Gericht angenommenen empirischen Gesetzmäßigkeit getroffene, sie ausdrückende und von ihr abhängige Festsetzung bezüglich der Bedeutung des Ausdrucks »Gefährdung der Resozialisierung«, also als ein besonderer Fall einer semantischen Regel aufgefaßt werden.

Eine weitere Analyse ist möglich. Insbesondere kann in der Regel des BVerfG die Festsetzung von der angenommenen Gesetzeshypothese geschieden werden. Die Regel ist hierzu in eine Definition des Begriffs der Gefährdung der Resozialisierung und in eine mit Hilfe der im Definiens verwendeten Ausdrücke formulierte Gesetzeshypothese zu zerlegen. Im Rahmen eines solchen Verfahrens könnte es zweckmäßig sein, nur die Definition der internen Rechtfertigung zuzuordnen und das die Gesetzeshypothese einschließende Argument in der externen Rechtfertigung zu behandeln. Möglich ist ferner eine Analyse des Begriffs der Gefährdung der Resozialisierung als Dispositionsprädikat.[72] Die hierbei erforderliche Angabe der Reaktionsweise entspräche der bei der Aufspaltung erforderlichen Definition. Derartige Analysen sind im Rahmen der hier verfolgten Zwecke jedoch nicht notwendig. Ein Eingehen etwa auf die bis heute nicht geklärten Probleme der Analyse von Dispositionsprädikaten ist deshalb nicht nur nicht erforderlich, sondern widerspräche auch dem Grundsatz der analytischen Sparsamkeit. Unter Verwendung des Konditionals soll die Regel des BVerfG deshalb mit Hilfe der Schemabuchstaben:

E_S...: ... ist einer, über den eine ihn als Täter identifizierende Sendung nach seiner Entlassung ausgestrahlt wird,

N_S...: ... ist einer, über den eine ihn als Täter identifizierende

---

72 Vgl. hierzu W. Stegmüller, Probleme und Resultate der Wissenschaftstheorie und Analytischen Philosophie, Bd. 2, Theorie und Erfahrung, Berlin/Heidelberg/New York 1970, S. 213 ff. Zur Behandlung von Dispositionsprädikaten im Kontext juristischer Begründungen vgl. H.-J. Koch, Der unbestimmte Rechtsbegriff im Verwaltungsrecht, in: ders. (Fn. 6), S. 191 f.

Sendung in zeitlicher Nähe zu seiner bevorstehenden
Entlassung ausgestrahlt wird,

nach folgendem Muster formalisiert werden:

(2′) (x) $(E_S x \lor N_S x \to R_G x)$.[73]

(2′) ist in einem bedeutsamen Punkt unvollständig. Wenn E_S oder
N_S zutrifft, ist R_G nicht stets, sondern nur regelmäßig als zutreffend anzunehmen. (2′) ist deshalb als mit einer ceteris paribus-
Bedingung:

C_R ...: ... ist einer, im Hinblick auf dessen Situation *keine* besonderen Umstände vorliegen,

versehen aufzufassen. Dies kann folgendermaßen notiert werden:[74]

(2) (x) $(E_S x \lor N_S x) \land C_R x \to R_G x)$.

Aus (1) und (2) folgt mit Hilfe der relativ problemlosen singulären
Sätze:

(3) $N_S a$
(4) $C_R a$
(5) Wa
(6) $\neg Aa$

das singuläre normative Urteil:

(7) $O \neg F_N a$ bzw. $FF_N a$.

Der internen Rechtfertigung des Urteils des BVerfG kann damit
folgende Form gegeben werden:

(IR.3) .(1) (x) $(R_G x \land Wx \land \neg Ax \to FF_N x)$
   .(2) (x) $((E_S x \lor N_S x) \land C_R x \to R_G x)$
   .(3) $N_S a$
   .(4) $C_R a$
   .(5) Wa
   .(6) $\neg Aa$
   (7) $FF_N a$ (1)–(6)

---

73 »v« ist das Zeichen für die Disjunktion bzw. Alternation (oder); vgl.
  hierzu W. V. O. Quine (Fn. 26), S. 27 ff.
74 Vgl. hierzu D. Lyons, Forms and Limits of Utilitarianism, Oxford
  1965, S. 19 ff.

3. Die externe Rechtfertigung

Der Schwerpunkt der Entscheidung liegt in der zur externen Rechtfertigung von (x) $(R_G x \wedge W x \wedge \neg A x \rightarrow F F_N x)$ vorgenommenen Güterabwägung. Was eine Güterabwägung ist, ist alles andere als klar.[75] Auf jeden Fall ist der psychische Vorgang des Abwägens und Entscheidens von der Begründung der Entscheidung zu unterscheiden. Allein letztere ist Gegenstand der logischen Analyse. Dabei ist hervorzuheben, daß die logische Analyse der sprachlichen Präsentation von Güterabwägungen nur eine Möglichkeit der nicht-psychologischen Analyse der Güterabwägung ist. Andere solche Möglichkeiten bieten etwa entscheidungstheoretische Ansätze.

Unter logischen Gesichtspunkten ist die Begründung des BVerfG recht kompliziert. Sie verläuft über drei Schritte oder Stufen.

a) Der Ausgangspunkt und die Grundregel der Güterabwägung

Auf der ersten Stufe begründet das Gericht, daß eine Güterabwägung erforderlich ist, und stellt dar, wie sie zu geschehen hat. Eine Güterabwägung ist erforderlich, weil verschiedene Grundrechtsbestimmungen einschlägig sind, die, könnte man sie unabhängig voneinander anwenden, zu miteinander unvereinbaren Ergebnissen führen würden. Die Formalisierung von Grundrechtsnormen bereitet eine Reihe von Schwierigkeiten. Sie können hier nicht diskutiert, sondern nur durch sehr einfache Wiedergaben neutralisiert werden. Anwendbar sind Art. 2 Abs. 1 i. V. m. Art. 1 Abs. 1 GG einerseits und Art. 5 Abs. 1 Satz 2 GG andererseits. Art. 2 Abs. 1 i. V. m. Art. 1 Abs. 1 GG sei als »N_1«, Art. 5 Abs. 1 Satz 2 GG als »N_2« notiert. Gäbe es nur N_1, d. h. existierte eine sie einschränkende Norm auch nicht als ungeschriebene Norm, wäre es

---

75 Aus der umfangreichen Literatur vgl. hierzu Fr. Müller, Juristische Methodik, 2. Aufl., Berlin 1976, S. 52 ff.; K. Larenz, Methodenlehre der Rechtswissenschaft, 4. Aufl., Berlin/Heidelberg/New York 1979, S. 392 ff.; H. Hubmann, Die Methode der Abwägung, in: ders., Wertung und Abwägung im Recht, Köln/Berlin/Bonn/München 1977, S. 145 ff.; B. Schlink, Abwägung im Verfassungsrecht, Berlin 1976; L. Hirschberg, Der Grundsatz der Verhältnismäßigkeit, Göttingen 1981, S. 83 ff.

verboten, das Fernsehspiel auszustrahlen. Es würde FF_{Na} ($O\neg F_{Na}$) gelten. Gäbe es auf entsprechende Weise nur N_2, würde $\neg FF_{Na}$ ($\neg O\neg F_{Na}$) gelten.[76] Isoliert betrachtet führen N_1 und N_2 also, wie die Zusammenstellung von $O\neg F_{Na}$ und $\neg O\neg F_{Na}$ zeigt, auf einen Widerspruch. Kennzeichnend für den logischen Charakter von Grundrechtsnormen und Ausgangspunkt der Güterabwägung ist, daß das BVerfG nicht von einem *Widerspruch*, sondern von einer *Spannungslage* spricht (219). Dies bedeutet, daß aus N_1 zusammen mit einer Beschreibung des Falls und den die Ausdrücke in N_1 präzisierenden Regeln – diese zusätzlichen Prämissen werden im folgenden stets vorausgesetzt, wenn von Schlüssen aus N_1 oder N_2 gesprochen wird – nicht ohne weiteres $O\neg F_{Na}$ und aus N_2 nicht ohne weiteres $\neg O\neg F_{Na}$ gefolgert werden kann, sondern N_1 ersteres und N_2 letzteres nur unter der Voraussetzung implizieren, daß sich auch unter Berücksichtigung von N_2 bzw. N_1, der jeweils gegenläufigen Norm, nichts anderes ergibt. Formal ist dies dadurch auszudrücken, daß sowohl N_1 als auch N_2 mit einer Bedingung versehen werden, die die Deduktion eines konkreten Gebotes, Verbotes oder einer konkreten Erlaubnis nur dann zuläßt, wenn sich nicht aus einer Norm N_i, deren Anwendung der Anwendung der in Frage stehenden Norm vorgeht, etwas anderes ergibt. Der Unterschied zwischen Regeln, die solche Bedingungen enthalten (B-Regeln), und solchen, in denen sie nicht vorkommen, läßt sich formal auf folgende Weise darstellen:

i. $p \wedge B \rightarrow Oq$ bzw. $B \rightarrow Oq$
ii. $p \rightarrow Oq$ bzw. Oq.

i. gibt Formen von Normen mit solch einer Bedingung, die als »*B*« notiert wird, ii. die entsprechenden Formen ohne eine solche Bedingung wieder. Neben Grundrechtsvorschriften haben diejenigen Prinzipien, aus denen man erst schließen kann, wenn man weiß, daß nicht ein gegenläufiges Prinzip vorgeht, die unter i. angegebenen Formen. Die hier einschlägigen Grundrechtsvorschriften sind als B-Regeln, und zwar als:

76 »$\neg Fp$« bzw. »$\neg O\neg p$« sind im Standardsystem der deontischen Logik mit »Pp« äquivalent. »P« ist der Erlaubnisoperator. »$\neg FF_{Na}$« bzw. »$\neg O \neg F_{Na}$« besagen also, daß die Ausstrahlung erlaubt ist. Die Möglichkeit derartig einfacher, die juristische Argumentation adäquat rekonstruierender Umformungen ist ein Beleg für die oben erwähnten Vorteile der Verwendung der deontischen Logik.

iii. $B \to N_1$

und:

iv. $B \to N_2$

zu notieren.

B besagt in iii. und iv. dasselbe: »N_1 (bzw. N_2) geht anderen Normen mit widersprechendem Ergebnis vor.« Das Verhältnis von N_1 und N_2 kann deshalb als Vorzugsrelation bezüglich ihrer Anwendbarkeit ausgedrückt werden. »$\mathbf{P}$« stehe für eine solche Vorzugsrelation.[77] Wenn aus N_1 $O\neg F_{Na}$ und aus N_2 $\neg O\neg F_{Na}$ folgt und keine der beiden Normen als ungültig eingestuft werden soll, dann muß entweder N_1 N_2 oder N_2 N_1 unbedingt oder unter bestimmten Bedingungen C vorgezogen werden. Es gilt also:

v. N_1 $\mathbf{P}$ N_2 v N_2 $\mathbf{P}$ N_1[78] v $(N_1$ $\mathbf{P}$ $N_2)$ C v $(N_2$ $\mathbf{P}$ $N_1)$ C.

Eines der vier Disjunktionsglieder muß, schon um deren Widerspruchsfreiheit zu sichern, Bestandteil der Rechtsordnung sein.

Der Gang der Argumentation des BVerfG bestätigt die Adäquanz dieser Rekonstruktion. Bei der Lösung des »Konflikts« zwischen N_1 und N_2 ist »davon auszugehen, daß nach dem Willen der Verfassung beide Verfassungswerte essentielle Bestandteile der freiheitlichen demokratischen Ordnung des Grundgesetzes bilden, so daß *keiner von ihnen einen grundsätzlichen Vorrang beanspruchen kann*« (225; Hervorhebung vom Verf.). Der gleiche Rang der beiden Grundrechte schließt die unbedingten Vorzugsrelationen aus, es gilt also:

vi. $\neg$ $(N_1$ $\mathbf{P}$ $N_2)$ $\wedge$ $\neg$ $(N_2$ $\mathbf{P}$ $N_1)$.

Dies bedeutet, daß in einem »Konfliktsfall«, in dem ein Ausgleich nicht möglich ist, »unter Berücksichtigung der *falltypischen Gestaltung* und der *besonderen Umstände des Einzelfalles* zu entscheiden (ist), welches Interesse zurückzutreten hat« (225; Her-

---

77 Vgl. hierzu G. H. v. Wright, The Logic of Preference, Edinburgh 1963, S. 18 ff.

78 Es sei darauf hingewiesen, daß N_1 $\mathbf{P}$ N_2 und N_2 $\mathbf{P}$ N_1 nur die unbedingte Bevorzugung von N_1 bzw. N_2 gegenüber N_2 bzw. N_1 ausdrücken. Wäre N_1 bzw. N_2 allen Normen gegenüber vorzuziehen, wäre N_1 bzw. N_2 nicht Teil einer B-Regel. Die Frage der Vorzugsrelation käme dann nicht ins Spiel.

vorhebung vom Verf.). Die falltypische Gestaltung und die besonderen Umstände des Einzelfalls lassen sich als C zusammenfassen. Es gilt also entweder:

vii. $(N_1 \textbf{ P } N_2)\ C$

oder:

viii. $(N_2 \textbf{ P } N_1)\ C$.

Die Güterabwägung dient der Begründung von vii. bzw. viii. Als Grundregeln der Güterabwägung formuliert das BVerfG als Korollarium der »Menschenwürde als dem Mittelpunkt des Wertsystems der Verfassung« (225) die verschiedenen Ausprägungen des Verhältnismäßigkeitsprinzips, von denen im weiteren Verlauf vor allem das als Grundsatz der Verhältnismäßigkeit im engeren Sinne bekannte Prinzip von Bedeutung ist. Der hier relevante Aspekt dieses Prinzips kann durch die Regel:

ix. Je stärker das eine Interesse (I_i) eingeschränkt wird, desto größer muß die Berechtigung des anderen Interesses (I_k) sein

wiedergegeben werden (vgl. 226). Die Verbindung von I_i und I_k und den ihnen korrespondierenden Normen N_i und N_k wird durch die Regel:

x. Wenn N_i I_i schützt und N_k I_k schützt und im Falle C die Berechtigung von I_k im Sinne der Regel ix. groß genug ist, um den Schutz von I_k dem von I_i vorzuziehen, geht im Falle C N_k N_i vor (($N_k \textbf{ P } N_i)C$)

hergestellt. x. sagt, worauf es im weiteren ankommt: auf den Satz, daß im Falle C die Berechtigung von I_k im Sinne von ix. groß genug ist, um den Schutz von I_k dem von I_i vorzuziehen. ix. und x. formulieren keine Kriterien dafür, wann I_k I_i bzw. N_k N_i vorzuziehen ist. Sie legen aber fest, was von Bedeutung ist, nämlich das Maß der Berechtigung des einen und das Maß der Einschränkung des anderen Interesses. Hierdurch zwingen sie zur Berücksichtigung dieser Faktoren und zur Formulierung eines sie nennenden und ins Verhältnis setzenden Satzes. Dieser Satz – ohne Zweifel ein normativer oder praktischer Satz – kann nicht mehr durch ein von anderen Begründungsverfahren unterscheidbares Verfahren der Güterabwägung begründet werden. Daß ein Satz dieser Form begründet wird, ist die Güterabwägung. Seine

Begründung hat im Wege der allgemeinen juristischen Argumentation zu erfolgen. Dabei sind sämtliche im juristischen Diskurs möglichen Argumente zulässig. Der Charakter des Satzes, er geht neben der Beurteilung des Maßes einer Einschränkung von Interessen vor allem über die Bewertung der Berechtigung von Interessen, läßt erkennen, daß allgemeine praktische Argumente in der Regel den Ausschlag geben werden. Damit ist zugleich der rationale Kern der Güterabwägung dargetan. Es handelt sich um eine formale Struktur des Einsatzes von im wesentlichen allgemeinen praktischen Argumenten, der aufgrund der logischen Form bestimmter Teile des Normenmaterials, insbesondere der Grundrechtsvorschriften, notwendig ist.

b) Die generelle Abwägung

Auf der zweiten Stufe der Begründung nimmt das BVerfG zunächst eine *generelle* Güterabwägung nach diesen Regeln vor. Es erörtert als erstes – ganz im Sinne von ix. und x. – unter Einbeziehung von Ergebnissen empirischer Forschungen die Auswirkungen von Dokumentarspielen der in Frage stehenden Art (226–230). Dabei kommt es zu dem Schluß, daß solche Sendungen »regelmäßig einen schweren Eingriff« in die »Persönlichkeitssphäre« des Täters darstellen (230). Hieran anschließend prüft das Gericht – wieder ganz im Sinne von ix. und x. – die Berechtigung der gegenläufigen Interessen. Es stellt fest, daß generell die Intensität des Eingriffs noch durch die Stärke der Berechtigung der gegenläufigen Interessen übertroffen wird: »Wägt man das umschriebene Informationsinteresse an einer entsprechenden Berichterstattung im Fernsehen (I_2) generell gegen den damit zwangsläufig verbundenen Einbruch in den Persönlichkeitsbereich des Täters (I_1) ab, so verdient für die aktuelle Berichterstattung über Straftaten (A') das Informationsinteresse im allgemeinen (G') den Vorrang.« (231) Im Falle von A', also wenn eine aktuelle Berichterstattung über Straftaten vorliegt, ist damit, falls keine besonderen, eine Berichterstattung hindernden Bedingungen vorliegen (G'), $N_2 N_1$ vorzuziehen:

xi. $(N_2 \; \mathbf{P} \; N_1) \; A', G'.$

Das Interessante an xi. ist, daß xi. sich in eine Norm umformen läßt, deren Struktur der einer ersten Prämisse einer internen Rechtfertigung entspricht. Wenn N_2 N_1 vorzuziehen ist, gilt als Folgerung von N_2 $\neg O \neg F_N a$; es ist also nicht geboten, nicht auszustrahlen, bzw. erlaubt, dies zu tun. N_2 ist N_1 immer dann vorzuziehen, wenn A' und G' zutreffen. A' und G' können in Form von Prädikaten über Individuen formuliert werden. Wenn in A' »aktuelle Berichterstattung über Straftaten« durch »dem aktuellen Informationsinteresse dienende Fernsehberichterstattung über eine schwere Straftat« ersetzt wird, was als zulässige Konkretisierung anzusehen ist, ist A das A' entsprechende Prädikat über Individuen. Die ceteris paribus-Klausel G' ist als Prädikat über Individuen als:

$G \dots$: ... ist einer, in dessen Person keine besonderen, eine Berichterstattung hindernden Gründe vorliegen,

zu lesen. Also gilt die Norm:

xii. (x) $(Ax \land Gx \rightarrow \neg O \neg F_N x)$ bzw. (x) $(Ax \land Gx \rightarrow \neg FF_N x)$.

Dies kann verallgemeinert werden: Die Bedingungen C, unter denen eine Grundrechtsnorm N_i einer anderen Grundrechtsnorm N_k vorzuziehen ist, lassen sich als Tatbestandsvoraussetzungen einer Norm formulieren, deren Rechtsfolge die Folgerung aus N_i ist.

c) Die Abwägung im konkreten Fall

Bei der generellen Abwägung geht es um die aktuelle Berichterstattung.[79] Im zu entscheidenden Fall aber handelt es sich nicht um eine aktuelle Berichterstattung. Damit stellt sich die Frage, ob das, was für die aktuelle Berichterstattung gilt, auch für eine spätere Berichterstattung der vorliegenden Form zutrifft. Mit dieser Frage ist das Herzstück der Entscheidung nach 31 Textseiten erreicht. Nach der Auffassung des BVerfG besteht das »entscheidende Kriterium« für die Zulässigkeit einer späteren Darstellung darin, »ob die betreffende Berichterstattung gegenüber der aktuellen Information eine erhebliche neue oder zusätzliche Beein-

---

79 Auch diese ist nur zulässig, wenn die ceteris paribus-Klausel G' bzw. G erfüllt ist. Über letzteres ist wiederum im Rahmen des Verhältnismäßigkeitsprinzips zu entscheiden (232).

trächtigung des Täters zu bewirken geeignet ist« (234). Mit Hilfe des neuen Prädikats:

$I_B \ldots$: … ist einer, dessen Interessen durch eine Fernsehberichterstattung über seine Straftat erheblich beeinträchtigt werden,

sowie der Prädikate W (Wiederholung) und A (aktuelles Informationsinteresse) kann anhand dieses Kriteriums die folgende Norm formuliert werden:

xiii. $(x)\ (I_Bx \wedge Wx \wedge \neg Ax \rightarrow FF_Nx)$.

xiii. korrespondiert nach der eben angeführten allgemeinen Regel die Vorzugsrelation:

xiv. $(N_1\ \mathbf{P}\ N_2)\ I'_B,\ W',\ \neg A'$.

Der Schritt zum wohl wichtigsten Punkt der Entscheidung ist nun durch die Regel zu rekonstruieren, daß immer dann, wenn die Resozialisierung gefährdet wird (R_G, R'_G), eine erhebliche Beeinträchtigung (I_B, I'_B) vorliegt:

xv. $(x)\ (R_Gx \rightarrow I_Bx)$

bzw.:

xvi. $R'_G \rightarrow I'_B$.

Aus xiii. und xv. folgt die Ausgangsnorm der internen Rechtfertigung:

(1) $(x)\ (R_Gx \wedge Wx \wedge \neg Ax \rightarrow FF_Nx)$.

Die endgültige Vorzugsfestsetzung erhält aufgrund von xiv. und xvi. die Gestalt:

xvii. $(N_1\ \mathbf{P}\ N_2)\ R'_G,\ W',\ \neg A'$.

Aus (1) folgt nach dem Schema (IR. 3) das Urteil. (IR. 3) fügt sich somit zwanglos an die Güterabwägung an. Damit ist die Adäquanz der allgemeinen Rekonstruktionshypothese (IR. 2) in einem Fall dargetan, in dem man hiermit nicht von vornherein rechnen konnte.[80]

---

80 Keinen Einwand gegen die rekonstruktive Herausarbeitung der extern durch Güterabwägung begründeten universellen Norm (1) und der

d) Der Schluß vom Hauptargument auf das Ergebnis

xvii. enthält R'_G, die Gefährdung der Resozialisierung, als den ausschlaggebenden Gesichtspunkt, das entscheidende Gewicht der Abwägung. Für das Gewicht dieses Gesichtspunktes führt das Gericht eine Reihe von Argumenten an: die allgemeine Auffassung, die sich in den letzten Jahrzehnten im Strafrecht zunehmend durchgesetzt habe (235), § 2 des damals von der Bundesregierung eingebrachten Entwurfs eines Strafvollzugsgesetzes und die Stellungnahme des Bundesrates (235), das »Selbstverständnis einer Gemeinschaft, die die Menschenwürde in den Mittelpunkt ihrer Wertordnung stellt«, das Sozialstaatsprinzip (235 f.) und den Schutz der Gemeinschaft vor Rückfällen (236). Mit diesen Argumenten zeichnet das Gericht die Resozialisierung bzw. die Vermeidung der Gefährdung der Resozialisierung (hier als »$\neg R'_G$« notiert) als vorrangig zu verfolgenden Zweck aus. Dies kann durch:

i. $O\neg R'_G$

wiedergegeben werden. Die Verbindung von $O\neg R'_G$ zum Verbot der Sendung wird durch zwei empirische Gesetzeshypothesen hergestellt. Die erste lautet, daß dann, wenn eine Gefährdung der »inneren Stabilisierung« (S'_G) und eine Beeinträchtigung der positiven Umweltbedingungen (U'_G) gegeben sind, die Resozialisierung gefährdet ist. Unter Hinweis auf die Probleme der Formalisierung kausaler Beziehungen soll dies als:

von hier aus nach dem Schema (IR. 3) bis zum Urteil führenden Schritte bildet die Tatsache, daß das Gericht nach der Begründung und Formulierung von (1) nicht ausdrücklich aus (1) das Urteil deduziert, sondern im Teil B. V. noch einmal ausführlich und direkt auf den Beschwerdeführer bezogen die Umstände des Falls erörtert. Hierbei gelangt das Gericht zu dem leicht als Negation der entscheidenden Prämisse des OLG erkennbaren Satz: »Im Ergebnis muß somit bei einer an den Wertvorstellungen der Verfassung orientierten Auslegung des § 23 KUG dem Interesse des Beschwerdeführers, die Ausstrahlung des Dokumentarspiels zu verhindern, der Vorrang zukommen.« (243) Der Grund für die Behauptung und Begründung dieses Satzes ist leicht zu erkennen. Das BVerfG setzt sich in B. V. mit den Urteilen des LG und des OLG auseinander. Sie widerlegend muß es ihnen widersprechen. Dem zu rekonstruierenden Begründungsgang wird hierdurch weder etwas hinzugefügt noch wird er modifiziert.

ii. $S'_G \wedge U'_G \to R'_G$

notiert werden. Die zweite hat zum Inhalt, daß dann, wenn ein Dokumentarspiel der zu beurteilenden Art in einer Situation wie der vorliegenden ausgestrahlt wird (F'_N), $S'_G \wedge U'_G$ der Fall ist:

iii. $F'_N \to S'_G \wedge U'_G$.

Diese Prämissen erlauben die folgende Begründung von $O\neg F'_N$ bzw. FF'_N:

$$(S') \qquad .\text{i. } O\neg R'_G$$
$$.\text{ii. } S'_G \wedge U'_G \to R'_G$$
$$.\text{iii. } F'_N \to S'_G \wedge U'_G$$
$$\text{iv. } F'_N \to R'_G \qquad\qquad\qquad \text{ii., iii.}$$
$$\text{v. } O\neg F'_N \text{ bzw. } FF'_N \qquad\qquad \text{i., iv.}$$

$O\neg F'_N$ bzw. FF'_N kann leicht in $FF_{N}a$, das Ergebnis der Entscheidung, umgeformt werden. Wenn (S') gültig ist, kann deshalb die allgemeine Hypothese formuliert werden: Im Rahmen einer Güterabwägung als vorrangig ausgezeichnete Zwecke finden sich nicht nur in der Prämisse der internen Rechtfertigung wieder, die das Ergebnis der Güterabwägung repräsentiert, sie lassen auch unmittelbar einen Schluß auf das Ergebnis zu.
Es wird behauptet und gleich begründet, daß (S') gültig ist, allerdings nicht gültig aufgrund der Gesetze der klassischen Logik. Damit ist ein unmittelbarer Schluß aus $O\neg R'_G$ auf $O\neg F_{N}a$ bzw. $FF_{N}a$, das konkrete rechtliche Sollensurteil, möglich. Dennoch wird man die Formulierung von (S') nicht als adäquate Rekonstruktion des Urteils ansehen. Der Weg der Begründung verläuft auf die dargestellte komplizierte Weise. Der Grund hierfür ist argumentationstheoretischer Art. Es reicht nicht aus, in richterlichen Urteilen einen schlagenden Grund anzuführen, der das als richtig angesehene Ergebnis trägt, vielmehr sind alle Gesichtspunkte in Anknüpfung an frühere Entscheidungen und die Normsetzungen des Gesetzgebers unter Einbeziehung der Ergebnisse rechtswissenschaftlicher Forschung nach den Regeln vernünftigen juristischen Argumentierens, deren Basis die Regeln vernünftigen allgemeinen praktischen Argumentierens sind, zu berücksichtigen. Insofern haben richterliche Entscheidungen Diskurscharakter.[81] Immerhin zeigt aber (S'), wie vielschichtig juri-

81 Vgl. hierzu R. Alexy (Fn. 15), S. 273 ff.

stische Begründungen sind. Zudem sind Schemata wie (S') so etwas wie Meßgeräte für das Gewicht von Argumenten.

All dies setzt freilich voraus, daß (S') gültig ist. Dies ist nicht unproblematisch. In (S') folgt zwar iv. aus ii. und iii. Ob aber v. aus i. und iv. folgt, kann bezweifelt werden. »Z« bezeichne einen Zustand, der geboten ist, und »M« ein notwendiges Mittel zur Herbeiführung von Z. Das Schema nimmt dann folgende Gestalt an:

(S)   (1) OZ
        (2) $\neg M \rightarrow \neg Z$
        (3) OM[82]

Interpretiert man Z und M als schlichte Aussagesätze, entspricht (S) dem Weinbergerschen Schema:[83]

(S'')   (1) $!A$
        (2) $A \rightarrow B$
        (3) $!B$

Dies Schema, das Weinberger für »ziemlich überzeugend, wenn auch nicht über jeden Zweifel erhaben« hält,[84] ist jedoch bei dieser Interpretation ungültig. Dies läßt sich leicht an Beispielen zeigen. »A« bedeute: »Gerichte entscheiden Rechtsstreite«; »B« bedeute: »Einige Rechtsstreite werden falsch entschieden«. A ist geboten, und sowohl A als auch B dürfen als wahr angesehen werden. Es gilt also sowohl $!A$ (bzw. OA) als auch $A \rightarrow B$. Hieraus wird man jedoch nicht folgern wollen, daß es geboten ist, daß einige Rechtsstreite falsch entschieden werden.[85] Daß (S'') bei dieser Interpretation ungültig ist, ist auch daran zu sehen, daß die Negation von:

$!A \wedge (A \rightarrow B) \rightarrow !B$

nämlich:

$!A \wedge (A \rightarrow B) \wedge \neg !B$

82 Vgl. hierzu dens., S. 292.
83 O. Weinberger (Fn. 4), S. 220.
84 Ders. (Fn. 4), S. 219.
85 Zu weiteren Gegenbeispielen vgl. E. Morscher, Die Normenlogik in Ota Weinbergers »Rechtslogik«, in: ÖZöR 21 (1971), S. 285; J. Rödig, Kritik des normlogischen Schließens (Fn. 29), S. 85; ders., Über die Notwendigkeit einer besonderen Logik der Normen (Fn. 29), S. 182, Anm. 51.

keinesfalls unerfüllbar ist. Dennoch hat (S) eine gewisse intuitive Plausibilität. Dies gibt Anlaß, nach einem Unterschied zwischen (S) und (S″) zu suchen. Einer fällt ins Auge. In (S) ist von Mitteln und Zwecken die Rede, in (S″) dagegen nur von beliebigen Aussagen, die in der zweiten Prämisse durch das Konditional verbunden werden. Dies legt es nahe, (S) als eine Variante eines praktischen Syllogismus aufzufassen, dessen zweite Prämisse eine Mittel/Zweck-Relation zum Ausdruck bringt.[86] Über die Gültigkeit von (S) ist damit in einer Theorie der Mittel und Zwecke zu entscheiden. Einer der in einer solchen Theorie zu rekonstruierenden Gedanken ist der, daß nicht jeder Zweck jedes für ihn notwendige Mittel rechtfertigt. Im Rahmen von (S) läßt sich dies mit einer Variante des modus tollendo tollens ausdrücken: Wenn M verboten ist und ein notwendiges Mittel für Z ist, dann ist Z nicht geboten.

Indem Schlußschemata wie (S) akzeptiert werden, wird der Bereich der klassischen Logik verlassen. Nicht verlassen wird jedoch der Bereich der Logik. Dies gezeigt zu haben ist vor allem das Verdienst von G. H. v. Wright: »We must, I think, accept that practical syllogisms are logically valid pieces of argumentation in their own right. Accepting them means in fact an enlargement of the province of logic.«[87]

Für die logische Analyse der externen Rechtfertigung juristischer Urteile hat dies weitreichende Konsequenzen. Das hierzu erforderliche Instrumentarium beschränkt sich nicht auf das der klassischen Logik. Zudem ist es erst in Ansätzen entwickelt. Dies ist jedoch nur ein Aspekt eines generellen Problems. Für die adäquate Rekonstruktion der externen Rechtfertigung ist ganz allgemein die Logik zwar notwendig, aber nicht hinreichend. Hinreichend wäre erst eine Theorie der juristischen Argumentation, deren unverzichtbares Fundament zwar die Logik ist, die aber weit über sie hinauszugehen hat. Hierzu etwas auszuführen war jedoch nicht der Zweck dieser Studie.[88]

---

86 Vgl. hierzu G. H. v. Wright, The Varieties of Goodness, London/New York 1963, S. 155 ff., sowie O. Weinberger, Handeln und Schließen. Überlegungen zum Begriff der praktischen Inferenz, in: Philosophica 23 (1979), S. 5 ff.

87 G. H. v. Wright (Fn. 86), S. 167.

88 Vgl. hierzu R. Alexy (Fn. 15), S. 283 ff.

2. Normenbegründung und Normanwendung

Es gibt keinen Zweifel daran, daß man zwischen der Begründung und der Anwendung von Normen unterscheiden kann. Probleme tauchen erst auf, wenn man fragt, worin diese Unterscheidung besteht und welche Konsequenzen aus ihr zu ziehen sind. In jüngerer Zeit hat sich vor allem Klaus Günther um jene Unterscheidung bemüht und mit ihr weitreichende Folgerungen normen-, argumentations- und moraltheoretischer Art verbunden. Seine Thesen sind der Gegenstand meiner Überlegungen.

I.

Nach Günther besteht zwischen der Begründung und der Anwendung einer Norm ein fundamentaler Unterschied.[1] Bei der Begründung einer Norm gehe es um ihre Geltung, und nur um ihre Geltung, bei ihrer Anwendung um ihre Angemessenheit, und nur um ihre Angemessenheit. Die Angemessenheit einer Norm könne nur im Blick auf eine bestimmte Anwendungssituation bestimmt werden. Um festzustellen, ob eine Norm in einer bestimmten Situation angemessen[2] ist, sei es erforderlich, sie im Hinblick auf alle Merkmale dieser Situation und im Hinblick auf alle alternativ in Frage kommenden Normen zu beurteilen.[3] Die Angemessenheit einer Norm setzt sich demnach aus zwei Komponenten zusammen: aus ihrer Relation (1) zu einer bestimmten Situation und (2) zu allen anderen in dieser Situation in Frage kommenden Normen. Günther versucht, dies mit Hilfe des Begriffs der Kohärenz zu erfassen.[4] Ein Anwendungsdiskurs sei deshalb ein Diskurs, in dem versucht werde, alle Merkmale einer Situation im Lichte aller in Frage kommenden Normen zu be-

---

1 K. Günther, Der Sinn für Angemessenheit, Frankfurt a. M. 1988, S. 25.
2 »Angemessenheit« soll ein Prädikat einer »Norm in einer Situation im Verhältnis zu allen Merkmalen« der Situation sein (K. Günther (Fn. 1), S. 75).
3 K. Günther (Fn. 1), S. 94, 257, 271, 298.
4 Ders. (Fn. 1), S. 96, 304 f., 307.

rücksichtigen.[5] Seine Unparteilichkeit bestehe darin, daß kein Merkmal unterdrückt werde und keine möglicherweise einschlägige Norm unberücksichtigt bleibe. Günther nennt dies den »applikativen Sinn von Unparteilichkeit«.[6]

Demgegenüber soll für den Begründungsdiskurs der »universell-reziproke«[7] Sinn von Unparteilichkeit konstitutiv sein. Während die applikative Unparteilichkeit sach- (alle Merkmale der Situation) und systembezogen (alle Normen) sein soll, wird die universell-reziproke Unparteilichkeit personen- und prozedurbezogen definiert. Eine Norm soll in diesem Sinne unparteilich sein, wenn ihr alle in einem durch Freiheit und Gleichheit definierten Diskurs zustimmen können.[8] Ist dies der Fall, so soll die Norm verallgemeinerbar und deshalb begründet sein und daher gelten.

Die entscheidende Weichenstellung in Günthers Argument ist nun, daß nach seiner Meinung die Anwendungsdimension in Begründungsdiskursen notwendig fehlt. In Begründungsdiskursen finde eine wesentlich »situationsunabhängige« Beurteilung von Normen statt.[9] Das könne aus zwei Gründen nicht anders sein. Zum einen sei das Wissen der Diskursteilnehmer beschränkt. Es sei nicht möglich, alle Merkmale aller Anwendungssituationen zu kennen. Zum anderen könnten sich sowohl das Wissen über die Anwendungssituationen als auch die Interessen, auf die sich die Normen beziehen, ändern.[10] Jedes Ergebnis eines Begründungsdiskurses sei deshalb in einem doppelten Sinne relativ: relativ auf den jeweiligen Wissensstand und relativ auf die jeweiligen Interessen aller Diskursteilnehmer.[11] Günther zieht hieraus die Schluß-

5 Ders. (Fn. 1), S. 257 ff.
6 Ders. (Fn. 1), S. 257.
7 Ebd.
8 Ders. (Fn. 1), S. 56.
9 Ders. (Fn. 1), S. 257.
10 Ders. (Fn. 1), S. 52.
11 Habermas hat diesen Vorbehalt jüngst präzisiert und zugespitzt: »Jener *spezifische* Vorbehalt, mit dem wir gut begründete Handlungsnormen nur in einem ergänzungsbedürftigen Sinn für prima facie gültig halten, erklärt sich zwar auch aus der Begrenztheit unseres gegenwärtigen Wissens, jedoch nicht aus dessen Fallibilität. Der weitergehende Unvollständigkeitsvorbehalt erklärt sich ... aus der existentiellen Provinzialität gegenüber geschichtlichen Veränderungen der Gegenstände selbst ... (und) letztlich daraus, daß die soziale Welt ... ontologisch

folgerung, daß in Begründungsdiskursen nur prima facie-Normen begründet werden können.[12] Unter prima facie-Normen versteht er dabei in Anlehnung an Searle[13] »Normen, die unter gleichbleibenden Umständen gültig sind«.[14] Jedes Ergebnis eines Begründungsdiskurses sei deshalb mit einer ceteris paribus-Klausel versehen.[15] Günther erläutert diese mit einer Bemerkung, auf die noch zurückzukommen sein wird: »In Begründungsdiskursen dient sie dazu, die Berücksichtigung verschiedener Anwendungssituationen künstlich auszuschließen.«[16]

Daß Anwendungs- und Begründungsdiskurse auf die geschilderte Weise strikt zu trennen sind, ist nach Günther freilich nur die eine Seite der Sache. Ebenso wichtig ist ihm ihr Zusammenspiel. Der Charakter des Zusammenspiels wird vor dem Hintergrund dessen, was Günther das »Ideal einer perfekten Norm«[17] nennt, deutlich. Eine Norm soll perfekt sein, wenn sie das Ergebnis eines in jeder Hinsicht idealen Diskurses[18] ist. Günther thematisiert drei Merkmale des in jeder Hinsicht idealen Diskurses: (1) die unbegrenzte freie und gleiche Teilnehmerschaft, (2) die unbegrenzte Zeit und (3) das unbegrenzte Wissen. Da die Teilnehmer eines in jeder Hinsicht idealen Diskurses über unbegrenztes Wissen[19] verfügen, kennen sie jede Anwendungssituation mit allen ihren Merkmalen. Wenn sie dann auch noch über unbegrenzte

anders verfaßt ist« (J. Habermas, Erläuterungen zur Diskursethik, in: ders., Erläuterungen zur Diskursethik, Frankfurt a. M. 1991, S. 141 f.).

12 K. Günther (Fn. 1), S. 94.

13 J. Searle, Prima Facie Obligations, in: J. Raz (Hg.), Practical Reasoning, Oxford 1978, S. 88 f.

14 K. Günther (Fn. 1), S. 259.

15 Ders. (Fn. 1), S. 266.

16 Ebd.

17 K. Günther, Ein normativer Begriff der Kohärenz für eine Theorie der juristischen Argumentation, in: Rechtstheorie 20 (1989), S. 167.

18 Zum Begriff des in jeder Hinsicht idealen Diskurses sowie zu den mit diesem Begriff verbundenen Problemen vgl. R. Alexy, Probleme der Diskurstheorie, in: Zeitschrift für philosophische Forschung 43 (1989), S. 84 ff. [Kap. 5, S. 113 ff.].

19 Das unbegrenzte Wissen, von dem hier die Rede ist, ist nur ein empirisches Wissen über äußere und innere Tatsachen. Wäre es auch ein normatives Wissen, würde es die richtige Lösung eines jeden Falles unmittelbar einschließen, und ein praktischer Diskurs würde sich erübrigen.

Zeit verfügen, können sie versuchen, Normen zu begründen, die bereits jede mögliche Anwendungssituation mit allen ihren Merkmalen berücksichtigen und dabei zu allen anderen Normen ins Verhältnis gesetzt sind. Ob sie dabei zu genau einer Lösung für jeden Fall gelangen, mag hier offenbleiben.[20] Jedenfalls hat Günther recht, wenn er sagt, daß unter den genannten idealen Bedingungen ein spezieller Anwendungsdiskurs überflüssig wäre.[21]

Günthers Idee ist nun, daß die Tatsache, daß ein in jeder Hinsicht idealer Diskurs nicht realisierbar ist, durch das Zusammenspiel von Begründungs- und Anwendungsdiskursen jedenfalls ein Stück weit kompensiert werden kann. Zwar sei es nicht möglich, in Begründungsdiskursen alle Anwendungssituationen mit allen Merkmalen zu berücksichtigen, es sei aber möglich, die Begründungsdiskurse erst auf die bescheidenere Aufgabe der Rechtfertigung von prima facie-Normen zu beschränken und dann in Anwendungsdiskursen immerhin alle Merkmale des jeweils zur Entscheidung anstehenden Falles zu berücksichtigen.

II.

Bevor das Argument Günthers im Rahmen eines Beispiels einer näheren Untersuchung unterzogen wird, sind einige allgemeinere Bemerkungen angebracht. Ein zentrales Argument Günthers erst für die Trennung und dann für die Zusammenfügung von Begründungs- und Anwendungsdiskursen ist die Begrenztheit unseres Wissens, und zwar unsere Unfähigkeit, alle Anwendungssituationen einer Norm mit allen ihren Merkmalen vorauszusehen. Diese für alle realen Diskurse konstitutive Tatsache führt in der Tat zu einem prima facie- oder ceteris paribus-Vorbehalt, durch den eine fallibilistische Einschätzung aller Diskursergebnisse zum Ausdruck gebracht wird. Auffällig ist allerdings, daß Günther die Idee des in jeder Hinsicht idealen Begründungsdiskurses nur partiell aufgibt. Er wird nur in den Dimensionen des empirischen Wissens und der Zeit zum realen Diskurs. In der Dimension der Teilnehmerschaft bleibt der Begründungsdiskurs ideal. Auch wird keine Kompensation analog der, daß wenigstens in einzelnen Fällen ver-

20 Vgl. dazu R. Alexy (Fn. 18), S. 85 f.
21 K. Günther (Fn. 1), S. 49 f.

sucht werden soll, alle Merkmale zu erschöpfen, angeboten. Nun ist aber sicher, daß auch die unbegrenzte Teilnehmerschaft nur approximativ realisiert werden kann. Hieraus folgt, daß alle realen Diskursergebnisse nicht nur unter einen Wissens- und Zeitvorbehalt, sondern auch unter einen Teilnehmervorbehalt gestellt werden müssen.[22] Das kann nur bestreiten, wer die Teilnehmer eines Diskurses als für das Diskursergebnis irrelevant einstuft. Mit dieser These aber wäre der Bereich der Diskurstheorie verlassen.

Nun wird Günthers Trennung von Begründungs- und Anwendungsdiskursen durch einen Teilnehmervorbehalt nicht zu Fall gebracht. Es entsteht aber Anlaß für die Vermutung, daß nicht die Unterscheidung zwischen Begründung und Anwendung das für die Diskurstheorie entscheidende Problem sein könnte, sondern vielmehr die zwischen idealen und realen Diskursen.

Es ist ferner interessant, daß Günther dem eben skizzierten diskurstheoretischen Argument für die Trennung von Begründung und Anwendung ein Argument ganz anderer Art zur Seite stellt: »Ich möchte die These verteidigen, daß wir mit der unparteilichen Begründung der Geltung einer Norm etwas anderes *meinen* als ihre unparteiliche Anwendung in einem Einzelfall.«[23] Diesem Argument könnte auch ein Gegner der Diskurstheorie zustimmen, also etwa auch der, der die Normanwendung als bloßen Akt lebensformgebundener Klugheit, hermeneutischer Einsicht oder geschulter Intuition einstuft. Mit der Feststellung, daß die unparteiliche Begründung einer Norm etwas anderes ist als ihre unparteiliche Anwendung, wird das eigentliche moraltheoretische Problem noch nicht formuliert. Dieses lautet, ob die diskurstheoretische Deutung der Unparteilichkeit der Normanwendung die beste Deutung dieses Begriffs ist. Damit steht die entscheidende Frage fest: Führt die von Günther vorgeschlagene Aufspaltung von Begründungs- und Anwendungsdiskursen zur besten Verteidigung der diskurstheoretischen und damit einer universalisti-

22 Habermas fordert, daß der Universalisierungsgrundsatz als Argumentationsregel »nichts Unmögliches« verlangen darf. Er müsse einen »operationalen Sinn behalten« (J. Habermas (Fn. 11), S. 139). Solange man daran festhält, daß die Teilnehmer des Diskurses reale Personen sind, und hieran ist festzuhalten, verlangt der Universalisierungsgrundsatz als Argumentationsregel etwas faktisch Unmögliches, wenn er nicht mit einem Teilnehmervorbehalt versehen wird.

23 K. Günther (Fn. 17), S. 168.

schen Deutung der Unparteilichkeit der Normanwendung? Das kann nur dann der Fall sein, wenn Günthers Thesen zur Unterscheidung von Begründungs- und Anwendungsdiskursen richtig sind.

III.

Die Frage, ob Günthers Unterscheidung von Begründungs- und Anwendungsdiskursen richtig ist, soll anhand des auch von Günther verwendeten[24] Schulfalls erörtert werden, in dem *a* dem Smith versprochen hat, auf dessen Party zu gehen, vor Erfüllung dieses Versprechens aber erfährt, daß sein Freund Jones schwer erkrankt ist und seine Hilfe braucht. Die Hilfe kann nur zu der Zeit erbracht werden, zu der die Party stattfindet. In dieser Situation, die als »S« bezeichnet werden soll, sind zwei Normen einschlägig. Sie lassen sich grob wie folgt formulieren:

N_1: Versprechen sind zu halten.

N_2: In Not geratenen Freunden ist zu helfen.

Zur Erörterung des Begründungs- und des Anwendungsproblems ist es zweckmäßig, diesen Normen die folgende konditionale Form zu geben:

N_1: Wer etwas versprochen hat, ist verpflichtet, dies zu tun.

N_2: Wer erfährt, daß ein Freund in Not geraten ist und Hilfe braucht, ist verpflichtet, diesem zu helfen.

Wendet man diese Normen auf S an, so erhält man zwei singuläre oder individuelle Normen[25], die sich zwar nicht als solche widersprechen, von denen in der Situation S aber nur eine erfüllbar ist. Die Anwendung von N_1 und N_2 auf S hat folgende Struktur:

(I) (1) Wer etwas versprochen hat, ist verpflichtet, dies zu tun. (N_1)

(2) *a* hat versprochen, zur Party des Smith zu gehen.

(3) *a* ist verpflichtet, zur Party des Smith zu gehen.

---

24 Vgl. dens. (Fn. 1), S. 261, 288 ff.

25 Zum Begriff der individuellen Norm vgl. R. Alexy, Theorie der Grundrechte, Baden-Baden 1985 (Frankfurt a. M. 1986), S. 73.

(II)   (1) Wer erfährt, daß ein Freund in Not geraten ist und Hilfe braucht, ist verpflichtet, diesem zu helfen. (N_2)
(2) a hat erfahren, daß sein Freund Jones schwer erkrankt und in diesem Sinne in Not geraten ist und Hilfe braucht.
(3) a ist verpflichtet, Jones zu helfen.

Es sei hervorgehoben, daß (II) eine kompliziertere Struktur aufweist als (I). Die Prämisse (2) schließt die Prämisse ein, daß derjenige in Not gerät, der schwer erkrankt. In einer vollständigen Darstellung der Normanwendung wäre diese These als eigenständige Prämisse anzuführen.[26] Da es an dieser Stelle jedoch nur um das Kollisions- und nicht um das Subsumtionsproblem geht, soll hierauf verzichtet werden.

Für die weiteren Überlegungen ist es zweckmäßig, die logische Struktur der Anwendung von N_1 und N_2 auf S wenigstens in ihren elementarsten Zügen in den Blick zu bekommen. Die von (I) läßt sich wie folgt darstellen:

(I)   (1) $(x)\,(T_1 x \rightarrow OR_1 x)$ (N_1)
(2) $T_1 a$
(3) $OR_1 a$[27]

(1) gibt die Struktur von N_1 als universelle Norm wieder. »T_1« steht für »hat versprochen, h zu tun«, »R_1« für »tut h«. »O« ist der deontische Operator »es ist geboten, daß«.[28] (2) ist ein empirischer Satz, der ausdrückt, daß in bezug auf a in der Situation S das Merkmal T_1 vorliegt. (3) ist die aus (1) und (2) logisch folgende individuelle Norm, welche sagt, daß es geboten ist, daß a sein Versprechen erfüllt, was implizieren soll, daß a hierzu verpflichtet ist.

Die logische Struktur der Anwendung von N_2 läßt sich, wieder

---

26 Vgl. hierzu R. Alexy, Theorie der juristischen Argumentation, 2. Aufl., Frankfurt a. M. 1991, S. 276 ff.
27 Vgl. hierzu dens. (Fn. 26), S. 95, 274.
28 Natürlich ließe sich die logische Struktur von (1) und damit die von (I) wesentlich differenzierter darstellen. So wären bei einer vollständigen Analyse in (1) etwa Variablen auch für den Empfänger des Versprechens und für seinen Gegenstand aufzunehmen, was nur unter Verwendung mehrstelliger Prädikate möglich ist. Für die hier anzustellenden Überlegungen reicht die Darstellung jedoch aus.

mit zahlreichen Vereinfachungen, auf entsprechende Weise darstellen:

(II)   (1) (x) $(T_2x \rightarrow OR_2x)$ (N_2)
        (2) T_2a
        (3) OR_2a

(II) ist eine noch weitaus radikalere Vereinfachung als (I). (2)
schließt nicht nur eine Wortgebrauchsregel[29] ein, die, wie erwähnt, eigentlich als eigenständige Prämisse anzuführen wäre, in
(1) werden darüber hinaus mehrere Merkmale zu einem zusammengefaßt. Dennoch reicht auch in diesem Fall die vereinfachte
Darstellung für das hier vorzutragende Argument aus.
Die bisherigen Überlegungen führen zu zwei einfachen Einsichten. Die erste lautet, daß auch die Normanwendung sich als
Normenbegründung auffassen läßt. Sie unterscheidet sich in ihrer
logischen Form von dem, was gemeinhin »Normenbegründung«
genannt wird, nur dadurch, daß der Gegenstand der Begründung
nicht eine universelle, sondern eine individuelle Norm ist. Das hat
allerdings weitgehende Konsequenzen. Weitaus wichtiger ist die
zweite Einsicht. Sie besteht darin, daß in dem hier betrachteten
Schulfall Anwendungsprobleme nicht innerhalb der Anwendung
von N_1 und N_2 auf S entstehen, sondern nur aufgrund des Verhältnisses der beiden Anwendungen, die, jeweils für sich gesehen,
problemlos sind. Nur weil erstens N_1 und N_2 gelten und zweitens
S die Merkmale T_1 und T_2 aufweist, kommt es zu zwei individuellen Normen, die nicht beide erfüllbar sind, und damit zu dem, was
Günther das »Kollisionsproblem« nennt.[30] Die Frage lautet, was
sich aus dem Kollisionsproblem[31] für die Unterscheidung von Be-
gründungs- und Anwendungsdiskursen ergibt.
Betrachtet man die Sache vom Ergebnis her, so sind drei Lösungs-
modelle möglich. Im ersten wird die Kollision nicht aufgelöst.
Trotz der Tatsache, daß a nicht beide Verpflichtungen erfüllen

29 Vgl. R. Alexy (Fn. 26), S. 278, 288.
30 K. Günther (Fn. 1), S. 267.
31 Ich will hier die Unterscheidung von Regeln und Prinzipien nicht the-
   matisieren. Täte man dies, wären Regelkonflikte und Prinzipienkollisionen zu unterscheiden (vgl. R. Alexy (Fn. 25), S. 77 ff.). Der Ausdruck »Kollision« wird hier deshalb in einem weiten Sinne verwendet,
   in dem er sich sowohl auf Regelkonflikte als auch auf Prinzipienkollisionen bezieht.

kann, wird er beiden unterworfen. Er kann handeln, wie er will, stets verstößt er gegen eine Norm und handelt insofern falsch. Dieses Modell kann, zumindest im Hinblick auf die Fälle, in denen jemand unverschuldet in eine Situation wie a gerät, als das »tragische Modell« bezeichnet werden. Ich will hier offenlassen, ob es Fälle gibt, in denen sich das tragische Modell empfiehlt. Jedenfalls ist der vorliegende Fall kein Fall dieser Art. Das zweite Modell ist das extreme Gegenstück zum tragischen Modell. Es wird gewählt, wenn in Kollisionsfällen angenommen wird, daß keinerlei Verpflichtung besteht. Günther erwägt dieses Lösungsmodell gar nicht erst, und das zu Recht. Es würde dazu führen, daß a wegen des Zufalls, dem Smith die Teilnahme an seiner Party versprochen zu haben, von der Verpflichtung, seinem Freund zu helfen, freikäme. Richtig kann hier deshalb nur das dritte Lösungsmodell sein, in dem entweder die eine oder die andere Verpflichtung bestehen bleibt. Ich hoffe ohne Begründung sagen zu können, daß dies im vorliegenden Fall die Verpflichtung ist, dem in Not geratenen Freund zu helfen.

Wer das dritte und einzig richtige Lösungsmodell wählt, kann das Verhältnis zwischen den einschlägigen Normen, in unserem Fall N_1 und N_2, und dem definitiven Ergebnis, in unserem Fall der Verpflichtung, dem in Not geratenen Freund zu helfen (OR_2a), auf zwei Weisen konstruieren. Die erste Konstruktion besteht darin, daß die Ebene der Normen durch die Entscheidung für OR_2a unangetastet bleibt. Vor wie nach der Entscheidung besteht sie aus N_1 und N_2 als prima facie-Normen. Die Entscheidung fügt dem nur die individuelle Norm OR_2a hinzu.

Wer diese Konstruktion wählt, kann Begründungs- und Anwendungsdiskurse leicht trennen. Gegenstand von Begründungsdiskursen sind nicht aufeinander bezogene und in diesem Sinne isolierte prima facie-Normen einfachen Zuschnitts wie N_1 und N_2. Anwendungsdiskurse nehmen derartige Normen als Ausgangspunkte, haben aber ausschließlich individuelle Normen wie OR_2a, die definitive Entscheidungen in konkreten Situationen ausdrücken, zum Gegenstand. Universelle Normen können schon deshalb nicht Gegenstand des Anwendungsdiskurses sein, weil es bei dieser Konstruktion außer den anzuwendenden universellen Normen wie N_1 und N_2 keine weiteren universellen Normen gibt. So vorteilhaft diese Konstruktion für den ist, der eine strikte Trennung von Begründungs- und Anwendungsdiskursen verteidigen will, so schwer wiegen ihre Nachteile unter dem Gesichtspunkt der praktischen Rationalität. Eine universalistische Entscheidungspraxis ist in dieser Konstruktion nicht möglich. Die Beziehungen zwischen der Ebene der prima facie-Normen und der der definitiven Entscheidungen haben ad hoc-Charakter. Das fundamentale moralische Postulat der Gleichbehandlung greift ins Leere, weil es im spärlich ausgestatteten normativen Universum dieser Konstruktion nichts geben kann, was Gleichbehandlung gewährleisten könnte. Es gibt nur definitive individuelle Normen, die ganz auf einzelne Situationen zugeschnitten sind, und einfache prima facie-Normen wie N_1 und N_2, die in jeder neuen Situation neu gewichtet werden müssen. Normative Kohärenz läßt sich in einem solchen System nicht herstellen.

Es gibt Äußerungen Günthers, die bei isolierter Betrachtung die Annahme nahelegen, er wolle sich für diese Konstruktion entscheiden. So heißt es, daß in Anwendungsdiskursen die Feststellung, »daß Jones sich in einer hilflosen Lage befindet und deshalb das Gebot der Hilfeleistung zu berücksichtigen sei, den Status eines *Arguments*« gewinne. Dieses Argument ziele »nicht mehr auf die Gültigkeit der kollidierenden Norm, sondern nur auf ihre *Angemessenheit* unter Berücksichtigung aller Umstände der Situation«.[32] Daß N_2 unter dieser Bedingung angemessen ist, bedeutet aber nichts anderes, als daß das definitiv gilt, was N_2 fordert. Man könnte Günther deshalb so lesen, daß es nach ihm nichts gibt als prima facie-Normen wie N_1 und N_2, definitive individuelle Normen wie OR_1a und OR_2a und ein Angemessenheitsurteil, das eine der beiden prima facie-Normen und damit eine der beiden definitiven Normen, in unserem Fall N_2 und OR_2a, vorzieht. Das entspräche der ersten Konstruktion.

Fügt man alle Äußerungen Günthers zusammen, ergibt sich jedoch ein anderes Bild. So spricht er davon, daß »neue Situationsinterpretationen« zur »Veränderung, Modifikation, Revision« des »semantischen Gehalts« führen, »mit der Folge, daß eine solcherart modifizierte Norm erneut daraufhin zu prüfen ist, ob sie im Hinblick auf die jetzt bekannten Kontexte von allen mit Gründen akzeptiert werden kann«.[33] Das bedeutet nichts anderes, als daß die Norm anläßlich der Lösung eines Falles geändert wird und die

32 K. Günther (Fn. 17), S. 172.
33 Ders. (Fn. 1), S. 95.

geänderte Norm begründungsfähig und -bedürftig ist. Am deutlichsten wird Günther bei den Wortgebrauchsregeln. Im Falle von N_2 gibt es viele Situationen, in denen unklar ist, ob N_2 auf sie anwendbar ist. Die oben vorausgesetzte Wortgebrauchsregel, welche sagt, daß jemand, der schwer erkrankt, in Not gerät, bereitet relativ wenig Probleme. Was ist aber bei einer leichteren Erkrankung, etwa einer Mandelentzündung mit Fieber? Noch weitaus mehr Interpretationsprobleme wirft die zweite Voraussetzung von N_2 auf. Braucht ein schwer erkrankter Freund auch dann Hilfe, wenn eine Krankenschwester ihn mit dem Lebensnotwendigen versorgt, diese aber unfreundlich ist und der Freund sich nach Zuspruch sehnt? Die Merkmale derartiger Situationen lassen sich durch Wortgebrauchsregeln mit den in N_2 enthaltenen Begriffen positiv und negativ verbinden. Ist dies geschehen, kann der Fall durch eine Subsumtion gelöst werden.[34]

Der einfachste positive Anwendungsfall entspricht folgendem Schema:

(II′)   (1) $(x)\,(T_2 x \rightarrow OR_2 x)$ (N_2)
        (2) $(x)\,(Mx \rightarrow T_2 x)$
        (3) Ma
        (4) $OR_2 a$[35]

Günther hebt zu Recht hervor, daß Wortgebrauchsregeln wie (2) »begründungsbedürftig wie eine Norm« sind,[36] denn aus (1) und (2) folgt die neue Norm (1′): $(x)\,(Mx \rightarrow OR_2 x)$. Treffend ist auch seine Feststellung, daß »die Aufgabe, die Situationsangemessenheit einer Bedeutungsfestsetzung im Verhältnis zu anderen Bedeutungsvarianten zu rechtfertigen, (sich) nicht von der Aufgabe (unterscheidet), die Situationsangemessenheit einer Norm im Verhältnis zu anderen anwendbaren Normen zu rechtfertigen«.[37] Sowohl im Unbestimmtheits- als auch im Kollisionsfall schließt die Entscheidung über die Angemessenheit in einer konkreten Situation auf der Ebene der Normen begründungsfähige und begründungsbedürftige Modifikationen ein.

Dem entspricht die zweite Konstruktion. Diese läßt sich dadurch

34 R. Alexy (Fn. 26), S. 276 ff.
35 Ders. (Fn. 26), S. 288.
36 K. Günther (Fn. 1), S. 291.
37 Ders. (Fn. 1), S. 293.

charakterisieren, daß in ihr die Entscheidungen in konkreten Situationen auf der Ebene der Normen abgebildet werden. In unserem Fall, also in S, kann dies dadurch geschehen, daß in N_1, also in die Norm, die die Einhaltung von Versprechen fordert, eine Ausnahmeklausel eingefügt wird, die auf die in S gegenläufige Norm N_2 bezogen ist. N_1 erhält damit die folgende Gestalt:

> N_1^k: Wer etwas versprochen hat, ist verpflichtet, dies zu tun, es sei denn, er erfährt, daß ein Freund in Not geraten ist und Hilfe braucht.[38]

Diese Norm hat folgende Struktur:

$$N_1^k\colon\ (x)\ (T_1x \wedge \neg\, T_2x \rightarrow OR_1x).[39]$$

N_2 kann unverändert bleiben. N_1^k und N_2 lassen sich nunmehr auf S anwenden, ohne daß eine Kollision entsteht.

IV.

Akzeptiert man die zweite Konstruktion, so taucht die Frage auf, ob das Anwendungsproblem nicht doch im Kern ein Begründungsproblem ist. Zwar ist die Situation S mit den Merkmalen T_1 und T_2 der Anlaß, N_1 zu modifizieren, in der Sache scheint es aber darauf anzukommen, ob die modifizierte Norm gerechtfertigt ist, also ob N_1^k in einem Begründungsdiskurs akzeptiert werden kann und deshalb gilt. Günther stellt jene Frage und verneint sie. Dabei lassen sich zwei Begründungen unterscheiden.

Ein erstes Argument lautet, daß man nicht isoliert auf die neu konstruierte Norm abstellen dürfe. Ein Begründungsdiskurs sei so lange nicht erforderlich, »wie sich die Interpretation auf der Basis und in den Grenzen des Sinnes der gemeinsam als gültig akzeptierten Normen und Prinzipien« bewege. Was Günther damit meint, wird deutlich, wenn er hinzufügt: »Innerhalb dieser Grenzen streben wir ein *ideales kohärentes System* zwischen den miteinander kollidierenden Normen an. Alle neu konstruierten Normen, die zur Herstellung von Stützungsrelationen innerhalb

---

38 Zu einer ähnlichen Formulierung vgl. dens. (Fn. 17), S. 178.
39 Zu dieser Struktur als Grundstruktur der Einschränkung der Anwendbarkeit einer Norm vgl. R. Alexy (Fn. 26), S. 290.

dieses angestrebten idealen Systems dienen, gehören noch zur Menge der gemeinsam als gültig akzeptierten Normen.«[40] Das läßt sich im Blick auf das hier betrachtete kleine Universum des Falles S zu folgender These zusammenfassen: N_I^k muß nicht in einem Begründungsdiskurs begründet werden, wenn N_I^k zur Herstellung eines idealen kohärenten Systems zwischen N_1 und N_2 dient. Ich halte diese These für falsch. N_I^k ist erstens eine Norm und zweitens eine Norm, die gegenüber N_1 und N_2 zusätzlichen normativen Gehalt aufweist. N_I^k enthält Konsequenzen für die Befriedigung der Interessen der von ihr Betroffenen, die in N_1 und N_2 noch nicht eingeschlossen sind. Der Universalisierbarkeitsgrundsatz der Diskurstheorie verlangt deshalb, daß N_I^k in einem Begründungsdiskurs gerechtfertigt wird.

Günthers These wäre nur dann richtig, wenn gesagt werden könnte, daß N_I^k bereits in N_1 und N_2 enthalten ist und deshalb bereits »zur Menge der gemeinsam als gültig akzeptierten Normen«[41] gehört. Wenn man N_1 und N_2 isoliert als prima facie-Normen betrachtet, ist N_I^k sicher noch nicht in N_1 und N_2 enthalten. Das ergibt sich schlicht daraus, daß N_I^k nicht aus N_1 und N_2 folgt. N_I^k könnte deshalb nur unter Hinzunahme einer weiteren Prämisse zu den bereits als gültig akzeptierten Normen gehören. Günther bietet als eine solche weitere Prämisse die Idee eines idealen kohärenten Systems an. Die Idee der Kohärenz ist entweder ein Zauberhut, aus dem man alles hervorholen kann – man spricht dann gern von »Gesamtschau« –, oder sie verweist auf das Verfahren der Begründung in einem System.[42] Günthers Bemühungen, den Begriff der Kohärenz zu operationalisieren,[43] weisen darauf hin, daß er auf die zweite Konzeption zielt. Wenn aber die Herstellung von Kohärenz ein Begründungsverfahren ist, dann ist dieses Verfahren nicht auf Anwendungsdiskurse beschränkt, sondern auch in Begründungsdiskursen verwendbar. Wer das bestreiten will, muß behaupten, daß die Kohärenz bei der Normenbegründung irrelevant ist. Deshalb führt auch die Idee der Kohärenz nicht dazu, daß N_I^k als nicht begründungsbedürftig aus dem Be-

40 K. Günther (Fn. 17), S. 181.
41 Ebd.
42 Zu letzterem vgl. R. Alexy/A. Peczenik, The Concept of Coherence and Its Significance for Discursive Rationality, in: Ratio Juris 3 (1990), S. 130 ff.
43 K. Günther (Fn. 1), S. 299 ff.

reich des Begründungsdiskurses herausgenommen werden kann. Günther scheint dies zu sehen, wenn er sagt, daß stets dann, wenn der Geltungsanspruch einer Norm wie N_{I}^{k} strittig ist, »in einem Begründungsdiskurs« geklärt werden kann, »ob die Norm ein allgemeines Interesse verkörpert und zur Menge der als gültig akzeptierten Normen gehören soll«.[44] Damit räumt er ein, daß jede Norm wie N_{I}^{k} in einem Begründungsdiskurs begründungs*fähig* ist, denn von keiner Norm wie N_{I}^{k} kann von vornherein ausgeschlossen werden, daß sie strittig wird. Er scheint aber zu meinen, daß nicht jede Norm wie N_{I}^{k} begründungs*bedürftig* ist. Das soll dann nicht der Fall sein, wenn eine Norm wie N_{I}^{k} als Element eines kohärenten Systems erwiesen werden kann, was Sache eines eigenständigen Anwendungsdiskurses sei.[45] Dem kann nicht zugestimmt werden.

Das bislang geschilderte und kritisierte Argument Günthers führt zu einer eigentümlichen Verschiebung der Begriffe des Anwendungs- und des Begründungsdiskurses. Beim Anwendungsdiskurs tritt der Einzelfall in den Hintergrund. Entscheidend wird die Kohärenz aller Elemente des Normensystems im Blick auf die entschiedenen und zu entscheidenden Fälle. Der Anwendungsdiskurs wird auf diese Weise zu einem Kohärenzdiskurs. Das geht, wenn man einige Äußerungen Günthers ernst nimmt, mit einer Ausdünnung des Begründungsdiskurses einher. So schreibt Günther an einer Stelle, daß »wir gültige Normen ... nicht im Hinblick auf externe Kollisionen akzeptieren«.[46] Unter einer externen Kollision versteht Günther die Kollision von zwei gültigen prima facie-Normen[47], also etwa die von N_1 und N_2. Gegenstand eines Begründungsdiskurses ist das Akzeptieren von Normen als gültig. Wenn Normenkollisionen kein Thema von Begründungsdiskursen mehr sein sollten, bliebe diesen außer dem Ausschluß von niemals einschlägigen Normen wie solchen, die die uneingeschränkte individuelle Nutzenmaximierung erlauben[48] oder die, wie etwa das Rassenprinzip des Nationalsozialismus, in jeder Situation die Interessen von Diskursteilnehmern verletzen, nur

44 Ders. (Fn. 17), S. 181.
45 Vgl. dens. (Fn. 17), S. 188.
46 Ders. (Fn. 17), S. 180.
47 Ders. (Fn. 17), S. 170.
48 Vgl. dens. (Fn. 17), S. 169.

noch die Produktion von allgemeinen Argumenten für Anwendungsdiskurse und Faustregeln für Standardfälle. Mit dem Aufstieg des Anwendungsdiskurses zum Kohärenzdiskurs verkäme der Begründungsdiskurs zum Topoidiskurs.

v.

Es fragt sich deshalb, ob Günthers zweites Argument für den eigenständigen Charakter des Anwendungsdiskurses akzeptabel ist. Dieses sagt, daß es in Anwendungsdiskursen um die richtige Entscheidung in einer bestimmten Situation geht, in Begründungsdiskursen demgegenüber um die Geltung einer Norm. Diese Beobachtung ist richtig. Die Frage ist nur, ob sich aus ihr so weitgehende Konsequenzen ergeben, wie Günther sie zieht.

Erste Zweifel ergeben sich daraus, daß Anwendungssituationen in Begründungsdiskursen keineswegs, wie Günther gelegentlich meint, nur »illustrativ« verwendet werden.[49] Vielmehr ist die Bezugnahme auf Anwendungssituationen auch in Begründungsdiskursen notwendig. Ohne Bezug auf Anwendungssituationen können die Diskursteilnehmer nicht feststellen, welche Konsequenzen eine Norm für die Interessen der von ihr Betroffenen voraussichtlich haben wird. Günther sieht das Problem.[50] Er glaubt es jedoch mit dem Hinweis darauf lösen zu können, daß in Begründungsdiskursen auf eine andere Weise auf Situationen Bezug genommen wird als in Anwendungsdiskursen.

In einem Punkt trifft diese These ohne Zweifel zu. Moralische[51] Anwendungsdiskurse haben ein unmittelbar situationsbezogenes Thema, Begründungsdiskurse nicht. Für Anwendungsdiskurse ist

49 Ders. (Fn. 17), S. 167.
50 Ders. (Fn. 1), S. 25.
51 In juristischen Anwendungsdiskursen ist dies wegen des institutionellen Charakters der anzuwendenden Normen ein gutes Stück weit anders. Allerdings taucht auch dort regelmäßig das Kollisionsproblem auf (vgl. R. Alexy (Fn. 25), S. 78 ff.), und die Modifikationsfrage stellt sich als Problem der Rechtsfortbildung (vgl. BVerfGE 34, 269 (286 f.); 35, 263 (278 ff.); 37, 67, (81); 38, 386 (396 f.); 49, 304 (318 ff.); 65, 182 (190 ff.); 71, 354 (362 f.); 82, 6 (11 ff.)). Im übrigen ist die Begründung von fallbezogenen Wortgebrauchsregeln eine der Hauptaufgaben der juristischen Argumentation.

die Frage konstitutiv, was die richtige Lösung *in einer bestimmten Situation* ist,[52] für Begründungsdiskurse, welche *universelle Norm* richtig ist. Doch daraus, daß diese zwei Fragen zu unterscheiden sind, folgt noch nicht, daß zwei essentiell verschiedene Diskursformen existieren. Es könnte auch sein, daß diese beiden Fragen nur zwei verschiedene Operationen innerhalb einer Diskursform einleiten und deshalb nur zu zwei Varianten einer Diskursform führen.

Letzteres wäre dann der Fall, wenn Anwendungs- und Begründungsdiskurse zwar mit verschiedenen Fragen beginnen würden, bei der Beantwortung dieser unterschiedlichen Fragen aber auf dieselben Fragen stießen und diese Fragen in denselben Argumentformen und nach denselben Regeln zu beantworten hätten. Nach Günther ist genau dies nicht der Fall. In Begründungsdiskursen sollen Anwendungssituationen nur den Charakter von »hypothetischen Situationen« oder von »Beispielsituationen« haben.[53] Derartige Beispielsituationen sollen sich von »genuinen Anwendungssituationen«[54] fundamental unterscheiden: »Der Mikrokosmos einer jeden einzelnen Situation ist ebenso unendlich wie der Makrokosmos aller Situationen, auf die eine Norm anwendbar ist.«[55] Nur in Anwendungsdiskursen könne deshalb versucht werden, »alle Merkmale einer Situation zu berücksichtigen«,[56] in Begründungsdiskursen gelte diese Forderung nicht.

Günther hat recht, wenn er darauf hinweist, daß jede konkrete Situation potentiell unendlich viele Merkmale aufweist. Das gilt jedenfalls dann, wenn man unter »Merkmal« auch die Abstufung von Merkmalen und die Kombination von Merkmalen versteht. Deutungsbedürftig ist jedoch sein Begriff der hypothetischen Situation oder der Beispielsituation. Es gibt bei ihm Äußerungen, nach denen die Anwendungssituationen, auf die im Begründungsdiskurs Bezug genommen wird, künstlich vereinfachte Standardfälle zu sein haben. Diese Interpretation kann als »Standardfallinterpretation« bezeichnet werden. Oben ist bereits Günthers These erwähnt worden, daß die ceteris paribus-Klauseln in Begrün-

---

52 K. Günther (Fn. 1), S. 34.
53 Ders. (Fn. 1), S. 51.
54 Ebd.
55 Ders. (Fn. 1), S. 58.
56 Ders. (Fn. 1), S. 95.

dungsdiskursen dazu dienen, »die Berücksichtigung verschiedener Anwendungssituationen künstlich auszuschließen«.[57] An anderer Stelle spricht er von »selektiven Situationsbeschreibungen« sowie davon, daß es genügt, die Situationsbeschreibungen auf gleichbleibende Umstände »einzuschränken«.[58] Diese Interpretation des Begriffs der hypothetischen Situation führt zu dem, was ich oben den »Topoidiskurs« genannt habe. Wenn das für Begründungsdiskurse relevante Fallmaterial auf einfache Standardfälle reduziert wird, können in Begründungsdiskursen nur noch Abwägungsgesichtspunkte und Faustregeln produziert werden. Das hätte die fatale Konsequenz, daß die in Anwendungsdiskursen anläßlich der Entscheidung eines Falles modifizierten oder neu geschaffenen Normen nicht mehr Gegenstand eines Begründungsdiskurses sein könnten und deshalb nicht mehr begründbar wären. Die Standardfallinterpretation ist deshalb auszuschließen.

Die zweite Interpretation kann »Approximationsinterpretation« genannt werden. Nach ihr dürfen die hypothetischen Anwendungssituationen in Begründungsdiskursen nicht nur so vielgestaltig sein wie möglich, sie sollen dies auch. Es gibt keine Diskursregel, die verbietet, sich komplexe Situationen auszudenken und zu fragen, ob auch im Blick auf sie eine vorgeschlagene Norm für jeden akzeptabel ist. Die Zulässigkeit von Phantasie ist dabei nur die eine Seite der Sache. Die andere ist die Zulässigkeit von Erfahrung. Die Diskursteilnehmer verfügen über eine Biographie, und sie können sich auf geschichtliche Erfahrung stützen. Auf diese Weise steht ein reiches Situationsmaterial zur Verfügung. Eine Begrenzung ergibt sich allein aus den faktischen Möglichkeiten, und zwar aus den Grenzen des empirischen Wissens, der historischen Erfahrung und der endlichen Zeit. Diese Approximationsinterpretation kommt bei Günther zum Ausdruck, wenn er auf die Frage, »nach welchem Kriterium wir eine begründungsintern verwendete Beispielsituation von einer genuinen Anwendungssituation unterscheiden«, die folgende Antwort gibt: »Ein solches Kriterium darf es nicht geben, da es mit dem Sinn des Universalisierungsgrundsatzes unvereinbar wäre ... jede Einschränkung (würde) zur Folge haben, daß bestimmte Anwen-

57 Ders. (Fn. 1), S. 266.
58 Ders. (Fn. 17), S. 171.

dungsmöglichkeiten tabuisiert und einer Prüfung auf ihre Interessenrelevanz für jeden einzelnen entzogen würden ... Die Beschränkung ... liegt auf der subjektiven Seite. Sie hängt vom historischen Stand unserer Erfahrungen und unseres Wissens ab.«[59]

Folgt man dieser Interpretation, so reduziert sich der Unterschied zwischen Begründungs- und Anwendungsdiskursen auf zwei Punkte. Der erste ist, daß in beiden Diskursen am Anfang eine andere Frage gestellt und am Ende eine andere Antwort gegeben wird. In Begründungsdiskursen geht es um universelle, in Anwendungsdiskursen um individuelle Normen. Der zweite und eigentlich entscheidende Punkt, in dem sich Begründungs- und Anwendungsdiskurse unterscheiden, ist, daß in Begründungsdiskursen auf eine Vielzahl von bereits erlebten und erdachten Situationen Bezug genommen wird, während es in Anwendungsdiskursen um eine konkrete Situation geht.

Die konkrete Anwendungssituation hat aus zwei Gründen eine genuin diskurstheoretische Bedeutung. Der erste ist, daß sie wegen ihres Reichtums an Merkmalen ein Prüfstein besonderer Art ist. Die Forderung, alle ihre Merkmale zu berücksichtigen, ist ein elementares Rationalitätspostulat. Es hat seit langem in der Formel »unter Berücksichtigung aller Umstände des Einzelfalles« seinen Ausdruck gefunden. Jedes entwickelte Rechtssystem zeigt, wie die Berücksichtigung aller Umstände zu einem permanenten Prozeß der Präzisierung, Änderung, Verwerfung und Neuschöpfung von Normen führt. Insofern ist die konkrete Anwendungssituation eine unverzichtbare fallibilistische Instanz. Das ist aber auch alles. Die anläßlich eines Falles präzisierte, geänderte oder neu geschaffene Norm muß in einem Begründungsdiskurs rechtfertigungsfähig sein, und die verworfene Norm muß als nicht begründbar erwiesen werden können.

Der zweite Grund für die genuin diskurstheoretische Bedeutung der konkreten Anwendungssituation ist, daß der Diskurs durch die Anwendung mit der sozialen Welt und damit mit der Geschichte in Verbindung tritt. Die Geschichte produziert mit immer neuen unvorhersehbaren und überraschenden Situationen nicht nur ein reiches Material an fallibilistischen Instanzen, in ihr ändern sich auch die Interessen, Präferenzen und normativen An-

59 Ders. (Fn. 1), S. 51.

schauungen der Diskursteilnehmer. Insofern ist Habermas zuzustimmen, wenn er im Blick auf das Anwendungsproblem von
einer »intrinsischen Geschichtlichkeit«[60] spricht. All dies ändert
jedoch nichts daran, daß auf historische Erfahrungen und Veränderungen nicht nur mit ausschließlich situationsbezogenen individuellen Normen reagiert werden kann. Vielmehr ist dann, wenn
auf neue Situationen nicht schlicht mit der Anwendung bereits
akzeptierter Normen reagiert werden kann, das jeweils vorhandene Normensystem anläßlich der neuen historischen Erfahrung
zu präzisieren oder zu modifizieren. Die anläßlich einer neuen
Situation präzisierten, geänderten oder neu geschaffenen Normen
aber sind, ganz gleich ob es sich um einen zwar neuen, aber alltäglichen Fall oder um eine bislang gänzlich unbekannte neue
Situation handelt, der Rechtfertigung in einem Begründungsdiskurs fähig und bedürftig. Für verworfene Normen gilt Entsprechendes. Die »intrinsische Geschichtlichkeit« ist unter dem
Gesichtspunkt des Verhältnisses von Diskurs und Realität ohne
Zweifel von größter Bedeutung. Die Aufwertung des Anwendungsdiskurses zu einem gleichrangigen Gegenstück des Begründungsdiskurses wäre jedoch eine falsche Konzeptualisierung
dieses Verhältnisses. Die Tatsache, daß jeder Anwendungsdiskurs
notwendig einen Begründungsdiskurs einschließt, von dem sein
Ergebnis abhängt, verbietet es, Anwendungs- und Begründungsdiskurse als zwei selbständige Diskursformen gegenüberzustellen.

60 J. Habermas (Fn. 11), S. 142.

3. Juristische Interpretation

1. Begriff

Die juristische Interpretation ist ein besonderer Fall einer in verschiedenen wissenschaftlichen Disziplinen und zahlreichen alltäglichen Kontexten vorkommenden Tätigkeit: der Interpretation. Der Ausdruck »Interpretation« ist mehrdeutig und deshalb selbst interpretationsbedürftig.

1. Der Begriff der Interpretation

Es empfiehlt sich, zwischen der Interpretation im weitesten Sinne (largissimo sensu), im weiteren Sinne (sensu largo) und im engeren Sinne (sensu stricto) zu unterscheiden.[1]
Der Ausdruck »*Interpretation im weitesten Sinne* (largissimo sensu)« bezeichnet das Verstehen des Sinns aller Gegenstände, die von Subjekten im Rahmen ihrer Fähigkeit hervorgebracht worden sind, mit diesen Gegenständen einen Sinn zu verbinden. Das Spektrum der möglichen Gegenstände reicht von Werken der Kunst über religiöse und wissenschaftliche Texte bis zu Werkzeugen und alltäglichen Äußerungen und Handlungen. Der Gegenstand der Interpretation muß nicht von einem einzelnen Subjekt erzeugt worden sein. Es ist auch möglich, daß ihn mehrere Subjekte hervorgebracht haben. So kann eine gemeinsame Praxis, eine soziale Institution oder ein Rechtssystem als Ganzes zum Gegenstand der Interpretation werden. Umstritten ist, ob auch die sog. Selbstinterpretation als »Interpretation« zu bezeichnen ist.[2] In ihr ist der Interpret nicht nur sein eigener Gegenstand, sondern auch das Subjekt, das diesen Gegenstand hervorbringt, und das Interpretieren ist Teil des Prozesses, durch den der Gegenstand der Interpretation erzeugt wird. Ob man derartige Tätigkeiten und

1 J. Wróblewski, Legal Reasoning in Legal Interpretation, in: ders., Meaning and Truth in Judicial Decision, 2. Aufl., Helsinki 1983, S. 72 f.
2 Kritisch hierzu E. Betti, Allgemeine Auslegungslehre als Methodik der Geisteswissenschaften, Tübingen 1967, S. 166 ff.

ihre existential-ontologischen Radikalisierungen[3] als »Interpretation« bezeichnen sollte, ist letzthin eine terminologische Frage. Entscheidend ist, daß sie in der Sache von der Interpretation als dem Verstehen eines Gegenstandes unterschieden werden, der von anderen hervorgebracht wurde. Die juristische Interpretation gehört, sieht man von der Interpretation von Normen durch den Normgeber (authentische Interpretation) ab, ausschließlich zu diesem Typ. Schließlich herrscht Uneinigkeit darüber, ob der Gegenstand der Interpretation tatsächlich von einem Subjekt hervorgebracht werden muß, das fähig ist, mit diesem Gegenstand einen Sinn zu verbinden, oder ob es ausreicht, daß der Interpret der Meinung ist, daß dies der Fall ist. Letzteres erlaubt, auch die Deutung der Natur als Botschaft eines verborgenen Wesens als »Interpretation« zu bezeichnen. Das bedeutet jedoch eine Subjektivierung des Interpretationsbegriffs und ist deshalb problematisch.[4] In der juristischen Interpretation stellt sich dieses Problem nicht, denn in ihr geht es stets um die Deutung von Handlungen und Äußerungen, die von Subjekten hervorgebracht worden sind, die fähig sind, mit ihren Handlungen und Äußerungen einen Sinn zu verbinden.

Die *Interpretation im weiteren Sinne* (sensu largo) ist ein Unterfall der Interpretation im weitesten Sinne (largissimo sensu). Sie bezieht sich nicht auf das Verstehen beliebiger Gegenstände, die mit einem Sinn verbunden sind, sondern nur auf das Verstehen sprachlicher Äußerungen. In den Wissenschaften ist dies vor allem das Verstehen von Texten. Es gibt zahlreiche Situationen, in denen sprachliche Äußerungen verstanden werden, ohne daß hierbei Zweifel oder Fragen auftauchen. In diesen Fällen kann von einem »unmittelbaren Verstehen« gesprochen werden. Tauchen demgegenüber Zweifel oder Fragen auf, so ist ein Verstehen erst möglich, wenn diese beseitigt sind. Es handelt sich dann um ein mittelbares Verstehen. Ein Beispiel für das unmittelbare Verstehen bildet der Fall, in dem jemand ein Schild mit der Aufschrift »Rauchen verboten« erblickt und daraufhin seine Zigarette löscht. Als Beispiele für das mittelbare Verstehen lassen sich alle Fälle anführen, in denen Richter mehrere mögliche Deutungen einer Norm

3 Vgl. hierzu M. Heidegger, Sein und Zeit, 11. Aufl., Tübingen 1967, S. 148 ff.
4 E. Betti (Fn. 2), S. 64 ff.

erwägen und sich mit Argumenten für eine von ihnen entscheiden. Der Begriff der Interpretation im weiteren Sinne umfaßt sowohl das unmittelbare als auch das mittelbare Verstehen. Für die Verwendung dieses weiten Begriffs spricht, daß die Grenze zwischen dem unmittelbaren und dem mittelbaren Verstehen fließend ist, weil ein unmittelbares Verstehen jederzeit in Frage gestellt werden kann, so daß nur noch ein mittelbares Verstehen möglich ist. Gegen sie spricht, daß das unmittelbare und das mittelbare Verstehen trotz einiger Gemeinsamkeiten grundlegende Unterschiede aufweisen. Dies legt es nahe, einen Begriff der Interpretation im engeren Sinne zu bilden, der sich ausschließlich auf das mittelbare Verstehen bezieht.

Die *Interpretation im engeren Sinne* (sensu stricto) ist ein Unterfall der Interpretation im weiteren Sinne (sensu largo). Sie wird erforderlich, wenn eine sprachliche Äußerung mehrere Deutungen zuläßt und nicht sicher ist, welche richtig ist. Die Interpretation im engeren Sinne entspricht dem, was weithin als »Auslegung« bezeichnet wird. Sie beginnt mit einer Frage[5] und endet mit einer Wahl zwischen mehreren möglichen Deutungen.[6] Die Interpretation im engeren Sinne steht im Zentrum des Problems der juristischen Interpretation.

2. Der Begriff der juristischen Interpretation

Die juristische Interpretation unterscheidet sich von anderen Arten der Interpretation durch ihren praktischen und ihren institutionellen Charakter. Die juristische Interpretation hat einen *praktischen* Charakter, weil es bei ihr stets unmittelbar oder mittelbar darum geht, was in einem Rechtssystem geboten, verboten und erlaubt ist und zu was es ermächtigt. Statt von einem »praktischen« kann auch von einem »normativen« Charakter gesprochen werden.

Der *institutionelle* Charakter der juristischen Interpretation ergibt

5 H.-G. Gadamer, Wahrheit und Methode, 1. Aufl., Tübingen 1960, S. 351 f.
6 K. Larenz, Methodenlehre der Rechtswissenschaft, 6. Aufl., Berlin/Heidelberg/New York/London/Paris/Tokio/Hongkong/Barcelona/Budapest 1991, S. 204.

sich sowohl aus ihrem Objekt als auch aus ihrem Subjekt. In modernen Kodifikationsrechtsordnungen ist das *Gesetz* einschließlich des Verfassungsgesetzes und der aufgrund der Gesetze erlassenen Normen (z. B. Rechtsverordnungen und Satzungen) primäres *Objekt der Interpretation.* Gesetze werden durch institutionelle Akte, heute insbesondere durch Parlamentsbeschlüsse, hervorgebracht. Hierauf gründet sich ihre rechtliche Geltung. Neben dem Gesetz sind *Präjudizien, Verträge* privatrechtlicher, verwaltungsrechtlicher, staatsrechtlicher und völkerrechtlicher Art sowie das *Gewohnheitsrecht* weitere Objekte der Interpretation. Bis auf das Gewohnheitsrecht, dessen Bedeutung in modernen Staaten gering ist, sind auch diese Objekte der Interpretation Ergebnisse institutioneller Akte. Entsprechendes gilt für das primäre und das sekundäre Recht der Europäischen Union.

Hinsichtlich des *Subjekts der Interpretation* wird traditionell zwischen der authentischen, der Doktrinal-, der Laien- und der Usualinterpretation unterschieden. Die *authentische Interpretation* ist die Interpretation durch Organe, die durch die Rechtsordnung zur verbindlichen Festlegung des Sinnes einer Norm ermächtigt werden. Hierzu zählen der Gesetzgeber und nach einer verbreiteten Auffassung auch die Rechtsprechung, soweit sie in letzter Instanz verbindlich und mit präjudizieller Wirkung entscheidet. In beiden Fällen hat die Interpretation nicht nur wegen ihres Objekts, sondern auch wegen ihres Subjekts einen institutionellen Charakter. Die *Doktrinalinterpretation* ist die Interpretation durch die Rechtswissenschaft. Sie hat mangels verbindlicher Kraft keinen institutionellen Charakter, kann diesem aber nahekommen, wenn sich eine herrschende Meinung herausbildet. Die *Laieninterpretation* ist die Interpretation durch die dem Recht unterworfenen Bürger. Die *Usualinterpretation,* d. h. die Auslegung einer Norm durch Gewohnheitsrecht, ist ein Unterfall der Laieninterpretation. Auch sie hat, was das Subjekt betrifft, keinen institutionellen Charakter. Dies beeinträchtigt den institutionellen Gesamtcharakter der juristischen Interpretation jedoch nicht, denn wenn es im Rahmen der Doktrinal-, der Laien- oder der Usualinterpretation zu ernsthaftem Streit kommt, entscheidet in modernen Rechtssystemen ein Gericht mit verbindlicher Wirkung. Das erklärt die besondere Rolle der richterlichen oder gerichtlichen Interpretation.

II. Theorie

1. Hermeneutik

Die Theorie der Interpretation wird »Hermeneutik« genannt (von griech. ἑρμηνεύειν/hermēneúein = aussagen, auslegen, erklären, übersetzen). Als Terminus technicus ist dieser Ausdruck erst in der Neuzeit eingeführt worden. Der Sache nach gab es die Hermeneutik jedoch bereits in der Antike und im Mittelalter. Innerhalb der Hermeneutik ist zwischen einer Methodologie und einer Strukturtheorie des Verstehens zu unterscheiden. Gegenstand der Methodologie sind die Regeln der Auslegung und die Kunst der Interpretation (ars interpretandi). Gegenstand der Strukturtheorie sind die Bedingungen der Möglichkeit des Verstehens. Eine allgemeine Hermeneutik als Basis der Geisteswissenschaften ist im 19. Jahrhundert vor allem von Friedrich Schleiermacher und Wilhelm Dilthey ausgearbeitet worden. Die Differenz zwischen Methodologie und Strukturtheorie spiegelt sich im 20. Jahrhundert in den Werken von Emilio Betti und Hans-Georg Gadamer. Die geisteswissenschaftliche Hermeneutik hat um die Jahrhundertmitte seitens der analytischen Philosophie scharfe Kritik erfahren.[7] Vor allem die Arbeiten Georg Henrik v. Wrights haben inzwischen zu einer Entschärfung der Debatte geführt und den Weg zu einer analytischen Hermeneutik geöffnet.[8]

Für die Theorie der juristischen Interpretation sind aus der allgemeinen Hermeneutik vor allem Einsichten in die Struktur des Verstehens von Bedeutung. Diese sind mit dem Begriff des hermeneutischen Zirkels verbunden. Im Rahmen der Jurisprudenz ist zwischen drei Arten von hermeneutischen Zirkeln zu unterscheiden.

Die erste Art des hermeneutischen Zirkels betrifft das Verhältnis zwischen dem sog. *Vorverständnis* und dem *Text*.[9] Unter einem

---

7 Vgl. hierzu W. Stegmüller, Walther von der Vogelweides Lied von der Traumliebe und Quasar 3 C 273, in: ders., Rationale Rekonstruktion von Wissenschaft und ihrem Wandel, Stuttgart 1979, S. 27 ff.; H. Albert, Traktat über kritische Vernunft, 5. Aufl., Tübingen 1991, S. 160 ff.

8 G. H. v. Wright, Erklären und Verstehen, Frankfurt a. M. 1974, S. 38 ff.

9 Vgl. hierzu J. Esser, Vorverständnis und Methodenwahl in der Rechtsfindung, 2. Aufl., Frankfurt a. M. 1972, S. 136 ff., sowie – weit ausgrei-

»Vorverständnis« ist eine Hypothese zu verstehen, mit der der Interpret an den Text herantritt. Diese Hypothese bringt eine Vermutung oder Erwartung des Interpreten über die richtige Lösung des zur Entscheidung anstehenden Rechtsproblems zum Ausdruck. Ihr Inhalt wird durch die lebensweltlichen Prägungen und die beruflichen Erfahrungen des Interpreten bestimmt. Das Bild des Zirkels will sagen, daß zwischen dem Normtext und der Interpretationshypothese eine Wechselwirkung stattfindet. Einerseits kann der Normtext ohne eine Interpretationshypothese nicht einmal als problematisch oder unproblematisch empfunden werden. Andererseits muß die Interpretationshypothese auf der Basis des Normtextes mit Hilfe der Regeln der juristischen Methodologie überprüft werden. Über die Kriterien der Bestätigung und der Verwerfung sagt die Theorie des hermeneutischen Zirkels zwar nichts. Sie öffnet aber den Blick für das Problem des produktiven Beitrags des Interpreten zur Interpretation, was eine kritische Haltung ermöglicht und fördert. Man kann daher sagen, daß dem Zirkel des Vorverständnisses das *Postulat der Reflexion* korrespondiert.

Die zweite Art des hermeneutischen Zirkels betrifft das Verhältnis zwischen dem *Teil* und dem *Ganzen.* Einerseits setzt das Verstehen einer Norm das Verstehen des Normensystems, zu dem sie gehört, voraus. Andererseits ist das Verstehen eines Normensystems nicht möglich, ohne daß die zu ihm gehörenden einzelnen Normen verstanden werden. Wieder wird nur ein Problem formuliert, ohne daß Kriterien zu seiner Lösung angeboten werden. Das Problem besteht in der Herstellung von Einheit oder Kohärenz.[10] Diese ist Aufgabe der systematischen Interpretation. Man kann das hinter dem zweiten Zirkel stehende Postulat das »*Postulat der Kohärenz*« nennen.

Die dritte Art des hermeneutischen Zirkels betrifft das Verhältnis von *Norm* und *Sachverhalt.* Normen sind abstrakt-universell. Die Sachverhalte, auf die sie Anwendung finden sollen, sind konkret-individuell. Normen enthalten wenige Merkmale, Sachverhalte potentiell unendlich viele. Sachverhalte werden einerseits mit

---

fend – M. Heidegger (Fn. 3), S. 152 f., und H.-G. Gadamer (Fn. 5), S. 250 ff.

10 Vgl. R. Alexy/A. Peczenik, The Concept of Coherence and Its Significance for Discursive Rationality, in: Ratio Juris 3 (1990), S. 130 ff.

Hilfe der Merkmale in den Tatbeständen der Normen beschrieben, andererseits können Merkmale des Sachverhalts der Anlaß dafür sein, nicht die zunächst ins Auge gefaßte, sondern eine andere Norm anzuwenden, ein Merkmal des Tatbestandes zu präzisieren oder zu verwerfen oder dem Tatbestand ein Merkmal hinzuzufügen. Hier ist die von Karl Engisch geprägte Formel vom »Hin- und Herwandern des Blickes«[11] instruktiv. Auch dieser Zirkel illustriert nur ein Problem, ohne ein Kriterium für dessen Lösung anzubieten. Immerhin ist deutlich, daß das Problem nur dann gelöst werden kann, wenn alle Merkmale des Sachverhalts und alle Merkmale in den möglicherweise einschlägigen Normen berücksichtigt werden. Das hinter dem dritten Zirkel stehende Postulat kann deshalb das »*Postulat der Vollständigkeit*« genannt werden.

Die Theorie des hermeneutischen Zirkels kann somit das Problem der richtigen Interpretation einer Rechtsnorm nicht lösen, weil sie keine substantiellen Kriterien für die Richtigkeit einer Interpretation enthält. Da es sich bei ihr um eine bloße Strukturtheorie handelt, ist das auch nicht ihr Ziel.[12] Immerhin aber führt die hermeneutische Einsicht in die Struktur des Verstehens zu den Postulaten der Reflexion, der Kohärenz und der Vollständigkeit. Diese Postulate haben den Status von Rationalitätspostulaten.

2. Interpretation und Argumentation

Der Ausdruck »Interpretation« kann sowohl benutzt werden, um eine Tätigkeit als auch, um das Ergebnis dieser Tätigkeit zu bezeichnen. Als Tätigkeit zielt die Interpretation nicht auf irgendein, sondern auf ein richtiges Ergebnis: die richtige Interpretation. Das Ergebnis der Interpretation ist eine Interpretationsbehauptung. Wie jede Behauptung, so erhebt auch die Interpretationsbehauptung einen Anspruch auf Richtigkeit.[13]

11 K. Engisch, Logische Studien zur Gesetzesanwendung, 3. Aufl., Heidelberg 1963, S. 15.
12 Vgl. A. Kaufmann, Problemgeschichte der Rechtsphilosophie, in: A. Kaufmann/W. Hassemer (Hg.), Einführung in Rechtsphilosophie und Rechtstheorie der Gegenwart, 5. Aufl., Heidelberg 1989, S. 130.
13 R. Alexy, Theorie der juristischen Argumentation, 2. Aufl., Frankfurt a. M. 1991, S. 264 ff., 428 f.

Die Richtigkeit einer Interpretation kann nur erwiesen werden, indem Gründe für sie angeführt und Gründe gegen sie ausgeräumt werden. Die Interpretation besteht daher aus der Wahl zwischen mehreren Interpretationsalternativen aufgrund von Argumenten. Die Rechtfertigung oder Begründung der gewählten Interpretation durch Argumente ist von dem tatsächlichen Vorgang der Gewinnung des Ergebnisses zu unterscheiden. Im ersten Falle geht es um den Prozeß der Rechtfertigung (process of justification), im zweiten um den Prozeß der Entdeckung (process of discovery).[14] Die Rechtfertigung ist eine argumentative, die Entdeckung eine psychische Tätigkeit. Ohne Zweifel bestehen zwischen beiden Tätigkeiten enge Zusammenhänge. Im Vordergrund der juristischen Interpretationstheorie steht jedoch die argumentative Prozedur. Nur sie ist intersubjektiv zugänglich und deshalb objektiv überprüfbar. Nur in ihrem Rahmen ist ein öffentlicher Gebrauch der Vernunft möglich. Wenn mit Interpretationen ein Anspruch auf Richtigkeit erhoben wird und wenn die Erfüllung dieses Anspruchs öffentlich überprüfbar sein soll, dann gilt der Satz: Interpretation ist Argumentation. Dem entspricht es, daß in modernen Rechtssystemen regelmäßig eine richterliche Begründungspflicht besteht[15] und in der Rechtswissenschaft Probleme durch das Erwägen von Pro- und Kontra-Argumenten gelöst werden.

Wichtige Einsichten in die argumentative Struktur der juristischen Interpretation verdankt die Interpretationstheorie der juristischen Topik[16] und der neuen Rhetorik[17]. In jüngster Zeit haben juristische Argumentations- und Begründungslehren diese Ansätze fortentwickelt und neue Ansätze entworfen.[18] Eine besondere Rolle spielen die Analyse der Sprache der Jurisprudenz und die

14 R. A. Wasserstrom, The Judicial Decision, Stanford/London 1961, S. 27.

15 D. N. MacCormick/R. S. Summers (Hg.), Interpreting Statutes, Aldershot/Brookfield/Hongkong/Singapur/Sydney 1991, S. 60 ff., 103 ff., 154 ff., 197 ff., 237 ff., 291 ff., 341 ff., 392 f., 445 ff.

16 Th. Viehweg, Topik und Jurisprudenz, 1. Aufl., München 1953.

17 Ch. Perelman/L. Olbrechts-Tyteca, La nouvelle rhétorique. Traité de l'argumentation, Paris 1958.

18 Vgl. U. Neumann, Juristische Argumentationslehre, Darmstadt 1986; M. Atienza, Las razones del derecho, Madrid 1991.

Präzisierung der klassischen Regeln der juristischen Methode,[19] die Idee der Kohärenz[20] und Theorien des rationalen Diskurses[21]. Letzthin geht es um die Rationalität des Rechts und der Jurisprudenz.[22] Die Theorie der juristischen Argumentation führt auf diese Weise in die Rechtsphilosophie, die Wissenschaftstheorie und die allgemeine praktische Philosophie. Der Einfluß dieser Diskussion auf die Rechtsprechung ist schwer zu beurteilen. Es fehlen Untersuchungen. Hier sei als ein Beispiel nur eine Entscheidung des Bundesverfassungsgerichts angeführt, in der die These vertreten wird, daß »die Auslegung insbesondere des Verfassungsrechts ... den Charakter eines Diskurses« hat.[23]

III. Methode

Die juristische Interpretation ist ein Mittel zur Erfüllung der praktischen Aufgabe der Jurisprudenz. Diese besteht letzthin darin, zu sagen, was in konkreten Fällen rechtlich geboten, verboten und erlaubt ist. Urteile darüber, was in konkreten Fällen rechtlich geboten, verboten und erlaubt ist, sind konkrete rechtliche Sollensurteile.[24] Die juristische Interpretation findet also im Rahmen der Begründung konkreter rechtlicher Sollensurteile statt. Das gilt unmittelbar für die richterliche Interpretation und mindestens mittelbar für sonstige Interpretationen, insbesondere die rechtswissenschaftliche. Eine adäquate Theorie der juristischen Interpretation ist deshalb ohne Einsicht in die Struktur der Begründung konkreter rechtlicher Sollensurteile nicht möglich.

19 Vgl. H.-J. Koch/H. Rüßmann, Juristische Begründungslehre, München 1982.
20 Vgl. R. Dworkin, Law's Empire, Cambridge Mass./London 1986; A. Peczenik, On Law and Reason, Dordrecht/Boston/London 1989, S. 158 ff.
21 Vgl. R. Alexy (Fn. 13), S. 261 ff.; K. Günther, Der Sinn für Angemessenheit, Frankfurt a. M. 1988; J. Habermas, Faktizität und Geltung, Frankfurt a. M. 1992, S. 238 ff.
22 Vgl. D. N. MacCormick, Legal Reasoning and Legal Theory, Oxford 1978, S. 265 ff.; A. Aarnio, The Rational as Reasonable, Dordrecht/Boston/Lancaster/Tokio 1987, S. 185 ff.
23 BVerfGE 82, 30 (38).
24 Vgl. K. Engisch (Fn. 11), S. 3.

1. Interpretation und Deduktion

Die Struktur der juristischen Begründung ist umstritten. Nach einer verbreiteten Auffassung ist zwischen einem deduktiven Kern und einer argumentativen Rechtfertigung der bei der Deduktion verwendeten Prämissen zu unterscheiden. Die Terminologie schwankt trotz Übereinstimmung in der Sache. So wird zwischen »interner« und »externer Rechtfertigung«,[25] »first-order« und »second-order justification«[26] und »Hauptschema« und »Nebenschemata«[27] unterschieden. Was damit gemeint ist, sei anhand eines Beispiels verdeutlicht. Moderne Verfassungen enthalten regelmäßig ein Grundrecht auf die Unverletzlichkeit der Wohnung. Man nehme an, daß es bei der Entscheidung eines Falles ausschließlich darauf ankommt, ob die Werkstatt des Tischlers *a* unter den Schutz dieses Grundrechts fällt oder nicht, und daß in der Literatur und vor Gericht zwei Interpretationen vertreten werden: eine enge und eine weite. Nach der engen Interpretation sind nur Räume, die als Mittelpunkt des Privatlebens dienen, Wohnungen im Sinne der Verfassung. Danach genießt die Werkstatt des Tischlers nicht den Schutz des Grundrechts auf die Unverletzlichkeit der Wohnung. Nach der weiten Interpretation sind alle Räume, die der allgemeinen Zugänglichkeit entzogen sind, als Wohnungen im Sinne der Verfassung einzustufen. Nach ihr genießt die Tischlerwerkstatt den Schutz des Wohnungsgrundrechts. Man nehme nun an, daß der Richter die weite Interpretation wählt. Die Begründung seiner Entscheidung kann dann in folgende deduktive Struktur gebracht werden:

(1) Alle Wohnungen genießen grundrechtlichen Schutz.
(2) Alle Räume, die der allgemeinen Zugänglichkeit entzogen sind, sind Wohnungen.
(3) Alle Tischlerwerkstätten sind Räume, die der allgemeinen Zugänglichkeit entzogen sind.
(4) Der Raum des *a* ist eine Tischlerwerkstatt.
(5) Der Raum des *a* genießt grundrechtlichen Schutz.

---

25 J. Wróblewski, Legal Syllogism and Rationality of Judicial Decision, in: Rechtstheorie 5 (1974), S. 39 ff.; R. Alexy (Fn. 13), S. 273 ff.
26 D. N. MacCormick (Fn. 22), S. 19 ff., 100 ff.
27 H.-J. Koch/H. Rüßmann (Fn. 19), S. 48 ff.

Das den Fall entscheidende konkrete rechtliche Sollensurteil (5)
folgt logisch aus den Prämissen (1) – (4). Die Deduktion hat die
folgende logische Form:[28]

(1) $(x)(Tx \rightarrow ORx)$
(2) $(x)(M^1x \rightarrow Tx)$
(3) $(x)(M^2x \rightarrow M^1x)$
(4) M^2a
(5) ORa

Diese Deduktion ist das, was als »interne Rechtfertigung« oder
mit den anderen erwähnten Ausdrücken bezeichnet wird. Sie ist
keine vollständige Begründung. Die den Fall hier entscheidende
Prämisse (2), die die weite Interpretation des Begriffs der Wohnung zum Ausdruck bringt, wird in der internen Rechtfertigung
nur verwendet, nicht aber begründet. Die eigentliche Aufgabe der
Interpretation besteht in der Begründung von Prämissen dieser
Art. Das hat in der externen Rechtfertigung zu geschehen.
Gegen das deduktive Begründungsmodell, das eine Fortentwick-
lung der traditionellen Theorie des juristischen Syllogismus darstellt, wird eingewandt, daß eine Deduktion keine Begründung
sei[29] und daß das Modell die wirkliche Struktur des juristischen
Begründens nicht angemessen erfasse.[30] Zur Verteidigung des deduktiven Modells kann geltend gemacht werden, daß in ihm nur
der Kern der Begründung dargestellt werden soll. Die eigentliche
Begründung hat in der externen Rechtfertigung stattzufinden.
Auch soll nicht der tatsächliche Überlegungsgang des Richters
(context of discovery) rekonstruiert werden, sondern nur die
Struktur, in die seine Begründung (context of justification) trans-
formierbar sein muß, wenn sie rational sein soll. Das im deduktiven Modell enthaltene Postulat der Vollständigkeit der Prämissen
sichert, daß klar ist, was begründet werden muß und was kritisiert
werden kann. Es verhindert das Einschmuggeln versteckter Prämissen. Anders als im 19. Jahrhundert vertretene Theorien über
die Rolle der Deduktion in der Jurisprudenz verschleiert das deduktive Modell den kreativen Anteil des Interpreten nicht. Es
hebt ihn wie kein anderes Modell ans Licht. Das Postulat der

28 Vgl. R. Alexy (Fn. 13), S. 279.
29 U. Neumann (Fn. 18), S. 19 ff.
30 Ders. (Fn. 18), S. 22, 25; M. Atienza (Fn. 18), S. 395 ff.

Explizitheit der Prämissen dient zudem der Rechtssicherheit. Die Forderung nach dem universellen Charakter der Prämissen entspricht dem Gebot der Gleichbehandlung und dient so der Gerechtigkeit. Schließlich trägt das Postulat der Überbrückung der Kluft zwischen Norm und Sachverhalt durch eine vollständige Prämissenkette zur Gesetzesbindung bei.[31]

2. Das Ziel der Interpretation

Das eigentliche Feld der Interpretation ist die externe Rechtfertigung. In ihr wird die jeweils gewählte Interpretation begründet. Die Kriterien dafür, was eine gute und was eine schlechte Begründung und damit eine richtige oder eine falsche Interpretation ist, werden wesentlich durch das Ziel der Interpretation bestimmt.

Das Ziel der Interpretation ist umstritten. Es konkurrieren subjektive und objektive Auslegungszieltheorien. Nach der *subjektiven* Theorie besteht das Ziel der Interpretation in der Ermittlung des Willens des Gesetzgebers. Nach der *objektiven* Theorie hat der Interpret den vernünftigen, richtigen oder gerechten Sinn des Gesetzes zu ermitteln. Der Streit kompliziert sich dadurch, daß diese sachliche Dichotomie durch eine zeitliche überlagert wird, und zwar die zwischen den Zeitpunkten der Normsetzung und der Normauslegung. Daraus ergeben sich vier mögliche Auslegungsziele: (1) ein subjektiv-entstehungszeitliches (der faktische Wille des historischen Gesetzgebers), (2) ein objektiv-entstehungszeitliches (der vernünftige Sinn des Gesetzes im Zeitpunkt seiner Entstehung), (3) ein subjektiv-auslegungszeitliches (der hypothetische Wille des gegenwärtigen Gesetzgebers) und (4) ein objektiv-auslegungszeitliches (der vernünftige Sinn des Gesetzes im Zeitpunkt der Auslegung). Praktisch bedeutsam sind vor allem die Versionen (1) und (4). Sie sind in aller Regel gemeint, wenn vereinfachend vom Streit zwischen der subjektiven und der objektiven Auslegungszieltheorie gesprochen wird.

Der Streit ist bis heute unausgetragen. Die Tatsache, daß es gute Argumente sowohl für als auch gegen beide Theorien gibt, spricht dafür, daß es auch in Zukunft nicht zu einer Lösung kommen wird, die aus einem strikten Vorrang des subjektiven oder des

31 R. Alexy (Fn. 13), S. 274 ff.; H.-J. Koch/H. Rüßmann (Fn. 19), S. 112 ff.

objektiven Auslegungsziels besteht. Für die subjektive Theorie spricht der durch die Prinzipien der Demokratie und der Gewaltenteilung gestützte Gedanke der Autorität des Gesetzgebers. Gegen sie läßt sich anführen, daß der Wille des historischen Gesetzgebers oft nur schwer oder gar nicht ermittelt werden kann und zudem nicht selten vage oder widersprüchlich ist. Ferner können sich Gesetze als soziale Regeln nach ihrem Inkrafttreten von den Intentionen des historischen Gesetzgebers lösen. Für die objektive Theorie spricht, daß die Interpretation zu einer inhaltlich richtigen oder gerechten Lösung führen soll. Gegen sie läßt sich die Gefahr interpretatorischer Willkür und eines übermäßigen Kompetenzzuwachses der Judikative anführen. Wägt man diese Argumente, die sich durch weitere ergänzen lassen, gegeneinander ab, so legt sich eine *differenzierende* Lösung nahe. Diese geht von einem prima facie-Vorrang des subjektiven vor dem objektiven Auslegungsziel aus und läßt die definitive Entscheidung von Kriterien wie denen des Alters des Gesetzes, der Änderung der tatsächlichen Verhältnisse und der Wertvorstellungen in der Gesellschaft, der Eindeutigkeit des gesetzgeberischen Willens und dem Gewicht der systematischen und der substantiellen Argumente abhängen, die im konkreten Fall die Verfolgung des objektiven Auslegungsziels rechtfertigen.[32] Wenn die differenzierende Lösung richtig ist, dann führt die Auslegungszieltheorie nicht zu einer endgültigen und einfachen Lösung des Problems der juristischen Interpretation. Nicht ein wie auch immer beschaffenes Auslegungsziel, sondern Argumente sind die letzte Instanz.

3. Die Mittel der Interpretation

Die Mittel der Interpretation sind Argumente. Diese lassen sich auf sehr unterschiedliche Weisen klassifizieren. Die Klassifikation führt zu Formen, Typen oder Arten von Argumenten. Diese werden auch »Elemente«, »Kriterien«, »Methoden« oder »canones der Auslegung« genannt. Von den Argumentformen oder den canones der Auslegung sind die Regeln der juristischen Argumentation oder Interpretation zu unterscheiden. Diese sagen, wie die verschiedenen Argumente zu verwenden und zu gewichten sind.

---

32 R. Alexy (Fn. 13), S. 305.

Historisch folgenreich war Friedrich Carl v. Savignys Einteilung der Elemente der Auslegung in die der grammatischen, der logischen, der historischen und der systematischen Interpretation.[33] Savignys Haltung zur teleologischen Interpretation, d. h. zur Auslegung einer Vorschrift aus ihrem Zweck (ratio legis), hat geschwankt. Der junge Savigny hat sie abgelehnt,[34] der späte begrenzt zugelassen.[35]

Bis heute gibt es keine Klassifikation, die allgemeine Zustimmung findet. Das liegt wesentlich daran, daß es zwei Klassifikationsstrategien gibt: eine enge und eine weite. Die *enge* Strategie bemüht sich, in Anlehnung an die Tradition typische Auslegungsargumente zusammenzustellen. Auf diese Weise entstehen Listen, die etwa die semantische, die genetische, die historische, die komparative, die systematische und die teleologische Argumentation enthalten. Dieser Liste werden sodann weitere Argumentationsarten gegenübergestellt, wie die dogmatische, die präjudizielle, die allgemeine praktische oder substantielle und die empirische Argumentation und die Verwendung spezieller Argumentformen, wie etwa die der Analogie.[36] Die *weite* Strategie beginnt mit einer Einteilung, die die gesamte Vielfalt der juristischen Argumente erfassen soll, und versucht sodann, innerhalb der Grundkategorien weiter zu unterscheiden.[37] Diese Strategie hat den Vorteil der systematischen Einfachheit und Tiefe und soll deshalb hier verfolgt werden.

Es gibt vier Kategorien von juristischen Argumenten: (1) linguistische, (2) genetische, (3) systematische und (4) allgemeine praktische Argumente. Die Einteilung in linguistische, systematische und allgemeine praktische Argumente ist verbreitet; lediglich die Terminologie schwankt.[38] Der Status der genetischen Argumente ist demgegenüber umstritten. Genetische Argumente sind Argumente, die auf den faktischen Willen des historischen Gesetzge-

33 Fr. C. v. Savigny, System des heutigen Römischen Rechts, Bd. 1, Berlin 1840, S. 213 f.
34 Ders., Juristische Methodenlehre, hg. v. G. Wesenberg, Stuttgart 1951, S. 40.
35 Ders. (Fn. 33), S. 217 ff.
36 R. Alexy (Fn. 13), S. 285 ff.
37 J. Wróblewski, Statutory Interpretation in Poland, in: D. N. MacCormick/R. S. Summers (Fn. 15), S. 269 ff.
38 D. N. MacCormick/R. S. Summers (Fn. 15), S. 43, 133 ff., 269 ff., 314 ff., 365 ff., 512 ff.

bers abstellen und damit der Verfolgung des subjektiven Auslegungsziels dienen. Gegen die These, daß genetische Argumente eine eigene Kategorie bilden, die auf einer Ebene mit den drei anderen Kategorien steht, wird geltend gemacht, daß genetische Argumente stets mit Argumenten der anderen Kategorien verbunden seien. Sie müßten deshalb als »transkategoriale Argumente« bezeichnet werden.[39] Hiergegen spricht jedoch, daß der Hinweis auf den Willen des historischen Gesetzgebers ein Argument eigener Art und eigener Kraft ist. Wenn eine bestimmte Interpretation damit gerechtfertigt wird, daß der historische Gesetzgeber mit einem Ausdruck eine bestimmte Bedeutung verbunden oder daß er mit einer Norm einen bestimmten Zweck verfolgt hat, dann beruht die Kraft dieses Arguments nicht auf der Bedeutung als solcher oder auf dem Zweck als solchem, sondern ausschließlich darauf, daß die Bedeutung oder der Zweck dem *Willen* des historischen Gesetzgebers entspricht. Diese Einsicht und die Rolle, die genetische Argumente in der Praxis spielen, rechtfertigen es, sie als eine eigenständige und gleichwertige Kategorie zu behandeln.

Die *linguistischen* Argumente teilen sich in semantische und syntaktische Argumente. *Semantische* Argumente stützen sich auf die Bedeutung der in einer Norm enthaltenen Ausdrücke. Bei *syntaktischen* Argumenten geht es um die grammatische Struktur einer Norm, etwa um das Verständnis einer Konjunktion oder eines Kommas. Praktisch bedeutsam sind vor allem die semantischen Argumente. Diese können die *umgangssprachliche* oder die *fachsprachliche* Bedeutung zum Gegenstand haben. Die umgangssprachliche Bedeutung hat Vorrang, wenn es um eine Norm geht, die jeder Bürger verstehen soll. Die fachsprachliche Bedeutung geht vor, wenn es sich um eine spezielle Materie mit einer eigenen technischen Terminologie handelt. Im Zweifel sollte in einer Demokratie die umgangssprachliche Bedeutung Vorrang haben. Wichtig ist, daß zur semantischen Interpretation nur solche Argumente gehören, die sich auf die *Feststellung* eines tatsächlich existierenden Sprachgebrauchs stützen. Die bloße *Festsetzung* oder Stipulation einer Bedeutung ist kein semantisches Argument. Sie kann nur das Ergebnis von Argumenten der drei anderen Arten sein.

39 Dies., Interpretation and Justification, in: dies. (Fn. 15), S. 522 ff.

Das semantische Argument kann dazu führen, daß der Sachverhalt unter die Norm zu subsumieren ist (positiver Kandidat) oder daß er nicht unter die Norm zu subsumieren ist (negativer Kandidat). In diesen beiden Fällen ist eine Entscheidung, die nicht dem semantischen Argument folgt, eine Entscheidung gegen den Wortlaut des Gesetzes und damit eine Rechtsfortbildung im engeren Sinne. Häufig führen semantische Argumente nicht zu einem definitiven Ergebnis, sondern nur zu der Feststellung, daß der fragliche Begriff mehrdeutig, vage oder evaluativ offen ist und der Sachverhalt in einen dieser semantischen Spielräume fällt (neutraler Kandidat). Das Ergebnis der semantischen Interpretation besteht dann in der Feststellung eines Problems, dessen Lösung mit Hilfe von Argumenten der drei anderen Kategorien gefunden werden muß.[40]

Bei den Argumenten der zweiten Kategorie, den *genetischen* Argumenten, geht es um den tatsächlichen Willen des historischen Gesetzgebers. Ihre Verwendung entspricht der subjektiven Auslegungszieltheorie. Von Bedeutung sind vor allem zwei Arten des genetischen Arguments: das subjektiv-semantische und das subjektiv-teleologische. *Subjektiv-semantische* Argumente machen geltend, daß der historische Gesetzgeber mit einem bestimmten Ausdruck eine bestimmte Bedeutung verbunden habe. *Subjektiv-teleologische* Argumente haben zum Gegenstand, daß der historische Gesetzgeber mit der auszulegenden Norm einen bestimmten Zweck verfolgt habe und daß eine bestimmte Interpretation das beste Mittel sei, diesen Zweck zu erreichen.[41]

Die Argumente der dritten Kategorie, die *systematischen* Argumente, stützen sich auf die Idee der Einheit oder Kohärenz des Rechtssystems. Sie lassen sich in acht Untergruppen einteilen. Eine erste Untergruppe bilden die *konsistenzsichernden* Argumente. Sie zielen darauf, daß die Normen eines Rechtssystems so interpretiert werden, daß Normwidersprüche beseitigt werden oder nicht entstehen. Zur zweiten Untergruppe gehören die *kontextuellen* Argumente. Ihr Ziel ist die Interpretation einer Norm aus ihrer Stellung im Gesetzestext und ihrem Verhältnis zu anderen Normen. Die dritte Untergruppe besteht aus den *begrifflich-systematischen* Argumenten. Diese Argumente zielen auf begriff-

40 R. Alexy (Fn. 13), S. 289 f.
41 Ders. (Fn. 13), S. 291 ff.

liche Klarheit, formale Einheit und systematische Vollständigkeit. Sie spielen vor allem in der Rechtsdogmatik eine zentrale Rolle. Zur vierten Untergruppe gehören die *Prinzipienargumente*. Ihre Aufgabe besteht u. a. darin, die im Rechtssystem enthaltenen Rechtsprinzipien bei der Interpretation einer Norm zur Anwendung zu bringen. Das schließt in schwierigen Fällen regelmäßig eine Abwägung zwischen gegenläufigen Prinzipien ein. In demokratischen Verfassungsstaaten spielen dabei Verfassungsprinzipien eine besondere Rolle.[42] Eine fünfte Untergruppe bilden die sog. *speziellen juristischen* Argumente. Das wichtigste ist die Analogie. Ihre Grundform besteht aus der durch die materielle Gleichheit geforderten Anwendung einer Norm über ihren Wortlaut hinaus. Die sechste Untergruppe bilden die *präjudiziellen* Argumente. Präjudizielle Argumente bestehen aus Hinweisen auf frühere gerichtliche Entscheidungen. Eine herausragende Rolle spielen sie in common law-Systemen. Aber auch in Kodifikationsrechtsordnungen sind sie von großer Bedeutung. Präjudizien gehören auch dann, wenn sie nicht den Charakter formeller Rechtsquellen haben, zum Rechtssystem. Der Grundsatz der Gleichbehandlung fordert, nicht ohne Gründe von ihnen abzuweichen.[43] Zur siebten Untergruppe gehören die *historischen* Argumente. Historische Argumente stützen sich auf die Geschichte des jeweils zu lösenden Rechtsproblems. Sie zielen auf Kohärenz in der Dimension der Zeit, was Änderungen und Brüche, soweit diese nicht willkürlich sind, nicht ausschließt. Die achte Untergruppe schließlich bilden die *komparativen* Argumente. Komparative Argumente nehmen auf andere Rechtssysteme Bezug. Sie können sowohl auf Universalität als auch auf Differenz zielen.

Die Argumente der bisher behandelten drei Kategorien sind nur im institutionellen Rahmen eines Rechtssystems möglich. Sie können deshalb »*institutionelle* Argumente« genannt werden. Wenn alle Fälle ausschließlich aufgrund institutioneller Argumente entschieden werden könnten, wäre das Recht ein geschlossenes, autonomes oder »autopoietisches«[44] System. Dies ist

---

42 Ders., Theorie der Grundrechte, Baden-Baden 1985 (Frankfurt a. M. 1986), S. 75 ff., 475 ff.

43 M. Kriele, Theorie der Rechtsgewinnung, 2. Aufl., Berlin 1976, S. 258 ff.

44 Vgl. G. Teubner, Recht als autopoietisches System, Frankfurt a. M. 1989.

jedoch aus vier Gründen nicht der Fall. Diese vier Gründe stützen die häufig vorgetragene These, daß die juristische Interpretation ohne substantielle Wertungen nicht auskommt. Der erste Grund ist, daß in zahlreichen Fällen keines der drei institutionellen Argumente zu genau einem Ergebnis führt. So gibt es viele Fälle, in denen linguistische Argumente mit der Feststellung eines semantischen Spielraums enden, genetische Argumente an der Vieldeutigkeit des gesetzgeberischen Zieles scheitern und systematische Argumente in verschiedene Richtungen weisen. Wenn in derartigen Fällen aufgrund von Argumenten entschieden werden soll, kann dies nur unter Verwendung allgemeiner praktischer Argumente geschehen, deren Kraft nicht auf ihrer institutionellen Verankerung, sondern ausschließlich auf ihrem Inhalt beruht. Der zweite Grund ist, daß in zahlreichen Fällen institutionelle Argumente der verschiedenen Kategorien zu unterschiedlichen Ergebnissen führen und unsicher ist, welches gewählt werden soll. Wieder sind allgemeine praktische Argumente erforderlich, um mit Argumenten zu einer Entscheidung zu gelangen. Der dritte Grund ist, daß systematische Argumente häufig nur dann vollständig sind, wenn sie durch allgemeine praktische Argumente ergänzt werden. Das ist z. B. bei der Abwägung zwischen Prinzipien oder bei der Analogie regelmäßig der Fall. Der vierte Grund schließlich ist, daß es Fälle geben kann, in denen allgemeine praktische Argumente ein so großes Gewicht haben, daß sie den institutionellen Argumenten vorgehen. Die institutionelle Argumentation ist also durchgängig von allgemeiner praktischer Argumentation abhängig. Das ist ein wesentlicher Grund dafür, die juristische Argumentation oder den juristischen Diskurs als einen durch institutionelle Bindungen definierten *Sonderfall* der allgemeinen praktischen Argumentation oder des allgemeinen praktischen Diskurses zu betrachten.[45] Der wichtigste Konkurrent der Sonderfallthese ist die Idee des juristischen Holismus, nach der alle Prämissen bereits im Rechtssystem enthalten oder verborgen sind und nur noch entdeckt zu werden brauchen.[46] Gegen diese Idee spricht jedoch, daß das, was als juristisches System institutio-

45 R. Alexy (Fn. 13), S. 264 ff., 426 ff.; D. N. MacCormick (Fn. 22), S. 273; kritisch U. Neumann (Fn. 18), S. 84 ff.
46 In diese Richtung gehen Fr. C. v. Savigny (Fn. 33), S. XXXVI, und R. Dworkin (Fn. 20), S. 400 ff.

nalisiert worden ist, stets notwendig unvollständig ist. So wie Regeln sich nicht selbst anwenden können, so kann ein System nicht selbst Vollständigkeit und Kohärenz herstellen. Hierzu sind Personen und Prozeduren erforderlich. Die erforderliche Prozedur aber ist die der juristischen Argumentation, die ohne allgemeine praktische Argumente nicht auf eine rationale Weise möglich ist.

Die institutionellen Argumente stützen sich unmittelbar oder mittelbar auf die Autorität des positiven Rechts. Die Argumente der vierten Kategorie, die *allgemeinen praktischen* Argumente, ziehen ihre Kraft demgegenüber allein aus ihrer inhaltlichen Richtigkeit. Sie können deshalb auch als »*substantielle* Argumente« bezeichnet werden. Die allgemeinen praktischen oder substantiellen Argumente teilen sich in zwei Gruppen: in teleologische und in deontologische Argumente. Die *teleologischen* Argumente orientieren sich an den Folgen einer Interpretation und stützen sich letzthin auf eine Vorstellung des Guten. Die *deontologischen* Argumente machen geltend, was unabhängig von den Folgen recht und unrecht ist. Sie stützen sich auf eine Vorstellung des Sollens, die zumeist in der Idee der Verallgemeinerbarkeit ihre Basis hat.

4. Die Regeln der Interpretation

Es gibt zwei Arten von Regeln der juristischen Argumentation. Die der ersten Gruppe beziehen sich darauf, wann und wie die verschiedenen Argumente zu verwenden, die der zweiten darauf, wie sie im Konfliktfall zu gewichten sind. Eine wichtige Regel der ersten Gruppe ist, daß alle einschlägigen Argumente zu berücksichtigen sind.[47] Die Regeln der zweiten Gruppe sind *Vorrangregeln*. Die Rangfolge der in der juristischen Argumentation möglichen Argumente ist bis heute umstritten. Weitgehende Einigkeit herrscht darüber, daß sich keine strikten Regeln formulieren lassen, sondern allenfalls Regeln, die prima facie-Vorränge festlegen. Prima facie-Vorränge lassen zu, daß sich die auf den ersten Blick bestehende Rangfolge wegen des Gewichts eines gegenläufigen Arguments umkehrt. Ferner besteht ein breiter Kon-

---

47 R. Alexy (Fn. 13), S. 306.

sens darüber, daß bei der Entscheidung von Vorrangfragen verfassungsrechtliche Erwägungen eine wesentliche Rolle spielen. Unter diesen Voraussetzungen lassen sich zwei allgemeinste Vorrangregeln formulieren: (1) Linguistische Argumente gehen prima facie allen anderen Argumenten vor. (2) Linguistische, genetische und systematische Argumente gehen prima facie allgemeinen praktischen Argumenten vor. Diese Vorrangregeln rechtfertigen sich aus den Prinzipien oder Werten, die die argumentative Kraft der verschiedenen Argumente begründen. Die Kraft des linguistischen Arguments ruht auf dem Prinzip der Autorität des Gesetzgebers, das in einem demokratischen Verfassungsstaat durch die Prinzipien der Demokratie, der Gewaltenteilung und des Rechtsstaates gestützt wird. Auch das genetische Argument gründet sich auf die Autorität des Gesetzgebers. Aus Gründen der Rechtssicherheit und damit aufgrund des Rechtsstaatsprinzips hat das vom Gesetzgeber Gesagte jedoch Vorrang vor dem von ihm bloß Gewollten. Deshalb gehen linguistische Argumente genetischen prima facie vor. Systematische Argumente zielen auf Kohärenz. Die Kohärenz ist ein elementares Rationalitätspostulat. Ohne Kohärenz droht Willkür. Eine willkürliche Entscheidungspraxis widerspräche dem Rechtsstaatsprinzip und dem Prinzip der Gleichheit. Das, was in ein System gebracht werden soll, sind aber vor allem Entscheidungen des Gesetzgebers. Deshalb gehen linguistische Argumente auch den systematischen prima facie vor. Damit gibt es innerhalb der institutionellen Argumente einen prima facie-Vorrang der linguistischen vor den genetischen und den systematischen Argumenten. Zwischen den genetischen und den systematischen Argumenten läßt sich demgegenüber kein allgemeiner prima facie-Vorrang formulieren.

Die zweite Vorrangregel enthält einen prima facie-Vorrang der institutionellen vor den allgemeinen praktischen oder substantiellen Argumenten. Institutionelle Argumente stützen ihre Kraft ganz (linguistische und genetische Argumente) oder wesentlich (systematische Argumente) auf die Existenz des Rechtssystems. Die Notwendigkeit der Existenz eines Rechtssystems läßt sich mit allgemeinen praktischen Argumenten aus den Schwächen der allgemeinen praktischen Argumentation begründen. Die allgemeine praktische Argumentation führt in zahlreichen Fällen nicht zu Ergebnissen, denen alle zustimmen, und wenn sie zu Ergebnissen führt, denen alle zustimmen, sichert die allgemeine Zustimmung im Diskurs noch nicht die allgemeine Befolgung. Soziale Konflikte aber können nicht anhand einander widersprechender Regeln gelöst werden, und die Befolgung von Regeln, die jeder, ohne Sanktionen befürchten zu müssen, verletzen kann, ist niemandem zuzumuten. Deshalb fordern allgemeine praktische Argumente die Existenz eines Rechtssystems. Die Existenz eines Rechtssystems aber impliziert einen prima facie-Vorrang institutioneller Argumente vor allgemeinen praktischen. Allgemeine praktische Argumente spielen deshalb nicht nur im Rahmen der juristischen Argumentation eine wesentliche Rolle, sie rechtfertigen darüber hinaus auch ihren institutionellen Charakter.

5. Interpretation und Rechtsfortbildung

Jede Interpretation ändert das Recht und ist damit eine Rechtsfortbildung im weiteren Sinne. Von diesem Begriff der Rechtsfortbildung im weiteren Sinne ist die Rechtsfortbildung im engeren Sinne zu unterscheiden. Sie findet statt, wenn nicht im Rahmen des Wortlauts einer Norm entschieden wird. Es gibt vier Fallgruppen der Rechtsfortbildung im engeren Sinne: Eine Norm kann erstens für ungültig oder nicht anwendbar erklärt werden (*Extinktion*), was insbesondere im Falle eines Normenkonflikts vorkommt. Eine Norm kann zweitens durch den Richter neu geschaffen werden (*Kreation*). Drittens kann der Tatbestand einer Norm um eine Fallgruppe ergänzt werden, so daß sie auf Sachverhalte anwendbar wird, die von ihrem ursprünglichen Wortlaut nicht erfaßt wurden (*Extension*). Die Extension ist zumeist das Ergebnis einer Analogie. Schließlich kann dem Tatbestand einer Norm eine einschränkende Bedingung hinzugefügt werden, so daß sie Sachverhalte nicht mehr erfaßt, auf die sie nach ihrem ursprünglichen Wortlaut anwendbar war (*Reduktion*).
Die Zulässigkeit der Rechtsfortbildung läßt sich als ein Problem der Rangfolge der Auslegungsargumente formulieren, wobei es vor allem um die Kraft der linguistischen Argumente geht. Das zeigt, daß auch die Rechtsfortbildung im engeren Sinne Interpretation ist. Hinter dem Problem der Rangfolge der Auslegungsargumente steht stets die Kollision fundamentaler Prinzipien oder Werte. Bei der Rechtsfortbildung im engeren Sinne ist dies vor allem die Kollision zwischen den Prinzipien der Demokratie, der

Gewaltenteilung und der Rechtssicherheit einerseits, die die Autorität des Gesetzgebers stützen, und den Prinzipien der Kohärenz und der inhaltlichen Richtigkeit andererseits, die eine gerechte Entscheidung fordern. Die Lösung der Kollision hängt vom jeweils geltenden Verfassungsrecht und der vom Interpreten vertretenen Philosophie des Rechts ab.

II.
Diskurs und Recht

4. Die Idee einer prozeduralen Theorie der juristischen Argumentation

I.

Im Felde der juristischen Argumentationstheorie besteht heute ein breiter Konsens darüber, daß einfache Modelle unzureichend sind. Sie können Aspekte erhellen, als Theorie der juristischen Argumentation reichen sie nicht aus. Diese hat es mit einem zu komplexen Gegenstand zu tun. Ihm kann sie nur dann gerecht werden, wenn sie die Vielfalt seiner Aspekte erfaßt.

Als Beispiele für Theorien, die dies versuchen, können die Theorien Aarnios[1] und Pecceniks[2] genannt werden. In Aarnios Theorie spielt der Wittgensteinsche Begriff der Lebensform, in Pecceniks Theorie der Begriff des cultural progress eine entscheidende Rolle. Hier sollen einige Bemerkungen zu einer Theorie vorgetragen werden, die an einem dritten Begriff orientiert ist, dem der praktischen Vernunft oder der praktischen Rationalität. Meine Ausführungen beschränken sich dabei auf einige Aspekte der formalen Struktur einer solchen, an anderer Stelle eingehend dargelegten Theorie.[3]

1 A. Aarnio, On Legal Reasoning, Turku 1977; ders., Legal Point of View. Six Essays on Legal Philosophy, Helsinki 1978.

2 A. Peczenik, Non-Equivalent Transformations and the Law, in: A. Peczenik/J. Uusitalo (Hg.), Reasoning on Legal Reasoning, Vammala 1979, S. 47 ff.; ders., Right and Wrong in Legal Reasoning, in: Zeitgenössische Rechtskonzeptionen. Verhandlungen des 9. Weltkongresses der Internationalen Vereinigung für Rechts- und Sozialphilosophie, Basel 1979, hg. v. P. Trappe, Archiv für Rechts- und Sozialphilosophie, Supplementa, Bd. 1, Teil 1 (1982), S. 57 ff.

3 R. Alexy, Theorie der juristischen Argumentation, Frankfurt a. M. 1978. Am Begriff der praktischen Vernunft orientiert ist auch die Theorie MacCormicks (N. MacCormick, Legal Reasoning and Legal Theory, Oxford 1978). Die Frage, inwieweit die hier vorgetragenen Thesen mit denen MacCormicks vereinbar sind oder sogar übereinstimmen, muß an dieser Stelle offenbleiben. Auch ohne eine eingehende vergleichende Analyse kann allerdings festgestellt werden, daß in einigen wesentlichen Punkten wie etwa in dem, daß in der juristischen Argumentation nicht stets genau eine Antwort richtig ist, beide Theorien zu demselben Ergebnis gelangen.

Der Rekurs auf den Begriff der praktischen Vernunft oder der praktischen Rationalität ist ohne Wert, solange nicht geklärt wird, was unter diesem Begriff zu verstehen ist. Eine solche Klärung wie auch eine Explikation des Begriffs der rationalen juristischen Argumentation kann im Rahmen *prozeduraler Theorien* erfolgen.[4]

Ich gehe davon aus, daß die juristische Argumentation ein Sonderfall der allgemeinen praktischen Argumentation ist.[5] Die Diskussion der Struktur und der Probleme einer prozeduralen Theorie der juristischen Argumentation, die am Begriff der praktischen Vernunft orientiert ist, soll deshalb mit der Theorie der allgemeinen praktischen Argumentation beginnen.

Paradigma einer solchen Theorie ist die Theorie des rationalen Diskurses.[6] Nach dieser Theorie ist eine normative Aussage richtig oder – unter Voraussetzung einer liberalen Wahrheitstheorie – wahr,[7] wenn sie das Ergebnis einer bestimmten Prozedur, der des rationalen Diskurses, sein kann. Dies Verhältnis von Richtigkeit und Prozedur ist für alle prozeduralen Theorien kennzeichnend. Wenn *a* Vertreter einer prozeduralen Theorie ist, nach der auf die Prozedur *P* abzustellen ist, dann antwortet *a* auf die Frage, wann eine normative Aussage *N* richtig ist, mit:

D: Eine normative Aussage *N* ist richtig genau dann, wenn sie das Ergebnis der Prozedur *P* sein kann.[8]

4 Zur historischen Einschätzung solcher Theorien sowie zu ihrem Zusammenhang mit den Begriffen der Rechtfertigung und der Legitimation vgl. J. Habermas, Legitimationsprobleme im modernen Staat, in: Politische Vierteljahresschrift, Sonderheft 7 (1976), S. 39 ff.
5 R. Alexy (Fn. 3), S. 32 f., 263 ff.
6 Vgl. hierzu dens. (Fn. 3), S. 221 ff., wo auf der Grundlage einer Diskussion der Theorien Wittgensteins, Austins, Stevensons, Hares, Toulmins, Baiers, Habermas', Lorenzens, Schwemmers und Perelmans eine Theorie des allgemeinen rationalen praktischen Diskurses entworfen wird.
7 Zu einer Zusammenstellung von Argumenten für die Wahrheitsfähigkeit normativer Aussagen vgl. A. R. White, Truth, London/Basingstoke 1970, S. 57 ff.
8 D gibt die Form der Antwort eines Anhängers der – wie immer zu bestimmenden – Prozedur *P* wieder. Eine neutrale Version, die nicht das Akzeptieren, freilich auch nicht die Ablehnung von *P* voraussetzt, läßt sich mit Hilfe des Terminus »*P*-richtig« formulieren. »*P*-richtig« heiße »richtig relativ zur Prozedur *P*«. Die neutrale Version von D, D', lautet dann: »Eine normative Aussage *N* ist *P*-richtig genau dann, wenn sie das Ergebnis der Prozedur *P* sein kann.«

Es gibt im Rahmen prozeduraler Theorien sehr verschiedene Ausgestaltungen von P. Die Unterschiede lassen sich in solche, die (i)
die Individuen, die an der Prozedur teilnehmen, und solche, die
(ii) die Anforderungen der Prozedur betreffen, einteilen. Davon,
wie die Prozedur in bezug auf die Individuen und die Anforderungen gestaltet wird, hängt (iii) die Beschaffenheit des Entschei-
dungsprozesses ab.

(i) Hinsichtlich der *Individuen* ist nach Zahl und Art zu differenzieren. P kann durch ein Individuum durchgeführt werden, an P
können aber auch mehrere oder alle Individuen einer mehr oder
weniger weit zu fassenden Klasse teilnehmen. Was die Art der
Individuen betrifft, so kann von tatsächlich existierenden oder
von konstruierten oder idealen Individuen ausgegangen werden.
Ein Beispiel für eine Prozedur, die erstens auf ein Individuum
und zweitens auf ein ideales Individuum abstellt, ist die Variante
der ideal observer-Theorie, die Firth vorgeschlagen hat.[9] Die Dis-

Man könnte erwägen, ob man in D und D′ statt der Ausdrücke »richtig«
und »P-richtig« die Ausdrücke »begründbar« und »P-begründbar« verwenden sollte. Dies ist weitgehend eine terminologische Frage, denn
»begründbar« und »P-begründbar« würden in D und D′ auf die gleiche
Weise wie »richtig« und »P-richtig« definiert werden. Interessante Varianten prozeduraler Theorien können sich aber ergeben, wenn einer
der Ausdrücke in D oder D′ verwendet wird und der andere auf eine
andere Weise definiert wird.

D stellt darauf ab, ob N das Ergebnis von P sein *kann*, nicht darauf, ob
N dies *ist*. Dies ist jedoch sowohl unschädlich als auch erforderlich. Es
ist unschädlich, weil N in allen Fällen, in denen N das Ergebnis von P
ist, dies auch sein kann. Daß die Verwendung des »kann« statt des »ist«
darüber hinaus erforderlich ist, zeigt sich deutlich an Theorien, die von
einer von tatsächlich existierenden Individuen durchzuführenden Prozedur ausgehen. Der Weg, eine Hypothese über die Ergebnisse einer
solchen Prozedur als Argument dafür anzuführen, daß N ein mögliches
Ergebnis von P und deshalb richtig ist, wäre bei der Verwendung des
»ist« versperrt. Als »richtig« könnten nur diejenigen normativen Aussagen bezeichnet werden, die das Ergebnis tatsächlich durchgeführter
Begründungsprozeduren sind.

Die vorstehenden Gedanken sowie die dargelegte Fassung von D wurden durch eine Kritik von Ota Weinberger angeregt, dem ich hierfür
dankbar bin. Zu Dank für wichtige Hinweise bin ich auch Rainer Stuhl-
mann-Laeisz verpflichtet.

9 R. Firth, Ethical Absolutism and the Ideal Observer, in: Philosophy and

kurstheorie ist demgegenüber dadurch gekennzeichnet, daß unbegrenzt viele Individuen, und zwar in dem Zustand, in dem sie tatsächlich existieren, an P teilnehmen können.

(ii) Die *Anforderungen* können als Bedingungen oder als Regeln formuliert werden. Wieweit die eine Formulierungsweise in die andere transformiert werden kann, ohne daß das Ergebnis der Prozedur hiervon berührt wird,[10] soll hier ebenso offenbleiben wie die Frage, ob schon die Formulierungsweise systematisch bedeutsame Unterschiede bedingt. Die wichtigeren Unterschiede ergeben sich jedenfalls aus der Stärke der Anforderungen. Hierauf wird zurückzukommen sein.

(iii) Von der Beschaffenheit der Individuen und der Anforderungen hängt ab, ob der *Entscheidungsprozeß* die Möglichkeit der Änderung der zu Beginn der Prozedur vorhandenen normativen Überzeugungen der Individuen einschließt oder nicht. Wenn dies nicht der Fall ist, kann auf der Grundlage der empirischen und der normativen Entscheidungsbasis in *einem* Zeitpunkt entschieden werden. Ein solches entscheidungstheoretisches Modell sieht Rawls für die Wahl der Prinzipien der Gerechtigkeit vor, die er als »the only choice consistent with the full description of the original position«[11] bezeichnet, die vom »standpoint of one person selected at random«[12] getroffen werden kann. Die Diskurstheorie als argumentationstheoretisches Modell ist demgegenüber dadurch gekennzeichnet, daß sich die faktischen und normativen Überzeugungen der Individuen aufgrund der *im Laufe der Prozedur* vorgetragenen Argumente ändern können. Im weiteren soll nur diese Variante einer prozeduralen Theorie betrachtet werden.

Phenomenological Research 12 (1952), S. 320 ff.; vgl. ferner R. B. Brandt, Ethical Theory, Englewood Cliffs, N. J. 1959, S. 173 ff.

10 Fraglich ist allein, ob eine solche ergebnisneutrale Umformulierung in *allen* Fällen möglich ist. Daß sie in *einigen* Fällen möglich ist, kann leicht anhand von Beispielen gezeigt werden. So entspricht etwa einer Bedingung wie der der Unkenntnis der eigenen Situation eine Regel wie die, keine Argumente anzuführen, die man nicht anführen würde, wenn man sich in einer anderen Situation befände. Es sei ferner bemerkt, daß bei Theorien, die mit konstruierten Individuen arbeiten, auch die Eigenschaften der Individuen als Anforderungen angesehen werden können.

11 J. Rawls, A Theory of Justice, Cambridge, Mass. 1971, S. 121.

12 Ders. (Fn. 11), S. 139.

Die Diskurstheorie kann, da sie keine besonderen Festlegungen hinsichtlich der Individuen enthält, vollständig über Regeln formuliert werden. Aus Gründen der Vereinfachung ist es zweckmäßig, neben Regeln Argumentformen[13] zu formulieren. Technisch bereitet es keine Schwierigkeiten, die Formen in Regeln zu transformieren, die die Verwendung von Argumenten bestimmter Form erlauben oder vorschreiben. Im weiteren soll deshalb nur von Regeln die Rede sein.

Die Regeln des praktischen Diskurses sind sehr unterschiedlicher Art. Es würde den Umfang sprengen, sie hier zu formulieren. Das an anderer Stelle dargelegte Regelsystem,[14] auf das hier Bezug genommen wird, schließt, um nur einige Beispiele zu nennen, Regeln der Logik, Regeln über Teilnahme- und Rederechte, über Argumentationslasten, verschiedene Varianten des Verallgemeinerbarkeitsgedankens, Regeln über die Überprüfung der Entstehung normativer Überzeugungen und Formen von Folgenargumenten ein.

Das Diskursmodell bietet nicht nur Vorteile. Der auffälligste Mangel besteht darin, daß das Regelsystem das Ergebnis in einer Vielzahl von Fällen nicht festlegt. Dies sei an einem einfachen Beispiel verdeutlicht. Es gehe um die Antwort auf die praktische Frage F. Drei Individuen, a_1, a_2 und a_3, nehmen an der Prozedur teil, die im weiteren als P^p gekennzeichnet werden soll. P^p ist definiert durch die Regeln $R_1^p, \ldots, R_n^p$.[15] Zu Beginn der Prozedur, zum Zeitpunkt t_1, schlagen a_1, a_2 und a_3 jeweils verschiedene, einander ausschließende Antworten auf F vor: N_1, N_2 und N_3. Da P^p (i) auf der Grundlage der faktisch vorhandenen Überzeugungen

---

13 Zu diesem Begriff R. Alexy (Fn. 3), S. 123.

14 Ders. (Fn. 3), S. 234 ff.; ders., Eine Theorie des praktischen Diskurses, in: W. Oelmüller (Hg.), Normenbegründung – Normendurchsetzung. Materialien zur Normendiskussion, Bd. 2, Paderborn 1978, S. 36 ff.

15 Viele Streite über praktische Fragen beruhen auf unterschiedlichen empirischen Annahmen. $R_1^p, \ldots, R_n^p$ enthalten deshalb einen Verweis auf die Regeln der empirischen Argumentation $R_1^e, \ldots, R_o^e$ (vgl. die Regel (6.1) bei R. Alexy (Fn. 3), S. 255). Auf $R_1^e, \ldots, R_o^e$ kann trotz ihrer Bedeutung hier nicht eingegangen werden. Da $R_1^p, \ldots, R_n^p$ auf sie verweisen, sollen $R_1^e, \ldots, R_o^e$ als einbezogen gelten, wenn von $R_1^p, \ldots, R_n^p$ die Rede ist.

beginnt, (ii) nicht alle Argumentationsschritte festlegt und (iii) Regeln enthält, die nur approximativ erfüllbar sind,[16] sind im Zeitpunkt t_2 folgende Formen von einfachen Zuordnungen von N's zu a's möglich:[17]

(1) $a_1/N_i, a_2/N_i, a_3/N_i$

(2) $a_1/\neg N_i, a_2/\neg N_i, a_3/\neg N_i$

(3) $a_1/N_i, a_2/N_j, a_3/N_k$

Im Falle (1) ist N_i relativ zu $R_1^p, \ldots, R_n^p$ und a_1–a_3 im Zeitpunkt t_2 *diskursiv notwendig*. Im Falle (2) ist N_i entsprechend *diskursiv unmöglich*. Im Falle (3) sind N_i, N_j und N_k (die nicht mit N_1, N_2 und N_3 identisch zu sein brauchen) *diskursiv möglich*. Wichtig ist, daß dies Bild im Zeitpunkt t_3 und bei Teilnahme anderer Individuen anders aussehen kann.

16 Vgl. R. Alexy (Fn. 3), S. 255 f.
17 Die drei Formen der Zuordnung, die diese Tafel wiedergibt, sind dadurch gekennzeichnet, daß es sich bei ihnen zum einen um einfache und zum anderen um reine Formen handelt. Die Formen sind einfach, weil den a's jeweils nur ein nicht negiertes oder negiertes N zugeordnet wird. Sie sind rein, weil sie perfekte positive (1) und perfekte negative Konsense (2) sowie perfekte positive Dissense (3) darstellen. Es fällt sofort auf, daß sowohl perfekte negative Dissense als auch nicht perfekte (partielle) Konsense und Dissense, die als Teile insgesamt entweder positiver, negativer oder gemischter Zuordnungen möglich sind, in der Tafel fehlen. Auch läßt sich durch (1) – (3) nicht darstellen, daß einem a weder N_i noch $\neg N_i$ zugeordnet wird (neutrale Zuordnung). Der Grund für die im Text vorgenommene Beschränkung liegt darin, daß die diskursiven Modalitäten hinreichend anhand von (1) – (3) erläutert werden können. Da ihre vollständige Darstellung aber eine Behandlung dieser weiteren Formen erfordert, soll hier kurz auf sie eingegangen werden.
Einfache Formen reichen schon bei zwei einander ausschließenden, aber nicht kontradiktorischen N's nicht aus, um die logischen Beziehungen zwischen allen möglichen Zuordnungen und den diskursiven Modalitäten darzustellen. So weiß man etwa im Falle eines partiellen Konsenses, der Teil einer gemischter Zuordnung ist, etwa im Falle von $a_1/N_i, a_2/N_i, a_3/ \neg N_j$, nicht, ob N_i nur diskursiv möglich oder auch diskursiv notwendig ist, denn a_3 kann neben $\neg N_j$ sowohl N_i als auch $\neg N_i$ zugeordnet werden. Eine vollständige Darstellung der Logik der Zuordnungen ist also nur im Rahmen zusammengesetzter Zuordnungen möglich. Unter den Voraussetzungen des Beispielsfalls, die dadurch präzisiert werden sollen, daß (a) drei a's im Zeitpunkt t_2 drei N's

Die Mängel und Probleme liegen damit auf der Hand. Der oben in D verwendete Begriff »richtig« wird auf vielfältige Weise relativiert: (i) Das Ergebnis der Diskussion kann sowohl genau eine normative Aussage sein (Fall (1) und (2)), es kann aber auch aus verschiedenen Aussagen bestehen (Fall (3)). In diesem Fall müssen alle diskursiv möglichen Aussagen als »richtig« bezeichnet werden. (ii) Das Ergebnis hängt von den Teilnehmern $a_1, \ldots, a_l$ und (iii) den Regeln $R^p_a, \ldots, R^p_n$ ab. Wie können letztere als rational gerechtfertigt werden? (iv) Ferner kann das Ergebnis im Zeitpunkt t_3 ein anderes sein als im Zeitpunkt t_2. Zu diesen Schwächen kommt ein Problem grundsätzlicher Art: (v) Die Prozedur kann in vielen, vielleicht den meisten Fällen, in denen man wissen will, ob N richtig ist, nicht tatsächlich durchgeführt werden. Woher weiß man, was ihre Ergebnisse sind?

Die damit angedeuteten Schwierigkeiten sind beträchtlich. Sie bringen die Theorie jedoch nicht zu Fall. Im Gegenteil, einige der dargestellten Schwächen sind zugleich ihre Stärke.

zugeordnet werden, wobei (b) die N's miteinander unverträglich sind, aber kein N mit einem anderen in einem kontradiktorischen Verhältnis steht, und (c) es möglich ist, daß den a's alle N's negiert zugeordnet werden, gibt es, da unter den Voraussetzungen (b) und (c) bei n N's und m a's $(n + 1)^m$ vollständige zusammengesetzte konsistente Zuordnungen möglich sind, 64 vollständige zusammengesetzte konsistente Zuordnungen. Ein Beispiel für eine solche Zuordnung, die der Form (1) der Tafel entspricht, ist (i) $a_1/N_1 \neg N_2 \neg N_3$, $a_2/N_1 \neg N_2 \neg N_3$, $a_3/N_1 \neg N_2 \neg N_3$. Dies macht deutlich, daß zusammengesetzte Zuordnungen gegenüber positiven einfachen Zuordnungen keinen Vorteil bieten. Das ist erst gegenüber negativen oder gemischten einfachen Zuordnungen der Fall. So ist sowohl (ii) $a_1/ \neg N_1 N_2 \neg N_3$, $a_2/ \neg N_1 \neg N_2 N_3$, $a_3/ \neg N_1 \neg N_2 N_3$ als auch (iii) $a_1/ \neg N_1 \neg N_2 N_3$, $a_2/ \neg N_1 \neg N_2 N_3$, $a_3/ \neg N_1 \neg N_2 N_3$ ein Fall von (2). Zusammengesetzte Zuordnungen dieser Art sind vollständig, weil es in ihnen keine neutralen Zuordnungen gibt, also der Fall, daß einigen a's (etwa weil diese a's nicht wissen, ob sie N_i oder $\neg N_i$ zustimmen sollen) ein anderen a's positiv oder negativ zugeordnetes N weder positiv noch negativ zugeordnet wird, nicht vorkommt. Einen elementaren Sonderfall zusammengesetzter Zuordnungen bildet die Zuordnung nur eines N in negierter oder nicht negierter Form, bei der es bei n a's stets 2^n Zuordnungen gibt.

Die diskursiven Modalitäten ergeben sich stets definitiv aus vollständigen zusammengesetzten Zuordnungen. Wenn mindestens einem a N_i

(i) Daß mehrere N's diskursiv möglich sein können, ist nur dann ein Mangel, wenn man voraussetzt, daß es in praktischen Fragen stets genau eine richtige Antwort gibt.[18] Diese Voraussetzung muß bezweifelt werden. Wichtig ist, daß daraus, daß Verschiedenes möglich ist, nicht folgt, daß alles möglich ist.[19] Eine wesentliche Leistung der Prozedur besteht im Ausschluß von Möglichkeiten (Fall (2)).

und mindestens einem $a \neg N_i$ zugeordnet wird, sind N_i und $\neg N_i$ diskursiv möglich. Wenn N_i allen a's zugeordnet wird, ist N_i diskursiv notwendig. Wenn $\neg N_i$ allen a's zugeordnet wird, ist N_i diskursiv unmöglich. Interessante Fälle ergeben sich bei unvollständigen zusammengesetzten Zuordnungen, die dann vorliegen, wenn einigen a's ein N_i, das anderen a's positiv oder negativ zugeordnet wurde, weder positiv noch negativ zugeordnet wird. Für solche Fälle ist die eben gegebene Definition der diskursiven Möglichkeit folgendermaßen zu modifizieren: N_i ($\neg N_i$) ist diskursiv möglich, wenn N_i ($\neg N_i$) mindestens einem a zugeordnet wird. Bemerkt sei, daß daneben die Einführung der Begriffe der schwachen diskursiven Notwendigkeit und Unmöglichkeit erwägenswert ist. N_i könnte als »schwach diskursiv notwendig« bezeichnet werden, wenn mindestens einem a N_i und mindestens einem a weder N_i noch $\neg N_i$ und keinem $a \neg N_i$ zugeordnet wird, und als »schwach diskursiv unmöglich«, wenn mindestens einem $a \neg N_i$ und mindestens einem a weder N_i noch $\neg N_i$ und keinem $a N_i$ zugeordnet wird.
Die Tafel im Text reicht vor dem Hintergrund dieser Präzisierungen, obwohl sie nur einen Ausschnitt aus den möglichen Zuordnungen wiedergibt, zur Erläuterung der diskursiven Modalitäten aus. Erwähnt sei noch, daß sie nicht nur auf die dargestellte Weise vervollständigt, sondern auch in bezug auf a- und N-Variationen erweitert werden kann.

18 Diese These wird im Bereich der Theorie der juristischen Argumentation von Dworkin vertreten (R. Dworkin, Taking Rights Seriously, London 1977, S. 81; ders., No Right Answer?, in: P. M. S. Hakker/J. Raz (Hg.), Law, Morality, and Society. Essays in Honour of H. L. A. Hart, Oxford 1977, S. 58 ff.). Kritisch hierzu A. D. Woozley, No Right Answer, in: The Philosophical Quarterly 29 (1979), S. 25 ff.; vgl. ferner R. Alexy, Zum Begriff des Rechtsprinzips, in: Rechtstheorie, Beiheft 1 (1979), S. 59 ff. [Kap. 8, S. 177 ff.].

19 Die Tatsache, daß relativ zu P^p einander widersprechende normative Aussagen, N_i und $\neg N_i$, diskursiv möglich sind, hat nicht die fatale Konsequenz, daß aus P^p alles folgt. Dies deshalb nicht, weil N_i und $\neg N_i$ erstens nur diskursiv möglich und zweitens verschiedenen Individuen zugeordnet sind.

(ii) Die Relativierung auf die Teilnehmer ist nicht nur ein Nachteil. Jede Diskussion muß einen Ausgangspunkt haben. Sie kann nicht mit nichts beginnen. Dieser Ausgangspunkt besteht in den faktisch vorhandenen normativen Überzeugungen der Teilnehmer. Die Diskurstheorie ist nichts anderes als ein Verfahren deren rationaler Durcharbeitung. Dabei ist jede normativ relevante Überzeugung ein Kandidat für eine auf rationaler Argumentation beruhende Änderung.[20] In dieser Beschränkung auf die rationale Strukturierung der Argumentation liegt ein wichtiger Vorzug der Diskurstheorie. Eine Theorie, die den Argumentations- oder Entscheidungsprozeß nicht nur rational zu strukturieren, sondern, etwa dadurch, daß sie bestimmte Ausgangsprämissen vorschreibt, auch rational zu determinieren versucht, ist nicht nur Einwänden gegen die vom jeweiligen Argumentations- oder Entscheidungstheoretiker ausgewählten Ausgangsprämissen ausgesetzt, denen regelmäßig schwerer zu entgegnen ist als Einwänden gegen die Diskursregeln, sondern darüber hinaus dem grundsätzlichen Einwand, daß der Theoretiker damit ein Feld betritt, das schon deshalb, weil seine normativen Überzeugungen nicht generell richtiger sind als die der Teilnehmer, besser diesen überlassen bleibt, zumal die Rolle des Teilnehmers auch dem Theoretiker jederzeit offen steht. Wenn man die klassischen Begriffe der Relativität und Objektivität moralischer Normen[21] verwenden will, so kann man sagen, daß das Ergebnis des Diskurses weder nur relativ noch nur objektiv ist. Es ist in dem Maße relativ, in dem es durch Eigenarten der Teilnehmer bedingt ist, und in dem Maße objektiv, in dem es von den Regeln abhängt. Auf diese Weise vermeidet die Diskurstheorie sowohl die Schwächen relativistischer als auch die objektivistischer Moraltheorien.

20 Dies unterscheidet die hier skizzierte Theorie von der Aarnios, der im Anschluß an Wittgensteins Theorie der Lebensform der Auffassung ist, daß »the ultimate link in the chain of arguments for a value judgment is not within the reach of rational justification« (A. Aarnio, Linguistic Philosophy and Legal Theory. Some Problems of Legal Argumentation, in: Rechtstheorie, Beiheft 1 (1979), S. 37). Zur Kritik dieser These vgl. R. Alexy, Aarnio, Perelman und Wittgenstein. Einige Bemerkungen zu Aulis Aarnios Begriff der Rationalität der juristischen Argumentation, in: A. Peczenik/J. Uusitalo (Hg.), Reasoning on Legal Reasoning, Vammala 1979, S. 121 ff.
21 Vgl. hierzu G. Patzig, Relativismus und Objektivität moralischer Normen, in: ders., Ethik ohne Metaphysik, Göttingen 1971, S. 62 ff.

(iii) Das Kernproblem der Diskurstheorie ist die Aufstellung und Rechtfertigung des Regelsystems. Es soll einerseits möglichst stark sein, um möglichst viel auszuschließen und so seine Entscheidungssignifikanz zu erhöhen. Andererseits soll es möglichst schwach sein, damit es möglichst breite Zustimmung finden kann. Systeme, die keinerlei moralischen Gehalt aufweisen, werden der zweiten, nicht aber der ersten Anforderung gerecht. Wer etwa nur die Beachtung der Regeln der Logik, die Wahrheit der verwendeten empirischen Prämissen und die Berücksichtigung der Regeln der Zweckrationalität fordert, wird für jede einzelne dieser Forderungen leicht breite Zustimmung finden, sein System schließt unter der Voraussetzung von Teilnehmern mit unterschiedlichen normativen Vorstellungen aber kaum etwas aus. Zudem vermag es die vielfältigen Aspekte des Begriffs der Rationalität nicht zu erschöpfen.

Die gegenläufigen Werte der Stärke und Schwäche können in ein optimales Verhältnis gebracht werden, wenn neben einer Reihe weiterer Anforderungen vor allem die verschiedenen Ausprägungen des Verallgemeinerbarkeitsgedankens als Regeln der Prozedur in $R_1^p, \ldots, R_n^p$ aufgenommen werden. Das auf diese Weise entstehende System kann als »kantisch« bezeichnet werden.[22] Hier sei davon ausgegangen, daß diese Regeln wie auch die übrigen Regeln des Diskurses unter Voraussetzung eines weiten Begründungsbegriffs begründbar sind.[23] Praktische Vernunft kann als das Vermögen definiert werden, nach diesem Regelsystem zu praktischen Einsichten zu gelangen.

(iv) Daß die Ergebnisse von P^p im Zeitpunkt t_3 andere als im Zeitpunkt t_2 sein können, hat viele Gründe. Einer liegt darin, daß zwischen t_2 und t_3 bis t_2 vorhandene Mängel beseitigt werden können. Schon deshalb kann von einem Nachteil nicht gesprochen werden.

(v) Wenn man wissen möchte, ob N richtig ist, und es, wie in

22 Vgl. hierzu R. Alexy (Fn. 3), S. 153, sowie R. Dreier, Zur Einheit der praktischen Philosophie Kants. Kants Rechtsphilosophie im Kontext seiner Moralphilosophie, in: Perspektiven der Philosophie, Neues Jahrbuch 5 (1979), S. 5 ff.
23 Vgl. hierzu R. Alexy (Fn. 3), S. 225 ff., wo vier Begründungsweisen, die technische, die empirische, die definitorische und die universalpragmatische, unterschieden werden, die im diskurstheoretischen Diskurs zur Begründung von Diskursregeln verwendet werden können.

vielen, vielleicht den meisten Fällen, nicht möglich ist, P^p tatsächlich durchzuführen, bleibt entsprechend der Definition D nur die Möglichkeit zu fragen, ob N ein Ergebnis von P^p sein *kann*. Hierzu muß der Fragende in Gedanken die Prozedur durchspielen. Die dabei auftauchenden Schwierigkeiten sind beträchtlich. Es sind Hypothesen über die Argumente und das Argumentationsverhalten der virtuellen Teilnehmer erforderlich. Das hierfür notwendige empirische Wissen ist nur in begrenztem Umfang erreichbar. Dies macht das Kriterium jedoch nicht sinnlos. Es ist nicht unmöglich, sich die Argumente anderer und deren Interessen, denen sie Ausdruck geben, vorzustellen. Zu fast jeder praktischen Frage sind bereits Argumente vorgetragen worden. Sie können als Argumente möglicher Teilnehmer behandelt werden. Wichtig ist bei alledem, daß der hypothetische Charakter der Ergebnisse der im Kopfe gespielten Prozeduren erhalten bleibt.[24] Die Unsicherheit dieses Maßstabs allein begründet noch keinen Einwand. Solange kein sichererer überzeugend präsentiert werden kann, ist es besser, mit einem relativ unsicheren vorlieb zu nehmen, als ganz auf Maßstäbe zu verzichten.

III.

Daß die Schwächen von P^p teils unter der Voraussetzung des Mangels akzeptabler Alternativen hinnehmbar, teils zugleich deren Stärken sind, besagt noch wenig über ihren praktischen Wert. Diesen erlangt P^p in vollem Umfang erst in einer Theorie des Staats und des Rechts. Eine solche Theorie ist nicht nur als eine besondere Ausprägung der Diskurstheorie möglich, sondern darüber hinaus deren aus theorieinternen Gründen notwendige Entfaltung.

Dem weiten Raum des diskursiv Möglichen kann kein gleich weiter Raum des rechtlich Erlaubten entsprechen. Dies schon deshalb nicht, weil dies bedeuten würde, daß soziale Konflikte anhand von einander widersprechenden Regeln zu lösen wären. Die Grenzen der Ergebnisbestimmtheit von P^p begründen damit die Notwendigkeit von Festlegungen im Raum des diskursiv Möglichen durch positive Gesetzgebung. Hinzu kommt, daß selbst

24 Vgl. R. Alexy (Fn. 14), S. 53.

dann, wenn es nur diskursiv notwendige oder unmögliche Ergebnisse gäbe, deren Transformation in Rechtsnormen notwendig wäre.[25] Die Zustimmung aller im Diskurs zu einer Regel hat nicht notwendig deren Befolgung durch alle zur Folge. Bei einer Vielzahl von Normen aber ist dann, wenn einige sie ohne weiteres nicht befolgen können, niemandem deren Befolgung mehr zuzumuten.[26]

Die Struktur von P^p begründet damit, grob gesprochen, die Notwendigkeit des Rechts. Die aus P^p begründete Notwendigkeit des Rechts läßt sich in die Notwendigkeit von drei weiteren Prozeduren aufspalten: (i) die der staatlichen Rechtserzeugung (P^r), (ii) die der juristischen Argumentation (P^j) und (iii) die des gerichtlichen Prozesses (P^g). Im weiteren sollen einige Bemerkungen zu P^r, P^j und P^g sowie zu den zwischen P^p, P^r, P^j und P^g bestehenden Relationen vorgetragen werden.

(i) Es gibt sehr unterschiedliche Prozeduren staatlicher Rechtserzeugung (P^r). Hier soll nur interessieren, daß P^r wie jedes Regelsystem Gegenstand von P^p sein kann.[27] Über Prozeduren der Regelerzeugung mag man sich leichter einigen können als über inhaltliche Regeln. Daß stets genau eine Pr Ergebnis von P^p ist, kann jedoch nicht angenommen werden. Also sind relativ zu P^p mehrere P^r's diskursiv möglich. Dabei ist es möglich, daß eine Teilklasse der Regeln von P^r, R_1^r, ..., R_q^r, diskursiv notwendig ist. Ob eine diskursiv mögliche P^r und welche faktisch gilt, hängt von historischen Tatsachen ab. Dies ist aber, wie ganz allgemein bei am Begriff der praktischen Vernunft orientierten prozeduralen

25 Vgl. hierzu M. Kriele, Recht und praktische Vernunft, Göttingen 1979, S. 47 ff.
26 Daß die Diskurstheorie auf diese Weise zur Theorie des Staates führt, ist unter historischem Blickwinkel interessant, denn sie kann, wie Kriele hervorgehoben hat, als moralphilosophische Reformulierung der Theoreme »der klassischen Demokratietheorie, die auf dem Gedanken beruht, daß durch öffentliche Diskussion Vernunft und Fortschritt erzielt werden kann«, angesehen werden (M. Kriele (Fn. 25), S. 30).
27 Hervorgehoben sei lediglich, daß die Grundunterscheidungen der prozeduralen Theorie sich nicht nur auf die Prozedur der staatlichen Rechtserzeugung anwenden lassen, sondern in weitem Umfang erstmals in der Staatstheorie formuliert worden sind; so etwa die Unterscheidung zwischen der Teilnahme aller, einiger und nur eines.

Theorien, nur die eine Seite. Indem Pr Gegenstand von P^p sein kann, kann P^r sowohl Gegenstand rationaler Kritik als auch rationaler Legitimation und damit sowohl Gegenstand rationaler Änderung als auch rationaler Beibehaltung sein. P^r kann dabei sowohl unmittelbar hinsichtlich der P^r definierenden Regeln als auch mittelbar über die mit Hilfe dieser Regeln erzeugbaren Normen kritisiert werden. Die im Rahmen von P^r vorgetragenen Argumente und getroffenen Entscheidungen können an P^p orientiert und anhand von P^p bewertet werden.

(ii) Es ist keine P^r möglich, die den Rechtsunterworfenen und den Rechtsanwendern spätestens im Zeitpunkt des Auftauchens jeder Rechtsfrage Normen zur Verfügung stellen kann, aus denen zusammen mit empirischen Prämissen entweder logisch folgt oder sich mit Hilfe von Regeln der juristischen Methode zwingend begründen läßt, was im Einzelfall rechtlich geboten ist. Dies begründet die Notwendigkeit der Theorie der juristischen Argumentation. Es gibt zahlreiche Fälle, in denen relativ zu dem von P^r produzierten autoritativen Material mehrere juristische Entscheidungen möglich sind. Die Aufgabe der Theorie der juristischen Argumentation besteht darin, diese Rationalitätslücke zu schließen. Eine solche Theorie hat mindestens vier Adäquatheitsbedingungen zu erfüllen. Sie muß dem Anspruch juristischer Urteile, (i) im Rahmen der geltenden *Rechtsnormen*, (ii) bei Berücksichtigung der *Präjudizien* und (iii) eingebunden in die von der institutionell betriebenen Rechtswissenschaft erarbeiteten *Dogmatik* (iv) *richtig oder vernünftig* begründbar zu sein, gerecht werden.[28] Diesen Anforderungen kann im Rahmen eines dritten prozeduralen Modells Rechnung getragen werden, dem des rationalen juristischen Diskurses (P^j).

Wie P^p kann P^j darauf verzichten, die Anforderungen über Eigenschaften von Individuen zu formulieren. Sie können durch ein System von Regeln und Formen eingefangen werden.[29] Kennzeichnend für P^j sind die Relationen zu P^p und P^r. Während die Relation zu P^r darin besteht, daß die *Ergebnisse* von Pr Ausgangspunkte von P^j sind, besteht die zu P^p darin, daß innerhalb von P^j Fragen beantwortet werden müssen, die nur anhand der *Prozedur* P^p beantwortet werden können. Bereits dies macht deutlich, daß

28 Vgl. hierzu R. Alexy (Fn. 3), S. 264 ff.
29 Zu einem solchen System vgl. dens. (Fn. 3), S. 273 ff.

P^j durch zwei Klassen von Regeln und Formen definiert wird, zum einen durch die spezifischen Regeln und Formen des juristischen Diskurses (R_1^j, ..., R_m^j), die, kurz gesprochen, die Bindung an Gesetz, Präjudiz und Dogmatik zum Ausdruck bringen, und zum anderen durch die Regeln und Formen des allgemeinen praktischen Diskurses (R_1^p, ..., R_n^p), ohne die dem Anspruch juristischer Urteile, im Rahmen der geltenden Rechtsordnung vernünftig begründbar zu sein, nicht Rechnung getragen werden kann. R_1^p, ..., R_n^p kommen im Rahmen von R_1^j, ..., R_m^j zur Geltung. Dies ist der Sinn der Sonderfallthese.[30] Hinzu kommt, daß zahlreiche R_i^j besondere Fälle von R_k^p sind.[31]

Hinsichtlich der Vor- und Nachteile von P^j kann grundsätzlich auf das zu P^p Gesagte verwiesen werden.[32] Hier sei nur zweierlei hervorgehoben. Wegen der durch R_1^j, ..., R_m^j normierten Beschränkungen, etwa wegen der Bindung an die Ergebnisse von P^r, ist P^j gegenüber P^p durch Grenzen der rationalen Argumentation gekennzeichnet. Die hier skizzierte, die Einzelprozeduren verbindende allgemeine Theorie der rationalen praktischen Prozedur macht jedoch deutlich, daß diese Beschränkungen nicht nur nicht rationalitätsmindernd, sondern auch rationalitätssteigernd sein können.[33] Allerdings führt diese Rationalitätssteigerung, was P^j betrifft, nicht bis zum Punkt der Ergebnissicherheit. Da P^j u. a. durch Bezugnahme auf R_1^p, ..., R_n^p definiert wird, leidet auch P^j daran, daß relativ zu P^j mehrere Ergebnisse diskursiv möglich und insofern richtig sein können.

---

30 Martin Kriele hat, über die Sonderfallthese hinausgehend, von der »weitgehende(n) Identität des ethischen und des rechtlichen Diskurses« gesprochen. Diese soll unter zwei Voraussetzungen bestehen: »erstens (der), daß das vorgegebene Recht im demokratischen Verfassungsstaat kondensierte Ethik zu sein beansprucht, und zweitens (der), daß auch die rechtspolitische Kritik am Recht als Bestandteil des rechtlichen Diskurses gelten muß« (M. Kriele (Fn. 25), S. 34). Diese These kann nicht in einem strikten Sinn verstanden werden. Die Unterschiede von P^p und P^j schließen nicht nur eine volle, sondern auch eine »weitgehende Identität« aus. In einem weiteren Sinne trifft die These dagegen zu. P^j ist, wie dargelegt, keine zufällige Ergänzung von P^p, sondern deren aus theorieinternen Gründen notwendige Entfaltung.
31 Vgl. hierzu R. Alexy (Fn. 3), S. 352 ff.
32 Besondere Bedeutung hat das oben zu P^p unter (v) Ausgeführte.
33 Vgl. R. Alexy (Fn. 3), S. 307 ff.

(iii) Schon diese Schwäche von P^j als Kriterium der Richtigkeit macht als vierte Prozedur die des gerichtlichen Prozesses (P^g) erforderlich. Das Ergebnis von P^g hängt außer von $R^p_1, \ldots, R^p_h$ und $R^j_1, \ldots, R^j_m$ von den Regeln des Prozesses, $R^g_1, \ldots, R^g_k$, ab. $R^g_1, \ldots, R^g_k$ sind so beschaffen, daß es nach Abschluß von P^g stets nur eine Möglichkeit gibt; in P^g wird wie in P^r nicht nur argumentiert, sondern auch entschieden. Die Notwendigkeit der Entscheidung bedeutet jedoch keine Verabschiedung der Vernunft. Daß in einer Prozedur wie P^g entschieden wird, ist angesichts der Strukturen von P^p, P^r und P^j vernünftig. Nach welchen Regeln $R^g_1, \ldots, R^g_k$ und wie in P^g entschieden wird, kann unter Bezug auf P^p und P^j vernünftig begründet werden.

5. Probleme der Diskurstheorie

Die Probleme der Diskurstheorie lassen sich in drei Gruppen ordnen. Die der ersten Gruppe betreffen den Status der Diskurstheorie als Wahrheitstheorie, die der zweiten die Brauchbarkeit und die der dritten die Begründung der Diskurstheorie. Um den *Status* der Diskurstheorie als Wahrheitstheorie geht es, wenn das Verhältnis der Begriffe der Wahrheit und der Richtigkeit zu Begriffen wie denen des Konsenses, der unbegrenzten Diskussion und der Rationalität erörtert wird.[1] Um das *Brauchbarkeitsproblem* handelt es sich, wenn gegen die Diskurstheorie eingewandt wird, sie sei inhaltsleer und bloß formal, was sich daran zeige, daß sie zu keinem definitiven Ergebnis führe.[2] Das *Begründungsproblem* betrifft die Begründung der Diskursregeln und -prinzipien.[3]

Hier soll es nur um die ersten beiden Probleme, also nur um das Status- und das Brauchbarkeitsproblem gehen. Noch eine weitere Einschränkung sei hinzugefügt. Die beiden Probleme stellen sich bei allen Diskursformen, also etwa sowohl bei theoretischen als auch bei praktischen und ästhetischen Diskursen. Meine Überlegungen werden sich nur auf praktische Diskurse beziehen.

1. Die Diskurstheorie
als prozedurale Theorie

Die Diskurstheorie gehört zur Klasse der prozeduralen Theorien.[4] Nach allen prozeduralen Theorien hängt die Richtigkeit einer Norm oder die Wahrheit einer Aussage davon ab, ob die Norm oder die Aussage das Ergebnis einer bestimmten Prozedur

1 Vgl. hierzu H. Scheit, Wahrheit – Diskurs – Demokratie, Freiburg/München 1987, S. 123 ff.; A. Wellmer, Ethik und Dialog, Frankfurt a. M. 1986, S. 70 ff.

2 A. Wellmer (Fn. 1), S. 72.

3 Vgl. J. Habermas, Diskursethik – Notizen zu einem Begründungsprogramm, in: ders., Moralbewußtsein und kommunikatives Handeln, Frankfurt a. M. 1983, S. 67 ff.; W. Kuhlmann, Reflexive Letztbegründung, Freiburg/München 1985, S. 181 ff.

4 Vgl. R. Alexy, Die Idee einer prozeduralen Theorie der juristischen Argumentation, in: Rechtstheorie, Beiheft 2 (1981), S. 178 ff. [Kap. 4, S. 95 ff.].

ist oder sein kann. Wenn etwas das Ergebnis einer Prozedur ist, dann kann es dies auch sein, während das Umgekehrte nicht gilt. Die Kann-Version ist daher weiter. Sie soll deshalb den Ausgangspunkt der hier anzustellenden Überlegungen bilden. Wenn *a* Vertreter einer prozeduralen Theorie der Kann-Version ist, nach der auf die Prozedur *P* abzustellen ist, dann antwortet *a* auf die Frage, wann eine Norm *N* richtig ist, mit:

D: Eine Norm *N* ist richtig genau dann, wenn sie das Ergebnis der Prozedur *P* sein kann.

Es gibt sehr unterschiedliche Ausgestaltungen der Prozedur *P*. Sie lassen sich (1) in solche, die die Individuen, und (2) in solche, die die Anforderungen der Prozedur betreffen, einteilen. Davon, wie die Prozedur in bezug auf die Individuen und die Anforderungen gestaltet wird, hängt (3) ihr Charakter ab.

Hinsichtlich der *Individuen* ist nach Zahl und Art zu differenzieren. *P* kann durch ein Individuum durchgeführt werden, an *P* können aber auch mehrere oder alle Individuen einer mehr oder weniger weit zu fassenden Klasse teilnehmen. Was die Art der Individuen betrifft, so kann von tatsächlich existierenden oder von konstruierten oder idealen Individuen ausgegangen werden. Ein Beispiel für eine Prozedur, die erstens auf nur ein Individuum und zweitens auf ein ideales Individuum abstellt, ist die Variante der ideal observer-Theorie, die Firth vorgeschlagen hat.[5] Die Diskurstheorie ist demgegenüber dadurch gekennzeichnet, daß unbegrenzt viele Individuen, und zwar in dem Zustand, in dem sie tatsächlich existieren, an *P* teilnehmen können.

Die *Anforderungen* können auf sehr unterschiedliche Weise formuliert werden. Das Spektrum reicht von der Festlegung bestimmter kognitiver und motivationaler Eigenschaften der Individuen über die Angabe von Bedingungen oder Umständen, unter denen argumentiert und entschieden wird, bis zur Formulierung von Regeln, nach denen vorzugehen ist. Die bedeutsamsten Unterschiede ergeben sich aus der *Stärke* der Anforderungen.

Der *Charakter* der Prozedur hängt von der Zahl der Individuen und der Beschaffenheit der Anforderungen ab. Der wichtigste Unterschied im Charakter der Prozedur ist, ob die Möglichkeit

5 R. Firth, Ethical Absolutism and the Ideal Observer, in: Philosophy and Phenomenological Research 12 (1952), S. 320 ff.

einer Änderung zu Beginn der Prozedur vorhandener empirischer und normativer Überzeugungen und Interessen *aufgrund* der Prozedur vorgesehen ist oder nicht. Wenn dies nicht der Fall ist, kann auf der Grundlage der empirischen und der normativen Entscheidungsbasis in *einem* Zeitpunkt entschieden werden. Ein solches *entscheidungstheoretisches* Modell schlägt Rawls für die Wahl der Prinzipien der Gerechtigkeit vor, die er als »the only choice consistent with the full description of the original position«[6] bezeichnet, die vom »standpoint of one person selected at random«[7] getroffen werden kann. Die Diskurstheorie als *argumentationstheoretisches* Modell ist demgegenüber dadurch gekennzeichnet, daß sich die empirischen und normativen Überzeugungen wie auch die Interessen der Individuen aufgrund der im Laufe der Prozedur vorgetragenen Argumente ändern können. Im weiteren soll nur diese Variante einer prozeduralen Theorie betrachtet werden.

11. Die Regeln des Diskurses

Die Anforderungen der Diskurstheorie können, da diese keine Festlegungen hinsichtlich der Individuen enthält, vollständig über Regeln formuliert werden. Ich habe an anderer Stelle versucht, das System der Diskursregeln mit Hilfe von 28 Regeln möglichst vollständig zu erfassen.[8] Die Regeln reichen von solchen, die Widerspruchsfreiheit, sprachliche Klarheit, empirische Wahrheit und Aufrichtigkeit fordern, über solche, die dem Gedanken der Verallgemeinerbarkeit u. a. dadurch Ausdruck geben, daß sie das Teilnahmerecht eines jeden am Diskurs und die gleiche Berücksichtigung eines jeden im Diskurs sichern, bis zu solchen, die der Folgenargumentation, dem Abwägen und der Analyse der Entstehung normativer Überzeugungen gelten.

Gegen diese Vielfalt ist eingewandt worden, daß sie einen »Mischbegriff der Rationalität« zum Ausdruck bringe,[9] der der Klarheit

---

6 J. Rawls, A Theory of Justice, Cambridge, Mass. 1971, S. 121.

7 Ders. (Fn. 6), S. 139.

8 R. Alexy, Theorie der juristischen Argumentation, Frankfurt a. M. 1978, S. 234 ff.

9 O. Weinberger, Logische Analyse als Basis der juristischen Argumentation, in: W. Krawietz/R. Alexy (Hg.), Metatheorie juristischer Argumentation, Berlin 1983, S. 200.

der Analyse nicht dienlich sei. Dem ist entgegenzuhalten, daß praktische Rationalität eine komplexe Angelegenheit ist. Das Ergebnis der Analyse eines komplexen Gegenstandes kann nur ein komplexes Modell sein. Die entscheidende Frage ist, ob es seinem Gegenstand gerecht wird. Ferner ist kritisch geltend gemacht worden, daß einige Regeln einen moralischen Gehalt aufweisen.[10] Ein Einwand würde sich hieraus jedoch nur dann ergeben, wenn mindestens eine von drei Voraussetzungen zuträfe. Die erste ist, daß der durch die Regeln explizierte Begriff praktischer Rationalität keinen moralischen Gehalt aufweisen darf. Meines Erachtens ist es wenigstens zulässig, wahrscheinlich sogar erforderlich, in einen voll entwickelten Begriff praktischer Rationalität moralische Gehalte aufzunehmen. Die zweite Voraussetzung wäre erfüllt, wenn diejenigen Regeln, die einen moralischen Gehalt aufweisen, etwa die, die anspruchsvolle Forderungen nach Verallgemeinerbarkeit zum Ausdruck bringen, nicht begründbar wären. Ich kann die These, daß sie einer transzendentalpragmatischen Begründung im Wege einer Präsuppositionsanalyse fähig sind,[11] hier nicht begründen. Jedenfalls kann behauptet werden, daß nicht sicher ist, daß sie nicht begründet werden können. Eine dritte Voraussetzung des Gelingens des angeführten Einwandes wäre, daß der moralische Gehalt einiger Diskursregeln dem gesamten System seine Brauchbarkeit nimmt. Dies führt zurück zu der allgemeinen Frage nach der Brauchbarkeit der Diskurstheorie.

Unter dem Gesichtspunkt der Brauchbarkeit besteht die Hauptschwäche der Diskurstheorie darin, daß ihr Regelsystem kein Verfahren bietet, das erlaubt, in einer endlichen Zahl von Operationen stets zu genau einem Ergebnis zu gelangen. Dies hat drei Gründe. Die Diskursregeln enthalten erstens keine Festlegungen hinsichtlich der Ausgangspunkte der Prozedur. Ausgangspunkte sind die jeweils vorhandenen normativen Überzeugungen und Interesseninterpretationen der Teilnehmer. Zweitens legen die Diskursregeln nicht alle Argumentationsschritte fest. Drittens ist eine Reihe von Regeln nur approximativ erfüllbar.[12] Die Diskurstheorie ist insofern eine nicht entscheidungsdefinite Theorie.

---

10 Vgl. dens. (Fn. 9), S. 195.
11 J. Habermas (Fn. 3), S. 93 ff.; R. Alexy (Fn. 8), S. 230 ff.
12 Der Begriff der Regel wird hier in einem weiten Sinne verwendet, in

Man könnte meinen, daß bereits dies die Unbrauchbarkeit der Diskurstheorie zeige. Um diesen Einwand zu entkräften, ist zwischen realen und idealen Diskursen zu unterscheiden. Es seien zunächst letztere betrachtet.

III. Der ideale Diskurs

Diskurse können in einigen oder in allen Hinsichten ideal sein. Hier soll nur der in allen Hinsichten ideale Diskurs interessieren. Er ist dadurch definiert, daß unter den Bedingungen unbegrenzter Zeit, unbegrenzter Teilnehmerschaft und vollkommener Zwanglosigkeit im Wege der Herstellung vollkommener sprachlich-begrifflicher Klarheit, vollkommener empirischer Informiertheit, vollkommener Fähigkeit und Bereitschaft zum Rollentausch und vollkommener Vorurteilsfreiheit die Antwort auf eine praktische Frage gesucht wird. Der Begriff des in allen Hinsichten idealen Diskurses bereitet zahlreiche Probleme. Die vier wichtigsten sind: das Konstruktions-, das Konsens-, das Kriterium- und das Richtigkeitsproblem.

1. Das Konstruktionsproblem

Das Konstruktionsproblem resultiert daraus, daß die Diskurstheorie auf reale, tatsächlich existierende Personen als Diskursteilnehmer abstellt. Eine gedachte Verlängerung der Teilnahme ins zeitlich Unbegrenzte führt dazu, daß aus den realen, tatsächlich existierenden Teilnehmern partiell ideale oder konstruierte, nämlich unsterbliche Teilnehmer werden. Dies ist nicht die einzige Idealisierung. Es ist denkbar, daß jemand unsterblich ist und ewig an Diskursen teilnimmt und dennoch nichts oder wenig hinzulernt. Deshalb setzt der Begriff des in jeder Hinsicht idealen Diskurses voraus, daß seine Teilnehmer alle Diskursregeln vollkommen erfüllen, also, in welcher Zeit auch immer, zu vollkom-

dem er sowohl definitive Gebote als auch Optimierungsgebote umfaßt; zu dieser Unterscheidung vgl. R. Alexy, Rechtsregeln und Rechtsprinzipien, in: Archiv für Rechts- und Sozialphilosophie, Beiheft 25 (1985), S. 13 ff.

mener Klarheit, Informiertheit, Rollentauschfähigkeit und -bereitschaft sowie Vorurteilsfreiheit gelangen. Daß dies faktisch nicht möglich ist, bereitet so lange keine Probleme, wie es nur um den Begriff des idealen Diskurses geht. Bereits in diesem Zusammenhang ernst zu nehmen ist demgegenüber die Frage, ob der skizzierte Zustand überhaupt begrifflich möglich ist. So stellt sich etwa die Frage, ob in einem Diskurs, an dem Teilnehmer aus ganz verschiedenen Kulturen mit sehr verschiedenen Sprachen teilnehmen, überhaupt vollkommene sprachlich-begriffliche Klarheit herstellbar ist. Derartige Fragen müssen hier dahinstehen. Jedenfalls ist deutlich, daß sich die Teilnehmer des idealen Diskurses nahezu vollkommen von realen oder tatsächlich existierenden in ideale oder konstruierte Teilnehmer verwandeln. Dies scheint der eingangs dargelegten Grundannahme der Diskurstheorie zu widersprechen, die sagt, daß die Diskurstheorie von tatsächlich existierenden Individuen ausgeht. Berücksichtigt man jedoch, daß der ideale Diskurs kein von Anfang an vollkommener Diskurs ist, sondern ein Diskurs, der erst durch eine gedachte, potentiell unendliche Fortsetzung aufgrund von Lernprozessen anfangs realer Individuen zu einem vollkommenen Diskurs wird, so löst sich dieser Widerspruch auf.

2. Das Konsensproblem

Bei dem zweiten Problem, dem Konsensproblem, geht es um die Frage, ob ein idealer Diskurs in jeder praktischen Frage zu einem Konsens führt. Ein solcher Konsens folgt nicht logisch aus der Feststellung, daß die Bedingungen des idealen Diskurses erfüllt sind. Ein Konsens in einer bestimmten normativen Frage ist eine substantielle Sache. Die angeführten Bedingungen haben in bezug hierauf nur formalen Charakter. Eine Konsensgarantie in jeder Frage könnte deshalb nur auf der Basis der empirischen Prämisse angenommen werden, daß die Erfüllung der Bedingungen des idealen Diskurses alle Meinungsverschiedenheiten in praktischen Fragen zum Verschwinden bringen würde. Diese Prämisse setzt voraus, daß es keine diskursresistenten anthropologischen Verschiedenheiten der Menschen gibt, die auch bei einem zeitlich unendlichen Diskurs und vollkommener sprachlich-begrifflicher Klarheit, empirischer Informiertheit, Rollentauschfähigkeit und

-bereitschaft sowie Vorurteilsfreiheit einen Konsens in praktischen, also Wertungsfragen ausschließen können. Meines Erachtens ist diese Frage nicht entscheidbar. Dies deshalb nicht, weil kein Verfahren existiert, das Verhalten realer Personen unter den angeführten nicht realen Bedingungen zu prognostizieren. Dies bedeutet, daß eine Konsensgarantie weder ausgeschlossen noch angenommen werden kann. Für die Entscheidungsdefinitheit idealer Diskurse hat dies zur Folge, daß für möglich gehalten werden muß, daß auch nach einer potentiell unendlichen Diskursdauer von den Diskursteilnehmern noch miteinander unvereinbare Normen vertreten werden. Das Ergebnis der Prozedur wäre dann sowohl N als auch $\neg\,N$. Nach der eingangs gegebenen Definition D bedeutet dies, daß sowohl N als auch $\neg\,N$ als »richtig« zu bezeichnen wären. Auf die damit auftauchenden Fragen wird bei der Erörterung des Richtigkeitsproblems einzugehen sein.

Zu einem zweiten Aspekt des Konsensproblems führt die Frage, ob ein nach potentiell unendlicher Dauer unter idealen Bedingungen erzielter Konsens notwendig ein endgültiger oder definitiver Konsens wäre. Er wäre dies, wenn kein Argument mehr möglich wäre, das bei mindestens einem Teilnehmer noch zur Änderung der fraglichen normativen Überzeugung führen könnte. Meines Erachtens kann dahinstehen, ob die Klasse der normativ relevanten Argumente endlich oder unendlich ist. Auch ein potentiell unendlicher Diskurs bietet bei Teilnehmern, die zwar die hier angeführten idealen Bedingungen erreichen, aber nicht mit der Eigenschaft ausgestattet sind, kein mögliches normativ relevantes Argument zu übersehen, nicht die Garantie, daß nicht ein neues Argument einen einmal erreichten Konsens zerstört. Anders lägen die Dinge nur dann, wenn man die Unendlichkeit des Diskurses, was hier nicht geschehen soll, in dem Sinne als aktuale[13] Unendlichkeit deutet, daß alle möglichen Argumente vorgetragen und gewürdigt wurden. Ein Konsens könnte dann definitionsgemäß nicht mehr durch ein neues Argument zerstört werden.

Insgesamt ist zum Konsensproblem folgendes festzuhalten: (1) Selbst bei einem potentiell unendlichen idealen Diskurs kann nicht ausgeschlossen werden, daß kein Konsens zustande kommt.

---

13 Zu den Begriffen der potentiellen und aktualen Unendlichkeit vgl. P. Lorenzen, Das Aktual-Unendliche in der Mathematik, in: ders., Methodisches Denken, Frankfurt a. M. 1974, S. 94 ff.

(2) Auch bei einem potentiell unendlichen idealen Diskurs ist niemals sicher, ob ein einmal erreichter Konsens endgültig oder definitiv ist.

3. Das Kriteriumproblem

Das zuletzt Ausgeführte hat ernsthafte Konsequenzen für das dritte Problem, das Kriteriumproblem. Dies Problem betrifft die Frage, ob und in welchem Umfang der ideale Diskurs im Rahmen der eingangs angeführten Definition D als Kriterium der Richtigkeit verwendet werden kann. Da der ideale Diskurs definitionsgemäß nicht tatsächlich durchgeführt werden kann, kann er nur dadurch als Kriterium verwendet werden, daß gefragt wird, ob eine Norm *N* das Ergebnis eines idealen Diskurses sein *könnte*. Drei hierbei auftauchende Probleme sind von besonderer Bedeutung.

Das erste Problem resultiert daraus, daß bei der Verwendung des idealen Diskurses als Kriterium der Richtigkeit eine Prozedur, die wesentlich eine Veranstaltung mehrerer Personen ist, im Kopfe einer Person und in diesem Sinne *monologisch* durchgeführt werden muß. Wesentlich eine Veranstaltung mehrerer Personen ist der praktische Diskurs aus folgendem Grund: In ihm geht es um die richtige Lösung praktischer Fragen, die die Interessen mehrerer Personen betreffen, und insofern um die richtige Lösung eines Interessenkonflikts. Zu diesem Zweck werden die jeweils vorhandenen normativen Auffassungen der Teilnehmer über die richtige Lösung einer rationalen Durcharbeitung ausgesetzt. Bei diesem Prozeß spielen die jeweiligen Interesseninterpretationen der Teilnehmer sowie deren Veränderung aufgrund von Argumenten eine entscheidende Rolle. Wie eine Interesseninterpretation aufgrund von Argumenten zu ändern ist, ist letztlich Sache des jeweils Betroffenen. Hieraus folgt, daß dann, wenn die Richtigkeit des Diskursergebnisses von der Richtigkeit von Interesseninterpretationen abhängt und wenn die Richtigkeit von Interesseninterpretationen eine Sache argumentativer Überprüfung ist, der Diskurs *wesentlich nicht-monologisch* ist. Die Konsequenzen, die sich hieraus für den ergeben, der sich fragt, ob etwas das Ergebnis eines Diskurses sein kann, sind indes weniger fatal, als es auf den ersten Blick scheinen mag. Diskurse sind zwar wesentlich nicht-monologisch, ein im Kopfe einer Person durchgeführter Diskurs kann sich aber einem von mehreren Personen durchgeführten Diskurs annähern. Man kann sich der Argumente, der Interesseninterpretationen und der Änderung der Interesseninterpretationen anderer zwar niemals sicher sein, es ist aber in erheblichem Umfang möglich, hierüber begründete Vermutungen zu treffen. Zu fast jeder praktischen Frage sind bereits von ganz unterschiedlichen Personen vielfältige Argumente vorgetragen worden, und der Alltag, die Literatur und die einschlägigen Wissenschaften versorgen jeden, der daran interessiert ist, mit zahlreichen Informationen über mögliche Interesseninterpretationen und -änderungen. Aus der Tatsache der monologischen Durchführung folgt zwar ein erhebliches Maß an Unsicherheit. Ein aus diesem Grund untaugliches Kriterium wäre der virtuelle, im Kopfe einer Person durchgespielte Diskurs aber nur dann, wenn die Unsicherheit eines Kriteriums bereits seine Untauglichkeit implizieren würde.

Das zweite Unterproblem des Kriteriumproblems ergibt sich aus dem *idealen* Charakter der Anforderungen des idealen Diskurses. Weder ein realer Diskurs noch ein im Kopfe einer Person durchgeführter virtueller Diskurs kann diese Anforderungen jemals vollständig erfüllen. Was jedoch möglich ist, ist eine approximative Erfüllung. Ein Ergebnis, das die Anforderungen der Prozedur nur approximativ erfüllt, ist notwendig ein unsicheres Ergebnis. Wie bereits ausgeführt, folgt aber aus der Unsicherheit nicht die Untauglichkeit.

Das dritte Unterproblem des Kriteriumproblems resultiert aus der *internen Struktur* des idealen Diskurses. Bei der Erörterung des Konsensproblems wurde festgestellt, daß es erstens auch bei einem potentiell unendlichen idealen Diskurs niemals sicher ist, ob ein einmal erreichter Konsens endgültig oder definit ist, und daß zweitens nicht ausgeschlossen werden kann, daß auch bei einem solchen Diskurs kein Konsens zustande kommt, was bedeutet, daß zwei einander widersprechende Normen das Ergebnis der idealen Prozedur sein können. Das Definitheitsproblem bereitet die geringeren Schwierigkeiten. Ein Konsens, der das Ergebnis eines potentiell unendlichen idealen Diskurses ist, garantiert zwar keine endgültige Gewißheit, aber doch ein so hohes Maß an Sicherheit, daß er als Kriterium akzeptiert werden kann. Ernster ist das Widerspruchsproblem. Ein Kriterium, das die Möglichkeit nicht ausschließt, daß zwei einander widersprechende Normen richtig sind, scheint bereits an den elementarsten Anforderungen der Semantik des Ausdrucks »richtig« zu scheitern. Dies Problem soll im Rahmen der nun aufzunehmenden Erörterung des Richtigkeitsproblems weiter verfolgt werden.

4. Das Richtigkeitsproblem

Im Rahmen des Richtigkeitsproblems sind drei Unterprobleme zu erörtern: das Problem des Begriffs der Richtigkeit, das Objektivitätsproblem und das eben erwähnte Widerspruchsproblem. Dabei ist zu betonen, daß die hier angestellten Überlegungen nur praktischen Diskursen und damit nur der praktischen Richtigkeit oder Wahrheit gelten. Wieweit das hier Ausgeführte auf theoretische Diskurse und das Problem theoretischer Wahrheit übertragbar ist, soll offenbleiben.

a) Begriff und Kriterium der Richtigkeit

Der auf den Begriff der Richtigkeit bezogene Standardeinwand gegen die Diskurstheorie lautet, daß sie die Unterscheidung zwischen dem Begriff und dem Kriterium der Richtigkeit verwische. Um diesen Einwand zu entkräften, sei zwischen einer kriterienfreien und einer kriteriengeladenen Definition des Begriffs praktischer Richtigkeit unterschieden. Zu einer kriterienfreien Definition gelangt man, wenn man in Anlehnung an Tarski[14] eine semantische Konzeption praktischer Richtigkeit entwickelt, die sich an der Äquivalenz orientiert: Der Satz »X ist gesollt« ist richtig genau dann, wenn X gesollt ist. Eine derartige Konzeption praktischer Richtigkeit erhellt einen wesentlichen Aspekt des Begriffs der praktischen Richtigkeit. Es gibt aber weitere Aspekte dieses Begriffs, die nur durch eine kriteriengeladene prozedurale Definition wie die hier vorgeschlagene erfaßt werden können. Beide Konzeptionen sind miteinander vereinbar. Sie stehen nicht

---

14 Vgl. A. Tarski, The Semantic Conception of Truth and the Foundation of Semantics, in: Philosophy and Phenomenological Research 4 (1943/44), S. 343.

in einem Konkurrenz-, sondern in einem Ergänzungsverhältnis.[15] Für jede gibt es Zwecke, die sie rechtfertigen.

b) Das Objektivitätsproblem

Wichtiger ist das zweite Unterproblem des Richtigkeitsproblems, das Objektivitätsproblem. Bei ihm geht es um den Einwand, daß die von der Diskurstheorie vorgenommene Verknüpfung der Begriffe der Richtigkeit und der Wahrheit mit denen des Diskurses und des Konsenses unzulässig sei. Richtigkeit und Wahrheit seien etwas Objektives. Diskurse und Konsense gehörten demgegenüber in den Bereich der subjektiven Überzeugung und des bloßen Meinens und Akzeptierens.[16] Die Diskurstheorie unterscheide nicht hinreichend zwischen dem Fürwahrhalten und dem Wahrsein.[17] Daß alle einem Satz zustimmen, bedeute nicht, daß er richtig oder wahr sei, denn alle könnten sich irren. Dies gelte auch für das Ergebnis idealer Diskurse.[18]

Dieser Einwand beruht teils auf Mißverständnissen, teils führt er zu sehr grundlegenden Fragen. Ein Mißverständnis wäre es zu meinen, daß nach der Diskurstheorie etwas schon dann wahr sei, wenn alle es für wahr halten. Nicht der Konsens ist für sie entscheidend, sondern die Durchführung der Diskursprozedur. Dies geht so weit, daß, wie gleich darzulegen sein wird, sogar bei einem Dissens die miteinander unvereinbaren Auffassungen in einem noch näher zu bestimmenden Sinne als »richtig« bezeichnet werden können, wenn sie nur die Diskursprozedur überstanden haben. Es ist deshalb unzutreffend, der Diskurstheorie zu unterstellen, daß sie den Konsens als *Grund* für die Richtigkeit oder die Wahrheit ansieht.[19]

15 Dazu, daß verschiedene Wahrheits- und Richtigkeitstheorien nicht notwendig in einem Konkurrenzverhältnis stehen müssen, sondern auch in einem Ergänzungsverhältnis stehen können, vgl. O. Höffe, Kritische Überlegungen zur Konsensustheorie der Wahrheit (Habermas), in: Philosophisches Jahrbuch 83 (1976), S. 315 ff.

16 O. Weinberger (Fn. 9), S. 188 ff.

17 K.-H. Ilting, Geltung als Konsens, in: Neue Hefte für Philosophie 10 (1976), S. 36.

18 O. Weinberger (Fn. 9), S. 192.

19 So A. Wellmer (Fn. 1), S. 72.

Nicht der Konsens, sondern die Durchführung der Prozedur gemäß den Diskursregeln ist das eigentliche Richtigkeitskriterium der Diskurstheorie. Die entscheidende Frage lautet, was die Durchführung einer Prozedur gemäß den im wesentlichen formalen Diskursregeln mit der inhaltlichen Richtigkeit substantieller normativer Aussagen zu tun hat. Diese Frage formuliert das Kernproblem der Beziehung von Prozedur und Richtigkeit. Eine Antwort kann nur gelingen, wenn eine für die Diskurstheorie wesentliche Prämisse ans Licht gehoben wird. Die Diskurstheorie setzt voraus, daß die Teilnehmer des Diskurses, also Menschen, so wie sie tatsächlich existieren, grundsätzlich in der Lage sind, gute von schlechten Gründen für substantielle Aussagen zu unterscheiden. Sie geht also von einem grundsätzlich bestehenden hinreichenden Urteilsvermögen der Teilnehmer aus.[20] Dies bedeutet nicht, daß ein hinreichendes Urteilsvermögen eine Anforderung der Prozedur ist.[21] Das Verhältnis zwischen der Prozedur des Diskurses und dem hinreichenden Urteilsvermögen seiner Teilnehmer entspricht eher dem zwischen der Verfassung eines demokratischen Verfassungsstaates und der Fähigkeit seiner Bürger zu politischen, wirtschaftlichen und sozialen Aktivitäten. Letztere wird nicht durch Verfassungsnormen gefordert, sondern von der Verfassung vorausgesetzt. Hinzu kommt, daß nur ein *grundsätzlich* bestehendes hinreichendes Urteilsvermögen vorausgesetzt wird. Es ist einer der Zwecke der Prozedur des Diskurses, es zur Entfaltung zu bringen.

Wenn auf diese Weise als Verbindungsstück zwischen Prozedur und Richtigkeit die Voraussetzung eines grundsätzlich bestehenden hinreichenden Urteilsvermögens, d. h. eines Vermögens, gute von schlechten Gründen für substantielle Aussagen zu unterscheiden, eingeführt wird, dann fragt sich, warum man überhaupt noch auf die Prozedur abstellt und nicht gleich auf gute Gründe oder hinreichende Begründungen.[22] Der Grund hierfür ist, daß es, jedenfalls in praktischen Fragen, bei denen es wesentlich um Interesseninterpretationen und Interessenausgleiche geht, keine an sich

---

20 Das Fehlen eines derartigen »missing link« zwischen den Diskursregeln und der Richtigkeit des Ergebnisses ist mehrfach beanstandet worden. Vgl. etwa O. Höffe (Fn. 15), S. 330; K.-H. Ilting (Fn. 17), S. 34.
21 Zu dieser Variante vgl. A. Wellmer (Fn. 1), S. 72.
22 Vgl. A. Wellmer (Fn. 1), S. 70, 72; O. Weinberger (Fn. 9), S. 190 ff.

existierenden guten Gründe gibt. Was ein guter Grund ist, kann sich erst im Prozeß der diskursiven Überprüfung zeigen. Wenn man die Begriffe der Subjektivität und der Objektivität verwenden will, so kann man sagen, daß das Ergebnis der Diskursprozedur weder nur subjektiv noch nur objektiv ist. Es ist insofern subjektiv, als es durch Eigenheiten der Teilnehmer bedingt ist. Es ist insofern objektiv, als es einer diskursiven Überprüfung, die auf der Basis eines grundsätzlich vorhandenen Urteilsvermögens der Teilnehmer stattgefunden hat, standhalten konnte. Auf diese Weise vermeidet die Diskurstheorie sowohl die Schwächen subjektivistischer oder relativistischer als auch die objektivistischer Moraltheorien.

c) Das Widerspruchsproblem

Es bleibt das dritte Unterproblem des Richtigkeitsproblems, das Widerspruchsproblem, das daraus resultiert, daß nicht ausgeschlossen werden kann, daß selbst ein idealer praktischer Diskurs zwei einander widersprechende Normen zum Ergebnis haben kann. Nach der eingangs gegebenen Definition von »richtig« bedeutet dies, daß zwei sich widersprechende Normen gleichermaßen richtig sein können. Dabei ist zu bemerken, daß dies nicht heißt, daß eine Person in ihr Normensystem einen Widerspruch aufnehmen kann. Für das Normensystem jeder einzelnen Person bleibt das Postulat der Widerspruchsfreiheit bestehen. Es werden nur unvereinbare Normensysteme verschiedener Personen zugelassen. Es bleibt aber die Frage, ob unvereinbare Teile der Normensysteme verschiedener Personen, wenn und weil sie die Prozedur überstanden haben, gleichermaßen als »richtig« bezeichnet werden können.

Dies wäre nicht zulässig, wenn auf jede praktische Frage eine einzig richtige Antwort existieren würde,[23] unabhängig davon, ob es ein Verfahren gibt, sie zu finden oder zu beweisen. Wer diese These vertritt, trennt den Begriff der Richtigkeit von den Begriffen der Begründbarkeit und der Beweisbarkeit. Auf diese Weise entsteht ein *absoluter* Begriff der Richtigkeit, der einen *nicht-pro-*

---

23 Vgl. R. Dworkin, A Matter of Principle, Cambridge, Mass./London 1985, S. 119 ff.

zeduralen Charakter hat. Er würde es in der Tat ausschließen, sowohl *N* als auch ¬ *N* als »richtig« zu bezeichnen. Sein Mangel ist, daß die ihm zugrundeliegende Annahme der verfahrensunabhängigen Existenz einer einzig richtigen Antwort auf jede praktische Frage eine ontologische These darstellt, die nicht nur schwer zu begründen, sondern auch nicht sehr plausibel ist. Antworten auf praktische Fragen beruhen zwar nicht nur, aber wesentlich auch auf Interesseninterpretationen und Interessengewichtungen. Es kann nicht angenommen werden, daß auf dieser Basis auf jede praktische Frage stets nur genau eine Antwort möglich ist. Die These von der Existenz einer einzig richtigen Antwort auf jede Frage stellt damit, zumindest im Bereich des Praktischen, eine nicht zu rechtfertigende ontologische Fiktion dar. Eine solche Fiktion reicht nicht aus, um eine bestimmte Verwendung des Ausdrucks »richtig« verbindlich zu machen.

Daß die These von der Existenz einer einzig richtigen Antwort auf jede praktische Frage aufgegeben werden muß, bedeutet nicht, daß der Begriff der Richtigkeit in keiner Hinsicht einen absoluten Charakter hat. Einen absoluten Charakter hat er als regulative Idee. Als regulative Idee setzt der Begriff der Richtigkeit nicht voraus, daß es auf jede praktische Frage eine richtige Antwort bereits gibt, die es nur aufzufinden gilt.[24] Vielmehr erhält die einzig richtige Antwort den Charakter eines anzustrebenden Ziels.[25] Die Teilnehmer eines praktischen Diskurses müssen unabhängig davon, ob eine einzig richtige Antwort existiert, den Anspruch erheben, daß ihre Antwort die einzig richtige ist, wenn ihre Behauptungen und Begründungen sinnvoll sein sollen. Dies setzt nur voraus, daß es möglich ist, daß es praktische Fragen gibt, in denen im Diskurs eine Antwort als einzig richtige ausgezeichnet werden kann, und daß es nicht sicher ist, welche Fragen dies sind,

24 Vgl. I. Kant, Kritik der reinen Vernunft, A. 509, B 537: »ein Prinzipium der Vernunft, welches, *als Regel*, postuliert, was von uns im Regressus geschehen soll, und *nicht antizipiert*, was *im Objekte* vor allem Regressus an sich gegeben ist. Daher nenne ich es ein *regulatives* Prinzip der Vernunft«.

25 Vgl. I. Kant (Fn. 24), A 644, B 672: »Dagegen aber haben sie einen vortrefflichen und unentbehrlich notwendigen regulativen Gebrauch, nämlich den Verstand zu einem gewissen Ziele zu richten, in Aussicht auf welches die Richtungslinien aller seiner Regeln in einen Punkt zusammenlaufen«.

so daß es sich lohnt, bei jeder Frage das Auffinden einer einzig richtigen Antwort zu versuchen. Dem liegt eine *absolute prozedurale* Konzeption der Richtigkeit zugrunde. Sie wird der gängigen Bedeutung des Ausdrucks »richtig« ohne weiteres gerecht.

Das Widerspruchsproblem führt damit zu einer Aufspaltung des Begriffs der Richtigkeit in einen absoluten und einen relativen prozeduralen Begriff der Richtigkeit. Wenn sowohl N als auch $\neg N$ Ergebnis einer Prozedur sind, dann sind beide relativ auf diese Prozedur richtig.[26] Der absolute prozedurale Begriff der Richtigkeit fordert demgegenüber, daß weiter nach nur einer Antwort gesucht wird. Der Begriff der relativen prozeduralen Richtigkeit spielt bei realen Diskursen eine zentrale Rolle. Er soll im Rahmen ihrer Erörterung verdeutlicht werden.

iv. Der reale Diskurs

1. Die diskursiven Modalitäten

Zur Diskussion der Probleme des realen Diskurses ist es zweckmäßig, ein einfaches Modell zu verwenden. Man nehme an, zwei Personen, a_1 und a_2, versuchen, eine praktische Frage im Rahmen der durch die Diskursregeln definierten Prozedur zu beantworten. Im Zeitpunkt t_1 schlage a_1 N_1 und a_2 N_2 vor, wobei N_1 und N_2 unvereinbar sind. Im Zeitpunkt t_2, der das Ende der Prozedur markiert, sind u. a. folgende Zuordnungen von Lösungen zu den Teilnehmern möglich: (1) Beide stimmen in N_i, das mit N_1 oder N_2 identisch sein kann, aber nicht muß, überein; (2) beide lehnen N_i ab; (3) a_1 ist für N_i und a_2 für N_j, $i \neq j$. Es erscheint zweckmäßig, diese drei Fälle terminologisch auszuzeichnen. Im ersten Fall ist N_i relativ auf die Diskursregeln, das Maß ihrer Erfüllung und die Teilnehmer im Zeitpunkt t_2 *diskursiv notwendig*. Im zweiten Fall ist N_i entsprechend *diskursiv unmöglich*. Im dritten Fall sind N_i und N_j entsprechend, also relativ auf die Diskursregeln, das Maß ihrer Erfüllung und die Teilnehmer im Zeitpunkt t_2 weder

---

26 Die hier vorgeschlagene Konzeption der relativen Richtigkeit ist nicht die einzig mögliche. So ist jüngst von Nicholas Unwin eine Konzeption vorgestellt worden, die sich an der Idee unterschiedlicher kognitiver Verarbeitungsmechanismen (cognitive processing mechanism) orientiert; vgl. N. Unwin, Beyond Truth: Towards a New Conception of Knowledge and Communication, in: Mind 96 (1987), S. 299 ff.

diskursiv unmöglich noch diskursiv notwendig, sondern bloß *diskursiv möglich*. Wichtig ist dabei, daß das Bild im Zeitpunkt t_3 und bei Teilnahme anderer Individuen anders aussehen kann.

Nach der eingangs gegebenen Definition D der Richtigkeit muß sowohl das, was bei der Beendigung der Prozedur diskursiv notwendig, als auch das, was zu diesem Zeitpunkt bloß diskursiv möglich ist, als »richtig« bezeichnet werden. Der Begriff der diskursiven Möglichkeit erlaubt allerdings eine wesentliche Entschärfung des Widerspruchsproblems. Daß sowohl N als auch $\neg\, N$ richtig sein können, heißt nicht mehr, als daß sowohl N als auch $\neg\, N$ diskursiv möglich sein können. Dagegen, daß die Glieder einer Kontradiktion möglich sein können, gibt es keinen logischen Einwand. Damit verliert der auf den ersten Blick so problematische Befund, daß zwei sich widersprechende Normen gleichermaßen richtig sein können, einiges von seinem problematischen Charakter.

2. Der relative Begriff der Richtigkeit

Das eigentliche Problem besteht in der Relativierung des Begriffs der Richtigkeit. Er wird in vier Hinsichten relativiert: im Hinblick auf (1) die Diskursregeln, (2) das Maß ihrer Erfüllung, (3) die Teilnehmer und (4) auf Zeitpunkte.

Ausgespart werden soll hier das erste Problem, die Relativität im Hinblick auf die *Diskursregeln*. Es betrifft nicht die Brauchbarkeits- und Statusprobleme, sondern das hier nicht zu erörternde Begründungsproblem. Immerhin aber wird deutlich, daß und wie auch dieses Problem in einer Beziehung zum Richtigkeitsproblem steht.

Einige Diskursregeln können nur entweder erfüllt oder nicht erfüllt werden, bei anderen ist demgegenüber wegen ihres idealen Charakters nur eine approximative Erfüllung möglich. Die Erfüllung ist bei ihnen eine Sache des Grades. Hierdurch entsteht das Problem der Relativität im Hinblick auf das *Maß der Erfüllung*. Das Wesentliche hierzu ist bereits bei der Erörterung des idealen Diskurses im Rahmen der Diskussion des Kriteriumproblems gesagt worden. Die bloß approximative Erfüllbarkeit führt notwendig zur Unsicherheit des Diskurses als Kriterium. Unsicherheit impliziert aber nicht Untauglichkeit.

Auch die Relativität im Hinblick auf die *Teilnehmer* erzeugt Unsicherheit. Zudem führt sie, jedenfalls bei zeitlich begrenzten realen Diskursen, zu einer Ausweitung des Raumes des bloß diskursiv Möglichen. Auf der anderen Seite ist sie aufgrund der Struktur praktischer Probleme notwendig. Diese fordert, wie bereits ausgeführt, eine nicht-monologische Prozedur. Hinzu kommt, daß jeder Diskurs einen Ausgangspunkt haben muß. Er kann nicht mit nichts beginnen. Dieser Ausgangspunkt besteht in den jeweils faktisch vorhandenen normativen Überzeugungen der Teilnehmer. Die Prozedur des Diskurses ist nichts anderes als ein Verfahren deren rationaler Durcharbeitung. Dabei ist jede normativ relevante Überzeugung ein Kandidat für eine auf rationaler Argumentation beruhende Änderung. In dieser Beschränkung auf die rationale Strukturierung der Argumentation liegt ein wichtiger Vorzug der Diskurstheorie. Eine Theorie, die den Argumentations- oder Entscheidungsprozeß nicht nur rational zu strukturieren, sondern, etwa dadurch, daß sie bestimmte Inhalte als Ausgangsprämissen vorschreibt, auch rational zu determinieren versucht, ist nicht nur Einwänden gegen die vom jeweiligen Argumentations- oder Entscheidungstheoretiker ausgewählten inhaltlichen Ausgangsprämissen ausgesetzt, denen regelmäßig schwerer zu entgegnen ist als Einwänden gegen die im wesentlichen formalen Diskursregeln, sondern darüber hinaus auch dem grundsätzlichen Einwand, daß der Theoretiker damit ein Feld betritt, das schon deshalb, weil seine inhaltlichen normativen Überzeugungen nicht generell richtiger sind als die der Teilnehmer, besser diesen überlassen bleibt, zumal die Rolle des Teilnehmers auch dem Theoretiker jederzeit offensteht.

Die vierte Relativität, die Relativität im Hinblick auf *Zeitpunkte*, ist angesichts der Grenzen jedes realen Diskurses unumgänglich. Bei bloß diskursiv möglichen Ergebnissen, also Dissensen, fordert die regulative Idee der Richtigkeit den nicht endgültigen Charakter des Ergebnisses. Bei diskursiv notwendigen Ergebnissen, also Konsensen, ergibt sich der notwendig vorläufige Charakter aus der notwendigen Unvollkommenheit jedes realen Diskurses.

Man könnte meinen, daß man angesichts der Erfüllungs-, Teilnehmer- und Zeitpunktrelativität auf den Begriff der Richtigkeit verzichten sollte. Statt dessen, so könnte man vorschlagen, sollten besser Begriffe wie die der Vertretbarkeit, der Plausibilität, der Begründbarkeit und der Vernünftigkeit verwendet werden. Dies hätte in der Tat den Vorteil, daß man nicht mehr mit einem gespaltenen Begriff der Richtigkeit arbeiten müßte: dem der absoluten prozeduralen Richtigkeit, der den Charakter einer bloß regulativen Idee hat, und dem der relativen prozeduralen Richtigkeit, der ein so hohes Maß an Unsicherheit einschließt. Es handelt sich hier, wie so oft, um ein terminologisches Problem, in dem sich ernsthafte substantielle Fragen spiegeln. Immerhin spricht für die hier bevorzugte Terminologie, daß der alltägliche Sprachgebrauch es durchaus zuläßt, angesichts von zwei wohlbegründeten gegenläufigen normativen Auffassungen zu sagen, daß beide Argumentierenden *auf ihre Weise* recht haben (relative Richtigkeit), um dann weiter zu fragen, wer denn *wirklich* recht hat (absolute Richtigkeit), wobei man zugleich einräumen kann, daß es wohl niemandem gelingen wird, dies herauszubekommen. Der substantielle Grund für die hier gewählte Terminologie ist, daß die diskursive Überprüfung zwar nicht in den Bereich der Sicherheit, aber doch aus dem Bereich bloßen Meinens und Fürwahrhaltens führt. Angesichts der Tatsache, daß mehr in praktischen Fragen nicht möglich ist, scheint mir die Verwendung des Begriffs der relativen Richtigkeit angemessen zu sein.

Obwohl zahlreiche Einwände ausgeräumt werden konnten, bleibt das Ergebnis doch eigentümlich unbefriedigend. Der Begriff der Richtigkeit verflüchtigt sich einerseits zu einer regulativen Idee, andererseits wird er in hohem Maße relativiert und mit Unsicherheiten verbunden. Dieser Befund ist jedoch noch nicht das letzte Wort, wenn die These zutrifft, daß der praktische Wert der Diskurstheorie sich in vollem Umfang erst dann zeigt, wenn sie zu einer Basistheorie der auf Diskussion angelegten[27] Institutionen des demokratischen Verfassungsstaates gemacht wird.[28] Diese These zu begründen, würde jedoch die Eröffnung eines neuen Themas bedeuten.

---

27 Vgl. hierzu BVerfGE 5, 85 (197 ff.).
28 Vgl. M. Kriele, Recht und praktische Vernunft, Göttingen 1979, S. 30 ff.; R. Alexy (Fn. 4), S. 185 ff. [Kap. 4, S. 104 ff.].

6. Diskurstheorie und Menschenrechte

In den gegenwärtigen, den vergangenen und wohl auch den zu-
künftigen Diskussionen über die Menschenrechte lassen sich
– wie ganz allgemein in der politischen Philosophie – vier Grundpositionen unterscheiden, die unter Bezugnahme auf historische
Vorbilder als »aristotelisch«, »hobbesianisch«, »kantisch« und
»nietzscheanisch« bezeichnet werden können.[1] Ich werde versuchen, eine kantische Konzeption zu verteidigen.

1. Die kantische Grundposition

Es gibt zahlreiche Varianten der kantischen Grundposition. Ihnen
allen gemeinsam sind die Prinzipien der Universalität und der
Autonomie. Das Prinzip der Universalität der Menschenrechte
sagt, daß alle Menschen bestimmte Rechte haben. Statt auf alle
Menschen kann man auch auf alle Personen, alle rationalen Wesen
oder auf ähnliches abstellen.[2] Das mag hier jedoch dahinstehen.
Das Prinzip der Autonomie wirkt in zwei Richtungen. Es bezieht
sich sowohl auf die private als auch auf die öffentliche Autonomie.
Bei der privaten Autonomie geht es um die individuell zu treffende Wahl und die Realisierung einer persönlichen Konzeption
des Guten. Gegenstand der öffentlichen Autonomie ist die gemeinsam mit anderen zu treffende Wahl und die Realisierung
einer politischen Konzeption des Gerechten und des Guten. In
der öffentlichen Autonomie sind Menschenrechte und Demokratie notwendig verbunden. Der Schutz und die Ermöglichung
beider Formen der Autonomie ist die primäre Aufgabe der Menschenrechte in der kantischen Konzeption. Eine volle Entfaltung
sowohl der öffentlichen als auch der privaten Autonomie ist nur
in einem demokratischen Verfassungsstaat möglich, in dem die
Menschenrechte die Gestalt von Grundrechten angenommen ha-

1 Vgl. hierzu R. Alexy, Eine diskurstheoretische Konzeption der praktischen Vernunft, in: Archiv für Rechts- und Sozialphilosophie, Beiheft
  51 (1993), S. 12 ff.
2 Vgl. hierzu C. S. Nino, The Ethics of Human Rights, Oxford 1991,
  S. 34 ff.

ben. Wenn im weiteren des öfteren statt von »Menschenrechten« von »Grundrechten« die Rede ist, ist dieser Zusammenhang gemeint.[3]

Die Verknüpfung der Ideen der Universalität und der Autonomie führt zu einer liberalen politischen Theorie. Die kantische Konzeption der Menschenrechte ist eine liberale Menschenrechtskonzeption. Die liberale Menschenrechtskonzeption ist die politische Kernidee der Aufklärung und der bürgerlichen Revolutionen. Sie bildet bis heute das Fundament aller Verfassungen des westlichen Typs. Damit ist sie eine der bislang erfolgreichsten politischen Ideen. Dennoch war die liberale Menschenrechtskonzeption von Anfang an umstritten, und die Kritik nimmt heute eher zu als ab. Die alten Einwände des Formalismus, der Leere, der Abstraktheit und der Geschichts- und Kulturlosigkeit werden aus dem kommunitaristischen Lager wiederholt und zugespitzt. Nicht nur der Inhalt der Menschenrechte, sondern die Kategorie der Rechte selbst wird in Frage gestellt.[4] Die Kritik wendet sich gleichermaßen gegen den Aspekt der Autonomie wie gegen den der Universalität. Die Autonomie soll den einzelnen aus konkreten Ordnungen reißen, gewachsene Gemeinschaften zerstören und mit der Entfesselung von Genuß- und Besitzgier den Untergang der Welt befördern. Alles verkarste: die Seelen, die Gemeinschaften und die Natur. Gegen die Universalität der Menschenrechte wird eingewandt, daß diese Rechte in Wahrheit nur Elemente einer bestimmten Kultur, nämlich der des Abendlandes, seien und damit allenfalls eine relative oder partikulare Geltung hätten. Jeder An-

---

3 Es ist zwischen absoluten und relativen Menschenrechten zu unterscheiden. Absolute Menschenrechte sind Rechte, die alle gegenüber allen haben. Das Recht auf Leben ist ein Beispiel. Relative Menschenrechte sind Rechte, die alle Mitglieder aller Rechtsgemeinschaften in ihrer Rechtsgemeinschaft haben. Das Wahlrecht kann als Beispiel angeführt werden. Sowohl absolute als auch relative Menschenrechte sind überpositive oder moralische Rechte. Eine Verfassung ist nur dann der Rechtfertigung fähig, wenn sie die absoluten und die relativen Menschenrechte als Grundrechte enthält. Gilt eine solche Verfassung als positives Recht, sind die Menschenrechte als Grundrechte positiviert worden. Der Grundrechtskatalog einer Verfassung kann neben den Menschenrechten noch weitere Rechte als Grundrechte enthalten.
4 Vgl. A. MacIntyre, Community, Law, and the Idiom and Rhetoric of Rights, in: Listenings 26 (1991), S. 96 ff.

spruch auf universelle Geltung sei humanitär verbrämter Imperialismus.

Es ist Aufgabe der kantischen als einer liberalen Konzeption der Menschenrechte, all diesen und noch vielen weiteren Einwänden zu entgegnen. Die Grundlage dieser Verteidigung muß die Begründung der kantischen Konzeption selbst sein. Ich möchte hier die Grundzüge einer bestimmten Variante einer solchen Begründung vortragen, nämlich die der Diskurstheorie. Mit dieser Begründung werden zahlreiche Einwände bereits unmittelbar ausgeräumt. Andere lassen sich auf ihrer Basis entkräften.

Jede Begründung der Menschenrechte muß sich auf irgend etwas stützen. Nahezu alles, was irgendwie in Frage kommt, ist ausprobiert worden. So finden sich, um acht Beispiele anzuführen, Berufungen auf religiöse Offenbarungen, die Natur des Menschen, Evidenzen, die nicht zu bezweifeln sein sollen, große Traditionen, existentielle Entscheidungen, individuelle Interessen, kollektive Güter und weitreichende faktische Konsense. Die Basis der diskurstheoretischen Begründung bilden die Regeln des praktischen Diskurses. Jede Begründung ist nur so gut, wie die Prämissen es sind, auf die sie sich stützt. Die diskurstheoretische Begründung der Menschenrechte steht damit vor zwei Aufgaben. Sie muß auf einer ersten Stufe die Regeln des praktischen Diskurses begründen, um dann in einem zweiten Schritt auf dieser Basis die Menschenrechte zu rechtfertigen. Ich beginne mit der ersten Stufe.

II. Die Begründung der Diskursregeln

I. Die Grundideen der Diskurstheorie

Die Diskurstheorie ist eine prozedurale Theorie der praktischen Richtigkeit. Nach ihr ist eine Norm dann richtig und deshalb gültig, wenn sie das Ergebnis einer bestimmten Prozedur, nämlich der eines rationalen praktischen Diskurses, sein kann.[5] Die Prozedur des Diskurses ist eine Argumentationsprozedur. Das unter-

5 Vgl. hierzu R. Alexy, Die Idee einer prozeduralen Theorie der juristischen Argumentation, in: Rechtstheorie, Beiheft 2 (1981), S. 178 [Kap. 4, S. 95].

scheidet die Diskurstheorie von prozeduralen Theorien der hobbesianischen Tradition, die sich auf Verhandlungs- und Entscheidungsprozeduren beziehen.[6]

Ein praktischer Diskurs ist in dem Maße rational, in dem in ihm die Bedingungen rationalen praktischen Argumentierens erfüllt sind. Die Bedingungen rationalen praktischen Argumentierens lassen sich zu einem System der Diskursregeln[7] zusammenfassen.[8] Ein Teil dieser Regeln formuliert allgemeine Rationalitätsanforderungen, die auch unabhängig von der Diskurstheorie gelten. Zu ihnen gehören die Widerspruchsfreiheit, die Universalisierbarkeit im Sinne eines konsistenten Gebrauchs der verwendeten Prädikate, die sprachlich-begriffliche Klarheit, die empirische Wahrheit, die Berücksichtigung der Folgen und das Abwägen. Alle diese Regeln gelten auch für Monologe. Hier sollen nur die spezifischen Diskursregeln interessieren. Diese haben einen nichtmonologischen Charakter. Ihr Ziel ist die Unparteilichkeit des Diskurses. Dieses Ziel soll durch Sicherung der Freiheit und Gleichheit der Argumentation erreicht werden. Die wichtigsten dieser Regeln lauten:

1. Jeder, der sprechen kann, darf an Diskursen teilnehmen.
2. (a) Jeder darf jede Behauptung in Frage stellen.
   (b) Jeder darf jede Behauptung in den Diskurs einführen.
   (c) Jeder darf seine Einstellungen, Wünsche und Bedürfnisse äußern.
3. Kein Sprecher darf durch innerhalb oder außerhalb des Diskurses herrschenden Zwang daran gehindert werden, seine in (1) und (2) festgelegten Rechte wahrzunehmen.[9]

Diese Regeln bringen auf der Ebene der Argumentation die libe-

6 Vgl. etwa J. M. Buchanan, The Limits of Liberty, Chicago/London 1975, S. 6 ff., 28 ff.; D. Gauthier, Morals by Agreement, Oxford 1986, S. 113 ff.
7 Der Begriff der Diskursregel wird hier so gefaßt, daß er sowohl Regeln als auch Prinzipien im Sinne der allgemeinen Normentheorie einschließt; vgl. hierzu R. Alexy, Theorie der Grundrechte, Baden-Baden 1985 (Frankfurt a. M. 1986), S. 71 ff.
8 Zu einem Versuch, ein solches System mit Hilfe von 28 Diskursregeln zu formulieren, vgl. dens., Theorie der juristischen Argumentation, 2. Aufl., Frankfurt a. M. 1991, S. 234 ff.
9 Vgl. dens. (Fn. 8), S. 240.

ralen Ideen der Universalität und der Autonomie zum Ausdruck. Wenn sie gelten, also jeder frei und gleich darüber entscheiden kann, was er akzeptiert, dann gilt notwendig die folgende Bedingung universeller Zustimmung:

UZ: Eine Norm kann in einem Diskurs nur dann universelle Zustimmung finden, wenn die Konsequenzen ihrer allgemeinen Befolgung für die Befriedigung der Interessen eines jeden Einzelnen von allen akzeptiert werden können.

Es ist eine zentrale Annahme der Diskurstheorie, daß die Zustimmung im Diskurs erstens von Argumenten abhängen kann und daß zweitens zwischen der universellen Zustimmung unter idealen Bedingungen und den Begriffen der Richtigkeit und der moralischen Geltung eine notwendige Beziehung besteht.[10] Dieser Zusammenhang läßt sich wie folgt formulieren:

Richtig und damit gültig sind genau die Normen, die in einem idealen Diskurs von jedem als richtig beurteilt werden würden.

Wenn man einige Abschwächungen vornimmt, wird hieraus Habermas' abstraktes Diskursprinzip:

»D: Gültig sind genau die Handlungsnormen, denen alle möglicherweise Betroffenen als Teilnehmer an rationalen Diskursen zustimmen könnten.«[11]

Das entspricht, jedenfalls in der Grundintention, Kants Prinzip der gesetzgebenden Gewalt:

»Also kann nur der übereinstimmende und vereinigte Wille Aller, so fern ein jeder über Alle und Alle über einen jeden ebendasselbe beschließen, mithin nur der allgemein vereinigte Volkswille gesetzgebend sein.«[12]

10 Vgl. C. S. Nino (Fn. 2), S. 75 f.; R. Alexy, Probleme der Diskurstheorie, in: Zeitschrift für philosophische Forschung 43 (1989), S. 87 ff. [Kap. 5, S. 118 ff.].
11 J. Habermas, Faktizität und Geltung, Frankfurt a. M. 1992, S. 138.
12 I. Kant, Metaphysik der Sitten, in: Kant's gesammelte Schriften, hg. v. der Königlich Preußischen Akademie der Wissenschaften, Bd. 6, Berlin 1907/14, S. 313 f.

2. Ein Argument aus drei Bausteinen

Die Idee des Diskurses ist keine neutrale Idee. Sie schließt die Universalität und die Autonomie der Argumentation sowie eine hierauf beruhende Konzeption der Unparteilichkeit ein. Die Idee des Diskurses ist damit eine wesentlich liberale Idee. Deshalb beginnen die Probleme der Begründung einer liberalen Position schon auf der Ebene des Diskurses.

Es gibt Autoren wie Nino, die ausdrücklich auf die Nicht-Neutralität des moralischen Diskurses hinweisen[13] und dennoch die Rechtfertigung seiner Regeln nicht nur für unmöglich, sondern auch für nicht erforderlich halten. Eine Rechtfertigung oder Begründung sei unmöglich, weil sich Moral nicht durch Moral rechtfertigen lasse. Nicht notwendig sei sie, weil »an explanation of how moral discourse evolves and why individuals tend to take part in it« ausreiche.[14] Nino hat recht, wenn er sagt, daß Moral nicht durch Moral begründet werden kann, denn eine solche Begründung wäre notwendig zirkulär. Er hat aber unrecht, wenn er evolutionäre Erklärungen, so interessant und wichtig diese sein mögen, zur einzigen Alternative erklärt. Er unterschätzt damit die Möglichkeiten transzendentaler Argumente. Eine entgegengesetzte Auffassung vertritt Habermas. Er hält ein schwaches transzendentales Argument für notwendig und hinreichend. Schwach soll dieses transzendentale Argument sein, weil es keine unfehlbare Letztbegründung biete, sondern nur eine fehlbare Rekonstruktion des »normativen Gehalts faktisch unausweichlicher Argumentationsvoraussetzungen«.[15] Als ein in diesem Sinne schwaches transzendentales Argument soll es aber stark genug sein, »um den universalistischen, nämlich für alle sprach- und handlungsfähigen Subjekte verbindlichen Geltungsanspruch eines prozedural gefaßten Moralprinzips zu begründen«.[16] Das ist eine Überschätzung der Kraft transzendentaler Argumente in der praktischen Philosophie.

Meine These lautet, daß sich die universelle Geltung der Diskurs-

13 C. S. Nino (Fn. 2), S. 114.
14 Ders. (Fn. 2), S. 82.
15 J. Habermas, Erläuterungen zur Diskursethik, in: ders., Erläuterungen zur Diskursethik, Frankfurt a. M. 1991, S. 195.
16 Ders. (Fn. 15), S. 194.

regeln nur, aber auch immerhin, mit einem Argument begründen läßt, das sich aus drei ganz unterschiedlichen Teilen zusammensetzt. Der erste Teil besteht aus einem transzendentalen Argument, das den Kern des Gesamtarguments bildet und wesentlich seinen universalistischen Charakter bestimmt. Dieses transzendentale Argument ist nicht nur, wie bei Habermas, wegen seines falliblen Charakters, sondern darüber hinaus auch wegen seiner begrenzten Geltung schwach. Zur Verstärkung seiner Geltung muß ihm als zweiter Teil ein auf individuelle Nutzenmaximierung abstellendes Argument hinzugesellt werden. Die kantische und die hobbesianische Linie gehen auf diese Weise bei der Begründung der Diskursregeln eine Verbindung ein. In ihr bleibt die kantische Linie allerdings dominant. Damit diese Verbindung gelingt, ist als drittes Teilstück eine empirische Prämisse über die Ausstattung von Menschen mit einem Interesse an Richtigkeit erforderlich. Erst durch eine solche Prämisse können reine Nutzenmaximierer hinreichend stark an das Ergebnis des transzendentalen Arguments gebunden werden, mit dem ich nun beginne.

a) Die transzendentale Basis

Es ist unklar und umstritten, was genau ein transzendentales Argument ist.[17] Hier sollen als »transzendental« Argumente bezeichnet werden, die mindestens aus zwei Prämissen mit der folgenden Struktur bestehen: Die erste Prämisse identifiziert den Ausgangspunkt des Arguments, der aus Dingen wie Wahrnehmungen, Gedanken oder sprachlichen Handlungen besteht, und behauptet von diesem Ausgangspunkt, daß er in irgendeinem Sinne notwendig sei. Die zweite Prämisse sagt sodann, daß irgendwelche Kategorien oder Regeln notwendig sind, wenn der als Ausgangspunkt gewählte Gegenstand möglich sein soll. Die Konklusion lautet schließlich, daß diese Kategorien oder Regeln notwendig gelten.
In der Diskurstheorie sind verschiedene Varianten transzendenta-

---

17 Vgl. hierzu R. Chisholm, What is a Transcendental Argument?, in: Neue Hefte für Philosophie 14 (1978), S. 19 ff.; S. L. Paulson, Läßt sich die Reine Rechtslehre transzendental begründen?, in: Rechtstheorie 21 (1990), S. 171 ff.

ler Argumente vorgeschlagen worden.[18] Ihnen allen gemeinsam ist, daß einzelne Sprechakte oder die Praxis der Argumentation den Ausgangspunkt des Arguments bilden. Deshalb gehört das transzendentale Argument der Diskurstheorie einer bestimmten Teilklasse der transzendentalen Argumente an: der der transzendentalpragmatischen Argumente.[19] Transzendentalpragmatische Argumente sind sprachphilosophische oder linguistische Argumente, die notwendige Präsuppositionen der Argumentation oder einzelner Sprechakte herausarbeiten. Zu diesen Voraussetzungen sollen die Freiheit und die Gleichheit der Argumentation und damit die angeführten Diskursregeln gehören. Trifft dies zu, bleibt nur noch zu zeigen, daß und in welchem Sinne die Argumentation oder die Sprechakte, die den Ausgangspunkt der Begründung bilden, notwendig sind. Die Frage ist, ob ein solches Argument gelingen kann.

Die Sprechakte der Behauptung, der Begründung und der Frage sind für die Begründung der Diskursregeln von besonderer Bedeutung. Ich wähle als Ausgangspunkt für die hier vorzuschlagende Version eines transzendentalpragmatischen Arguments den Sprechakt der Behauptung und beginne mit Thesen über das, was Behauptungen notwendig voraussetzen.

Es besteht kaum Streit darüber, daß Behauptungen nur dann möglich sind, wenn irgendwelche Regeln des Behauptens gelten. Das bedeutet, daß mit Behauptungen irgendwelche Regeln notwendig vorausgesetzt werden. Der Streit konzentriert sich auf die Frage, welche Regeln dies sind.[20] Wenn das transzendentale Argument gelingen soll, müssen diese Regeln als notwendige Voraussetzungen der Möglichkeit von Behauptungen erwiesen werden.

18 Vgl. etwa K.-O. Apel, Das Apriori der Kommunikationsgemeinschaft und die Grundlagen der Ethik, in: ders., Transformation der Philosophie, Bd. II, Frankfurt a. M. 1973, S. 358 ff.; J. Habermas, Diskursethik – Notizen zu einem Begründungsprogramm, in: ders., Moralbewußtsein und kommunikatives Handeln, Frankfurt a. M. 1983, S. 93 ff.

19 Vgl. hierzu A. Dorschel/M. Kettner/W. Kuhlmann/M. Niquet (Hg.), Transzendentalpragmatik, Frankfurt a. M. 1993.

20 Vgl. H. Keuth, Fallibilismus versus transzendentalpragmatische Letztbegründung, in: Zeitschrift für allgemeine Wissenschaftstheorie 14 (1983), S. 334 ff.; G. Patzig, »Principium diiudicationis« und »Principium executionis«, in: G. Prauss (Hg.), Handlungstheorie und Transzendentalpragmatik, Frankfurt a. M. 1986, S. 213.

Es darf keine Alternativen zu ihnen geben.[21] Das Problem wäre unlösbar, wenn man unter Behauptungen Beliebiges verstehen könnte. Man könnte dann zahlreiche Begriffe der Behauptung unterscheiden und jeden von ihnen durch ein dazugehöriges Regelsystem definieren.[22] Dies ist jedoch zumindest nicht unbegrenzt möglich, was daran zu erkennen ist, daß Behauptungen sich von anderen Sprechakten, etwa von Äußerungen emotionaler Reaktionen[23] oder bloßen Stellungnahmen[24], unterscheiden lassen. Es gibt eine Kernbedeutung des Ausdrucks »Behauptung«.[25] Zu ihr gehört, daß Behauptungen nur solche Sprechakte sind, mit denen ein Anspruch auf Wahrheit oder Richtigkeit erhoben wird.[26] Meine erste These lautet deshalb:

(1) Wer etwas behauptet, erhebt einen Anspruch auf Wahrheit oder Richtigkeit.

Diese These kann darauf gestützt werden, daß ein performativer Widerspruch entsteht, wenn sie bestritten wird.[27] Einen perfor-

---

21 H. Albert, Die angebliche Paradoxie des konsequenten Fallibilismus und die Ansprüche der Transzendentalpragmatik, in: Zeitschrift für philosophische Forschung 41 (1987), S. 424; S. L. Paulson (Fn. 17), S. 174, 176.

22 Vgl. H. Keuth (Fn. 20), S. 334 f.

23 Vgl. G. Patzig, Relativismus und Objektivität moralischer Normen, in: ders., Ethik ohne Metaphysik, Göttingen 1971, S. 75.

24 Vgl. hierzu H. Keuth (Fn. 20), S. 332.

25 Dem entspricht Kuhlmanns These, »daß es einen Kernbereich von wesentlichen Argumentations- und Behauptungsregeln gibt« (W. Kuhlmann, Reflexive Letztbegründung versus radikaler Fallibilismus, in: Zeitschrift für allgemeine Wissenschaftstheorie 16 (1985), S. 373).

26 Vgl. D. Davidson, Inquiries into Truth and Interpretation, Oxford 1984, S. 268: »Someone who makes an assertion represents himself as believing what he says, and perhaps as being justified in his belief. And since we want our beliefs to be true, it seems right ... that when someone makes an assertion, he represents himself as intending to say what is true.«

27 Fusfield hat geltend gemacht, daß der Hinweis auf einen performativen Widerspruch keine wirkliche Begründung einer Diskursregel sei (W. D. Fusfield, Can Jürgen Habermas' »Begründungsprogramm« Escape Hans Albert's Münchhausen Trilemma?, in: Jahrbuch Rhetorik 8 (1989), S. 77 ff.). Daran ist richtig, daß der Hinweis auf einen performativen Widerspruch keine Begründung eines Satzes durch einen von

mativen Widerspruch begeht, wer mit dem Vollzug eines Sprech-
aktes etwas voraussetzt, beansprucht oder impliziert, was dem
Inhalt dieses Sprechaktes widerspricht. Man nehme die folgende
Behauptung:

(1') Ich behaupte, daß es regnet, und ich betone dabei, daß dies
falsch ist.

Diese Behauptung schließt einen performativen Widerspruch ein,
weil ein Teil dessen, was gesagt wird (»ich betone dabei, daß dies
falsch ist«), dem widerspricht, was mit dem Vollzug der Behauptung notwendig vorausgesetzt wird, nämlich dem Anspruch auf
Wahrheit oder Richtigkeit.[28]
Meine zweite These verknüpft den mit Behauptungen notwendig
verbundenen Anspruch auf Wahrheit oder Richtigkeit mit dem
Anspruch auf Begründbarkeit. Sie lautet:

(2) Der Anspruch auf Wahrheit oder Richtigkeit impliziert einen
Anspruch auf Begründbarkeit.

    ihm unabhängigen anderen Satz darstellt, denn ein performativer Wi-
    derspruch entsteht nur dann, wenn die Diskursregel, zu deren Stüt-
    zung er angeführt wird, bereits gilt. Performative Widersprüche sind
    deshalb lediglich ein Mittel, mit dem *gezeigt* werden kann, daß Dis-
    kursregeln gelten. Sie dienen der Explikation dessen, von dem ange-
    nommen wird, daß es gemeinsam vorausgesetzt wird. Diese Explika-
    tion kann wie jede Explikation inadäquat und die durch sie gestützte
    These deshalb falsch sein.
28 Es gibt Kontexte, in denen daran gezweifelt werden kann, ob (1') einen
    Widerspruch einschließt, oder in denen (1') eindeutig keinen Wider-
    spruch einschließt. Eindeutig keinen Widerspruch schließt (1') z. B.
    dann ein, wenn *A*, nachdem er (1') gegenüber *B* als Behauptung geäu-
    ßert hat, was einen performativen Widerspruch einschließt, (1') noch
    einmal – erstaunt, entsetzt oder belustigt – als Selbstbeschreibung ge-
    genüber sich selbst äußert. Dann wird das »ich behaupte« in (1') aber
    nicht mehr zum *Vollzug* einer Behauptung verwendet. Nur dieser Fall
    interessiert hier. Ein Widerspruch ist zweifelhaft, wenn jemand den
    Ausdruck »behaupten« in einem anderen Sinne, etwa im Sinne von
    »sagen«, verwenden will und darauf besteht, daß dies die eigentliche
    Bedeutung von »behaupten« sei. Hier ist festzustellen, daß diese Per-
    son entweder unsere Bedeutung von »behaupten« nicht verstanden hat
    oder eine Änderung unserer Sprachpraxis anstrebt. Keiner Hervorhe-
    bung bedarf, daß es Kontexte gibt, in denen man jemandem, der (1')
    äußert, den Widerspruch nicht vorwirft. Jemand kann (1') als Witz

Wer geltend macht, daß seine Behauptung wahr oder richtig ist, und zugleich sagt, daß es keinerlei Gründe für das Behauptete gibt, stellt vielleicht nicht einmal eine echte Behauptung auf. Jedenfalls ist seine Behauptung notwendig fehlerhaft.[29] Allerdings ist dieser Fehler leicht zu vermeiden, denn um einen Anspruch auf Begründbarkeit zu erheben, muß man nicht auf gute, sondern nur auf irgendwelche Gründe Bezug nehmen. So reicht der Rekurs auf Evidenzen, Offenbarungen und Autoritäten aus. Entscheidend ist, daß Gründe ins Spiel kommen.

Daß mit Behauptungen ein Anspruch auf Begründbarkeit erhoben wird, bedeutet nicht, daß jeder jederzeit jede Behauptung jedem gegenüber begründen muß. Häufig ist dem Adressaten einer Behauptung schon die Behauptung zu viel, und er will auf keinen Fall auch noch Gründe für sie hören. Umgekehrt kann der, der eine Behauptung aufgestellt hat, gute Gründe dafür haben, eine Begründung zu verweigern. Ihm kann z. B. die Zeit hierfür fehlen. Wenn der Adressat einer Behauptung aber »Warum?« fragt und damit eine Begründung verlangt und derjenige, der die Behauptung aufgestellt hat, keine guten Gründe zur Verweigerung einer Begründung hat, dann impliziert der Anspruch auf Begründbarkeit eine Pflicht zur Begründung. Meine dritte These lautet deshalb:

(3) Der Anspruch auf Begründbarkeit impliziert eine prima facie-Pflicht, das Behauptete auf Verlangen zu begründen.

Das Äußern einer Behauptung ist insofern der Eintritt in den Bereich der Argumentation.

Wer etwas begründet, gibt zumindest vor, den anderen, zumindest was das Begründen anbelangt, als gleichberechtigten Begründungspartner zu akzeptieren. Das zeigt sich an der Fehlerhaftigkeit einer Äußerung wie:

(4.1) Für mich ist der Grund G, den ich für meine Behauptung anführe, natürlich kein guter Grund; du solltest angesichts deiner geringen Intelligenz G aber als guten Grund für diese Behauptung akzeptieren.

äußern, und alle können ihm dafür dankbar sein. Als Witz kann (1') aber nur deshalb geäußert werden, weil (1') einen Widerspruch einschließt.

29 R. Alexy (Fn. 8), S. 165 ff.

Diese Äußerung widerspricht dem Postulat der *Gleichberechtigung* in der Argumentation. Ein Grund für eine Behauptung ist nur dann ein guter Grund, wenn er für jeden ein guter Grund sein kann. Ferner gibt jeder, der etwas begründet, zumindest vor, zumindest was das Begründen anbelangt, weder Zwang selbst auszuüben noch sich auf von anderen ausgeübten Zwang zu stützen. Das zeigt sich daran, daß eine Äußerung wie:

(4.2) Wenn dich meine Gründe nicht überzeugen, wirst du entlassen

keine Begründung ist. Sie widerspricht dem Postulat der *Zwanglosigkeit* der Argumentation. Schließlich beansprucht derjenige, der etwas begründet, seine Behauptung nicht nur gegenüber dem jeweiligen Adressaten, sondern gegenüber jedermann verteidigen zu können. Dem entspricht die Fehlerhaftigkeit von Äußerungen wie:

(4.3) Wenn wir *A, B* und *C* von unserer Diskussion ausschließen und deren Einwände vergessen, werden wir uns davon überzeugen können, daß der von mir angeführte Grund *G* ein guter Grund ist.[30]

Derartige Äußerungen widersprechen dem Postulat der *Universalität* der Argumentation. Meine vierte These lautet deshalb:

(4) Mit Begründungen werden, jedenfalls was das Begründen als solches anbelangt, die Ansprüche auf Gleichberechtigung, Zwanglosigkeit und Universalität erhoben.

Diesen Ansprüchen entsprechen die oben angeführten spezifischen Diskursregeln, die das Recht eines jeden, an Diskursen teilzunehmen, sowie die Freiheit und Gleichheit in Diskursen gewährleisten. Wenn meine Argumentation richtig ist, sind damit genau die Diskursregeln begründet, die die liberalen Ideen der Autonomie und der Universalität zum Ausdruck bringen.

Es könnte der Einwand erhoben werden, daß mein Argument nichts anderes als ein definitorischer Trick sei. Der Weg vom Begriff der Behauptung zu den spezifischen Diskursregeln mit den Zwischenstationen Anspruch auf Richtigkeit, Anspruch auf Begründbarkeit und prima facie-Pflicht zur Begründung bestehe aus

---

30 Zu einem ähnlichen Beispiel vgl. J. Habermas (Fn. 18), S. 101.

einer Kette von Definitionen, die nicht notwendig so ausfallen müßten. Es werde lediglich ein starker Begriff der Behauptung eingeführt, der die Diskursregeln impliziere. Man könne jedoch auch einen schwächeren Begriff vertreten, für den dies nicht gelte. Diesem Einwand kann dadurch entgegnet werden, daß gezeigt wird, daß Behauptungen im hier explizierten Sinne in irgendeinem für das transzendentale Argument relevanten Sinne notwendig sind. Das ist der Inhalt der ersten Prämisse des transzendentalen Arguments.[31]

Behauptungen und die mit ihnen verbundene Argumentation wären in keiner Hinsicht notwendig, wenn man beliebig auf sie verzichten könnte. Nach Apel und Habermas soll eine konsequente Argumentationsverweigerung fatale Konsequenzen haben. So spricht Apel unter Hinweis auf die »klinische Psychopathologie« vom Verlust »der Möglichkeit des Selbstverständnisses und der Selbstidentifikation«, ja von »Selbstzerstörung«[32], und Habermas von »Schizophrenie und Selbstmord«[33]. Das sind empirische Annahmen, über die man streiten kann.[34] Hier soll eine schwächere These ausreichen. Sie sagt, daß es in folgendem Sinne notwendig ist, Behauptungen und Begründungen vorzunehmen:

(5) Wer sein ganzes Leben lang keine Behauptung (im durch (1) – (3) definierten Sinne) aufstellt und keine Begründung (im durch (4) definierten Sinne) gibt, nimmt nicht an der allgemeinsten Lebensform des Menschen teil.

Das transzendentale Argument wird auf diese Weise radikal abgeschwächt. Es begründet keine argumentativen Pflichten gegen-

---

31 Zwischen den beiden Prämissen eines transzendentalen Arguments besteht ein enges Verhältnis. Je mehr normativer Gehalt in die zweite Prämisse aufgenommen wird (in unserem Fall: je stärker die mit dem Begriff der Behauptung verbundenen Implikationen sind), desto zweifelhafter wird die Notwendigkeit des Ausgangspunkts (in unserem Fall: die Notwendigkeit von so beschaffenen Behauptungen). Umgekehrt sinkt der normative Gehalt der zweiten Prämisse mit steigender Gewißheit der Notwendigkeit des Ausgangspunktes. Vgl. hierzu A. J. Watt, Transcendental Arguments and Moral Principles, in: The Philosophical Quarterly 25 (1975), S. 43 ff.

32 K.-O. Apel (Fn. 18), S. 414.

33 J. Habermas (Fn. 18), S. 112.

34 G. Patzig (Fn. 20), S. 213.

über jedermann. Um an der allgemeinsten Lebensform des Menschen teilzunehmen, ist es nicht erforderlich, jedem gegenüber, der dies verlangt, Behauptungen zu äußern und diese zu begründen; es reicht aus, dies in irgendwelchen Zusammenhängen gegenüber irgend jemandem zu tun. Der Stärkere muß dasjenige, was er einem Schwächeren zumuten will, diesem gegenüber nicht rechtfertigen. Er kann einen schlichten Befehl äußern und diesen mit Gewalt durchsetzen und dennoch an der allgemeinsten Lebensform des Menschen teilnehmen, indem er mit Angehörigen seiner Gruppe Behauptungen und Argumente austauscht. Habermas mag recht haben, wenn er sagt, daß der »Ausstieg aus Argumentation und verständigungsorientiertem Handeln in eine existentielle Sackgasse führt«[35]. Eine Begründung der Diskursregeln oder diskursethischer Grundsätze folgt hieraus jedoch nicht. Höchst partikulare Gemeinschaften können Auswege aus derartigen »existentiellen Sackgassen« sein. Die Akzeptanz universalistischer Grundsätze ist dafür nicht erforderlich.

Trotz der radikalen Abschwächung des transzendentalen Arguments bleibt jedoch ein systematisch höchst bedeutsamer Rest. Wenn nicht ungewöhnliche Umstände wie das Aufwachsen in völliger Isolation vorliegen, dürfte es faktisch unmöglich sein, an der allgemeinsten Lebensform des Menschen dadurch nicht teilzunehmen, daß man keine einzige auch noch so triviale Behauptung vornimmt, keine einzige wie auch immer beschaffene Begründung vorträgt und auch das Gegenstück zu Behauptungen und Begründungen, die Frage »Warum?«, niemals stellt. Jeder hat grundsätzlich die Fähigkeit zu fragen, etwas zu behaupten und etwas zu begründen, und jeder verfügt – von ungewöhnlichen Umständen abgesehen – im Hinblick auf diese Fähigkeiten mindestens über eine minimale Praxis.

Mit der These von der allgemeinsten Lebensform des Menschen wird nicht verkannt, daß es höchst unterschiedliche konkrete Lebensformen gibt. Sie sagt aber, daß alle menschlichen Lebensformen argumentationstheoretische Universalien, die durch die Diskursregeln ausgedrückt werden können, notwendig enthalten. Diese Universalien mögen aufgrund von Tabus, Bevormundung oder Terror in der Wirklichkeit noch so wenig zum Tragen kommen. Ganz verschwinden würden sie erst, wenn die Mitglieder

35 J. Habermas (Fn. 18), S. 112.

einer Lebensform vollständig und endgültig die Fähigkeit verlören, etwas zu behaupten, einen Grund anzuführen und die Frage »Warum?« zu stellen. Die Diskursregeln definieren deshalb nicht eine partikulare Lebensform, sondern etwas, was allen menschlichen Lebensformen unbeschadet der Tatsache, daß es in ihnen in sehr unterschiedlichem Maße zur Geltung kommt, gemeinsam ist. Die Diskurstheorie spürt auf diese Weise in der menschlichen Wirklichkeit vorhandene Vernunftpotentiale auf. Sie betreibt in diesem Sinne Aufklärung über die Natur des Menschen und steht insofern, aber auch nur insofern, in der Tradition des Naturrechts.[36]

Für die Begründung der Diskursregeln ist damit allerdings noch nicht viel gewonnen. Daraus, daß jemand die Fähigkeit hat, Interessenkonflikte argumentativ zu lösen, und im Hinblick auf diese Fähigkeit über eine mindestens minimale oder rudimentäre Praxis verfügt, folgt nicht, daß er von dieser Fähigkeit in jedem Interessenkonflikt jedem Betroffenen gegenüber Gebrauch machen muß. Dem jeweils Stärkeren kann es vorteilhafter erscheinen, sich auf Herrschaftsrituale, Befehle und Gewalt zu beschränken. Das wäre nur dann anders, wenn man bei allen Menschen ein alle anderen Interessen überwiegendes Interesse daran voraussetzen könnte, Interessenkonflikte richtig im Sinne von gerecht zu lösen. Die Erfahrung lehrt, daß eine solche Voraussetzung unhaltbar wäre.

Dieser Befund läßt sich mit Hilfe der Unterscheidung zwischen realer und idealer Geltung beschreiben. Eine Regel gilt real, wenn und soweit ein Motiv oder ein Interesse, sie zu befolgen, tatsächlich existiert. Sie gilt ideal, wenn sie für alle gilt, für die eine regulative Idee wie die der Wahrheit oder der moralischen Richtigkeit ein positiver Wert ist. Einen positiven Wert hat die moralische Richtigkeit für genau diejenigen Personen, die ein Interesse an ihr haben. Das transzendentale Argument kann zwar denen, die ein Interesse an Richtigkeit haben, deutlich machen, welche Regeln sie zu befolgen haben. Diese Regeln haben zudem vom

36 Man könnte dies zum Anlaß nehmen, gegenüber der Diskurstheorie den klassischen Vorwurf eines Sein/Sollen-Fehlschlusses vorzubringen. Dieser Einwand übersähe jedoch, daß das transzendentale Argument nicht daraus besteht, daß aus Tatsachen Normen deduziert werden, sondern daraus, daß eine Praxis, an der jeder zumindest rudimentär teilnimmt, aus der Teilnehmerperspektive rekonstruiert wird.

idealen Standpunkt der Richtigkeit aus eine kategorische Geltung. Kein transzendentales Argument aber kann Interessen oder Motivationen erzeugen. Unter dem Gesichtspunkt der Realität oder der Faktizität führt das transzendentale Argument deshalb nur zu einer hypothetischen Geltung der Diskursregeln: Es zeigt, was gilt, wenn ein Interesse an moralischer Richtigkeit vorhanden ist und deshalb der ideale Standpunkt der Richtigkeit eingenommen wird. Das ist eine faktisch begrenzte Geltung.

b) Nutzenmaximierung und Interesse an Richtigkeit

An dieser Stelle kommen die beiden weiteren Bausteine meines Arguments für die universelle Geltung der Diskursregeln ins Spiel, die individuelle Nutzenmaximierung und eine These über die Ausstattung von Menschen mit einem Interesse an Richtigkeit. Man nehme an, eine Elite sei ausschließlich an der Ausbeutung einer unterworfenen Bevölkerung interessiert. Sie kann mit dieser dann nur durch Befehle und die Ausübung von Gewalt kommunizieren. Das wäre jedoch nicht optimal. Gewalt ist teuer, und die durch sie gestiftete Ordnung instabil und deshalb für die Elite riskant. Eine Legitimation ist billiger und langfristig sicherer. Das gilt jedenfalls dann, wenn sowohl in der Elite, insbesondere in ihrer nachwachsenden Generation, als auch in der Bevölkerung mit einer hinreichenden Anzahl von Personen gerechnet werden muß, die ein Interesse an Richtigkeit haben.[37] Es ist sicher ein unbegründeter anthropologischer Optimismus, bei jedem Menschen mit einem Interesse an Richtigkeit zu rechnen oder dieses Interesse stets dann, wenn es vorhanden ist, als so stark einzustufen, daß es nicht durch gegenläufige Interessen daran gehindert werden kann, soziale Wirksamkeit zu entfalten. Umgekehrt ist es aber ein unbegründeter anthropologischer Pessimismus, bei niemandem oder bei allzu wenigen mit einem Interesse an Richtigkeit zu rechnen oder dieses Interesse dort, wo es vorhanden ist, als stets oder meistens so schwach einzustufen, daß es keine soziale

---

37 Ein solches Interesse an Richtigkeit ist für Tyrannen vor allem deshalb gefährlich, weil es Menschen dazu veranlassen kann, Risiken einzugehen, die sie bei einer nur auf den eigenen Vorteil bedachten Nutzenkalkulation vermeiden würden.

Wirksamkeit entfalten kann. Tyrannen, Diktatoren und Despoten haben hiervon gewußt und sich in aller Regel um eine Legitimation auch mit Argumenten bemüht. Daß diese Argumente regelmäßig schlecht und bloße Propaganda waren, ist hier nicht von Bedeutung. Entscheidend ist, daß überhaupt argumentiert wird. Damit führt die Maximierung des individuellen Nutzens, weil mit einem hinreichenden Interesse an Richtigkeit gerechnet werden muß, in die Argumentation und damit in den Bereich der Diskursregeln.

Es könnte eingewandt werden, daß dies zur Begründung der Diskursregeln nicht ausreiche. Wer sich lediglich aus strategischen Gründen auf Diskurse einlasse, müsse nur so tun, als ob er die Freiheit und Gleichheit der anderen als Diskurspartner akzeptiere. Er könne dabei ausschließlich der bekannten Empfehlung Machiavellis folgen, welche lautet:

»Wer am besten Fuchs zu sein verstanden hat, ist am besten gefahren! Doch muß man sich darauf verstehen, die Fuchsnatur gut zu verbergen und Meister in der Heuchelei und Verstellung zu sein ... Ein Herrscher braucht also alle die vorgenannten guten Eigenschaften nicht in Wirklichkeit zu besitzen; doch muß er sich den Anschein geben, als ob er sie besäße.«[38]

Dies wäre jedoch nur dann ein Einwand, wenn man die Erzeugung einer inhaltlich den Diskursregeln entsprechenden Motivation als notwendigen Bestandteil einer Begründung der Diskursregeln ansehen müßte. Das ist jedoch nicht der Fall. Auch im Bereich der Rede kann zwischen einer subjektiven Geltung, die auf die Motivation, und einer objektiven, die auf das äußere Verhalten bezogen ist, unterschieden werden.[39] Die hier vorgetragene Begründung zielt nur auf die objektive Geltung der Diskursregeln. Statt von einer »objektiven« könnte man auch von einer »institutionellen Geltung« sprechen. Die hier zu begründenden Menschenrechte gehören in den Bereich des Rechts und damit der Legalität. Deshalb kann die objektive Geltung der Diskursregeln zumindest einen Teil der Last ihrer Begründung tragen.

Damit ist der erste Teil meines Arguments für die Menschenrechte

38 N. Machiavelli, Il principe, dt. Ausgabe: Der Fürst, übers. u. hg. v. R. Zorn, 6. Aufl., Stuttgart 1978, S. 72 f.
39 Diese Unterscheidung entspricht der Kants zwischen Moralität und Legalität; vgl. I. Kant (Fn. 12), S. 219.

abgeschlossen. Als Zwischenergebnis ist festzuhalten, daß die Diskursregeln sich in einem dreifachen Sinne begründen lassen. Sie bringen erstens eine zur allgemeinsten Lebensform des Menschen gehörende Kompetenz zum Ausdruck. Zweitens muß jeder, wenn er ein Interesse an Richtigkeit hat, von jener Kompetenz Gebrauch machen. Drittens ist für den, der kein Interesse an Richtigkeit hat, die objektive Einhaltung der Diskursregeln unter dem Gesichtspunkt der individuellen Nutzenmaximierung jedenfalls langfristig vorteilhaft.

III. Die Begründung der Menschenrechte

Bislang ging es um die Begründung der Diskursregeln als Regeln für den Bereich der Rede. Bei den Menschenrechten geht es um Regeln oder Normen für den Bereich des Handelns. Ihre volle Kraft können Menschenrechte nur dann entfalten, wenn sie durch Normen positiven Rechts garantiert, also in positives Recht transformiert werden. Das ist z. B. dann der Fall, wenn sie als bindendes Recht in den Grundrechtskatalog einer Verfassung aufgenommen werden. Es kann deshalb bei der Begründung der Menschenrechte zwischen einem Form- und einem Inhaltsproblem unterschieden werden. Bei dem Inhaltsproblem geht es um die Frage, welche Menschenrechte notwendig sind. Bei dem Formproblem geht es um die Notwendigkeit der Transformation dieses Inhalts in positives Recht. Ich beginne mit dem Formproblem.

1. Die Notwendigkeit des Rechts

Die Transformation der Menschenrechte in positives Recht ist nur dann notwendig, wenn es überhaupt notwendig ist, positives Recht zu haben. Es sind drei Probleme, die zur Notwendigkeit des Rechts führen: das Erkenntnisproblem, das Durchsetzungsproblem und das Organisationsproblem. Das Erkenntnisproblem resultiert für die Diskurstheorie daraus, daß sie kein Verfahren bietet, das erlaubt, in einer endlichen Zahl von Operationen stets zu genau einem Ergebnis zu gelangen.[40] Das führt zur Notwendigkeit von Entscheidungen in rechtlich geregelten Verfahren, etwa aufgrund des Mehrheitsprinzips. Das Durchsetzungsproblem entsteht, weil die Einsicht in die Richtigkeit oder die Legitimität einer Norm etwas anderes ist als deren Befolgung.[41] So hat die in einem Diskurs erzielte übereinstimmende Beurteilung einer Norm als gerecht und deshalb richtig nicht notwendig deren Befolgung durch alle zur Folge. Wenn aber einige ohne weiteres gegen eine Norm verstoßen können, ist deren Befolgung niemandem mehr zuzumuten. Aus der Tatsache, daß in Diskursen zwar Einsichten, nicht aber stets ihnen entsprechende Motivationen erzeugt werden können, folgt somit die Notwendigkeit zwangsbewehrter Regeln und damit die Notwendigkeit des Rechts.[42] Das Organisationsproblem schließlich resultiert daraus, daß zahlreiche moralische Forderungen und erstrebenswerte Ziele allein durch individuelles Handeln und spontane Kooperation nicht hinreichend erfüllt oder erreicht werden können. Man denke an die Unterstützung von Arbeitslosen oder an die Hilfe für ein notleidendes Land. Die erforderliche Organisation setzt Recht voraus.[43] Der Verzicht auf die durch das Erkenntnis-, das Durchsetzungs- und das Organisationsargument begründete Einrichtung der Gesellschaft in der Form des Rechts wäre Anarchie. In ihr aber wären die Menschenrechte nicht garantiert. Die Notwendigkeit des Rechts läßt sich deshalb nicht nur mit Nützlichkeitsüberlegungen, sondern auch mit den Menschenrechten begründen.

40 Vgl. hierzu R. Alexy (Fn. 5), S. 180 ff. [Kap. 4, S. 98 ff.].

41 Dem entspricht Kants Unterscheidung zwischen dem principium diiudicationis und dem principium executionis: »Wenn die Frage ist: was ist sittlich gut oder nicht, so ist das das principium der Dijudication, nach welchem ich die Bonitaet und pravitaet der Handlungen beurtheile. Wenn aber die Frage ist, was bewegt mich diesem Gesetze gemäß zu leben? So ist das das principium der Triebfeder« (I. Kant, Vorlesungen über Moralphilosophie: Moralphilosophie Collins, in: Kant's gesammelte Schriften, hg. v. d. Akademie der Wissenschaften der DDR und der Akademie der Wissenschaften zu Göttingen, Bd. XXVII, 1, Berlin 1974, S. 274).

42 Das Erkenntnis- und das Durchsetzungsargument entsprechen im wesentlichen den Argumenten Kants für den Übergang vom Naturzustand zum bürgerlichen Zustand; vgl. I. Kant (Fn. 12), S. 312.

43 Vgl. J. Habermas (Fn. 11), S. 148 f.

Die Notwendigkeit der Form des Rechts ist freilich nur die eine Seite der Sache. Die andere sind notwendige Anforderungen an dessen Inhalt und Struktur. Das ist das eigentliche Thema der diskurstheoretischen Begründung der Menschenrechte. Da die Menschenrechte sich nicht nur auf die private, sondern auch auf die öffentliche Autonomie beziehen, schließt deren Begründung notwendig die Begründung der Demokratie ein. Die Begründung der Menschenrechte ist damit die Begründung der Notwendigkeit eines Rechtssystems mit einem bestimmten Inhalt und einer bestimmten Struktur.

2. Arten der diskurstheoretischen Begründung der Menschenrechte

Es gibt zwei Typen der diskurstheoretischen Begründung der Menschenrechte: die unmittelbare und die mittelbare. Eine *unmittelbare* Begründung findet statt, wenn gezeigt wird, daß bestimmte Rechte unabhängig von der tatsächlichen Durchführung einzelner Diskurse allein aufgrund der Diskurstheorie gelten. Derartige Rechte sind im engeren Sinne diskursiv notwendig. Ihre Nicht-Geltung ist im engeren Sinne diskursiv unmöglich.[44] Um eine bloß *mittelbare* Begründung handelt es sich demgegenüber, wenn die Entscheidung über die Menschenrechte einem tatsächlich stattfindenden politischen Prozeß überlassen wird, der aber bestimmten diskurstheoretisch begründeten Anforderungen genügen muß.[45] Werden diese Anforderungen erfüllt, so sind die in diesem politischen Prozeß getroffenen Entscheidungen über Menschenrechte legitim und diese Rechte deshalb mittelbar dis-

44 Zu den Begriffen der diskursiven Notwendigkeit, Unmöglichkeit und Möglichkeit vgl. R. Alexy (Fn. 8), S. 256. Von der diskursiven Notwendigkeit und Unmöglichkeit im engeren Sinne, die sich auf die unmittelbare diskurstheoretische Begründung beziehen, sind die diskursive Notwendigkeit und Unmöglichkeit im weiteren Sinne zu unterscheiden, die der mittelbaren Begründung zuzuordnen und damit u. a. auf Personen und Zeitpunkte zu relativieren sind; vgl. hierzu R. Alexy (Fn. 5), S. 181 f. [Kap. 4, S. 99]; ders. (Fn. 10), S. 91 f. [Kap. 5, S. 123 f.].

45 Die Unterscheidung zwischen der unmittelbaren und der mittelbaren Begründung stimmt weitgehend mit der Ninos zwischen apriorischen und aposteriorischen Rechten überein; vgl. C. S. Nino (Fn. 2), S. 253.

kurstheoretisch begründet.[46] Mittelbar begründete Rechte dürfen niemals im engeren Sinne diskursiv unmöglich, sie müssen aber auch nicht in diesem Sinne diskursiv notwendig sein. Es reicht aus, daß sie, was die diskursiven Modalitäten im engeren Sinne betrifft, bloß möglich sind. Hier sollen nur Rechte interessieren, die sich unmittelbar diskurstheoretisch begründen lassen, also nur im engeren Sinne diskursiv notwendige Rechte.

Die Frage lautet, wie sich Menschenrechte unmittelbar auf der Basis der Diskurstheorie begründen lassen. Ein direkter Schluß von den Diskursregeln auf die Menschenrechte ist nicht möglich. Die Diskursregeln sind nur Rederegeln. Sie einzuhalten, bedeutet lediglich, den anderen *im Diskurs* als gleichberechtigten Partner zu behandeln. Daraus folgt noch nicht, daß der andere schlechthin, also auch im Bereich des Handelns, als Person anerkannt werden muß. Aus einer sprachpragmatischen Anerkennung folgt noch keine moralische oder rechtliche Anerkennung.[47] Um von den Diskursregeln zu Handlungsregeln zu gelangen, sind deshalb weitere Prämissen erforderlich. Diese weiteren Prämissen müssen zur Diskurstheorie gehören, wenn es sich um eine unmittelbare diskurstheoretische Begründung handeln soll, die zur diskursiven Notwendigkeit im engeren Sinne führt.

Es lassen sich, je nachdem welche zusätzlichen Prämissen gewählt werden, drei Arten der unmittelbaren diskurstheoretischen Begründung der Menschenrechte unterscheiden: das Autonomie-, das Konsens- und das Demokratieargument. Diese drei Begründungen stehen zueinander nicht im Verhältnis der Konkurrenz, sondern in dem der gegenseitigen Ergänzung und Verstärkung. Ich beginne mit dem Autonomieargument.

---

46 In den Bereich der mittelbaren diskurstheoretischen Begründung fällt all das, was Habermas als Ausgestaltung oder Konkretisierung seines Systems der Rechte der »Selbstbestimmungspraxis der Bürger« überläßt; vgl. J. Habermas (Fn. 11), S. 160 ff.

47 Vgl. hierzu A. Leist, Diesseits der ›Transzendentalpragmatik‹: Gibt es sprachpragmatische Argumente für Moral?, in: Zeitschrift für philosophische Forschung 43 (1989), S. 303 ff.

3. Das Autonomieargument

Das Autonomieargument sagt, daß derjenige, der ernsthaft an Diskursen teilnimmt, die Autonomie seiner Gesprächspartner voraussetzt, was das Bestreiten bestimmter Menschenrechte ausschließt.[48] Eine interessante Variante des Autonomiearguments findet sich bei Nino. Nach Nino läßt sich jeder, der ernsthaft an Diskursen teilnimmt, auf die folgende »Grundnorm des moralischen Diskurses« (basic norm of moral discourse) ein:

»It is desirable that people determine their behaviour only by the free adoption of principles that, after sufficient reflection and deliberation, they judge valid.«[49]

Diese Norm geht deutlich über die bislang betrachteten Regeln und Prinzipien des Diskurses hinaus. Wer sie akzeptiert, akzeptiert nicht nur die Autonomie seines Gesprächspartners im Diskurs, sondern auch dessen Autonomie im Bereich des Handelns.

a) Die Begründung des Autonomieprinzips

Die Ninosche Grundnorm des moralischen Diskurses soll hier als »Autonomieprinzip« bezeichnet werden. Wenn das Autonomieprinzip in jedem moralischen Diskurs von allen notwendig vorausgesetzt werden würde, wäre es diskursiv unmöglich, im Diskurs die moralische oder die rechtliche Autonomie des anderen zu bestreiten. Wer dies täte, beginge einen performativen Widerspruch.[50] Mit der moralischen und der rechtlichen Autonomie wäre dann einer der beiden Kerngedanken der liberalen Konzeption der Menschenrechte begründet. Die Frage soll deshalb lauten, ob wir tatsächlich so etwas wie Ninos Grundnorm voraussetzen müssen, wenn wir ernsthaft an moralischen Diskursen teilnehmen.

Die Beantwortung dieser Frage hängt davon ab, was man unter

---

48 Wenn man den Begriff des transzendentalen Arguments nur weit genug definiert, handelt es sich wieder um ein Exemplar dieser Gattung.
49 C. S. Nino (Fn. 2), S. 138.
50 Vgl. C. S. Nino (Fn. 2), S. 140, der von einer »pragmatischen Inkonsistenz« (pragmatic inconsistency) spricht.

einer »ernsthaften« Teilnahme an einem Diskurs versteht. Es lassen sich zwei Bedeutungen unterscheiden. Nach der ersten nimmt derjenige ernsthaft an einem moralischen Diskurs teil, der an der moralischen Wahrheit oder Richtigkeit interessiert ist und an sonst nichts. Man nehme an, daß letzteres bei A der Fall ist. A ist sich unsicher, ob das von ihm bislang vertretene Prinzip P_a richtig ist und deshalb gilt oder ob dies auf das von B vertretene, mit P_a unvereinbare Prinzip P_b zutrifft. Er beginnt deshalb einen Diskurs mit B. Nach einer gewissen Zeit kommt A zu der Überzeugung, daß sein Prinzip P_a doch das einzig richtige ist und neue Argumente nicht ersichtlich sind. Er bricht den Diskurs mit B ab und geht in den Bereich des Handelns über. Dort versucht A zunächst, B mit Überredung und günstigen Angeboten dazu zu bewegen, sein Leben nach P_a einzurichten. Als das nicht fruchtet, greift A zur Gewalt. Bei dieser Konstellation hat A den B zwar während der Zeit seiner Ungewißheit, die mit der Zeit des Diskurses übereinstimmt, als gleichberechtigten Diskurspartner behandelt. Von dem Zeitpunkt an aber, zu dem A sich von der Richtigkeit von P_a überzeugt hat, hat für A mit dem Diskurs auch die Gleichheit und Freiheit des B aufgehört. Auf das Autonomieprinzip hat sich A in keiner Phase eingelassen. Also gibt es eine Teilnahme an Diskursen, die in einem bestimmten Sinne als »ernsthaft« bezeichnet werden kann und nicht das Autonomieprinzip voraussetzt.

Um zu dem Autonomieprinzip zu gelangen, muß der Begriff der ernsthaften Teilnahme in einem zweiten, stärkeren Sinne verstanden werden. Danach nimmt nur der ernsthaft an moralischen Diskursen teil, der soziale Konflikte durch diskursiv erzeugte und kontrollierte Konsense lösen will. Ein diskursiv erzeugter Konsens ist ein Konsens, der aufgrund eines Diskurses zustande gekommen ist. Ein diskursiv erzeugter Konsens bleibt diskursiv kontrolliert, wenn er jederzeit erneut in Frage gestellt werden kann. Dann muß wieder versucht werden, diskursiv einen Konsens zu erzeugen. Bei der ersten Fassung des Begriffs der ernsthaften Teilnahme war für A nach dem Eintritt einer festen Überzeugung ohne weiteres der Rekurs auf Überredung und Gewalt möglich. Das ist bei der zweiten Bedeutung ausgeschlossen. Wer soziale Konflikte durch diskursiv erzeugte und kontrollierte Konsense lösen will, akzeptiert das Recht seiner Gesprächspartner, ihr Verhalten nur an Prinzipien zu orientieren, die sie nach hinreichender Erwägung als richtig und deshalb gültig beurteilen.[51] Das ist die Anerkennung des Autonomieprinzips. Mit dieser Anerkennung wird die Trennung von Handlung und Diskurs aufgehoben. Damit überträgt sich die Freiheit und Gleichheit im Diskurs auch auf den Bereich des Handelns. Diskurs und Autonomie werden zu zwei Seiten einer Sache.[52]

Es könnte so scheinen, als ob bei der zweiten Bedeutung der Ernsthaftigkeit Wahrheit und Richtigkeit durch Konsens und Autonomie ersetzt werden würden. Das wäre jedoch ein Fehlschluß. Auch für den, der nur oder vorrangig an moralischer Wahrheit oder Richtigkeit interessiert ist, ist letzthin die zweite Bedeutung vorzuziehen. Nur die permanente Möglichkeit diskursiver Überprüfung aller Handlungsnormen auf der Basis der Autonomie kann vor dauernden moralischen Irrtümern schützen.[53] Man kann daher sagen, daß ein voll ausgebildetes Interesse an moralischer Richtigkeit ein Interesse an Autonomie einschließt. Insofern besteht eine intrinsische Beziehung zwischen moralischer Richtigkeit oder Wahrheit und Autonomie. Natürlich

---

51 Auf die Frage, ob dieses Recht und das ihm korrespondierende Autonomieprinzip einen definitiven oder einen prima facie-Charakter haben, soll erst weiter unten eingegangen werden.

52 Wenn man diesen Begriff der ernsthaften Teilnahme voraussetzt, kann das Problem des autonomen Verzichts auf Autonomie leicht gelöst werden. Man nehme an, *A* überzeuge *B* in einem Diskurs davon, daß es für ihn, *B*, das beste sei, sich in jeder Hinsicht *A* zu unterwerfen und nur noch zu tun, was *A* sage. Die Frage, ob eine solche Überzeugung in einem Diskurs zustande kommen kann, mag offenbleiben. Jedenfalls muß sie unter der genannten Voraussetzung unter diskursiver Kontrolle bleiben. Letzteres ist nur dann der Fall, wenn der autonomielose Status jederzeit erneut in Frage gestellt werden kann, was bedeutet, daß ein neuer Konsens in einem neuen Diskurs gesucht werden muß und jede Anwendung von Gewalt zur Aufrechterhaltung jenes Status ausgeschlossen ist. Wenn also überhaupt ein dem Sklavenstatus gleichkommender autonomieloser Status im Diskurs begründet werden kann, dann nur ein jederzeit mit Argumenten aufhebbarer Status (vgl. R. Alexy (Fn. 8), S. 171). Ein solcher Status wäre so etwas wie ein freier Sklavenstatus oder ein autonomer autonomieloser Status. Damit aber würde nicht wirklich auf Autonomie verzichtet werden.

53 Dies ist nicht nur durch die allgemeine Möglichkeit von Irrtümern, sondern auch durch die Abhängigkeit der moralischen Richtigkeit von Kommunikation begründet; vgl. dazu R. Alexy (Fn. 1), S. 237 f.

können Probleme auftauchen, wenn ein beharrlich Unvernünftiger seine Zustimmung zu einer gerechten Lösung verweigert und darauf besteht, seine Autonomie auf Kosten anderer auszuüben. Doch das ist ein Problem der Einschränkung des Rechts auf Autonomie und der Organisation demokratischer Verfahren. Beide Probleme sind erst später zu behandeln.

Wer mit einem voll ausgebildeten Interesse an moralischer Richtigkeit an Diskursen teilnimmt, kann als »genuiner Diskursteilnehmer« bezeichnet werden. Genuine Diskursteilnehmer verknüpfen das Interesse an moralischer Richtigkeit mit dem an Autonomie. Sie setzen damit das Autonomieprinzip notwendig voraus. Es drängt sich der Einwand auf, daß man das zwar so sagen könne, all dies aber als Begründung nicht ausreiche, weil es zirkulär sei. Letzthin werde nur dargetan, daß derjenige, der Konflikte durch frei anerkannte Prinzipien lösen wolle, das Handeln nach frei anerkannten Prinzipien positiv bewerte. Eine Verpflichtung, auf diese Weise ernsthaft oder genuin an Diskursen teilzunehmen, werde damit nicht begründet. Von einer notwendigen Geltung des Autonomieprinzips für alle Diskursteilnehmer könne nicht gesprochen werden. Die ganze Begründung habe nur einen hypothetischen Charakter: Das Autonomieprinzip gelte nur für den, der sich dazu entschieden habe, die Autonomie anderer zu respektieren. Man könne auch ohne eine solche Entscheidung oder einen solchen Willen an Diskursen teilnehmen. Damit läuft alles auf die Frage hinaus, ob der Begriff der genuinen Teilnahme auf irgendeine Weise notwendig mit dem des Diskurses verbunden ist.

An dieser Stelle ist zum zweiten Mal die Unterscheidung zwischen der subjektiven oder motivationalen und der objektiven oder institutionellen Geltung ins Spiel zu bringen. So wenig wie sich die subjektive Geltung der Diskursregeln transzendental-pragmatisch begründen ließ, so wenig impliziert die Teilnahme an Diskursen die subjektive oder motivationale Geltung des Autonomieprinzips. Man kann an Diskursen teilnehmen, ohne an der Autonomie seiner Gesprächspartner im geringsten interessiert zu sein.[54] Es gibt zahlreiche Menschen, die weder ein Interesse an

54 Cortina stützt ihren Versuch einer diskurstheoretischen Begründung der Menschenrechte auf die These, daß der menschlichen Sprache ein Telos der Verständigung innewohne (A. Cortina, Diskursethik und

moralischer Richtigkeit noch an der Autonomie anderer haben oder deren Interesse hieran so gering ist, daß es bei jeder Kollision mit dem eigenen Nutzen zurücktritt, und die dennoch über moralische Fragen reden. Für diese Personen hat das Autonomieprinzip keine oder keine relevante motivationale Kraft und deshalb keine subjektive Geltung. Dennoch läßt sich auch für sie eine objektive Geltung dieses Prinzips begründen.

Oben ist dargelegt worden, daß sich eine objektive oder institutionelle Geltung der Diskursregeln auch für den begründen läßt, der nur an der Maximierung seines Nutzens interessiert ist. Wer seine soziale Position legitimieren will, muß mindestens so tun, als ob er die Diskursregeln innehält. Das läßt sich auf das Autonomieprinzip ausdehnen. Wer durch einen Diskurs Legitimation erzielen will, muß in diesem Diskurs wenigstens so tun, als ob er die Autonomie seiner Diskurspartner akzeptiert. Er muß – ganz im Sinne der zitierten Empfehlung Machiavellis – eine genuine Diskursteilnahme wenigstens heucheln. Tut er dies nicht, sinkt das Interesse seiner Diskurspartner am Diskurs und damit für ihn die Möglichkeit der Legitimation auf Null oder fast auf Null. Man nehme an, *A* wisse, daß *B* ausschließlich an der Maximierung seines Nutzens oder der Durchsetzung seiner bereits bestehenden Überzeugungen interessiert ist und nicht den geringsten Wert darauf legt, die Autonomie des *A* in irgendeiner Weise zu respektieren. Nun könnte es sein, daß *A* eine gewisse Hoffnung hat, *B* von dieser Haltung abzubringen, und es ist auch denkbar, daß *A* prüfen möchte, ob die bereits bestehenden Überzeugungen des *B* vielleicht doch richtig sind. Von diesen eher unwahrscheinlichen und schwachen Motiven abgesehen, gibt es für *A* aber keinen Grund, mit *B* über die gerechte Ordnung ihres Zusammenlebens zu diskutieren. Es ist nicht attraktiv, mit jemandem Gerechtigkeitsdiskurse zu führen, dessen Gesprächsangebot die Form hat: »Bevor ich dich mit Gewalt dazu bringe, nach meinen Vorstellungen zu leben, will ich versuchen, ob ich dieses Ziel nicht einfacher durch Überredung erreichen kann.«

Daß es auch für Personen, die die Intentionen eines genuinen Diskursteilnehmers nicht teilen, Gründe dafür gibt, so zu tun, als ob

Menschenrechte, in: Archiv für Rechts- und Sozialphilosophie 76 (1990), S. 40 f.). Wenn damit eine subjektive Geltung gemeint sein sollte, ist diese These falsch.

sie genuine Diskursteilnehmer wären, bedeutet nicht, daß diese Gründe immer überwiegen müssen. Ein Tyrann, der des Redens müde ist oder Argumente für fruchtlos hält, kann zu nackter Gewalt greifen. Doch langfristig ist dies für ihn nicht vorteilhaft. So entsteht ein diskurstheoretisches Tyrannendilemma: Einerseits ist durch Argumente verschleierter Terror besser als nackte Gewalt, andererseits führt das Argumentieren leicht zur Entschleierung des Unrechts. Dieses Dilemma taucht schon bei den Diskursregeln auf. Die Tatsache, daß in der Argumentation die Autonomie schlummert, verstärkt es noch. Die Tyrannei wird nicht nur mit dem Risiko der Argumentation, sondern auch mit einer notwendigen Lüge belastet: Die in der Praxis verleugnete Autonomie muß in der Propaganda vorgespiegelt werden.

Als Zwischenergebnis ist festzuhalten, daß sich das Autonomieprinzip in einem zweifachen Sinne begründen läßt. Erstens muß jeder, der genuin, also in einem vollen Sinne ernsthaft an Diskursen teilnimmt, es notwendig voraussetzen. Zweitens muß der, der kein Interesse an einer genuinen Diskursteilnahme hat, in Diskursen wenigstens so tun, als ob er dieses Prinzip akzeptiert, wenn er seinen Nutzen langfristig maximieren will.

b) Autonomie und Rechte

Um vom Autonomieprinzip zu einem System der Rechte zu gelangen, sind noch viele Fragen zu beantworten. Die beiden entscheidenden Schritte aber sind getan. Der erste bestand in der Begründung der Notwendigkeit, das Zusammenleben durch Recht zu regeln, der zweite in der Begründung des Autonomieprinzips. Wenn sowohl die Form des Rechts als auch die Sicherung der Autonomie des einzelnen notwendig sind, dann korrespondiert dem Autonomieprinzip unmittelbar ein allgemeines Recht auf Autonomie, das das allgemeinste Menschen- und Grundrecht darstellt. Dieses Recht kann auch als »allgemeines Freiheitsrecht« bezeichnet werden.[55] Es läßt sich wie folgt formulieren:

> Jeder hat das Recht, frei zu beurteilen, was geboten und was gut ist, und entsprechend zu handeln.

[55] Auch die Idee eines allgemeinen Freiheitsrechts läßt sich auf Kant zurückführen; vgl. I. Kant (Fn. 12), S. 237 f.

Es ist sofort deutlich, daß dieses Recht nicht uneingeschränkt gelten kann. Die uneingeschränkte Autonomie des einen würde mit der der anderen kollidieren. Das Recht auf Autonomie ist deshalb nur ein prima facie-Recht. Als solches hat es Prinzipiencharakter. Es fordert ein relativ auf die rechtlichen und die tatsächlichen Möglichkeiten möglichst hohes Maß an Autonomie des einzelnen.[56] Das Recht auf Autonomie kann zudem nicht nur wegen der Autonomie anderer, sondern auch zugunsten kollektiver Güter eingeschränkt werden. So schließt z. B. der Schutz der Natur die volle Entfaltung bestimmter Lebenspläne, etwa des eines Groß-wildjägers, aus. Allerdings hat die Autonomie gegenüber kollekti-ven Gütern einen prima facie-Vorrang. Dieser zeigt sich im Diskurs an einer Argumentationslast zugunsten der individuellen Autonomie und zu Lasten kollektiver Güter.[57] All dies auszuar-beiten, ist Aufgabe einer Dogmatik der Grund- und der Men-schenrechte. Hier soll nur die Struktur der Begründung konkreter oder spezieller Rechte interessieren.

Es sind zwei Operationen, die von dem allgemeinen Recht auf Autonomie zu einem Katalog konkreter oder spezieller Grund- und Menschenrechte führen. Die erste wird angewandt, wenn ge-zeigt wird, daß ein bestimmtes konkretes Recht nichts anderes als einen speziellen Fall des Rechts auf Autonomie darstellt und inso-fern begrifflich in ihm enthalten ist. Auf diese Weise kann der gesamte Katalog konkreter Freiheitsrechte begründet werden. Die zweite Operation besteht darin, daß dargelegt wird, daß be-stimmte Rechte notwendige Mittel sind, um autonom handeln zu können. Auf diesem Weg lassen sich Rechte auf Schutz durch den Staat und soziale Grundrechte, wie etwa das Recht auf ein Exi-stenzminimum, begründen.[58]

Beide Operationen führen sowohl zu Rechten, die den privaten, als auch zu Rechten, die den öffentlichen Gebrauch der Autono-mie schützen und ermöglichen. Das allgemeine Recht auf Auto-nomie umfaßt das eine ebenso wie das andere. Die Rechte der zweiten Gruppe reichen von der Meinungs- über die Versamm-

56 Vgl. R. Alexy (Fn. 7), S. 75 ff.
57 R. Alexy, Individuelle Rechte und kollektive Güter, in: Internationales Jahrbuch für Rechtsphilosophie und Gesetzgebung 1 (1989), S. 69 f. [Kap. 10, S. 260 f.].
58 Vgl. R. Alexy (Fn. 7), S. 454.

lungs- und die Pressefreiheit bis zum Recht auf allgemeine, freie, gleiche und geheime Wahl. Damit kann die unmittelbare diskurs-theoretische Begründung der Grund- und Menschenrechte syste-matisch mit der mittelbaren verbunden werden. Erst diese Verknüpfung führt zu einem voll entwickelten System der Grund-rechte. Unmittelbar diskurstheoretisch können grundsätzlich[59] nur prima facie-Rechte und prima facie-Vorränge begründet wer-den. Zu den unmittelbar begründeten Rechten aber gehören wesentlich solche, die notwendig sind, wenn im Prozeß der poli-tischen Meinungs- und Willensbildung die Rechte richtig und legitim abgegrenzt und ausgestaltet werden sollen. Damit schließt sich der Kreis.

4. Das Konsensargument

Das Autonomieargument stützt sich auf das Autonomieprinzip und behauptet, daß dieses eine notwendige Präsupposition genu-iner Diskursteilnahme sei. Das Konsensargument gründet sich dem-gegenüber auf Annahmen über notwendige und unmögliche Ergeb-nisse von Diskursen. Diese Annahmen müssen nicht so stark sein, daß sie als solche bereits ein voll entwickeltes System der Rechte darstellen oder implizieren. Das Konsensargument ist schon dann interessant, wenn es zu einigen Anforderungen an den Inhalt oder die Struktur der Menschen- und Grundrechte führt. Insofern be-steht eine strukturelle Parallelität zum Autonomieargument.

Das Konsensargument bildet ein zentrales Element der Haber-masschen Begründung eines Systems der Rechte. Habermas for-muliert das Ziel seiner Begründung wie folgt: »Dieses System soll genau die Grundrechte enthalten, die sich die Bürger gegenseitig einräumen müssen, wenn sie ihr Zusammenleben mit Mitteln des positiven Rechts legitim regeln wollen.«[60] Die Legitimität des Rechts wird damit an die universelle Zustimmung gebunden. Das entspricht dem eingangs erwähnten Diskursprinzip, welches sagt, daß genau die Handlungsnormen gültig und deshalb legitim sind,

---

59 Eine Ausnahme dürfte u. a. das aktive Recht auf allgemeine, freie, glei-che und geheime Wahl machen. Hier kommen nur noch sehr begrenzte Einschränkungen in Frage.
60 J. Habermas (Fn. 11), S. 151.

»denen alle möglicherweise Betroffenen als Teilnehmer an rationalen Diskursen zustimmen könnten«.[61] Aus der Verbindung dieses Prinzips mit der Form des Rechts sollen sich nach Habermas das Demokratieprinzip und ein System der Rechte als zwei Seiten einer Sache ergeben. Habermas nennt dies die »logische Genese von Rechten«.[62] Bei dieser spielt der Gedanke, daß die Grundrechte dem politischen Prozeß nicht schlicht vorgegeben sind, sondern in ihm durch den öffentlichen Gebrauch der Autonomie hervorgebracht werden müssen, also die Idee einer mittelbaren diskurstheoretischen Begründung, eine zentrale Rolle.[63]

Das ist jedoch nur die eine Seite der Sache. Die andere ist, daß sich bei Habermas nicht nur der Hinweis auf die Notwendigkeit der Konkretisierung der Grundrechte in einem diskursiv verfaßten demokratischen Prozeß findet, sondern auch ein abstraktes System der Rechte, das aus fünf Gruppen von Grundrechten besteht. Die Rechte der ersten drei Gruppen dienen dem Schutz der privaten Autonomie sowie ihrer »Korrelate«, zu denen Habermas die Mitgliedschaft in einer Rechtsgemeinschaft und den Rechtsschutz zählt. Gegenstand der Rechte der vierten Gruppe ist die politische Autonomie. Die Rechte der fünften Gruppe sollen schließlich die sozialen, technischen und ökologischen Voraussetzungen der privaten und der öffentlichen Autonomie sichern. Kurz: Es geht bei dem Habermasschen System der Rechte um den Schutz und die Ermöglichung der privaten und der öffentlichen Autonomie, also um genau das, was oben mit dem Autonomieargument begründet wurde. Damit stellt sich die Frage, ob das Konsensargument nur eine zweite Begründung derselben Sache ist oder ob es dem Autonomieargument etwas hinzufügt, was dieses allein nicht begründen kann.

Meine These lautet, daß das Konsensargument zu einer notwendigen Ergänzung des Autonomiearguments führt. Diese Ergänzung besteht in der Einführung der Unparteilichkeit und damit der Gleichheit. Auf diese Weise kommt das zweite Hauptelement der liberalen Menschenrechtskonzeption ins Spiel. Die Autonomie wird durch die Universalität in Gestalt der Gleichheit und Unparteilichkeit ergänzt.

---

61 Ders. (Fn. 11), S. 138.
62 Ders. (Fn. 11), S. 154f.
63 Ders. (Fn. 11), S. 160ff.

Das diskurstheoretische Kriterium der Unparteilichkeit hat allerdings eine bedeutsame Schwäche. Es stellt auf einen hypothetischen Konsens ab, den reale Personen unter idealen Bedingungen erreichen würden.[64] Oft sind über den Inhalt dieses Konsenses allenfalls Spekulationen möglich. Dann kann eine Lösung nur im politischen Prozeß gefunden werden, der, wie das nächste Argument, das Demokratieargument, zeigen wird, möglichst diskursiv verfaßt sein sollte. In einigen elementaren Fällen läßt sich aber mit hinreichender Sicherheit sagen, was diskursiv notwendige oder unmögliche Ergebnisse wären. Die Gleichheit der Menschenrechte gehört zu diesen elementaren Fällen. In einem durch Freiheit und Gleichheit definierten Diskurs ist sie ein notwendiges Diskursergebnis.[65] Das gilt jedenfalls unter idealen Bedingungen. Ungleiche Menschenrechte lassen sich in einem idealen Diskurs nicht rechtfertigen,[66] weil in ihm wegen der dort herrschenden Freiheit, Gleichheit und Rationalität der Argumentation Argumente für eine ungleiche Verteilung der Menschenrechte keinen Bestand haben.[67]

Gegen die diskurstheoretische Begründung der Gleichheit der Menschenrechte lassen sich drei Einwände erheben. Der erste richtet sich gegen das Konsensargument als solches, und zwar ge-

---

64 Vgl. hierzu R. Alexy (Fn. 10), S. 84 ff. [Kap. 5, S. 113 ff.].

65 Ein instruktives Beispiel hierzu findet sich bei N. MacCormick, Moral Disestablishment and Rational Discourse, in: H. Jung/H. Müller-Dietz/U. Neumann (Hg.), Recht und Moral, Baden-Baden 1991, S. 228 f.

66 Dem entspricht im Ergebnis Habermas' These, daß es kein legitimes Recht ohne das »Recht auf gleiche subjektive Handlungsfreiheiten« gibt (J. Habermas (Fn. 11), S. 159), sein Postulat »gleicher politischer Grundrechte« (ders. (Fn. 11), S. 161) und seine Forderung, die »chancengleiche Nutzung« der privaten und der öffentlichen Autonomie u. a. durch soziale Grundrechte abzusichern (ders. (Fn. 11), S. 156 f.).

67 Eine interessante Parallele hierzu findet sich bei I. Kant, Zum ewigen Frieden, in: Kant's gesammelte Schriften, hg. v. d. Königlich Preußischen Akademie der Wissenschaften, Bd. 8, Berlin 1912/23, S. 350: »Was in Ansehung des erhabensten Weltwesens außer Gott, welches ich mir etwa denken möchte (einen großen Äon), das Princip der Gleichheit betrifft, so ist kein Grund da, warum ich, wenn ich in meinem Posten meine Pflicht thue, wie jener Äon es in dem seinigen, mir bloß die Pflicht zu gehorchen, jenem aber das Recht zu befehlen zukommen solle.«

gen den Zusammenhang von moralischer Richtigkeit und Geltung auf der einen und universeller Zustimmung in einem idealen Diskurs auf der anderen Seite. Damit wird die Adäquatheit der Diskurstheorie als prozedurale Theorie praktischer Wahrheit oder Richtigkeit prinzipiell bestritten. Dieser Einwand kann hier nicht im einzelnen erörtert werden.[68] Es soll nur auf seine sehr problematischen Voraussetzungen hingewiesen werden. Der ideale Diskurs ist durch die höchste Entfaltung von Klarheit, Informiertheit und Unparteilichkeit gekennzeichnet. Wer bestreitet, daß eine unter diesen Voraussetzungen als richtig erkannte Norm richtig ist, setzt entweder dubiose alternative Wege der Normerkenntnis oder unabhängig von menschlichen Interessen und der menschlichen Vernunft existierende und für sie nicht erkennbare Normen voraus oder er muß überhaupt bestreiten, daß Normen richtig oder legitim sein und deshalb moralische Geltung beanspruchen können. All dies ist nicht akzeptabel.

Der zweite Einwand wiederholt, was schon beim Autonomieargument erörtert wurde: Auch das Konsensargument vermag eine subjektive oder motivationale Geltung nur für den zu begründen, der ein Interesse an Richtigkeit hat. Diesem Einwand kann auf den bereits dargelegten Linien mit der Begründung einer objektiven oder institutionellen Geltung begegnet werden.

Ernster zu nehmen ist ein dritter Einwand. Ihn erhebt, wer geltend macht, daß es möglich sei, daß jemand zwar die Diskursregeln einhält und auch ein Interesse an Richtigkeit hat, aber dennoch selbst unter idealen Bedingungen der Gleichheit der Menschenrechte nicht zustimmt. Damit wird die Möglichkeit einer Begründung der Universalität der Menschenrechte durch das Konsensargument bestritten. Man nehme einen Rassisten, der behauptet, daß Angehörige anderer Rassen allein aufgrund ihrer Rasse nicht die gleichen Grundrechte haben. Wenn der Rassist ein Interesse an Richtigkeit hat und die Diskursregeln einhält, muß er für seine Behauptung Argumente anführen und diese der Kritik aussetzen. Man nehme an, der Rassist sei ein Nationalsozialist, der seine Rassentheorie als wissenschaftliche Theorie ansieht. Er führe zur Verteidigung seiner Behauptung die folgende Begründung an:

»Auf Grund strengster wissenschaftlicher Einsicht wissen wir heute, daß der Mensch bis in die tiefsten unbewußtesten Regungen seines Gemütes,

68 Vgl. hierzu R. Alexy (Fn. 10), S. 87 ff. [Kap. 5, S. 118 ff.].

aber auch bis in die kleinste Gehirnfaser hinein in der Wirklichkeit und der Unentrinnbarkeit seiner Volks- und Rassenzugehörigkeit steht. Die Rasse prägt sein geistiges Gesicht nicht weniger als seine äußere Gestalt. Sie bestimmt seine Gedanken und Empfindungen, Kräfte und Triebe, sie macht seine Eigenart, sein Wesen aus.«[69]

Damit würde er schon an elementaren Anforderungen empirischer Wahrheit und begrifflicher Klarheit und damit an einfachsten Diskursregeln scheitern. Ernst wird die Sache jedoch, wenn der Rassist seine Thesen auf religiöse Offenbarungen, unüberprüfbare metaphysische Behauptungen oder magische Einsichten stützt. Dennoch wird die Begründung der Gleichheit der Menschenrechte hierdurch nicht zu Fall gebracht. Die Diskurstheorie kennt zwar keine Beschränkung des Gesprächs (conversational restraint)[70], sie fordert aber, daß dann, wenn es, wie bei den Menschenrechten, um die Lösung von Interessenkonflikten geht, nur von allen Beteiligten *überprüfbare* Argumente Opponenten gegenüber aufrechterhalten werden.[71] Damit ist ein Rassist, der darauf beharrt, aus religiösen, metaphysischen oder magischen Gründen die Gleichheit der Menschenrechte zu bestreiten, definitionsgemäß kein Teilnehmer eines idealen Diskurses. Seine Existenz kann das Konsensargument deshalb nicht zu Fall bringen.

Hiermit ist die Frage, ob die Gleichheit der Menschenrechte ein notwendiges Ergebnis eines idealen Diskurses wäre, freilich noch nicht vollständig beantwortet. Es könnte sein, daß alle aufgrund von für alle überprüfbaren und in diesem Sinne rationalen Argumenten in einem idealen Diskurs zu der Überzeugung gelangen, daß eine ungleiche Verteilung der Menschenrechte die richtige Lösung ist. Ein Gegner des Konsensarguments könnte geltend machen, daß diese Möglichkeit schon deshalb nicht ausgeschlossen werden könne, weil noch nie ein Sterblicher an einem in allen Hinsichten idealen Diskurs[72] teilgenommen habe und niemals einer dies tun werde. Wie aber solle man dann wissen, was sein Ergebnis sein würde und was nicht? So könne nicht ausgeschlossen werden, daß sich alle für die Herrschaft einer Elite entschlie-

---

69 W. Stuckart/H. Globke, Kommentare zur deutschen Rassengesetzgebung, Bd. 1, München/Berlin 1936, S. 10.

70 Vgl. hierzu B. Ackerman, Why Dialogue?, in: The Journal of Philosophy 86 (1989), S. 16 ff.

71 Vgl. die Regeln (6.1) – (6.3) in R. Alexy (Fn. 8), S. 255.

72 Zu diesem Begriff vgl. R. Alexy (Fn. 10), S. 84 [Kap. 5, S. 113].

ßen, die durch besondere Intelligenz und einige andere Merkmale wie Fleiß und Selbstlosigkeit definiert sei. Eine solche Entscheidung für eine Elite könnte den Verzicht der Mehrheit auf Rechte wie das Wahlrecht, die Meinungsäußerungs- und die Religionsfreiheit und die Berufsfreiheit einschließen. Die Mehrheit könnte diesen Verzicht z. B. deshalb wollen, weil sie sich von ihm mehr Wohlstand und Ruhe verspricht und nur eine Ordnung der Gesellschaft, die diese beiden Werte sichert, für richtig hält.

Gegen diesen Angriff auf die Möglichkeit, die Gleichheit der Menschenrechte mit Hilfe des Konsensarguments zu begründen, lassen sich drei Argumente anführen. Alle drei Argumente räumen ein, daß noch nie ein Mensch an einem in allen Hinsichten idealen Diskurs teilgenommen hat und niemals ein Mensch dies tun wird. Sie machen aber geltend, daß allein hieraus noch nicht folgt, daß in keinem Fall gesagt werden kann, was das Ergebnis eines idealen Diskurses wäre.

Das erste Argument lautet, daß es plausible empirische Annahmen gibt, die erstens in einem idealen Diskurs nicht zu Fall gebracht werden können und zweitens bestimmte Ergebnisse nahelegen. So gibt es, um bei unserem Beispiel zu bleiben, ohne Zweifel Menschen, die zugleich besonders intelligent, fleißig und selbstlos sind. Die Erfahrung lehrt jedoch, daß jeder Verzicht auf gleiche Rechte zugunsten der Herrschaft von Personen mit diesen oder anderen Eigenschaften mehr als riskant ist. Die Teilnehmer des idealen Diskurses kennen die Geschichte und wissen, daß unkontrollierte politische Macht über kurz oder lang mißbraucht wird. Solange sie nicht zu Opfern werden wollen, werden sie deshalb nicht auf ihre Rechte verzichten.

Hiergegen kann nicht eingewandt werden, daß die Menschen sich während eines idealen Diskurses so ändern könnten, daß das fundamentale Mißtrauen gegen die Träger der politischen Macht nicht mehr berechtigt ist. Der ideale Diskurs ist eine auf die Rede bezogene Konstruktion. Die zeitliche Unbegrenztheit gilt nur in dieser Konstruktion und in ihr nur für die Rede. Das Handeln, auf das sich das Ergebnis der Rede beziehen soll, ist Handeln in dieser Welt, in der sich Ideales und Reales mischen.

Gegen das bislang vorgetragene Argument könnte eingewandt werden, daß es unbegründete Voraussetzungen mache. So beruhe die Annahme, daß Teilnehmer eines idealen Diskurses nicht alle Rechte, insbesondere nicht alle politischen Rechte, einer Elite überlassen würden, nicht nur auf der Erfahrung, daß unkontrollierte politische Macht über kurz oder lang mißbraucht werde, sondern wesentlich auch darauf, daß sie nicht Opfer jener Elite werden wollten. Woher aber könne man wissen, daß nicht genau dies oder etwas Ähnliches nach einem idealen Diskurs das Ziel aller sei, die nicht die Merkmale der Angehörigen der Elite aufwiesen? Die Antwort auf diese Frage führt zu dem zweiten und dem dritten Argument gegen die Möglichkeit, daß eine ungleiche Verteilung der Menschenrechte das Ergebnis eines idealen Diskurses sein kann. In beiden Argumenten spielt die Autonomie eine zentrale Rolle. Sie hat aber jeweils einen unterschiedlichen Status.

Das zweite Argument besteht in einer Verknüpfung des Konsensarguments mit dem bereits dargelegten Autonomieargument. Das Autonomieargument sagt, daß derjenige, der als genuiner Diskurspartner an Diskursen teilnimmt, die Autonomie aller Diskurspartner als positiven Wert voraussetzt. Es sagt ferner, daß der, der nicht in diesem Sinne ernsthaft teilnimmt, wenigstens so tun muß, als ob er die Autonomie als positiven Wert akzeptiere, wenn er seinen Nutzen langfristig maximieren will. Letzteres braucht an dieser Stelle jedoch nicht weiter zu interessieren, denn es soll angenommen werden, daß die Teilnehmer eines in allen Hinsichten idealen Diskurses genuine Diskurspartner sind. Bei der hier zu verfolgenden Frage nach den Ergebnissen eines idealen Diskurses kann daher von genuinen Diskurspartnern ausgegangen werden.

Die Verknüpfung des Konsens- mit dem Autonomieargument führt zu einer erheblichen Entlastung des Konsensarguments. Die Autonomie und die mit ihr verbundenen Rechte müssen im Rahmen des Konsensarguments nicht mehr begründet werden. Sie sind bereits durch das Autonomieargument aus der Struktur des Diskurses, und zwar eines jeden und nicht nur des idealen Diskurses, begründet worden. Bei dem Konsensargument geht es nur noch um die gleiche Verteilung des bereits begründeten Gutes, der Autonomie.

Ist erst einmal die Autonomie begründet, so ist es zur Gleichheit nur noch ein kleiner Schritt, denn zwischen Autonomie und Gleichheit besteht ein enger Zusammenhang. Man nehme die politische Autonomie und dort als Beispiel ein Dreiklassenwahlrecht. Bei einem solchen Wahlrecht werden die Angehörigen der unteren Klassen nicht nur ungleich behandelt, sie haben auch

keine vollständige politische Autonomie. Die politische Entscheidung eines jeden einzelnen Angehörigen der unteren Klassen wird
im Verhältnis der Ungleichgewichtung der Stimmen von der Entscheidung eines jeden einzelnen Angehörigen der oberen Klassen
dominiert. Besonders klar wird dies, wenn bestimmten Bevölke-
rungskreisen das Wahlrecht ganz vorenthalten wird. Deren Angehörige werden dann nicht nur ungleich behandelt; die Ungleich-
behandlung ist zugleich die Verweigerung der politischen
Autonomie. Wer die politische Autonomie positiv bewertet, muß
deshalb eine ungleiche Verteilung politischer Rechte negativ be-
werten. Das schließt die positive Bewertung der Rolle eines
politischen Opfers aus. Entsprechendes gilt für die private Autonomie und die ihr korrespondierenden Rechte. Die Verknüpfung
des Konsens- mit dem Autonomieargument führt daher zu dem
Ergebnis, daß grundsätzlich nur eine gleiche Verteilung der Menschenrechte ein mögliches Ergebnis eines idealen Diskurses ist.
Etwas anderes würde nur dann gelten, wenn eine ungleiche Verteilung der Menschenrechte zu mehr Autonomie für alle führen
könnte. Das ist, von extremen Ausnahmesituationen abgesehen,
jedoch nach allen historischen Erfahrungen nicht der Fall oder
zumindest höchst unwahrscheinlich.

Das dritte Argument unterscheidet sich von dem zweiten dadurch, daß es sich nicht auf das Autonomieprinzip als Diskurs-
voraussetzung, sondern auf die Autonomie als Gegenstand ele-
mentarer menschlicher Interessen stützt. Ein hierauf gegründetes
Konsensargument muß mit Annahmen darüber arbeiten, welche
Interessen die Teilnehmer eines idealen Diskurses unter den Bedingungen der argumentativen Unparteilichkeit für berechtigt
halten würden.[73] Derartige Annahmen können, wenn überhaupt,
nur auf der Basis einer der Diskurstheorie zuzuordnenden Perso-
nenkonzeption begründet werden. Es spricht vieles dafür, daß
sich mit Hilfe der Diskurstheorie eine Konzeption der Person
begründen läßt, in der das Interesse an Autonomie eine zentrale
Rolle spielt. Das soll an dieser Stelle jedoch nicht mehr verfolgt
werden. Es sei nur bemerkt, daß die auf das Interesse an Autonomie abstellende Variante des Konsensarguments im Falle ihres
Gelingens nicht nur zu einer Ergänzung des Autonomiearguments, sondern auch zu seiner Verstärkung führen würde. Es

73 Vgl. hierzu R. Alexy (Fn. 1), S. 246.

würde mit der These, daß das Autonomieprinzip die Zustimmung aller im idealen Diskurs finden würde, eine zweite Begründung dieses Prinzips und damit des allgemeinen Rechts auf Autonomie sowie der aus diesem resultierenden speziellen Rechte liefern.

Als Zwischenergebnis bleibt festzuhalten, daß das Konsensargument zur Gleichheit der Menschenrechte und damit zu dem liberalen Grundsatz der Universalität führt. Für diejenigen, die an moralischer Richtigkeit interessiert sind, begründet dies eine subjektive oder motivationale, für diejenigen, die kein solches Interesse haben, eine objektive oder institutionelle Geltung dieses Grundsatzes.

5. Das Demokratieargument

Das dritte diskurstheoretische Argument für die Menschenrechte, das Demokratieargument, soll hier nur grob skizziert werden. Es besteht aus drei Prämissen. Die erste sagt, daß das Diskursprinzip durch die rechtliche Institutionalisierung demokratischer Prozeduren der Meinungs- und Willensbildung, und nur hierdurch, approximativ realisiert werden kann.[74] Wenn in der Realität eine Annäherung an Richtigkeit und Legitimität möglich ist, dann nur in der Demokratie.[75] Die zweite Prämisse knüpft unmittelbar hieran an und lautet, daß eine Demokratie, in der die Anforderungen diskursiver Rationalität approximativ realisiert werden können, nur dann möglich ist, wenn die politischen Grund- und Menschenrechte gelten und mit hinreichend gleichen Chancen ausgeübt werden können. Die dritte Prämisse sagt, daß die Ausübung der politischen Grund- und Menschenrechte mit hinreichend gleichen Chancen die Geltung und Erfüllung einiger nichtpolitischer Grund- und Menschenrechte voraussetzt. Zu diesen zählen etwa das Recht auf Leben, auf ein Existenzminimum und auf eine gewisse Bildung. Wenn diese drei Prämissen wahr sind, dann gilt der folgende Satz:

> Wer an Richtigkeit und Legitimität interessiert ist, muß auch an der Demokratie interessiert sein; wer an der Demokratie interessiert ist, muß auch an Grund- und Menschenrechten interessiert sein.

74 J. Habermas (Fn. 11), S. 161.
75 Vgl. C. S. Nino (Fn. 2), S. 248 ff.

Dieses Argument ist nicht so sehr deshalb von Interesse, weil es den beiden bislang vorgetragenen Begründungen für Grund- und Menschenrechte noch eine hinzufügt. Seine eigentliche Bedeutung besteht darin, daß es den Blick von den Grund- und Menschenrechten zu den demokratischen Prozeduren und Institutionen lenkt und deutlich macht, daß die Idee des Diskurses nur in einem demokratischen Verfassungsstaat realisiert werden kann, in dem Grundrechte und Demokratie eine trotz aller Spannungen untrennbare Verbindung eingehen. Die Diskurstheorie erlaubt deshalb nicht nur eine Begründung der Grund- und Menschenrechte, sie erweist sich auch als Basistheorie des demokratischen Verfassungsstaates.

7. Jürgen Habermas' Theorie
des juristischen Diskurses

Jürgen Habermas' Diskurstheorie des Rechts versucht zu zeigen, daß und wie die idealen Gehalte des Diskursprinzips im institutionellen Rahmen eines Rechtssystems realisiert werden können. Das Ergebnis ist eine Theorie des demokratischen Verfassungsstaates, deren Grundidee die Assoziation und Selbstbestimmung freier und gleicher Rechtsgenossen ist.[1] Diese Theorie ist weitaus mehr als eine bloße Anwendung der Diskurstheorie auf das Recht. Die Diskurstheorie fordert einerseits aus theorieinternen Gründen die Institutionalisierung eines Rechtssystems.[2] Andererseits bleibt das positive Recht auf die Diskurstheorie angewiesen, wenn Legalität mit Legitimität verbunden werden soll. So versöhnen sich Ideal und Realität.

Auf dem Wege zu einer Diskurstheorie des Rechts stellen sich fast alle Probleme der Rechtsphilosophie, der Rechtstheorie, der Verfassungstheorie und der politischen Philosophie. Das kann nicht anders sein, denn eine adäquate Theorie des Rechts kann nur als umfassende Theorie des Rechtssystems gelingen. Es ist hier nicht möglich, das von Habermas entworfene System im ganzen nachzuzeichnen, und gänzlich ausgeschlossen, es in allen Aspekten kritisch zu kommentieren. Ich werde deshalb die Grundideen der Diskurstheorie voraussetzen und mich auf die Frage konzentrieren, ob Habermas' Theorie des juristischen Diskurses als Theorie des rationalen juristischen Entscheidens adäquat ist.

1. Faktizität und Geltung

Das Leitthema der Habermasschen Theorie des Rechts ist die Spannung zwischen Faktizität und Geltung. Im juristischen Diskurs manifestiert sich dies Verhältnis »als Spannung zwischen dem Prinzip der Rechtssicherheit und dem Anspruch, richtige Ent-

---

1 J. Habermas, Faktizität und Geltung, Frankfurt a. M. 1992, S. 217, 467.
2 Ders. (Fn. 1), S. 144 ff.

scheidungen zu fällen«[3], kurz: als Spannung zwischen »Rechtssicherheit und Richtigkeit«[4]. Eine Theorie des juristischen Diskurses, die dem »Legitimitätsanspruch der Rechtsordnung«[5] gerecht werden will, muß deshalb eine Antwort auf die Frage geben, wie juristische Entscheidungen sowohl in Bindung an vorangegangene institutionelle Entscheidungen erfolgen als auch »in der Sache vernünftig begründet«[6] sein können. Habermas' Antwort kreist um die Begriffe der Kohärenz, des Prinzips, des Anwendungsdiskurses, der Angemessenheit, des Paradigmas und des Diskurses.

ii. Kohärenz

Der Begriff der Kohärenz hat Juristen und Rechtstheoretiker seit jeher fasziniert. Er verspricht sowohl die Bindung an das positive Recht als auch Rationalität. Autorität und Vernunft scheinen sich im System versöhnen zu lassen.

Habermas' Haltung zur Kohärenz ist zwiespältig. Einerseits übernimmt er von Dworkin die Vorstellung einer »idealiter gerechtfertigten Kohärenz des Rechtssystems«[7], andererseits kritisiert er die »Kohärenztheorie des Rechts« wegen ihrer Unbestimmtheit.[8] Diese Kritik gründet sich auf Klaus Günthers Theorie des Anwendungsdiskurses. Danach soll das Gewicht der einschlägigen Regeln, Prinzipien und Ziele nur anläßlich der Entscheidung einzelner Fälle bestimmt werden können.[9] Dann aber besteht die Gefahr, daß das System zu einem Topoikatalog verkommt und die Kraft verliert, Rechtssicherheit zu gewährleisten.

Es ist Habermas darin zuzustimmen, daß eine Kohärenztheorie des Rechts allein das Problem rationaler Rechtsanwendung nicht lösen kann. So wie Regeln sich nicht selbst anwenden können, so kann ein System nicht selbst die richtige Antwort erzeugen. Hierzu sind Personen und Prozeduren erforderlich. Habermas

3 Ders. (Fn. 1), S. 241 f.
4 Ders. (Fn. 1), S. 244.
5 Ders. (Fn. 1), S. 243.
6 Ebd.
7 Ders. (Fn. 1), S. 268; vgl. ferner S. 236, 243, 317.
8 Ders. (Fn. 1), S. 269.
9 Ders. (Fn. 1), S. 268.

hat ferner recht, wenn er dennoch an der Idee der Kohärenz festhält, denn Kohärenz ist ein elementares Rationalitätspostulat.
Unklar bleibt jedoch die Rolle der Kohärenz.

iii. Prinzipien

Der Ort der Kohärenz liegt zwischen dem Historisch-Institutio-
nellen und dem Vernünftig-Richtigen. Das Mittel, das sie zum
Tragen bringt, ist die systematische Argumentation. Der wichtigste Teil der systematischen Argumentation ist die Prinzipienargu-
mentation. Prinzipien spielen bei Habermas eine wichtige Rolle.
Allerdings wirft seine Prinzipientheorie weitaus mehr Fragen auf,
als hier behandelt werden können. Ich will mich deshalb auf zwei
Punkte beschränken: den deontologischen Status von Prinzipien
und die Frage, ob Rechtsprinzipien als Optimierungsgebote aufgefaßt werden können.
Habermas erläutert den Begriff des Prinzips, indem er ihn von
dem des Wertes abgrenzt. Prinzipien sollen einen deontologischen, Werte einen teleologischen Sinn haben.[10] Dieser Unterscheidung, die der klassischen Dichotomie zwischen dem Gesollten und dem Guten entspricht, ist zuzustimmen. Probleme
bereitet demgegenüber Habermas' Behauptung, daß »die Sollgel-
tung von Normen ... den absoluten Sinn einer unbedingten und
universellen Verpflichtung (hat): das Gesollte beansprucht, gleichermaßen gut für alle zu sein«[11]. Demgegenüber soll »die Attrak-
tivität von Werten ... den relativen Sinn einer in Kulturen und
Lebensformen eingespielten oder adoptierten Einschätzung von
Gütern (haben): gravierende Wertentscheidungen oder Präferenzen höherer Ordnung sagen, was aufs Ganze gesehen gut für uns
(oder für mich) ist«[12]. Wenn man dies wörtlich nimmt, dann sind
Prinzipien Gegenstände moralischer und Werte Gegenstände
ethischer Diskurse im Habermasschen Sinne.[13] Das aber bereitet
im Fall von Rechtsprinzipien Probleme. Habermas betont immer

10 Ders. (Fn. 1), S. 310f.
11 Ders. (Fn. 1), S. 311.
12 Ebd.
13 J. Habermas, Vom pragmatischen, ethischen und moralischen Gebrauch der praktischen Vernunft, in: ders., Erläuterungen zur Diskursethik, Frankfurt a. M. 1991, S. 101 ff.

wieder, daß rechtliche Fragen sich von moralischen unterscheiden. Rechtsnormen sollen »im allgemeinen nicht (sagen), was gleichermaßen gut ist für alle Menschen; sie regulieren den Lebenszusammenhang der Bürger einer konkreten Rechtsgemeinschaft«[14]. Deshalb müssen sich Begründungs- und Anwendungsdiskurse im Bereich des Rechts auch pragmatischen und ethischen Argumenten öffnen.[15] Das aber schließt es aus, Rechtsprinzipien ohne weitere Qualifikation als Normen mit »absolute(r) ... Verbindlichkeit«[16] im dargelegten universalistischen Sinne zu definieren, denn das würde sie vollständig zu moralischen Normen machen.

Habermas sieht das Problem. Für die Grundrechte versucht er es mit einem Hinweis darauf zu lösen, daß sie ein diskurstheoretisch und damit universalistisch begründbares System der Rechte konkretisieren. Das soll ihren »strikten Vorrang« vor »Zielsetzungen und Wertorientierungen des Gesetzgebers« begründen.[17]

Nicht alle Prinzipien und schon gar nicht alle Normen eines Rechtssystems sind jedoch, wie der Kernbereich der Grundrechte, vom Standpunkt einer universalistischen Moral aus gefordert, so daß das Rechtssystem keinen Inhalt annehmen darf, der ihnen widerspricht.[18] Dennoch haben alle Rechtsprinzipien und alle Rechtsnormen einen deontologischen Charakter. Daraus folgt, daß der deontologische Charakter nicht den absoluten einschließt. Rechtsnormen haben auch dann, wenn der Gesetzgeber sie aus pragmatischen oder ethischen Gründen beschlossen hat, einen deontologischen Status. Der »strikte Vorrang« der Grundrechte ist, soweit er existiert, moralisch, nicht normenlogisch begründet.

Die Ablösung des deontologischen Sinns von Prinzipien von einem absoluten Charakter führt zu der Frage, ob sie unter Beibehaltung ihres deontologischen Charakters als Optimierungsgebote aufgefaßt werden können. Habermas scheint dies bereits aus begrifflichen Gründen auszuschließen, denn er identifiziert die Konstruktion der Prinzipien als Optimierungsgebote mit ihrer

14 Ders. (Fn. 1), S. 190 f.
15 Ders. (Fn. 1), S. 191.
16 Ders. (Fn. 1), S. 311.
17 Ders. (Fn. 1), S. 312.
18 Zur Kollision von Rechtsnormen und moralischen Normen vgl. dens. (Fn. 1), S. 193, 206, 344.

Einbeziehung in eine Kosten-Nutzen-Analyse.[19] Unter normativen Gesichtspunkten fürchtet er, daß die Konzeptualisierung der Prinzipien als Optimierungsgebote zu ihrer beliebigen Einschränkbarkeit zugunsten kollektiver Güter wie etwa der »›Funktionsfähigkeit‹ der Bundeswehr oder der Rechtspflege« führe.[20] Die Konzeptualisierung der Prinzipien als Optimierungsgebote führt in der Tat zur Einbeziehung von Kriterien aus dem Bereich ökonomischer Rationalität in das Recht, und genau das ist ihr Sinn. Diese Kriterien entsprechen dem Verhältnismäßigkeitsgrundsatz des deutschen Verfassungsrechts, welcher sagt, daß ein Eingriff in Grundrechte nur unter drei Voraussetzungen zulässig ist: Er muß erstens überhaupt *geeignet* sein, das mit ihm verfolgte Ziel zu erreichen. Zweitens muß er hierfür *erforderlich* sein, d. h. es darf kein milderes, weniger eingreifendes Mittel geben. Drittens muß er *proportional* sein, was bedeutet, daß die den Eingriff rechtfertigenden Gründe um so schwerer wiegen müssen, je intensiver der Eingriff ist. Habermas räumt ein, daß sich »nicht jedes Recht ... im konkreten Begründungszusammenhang einer Einzelfallentscheidung gegen jedes kollektive Gut durchsetzen« kann, wobei er hervorhebt, daß ein solches Zurücktreten voraussetzt, daß »der Vorrang eines kollektiven Ziels seinerseits im Lichte von Prinzipien gerechtfertigt werden kann«[21], denn »*letztlich* sind es nur Rechte, die im Argumentationsspiel stechen dürfen«[22]. Ob letzteres zutrifft, kann nur aufgrund von komplizierten Überlegungen über das logische Verhältnis zwischen individuellen Rechten und kollektiven Gütern beurteilt werden,[23] was hier überflüssig ist, weil die Optimierungsthese auch dann zutrifft, wenn der juristische Diskurs in letzter Instanz ein reiner Rechte-Diskurs ist. Ganz gleich, ob ein individuelles Recht zugunsten kollektiver Güter oder zugunsten der individuellen Rechte anderer eingeschränkt wird, die Einschränkung ist notwendig unzulässig und verletzt das Recht, wenn sie ungeeignet, nicht erforderlich oder unproportional ist. Nur wer das bestreitet,

19 Ders. (Fn. 1), S. 316.
20 Ebd.
21 Ders. (Fn. 1), S. 315.
22 Ders. (Fn. 1), S. 316.
23 Vgl. R. Alexy, Individuelle Rechte und kollektive Güter, in: Internationales Jahrbuch für Rechtsphilosophie und Gesetzgebung 1 (1989), S. 49 ff. [Kap. 10, S. 232 ff.].

kann die Optimierungsthese bestreiten, denn der Verhältnismäßigkeitsgrundsatz mit seinen drei Teilgrundsätzen impliziert die
Optimierungsthese und diese jenen.[24]
Es bleibt der Einwand, daß die Rechte ihren Charakter als Dworkinsche Trümpfe und damit ihre »größere Rechtfertigungskraft«
verlieren und daher »jene Brandmauer (fällt), die mit einem deontologischen Verständnis von Rechtsnormen und -grundsätzen in
den juristischen Diskurs eingezogen wird«[25]. Die Gefahr einer zu
starken Zurückdrängung individueller Rechte zugunsten kollektiver Güter besteht in der Tat. Sie sollte jedoch nicht durch einen
pauschalen Vorrang des Deontologischen vor dem Teleologischen
gebannt werden, der im Recht vieldeutig ist und doch nicht strikt
durchgehalten werden kann, sondern durch substantiell begründete definitive und prima facie-Vorränge individueller Rechte vor
kollektiven Gütern.[26] Etwas anderes würde nur dann gelten, wenn
es bessere Lösungen des Problems der Prinzipienkollisionen gäbe.
Nach Habermas soll der Begriff des Anwendungsdiskurses, der
an der Idee der Angemessenheit orientiert ist, der Schlüssel zu
einer solchen besseren Lösung sein.

IV. Anwendungsdiskurs, Angemessenheit und Paradigmen

In Anwendungsdiskursen soll es nicht um die Geltung von
Normen, sondern ausschließlich um die richtige Entscheidung
eines Einzelfalls gehen. Die Entscheidung eines Einzelfalls soll
richtig sein, wenn sie sich auf die angemessene Norm stützt. Um
festzustellen, ob eine Norm in einer bestimmten Situation angemessen ist, soll es erforderlich und ausreichend sein, sie im
Hinblick auf alle Merkmale dieser Situation und im Hinblick auf
alle alternativ in Frage kommenden Normen zu beurteilen.[27]
»Die Rechtfertigung eines singulären Urteils (muß sich) auf die
Menge aller einschlägigen normativen Gründe stützen ..., die

24 R. Alexy, Theorie der Grundrechte, Baden-Baden 1985 (Frankfurt
a. M. 1986), S. 100 ff.
25 J. Habermas (Fn. 1), S. 315.
26 Vgl. R. Alexy (Fn. 23), S. 69 f. [Kap. 10, S. 260 f.].
27 K. Günther, Der Sinn für Angemessenheit, Frankfurt a. M. 1988,
S. 257 ff.

aufgrund einer vollständigen Situationsdeutung jeweils relevant sind.«[28]

Die Idee des Anwendungsdiskurses ist zugleich richtig, leer und mißverständlich.[29] Sie ist insofern *richtig*, als sie die alte hermeneutische Forderung der Berücksichtigung aller Gesichtspunkte zum Ausdruck bringt. Diese Forderung ist ein elementares Rationalitätspostulat. Sie ist *leer*, weil sie nicht sagt, welche Gesichtspunkte wie zu berücksichtigen sind. Habermas kommt dieser Einschätzung nahe, wenn er sagt, daß die Aufgabe, »ein System gültiger Normen unter Berücksichtigung aller relevanten Umstände optimal ... (auszuschöpfen)«, angesichts der Tatsache, daß »sich die Vorrangrelationen mit jeder neu auftretenden Situation ändern können, ... in der Regel auch eine professionalisierte Rechtsprechung überfordern« wird.[30] Habermas meint zwar, daß die Unbestimmtheit mit Hilfe eines »paradigmatischen Rechtsverständnisses«[31] reduziert werden könne. Doch er räumt ein, daß auch dies wegen der Konkurrenz verschiedener Paradigmen keine perfekte Lösung ist.[32] Hinzu kommt, daß Paradigmen, wie die des liberalen, des sozialstaatlichen oder des prozeduralen Rechtsverständnisses, hochabstrakt sind. In vielen Fällen reichen sie zur Festlegung einer definitiven Entscheidung nicht aus. Sie können allenfalls prima facie-Vorränge zwischen Prinzipien begründen. Der Begriff der Angemessenheit ist damit, wie der der Kohärenz, zu unbestimmt, um das Problem der rationalen juristischen Entscheidung lösen zu können.

Schließlich ist die Idee des Anwendungsdiskurses *mißverständlich*, weil sie die Gefahr einer nicht-universalistischen Entscheidungspraxis birgt. Diese Gefahr tritt ein, wenn Anwendungsdiskurse von Begründungsdiskursen getrennt werden. Habermas sagt, daß »das öffentliche Interesse an der Rechtsvereinheitlichung ... einen prägnanten Zug an der Logik der Rechtsprechung her-

---

28 J. Habermas (Fn. 1), S. 267.
29 R. Alexy, Normenbegründung und Normanwendung, in: Festschrift für Werner Krawietz, hg. v. A. Aarnio/S. L. Paulson/O. Weinberger/ G. H. v. Wright/D. Wyduckel, Berlin 1993, S. 3 ff. [Kap. 2, S. 52 ff.]; vgl. ferner I. Dwars, Application Discourse and the Special Case-Thesis, in: Ratio Juris 5 (1992), S. 67 ff.
30 J. Habermas (Fn. 1), S. 270.
31 Ebd.
32 Ders. (Fn. 1), S. 271 f.

vor(hebt)«[33]. Eine Rechtsvereinheitlichung im Sinne einer universalistischen Entscheidungspraxis ist nur dann möglich, wenn anläßlich der Entscheidung einzelner Fälle Regeln gebildet werden, die präjudizielle Kraft gewinnen. Diese Regeln aber haben den Charakter von relativ konkreten Normen und sind deshalb begründungsfähig und -bedürftig. Damit schließt jeder Anwendungs- einen Begründungsdiskurs ein.

v. Der juristische Diskurs

Der kurze Blick auf die Begriffe der Kohärenz, des Prinzips, des Anwendungsdiskurses, der Angemessenheit und des Paradigmas hat gezeigt, daß allein mit ihrer Hilfe das Problem der Rationalität der Rechtsprechung nicht gelöst werden kann. Die Lösung kann nur in einer Theorie des juristischen Diskurses liegen. Diese Theorie hat drei Aufgaben. Sie muß erstens das Verhältnis von Rechtssicherheit und Richtigkeit bestimmen. Zweitens muß sie die in den Begriffen der Kohärenz, des Prinzips, der Angemessenheit und des Paradigmas liegenden ungesättigten Rationalitätspotentiale zur Entfaltung bringen. Schließlich muß sie drittens die argumentative und die institutionelle Prozedur der Rechtsanwendung in eine Theorie des demokratischen Verfassungsstaates einbetten. Diese drei Aufgaben bestimmen den Charakter des juristischen Diskurses, und nur um diesen soll es hier gehen.
Habermas' wendet sich gegen die These, daß der juristische Diskurs ein Sonderfall des allgemeinen praktischen Diskurses ist.[34] Ob die Sonderfallthese zutrifft, hängt davon ab, was man unter dem »allgemeinen praktischen Diskurs« versteht. Habermas' Kritik richtet sich dagegen, »daß juristische Diskurse als Teilmenge moralischer Argumentationen begriffen werden«,[35] also gegen die These, daß der juristische Diskurs ein Sonderfall des *moralischen Diskurses*[36] ist. Diese These ist in der Tat falsch, denn der juristische Diskurs ist nicht nur für moralische, sondern auch für

33 Ders. (Fn. 1), S. 290.
34 Ders. (Fn. 1), S. 283 ff.
35 Ders. (Fn. 1), S. 283.
36 Der Begriff des moralischen Diskurses wird hier in dem von Habermas definierten Sinne verwendet; vgl. J. Habermas (Fn. 13), S. 101 ff.

ethische und pragmatische Gründe offen.[37] Die Sonderfallthese kann deshalb nur dann zutreffen, wenn man unter dem »allgemeinen praktischen Diskurs« einen praktischen Diskurs versteht, in dem moralische, ethische und pragmatische Fragen und Gründe miteinander verbunden sind. Die Bildung eines derartigen Begriffs des praktischen Diskurses ist sinnvoll und erforderlich, weil zwischen den drei Arten von Gründen nicht nur ein Verhältnis der Ergänzung,[38] sondern auch ein Verhältnis der Durchdringung besteht.[39] Setzt man diesen Begriff des allgemeinen praktischen Diskurses voraus, so trifft die Sonderfallthese zu. Der juristische Diskurs ist ein durch institutionelle Bindungen charakterisierter besonderer Fall des allgemeinen praktischen Diskurses. Die institutionellen Bindungen werden durch linguistische, genetische und systematische Argumente zur Geltung gebracht.[40] Diese Argumente, die als »institutionell« bezeichnet werden können, werden durch allgemeine praktische Argumente, die man im Gegenzug als »substantiell« einstufen kann, ergänzt, durchdrungen und kontrolliert.

Etwas anderes würde nur dann gelten, wenn die im juristischen Diskurs notwendigen moralischen, ethischen und pragmatischen Argumente durch die Verwendung im juristischen Diskurs ihren allgemeinen Charakter verlören und eine spezifisch juristische Natur annähmen. Habermas' These, daß juristische Diskurse »*von Haus aus* auf das demokratisch gesatzte Recht bezogen« sind und sich nicht nur auf Rechtsnormen beziehen, »sondern mit ihren Kommunikationsformen selber ins Rechtssystem *eingelassen* sind«,[41] scheint dem nahezukommen. Dem widerspricht jedoch die ebenfalls von Habermas vertretene These, daß »sich der juristische Diskurs nicht selbstgenügsam in einem hermetisch abgeschlossenen Universum des geltenden Rechts bewegen« kann, sondern »sich gegenüber Argumenten anderer Herkunft ... offenhalten« muß.[42] Die richtige Lösung dürfte sein, daß die im

37 Ders. (Fn. 1), S. 191 ff., 282 f., 345.
38 Ders. (Fn. 13), S. 110.
39 So hängt z. B. die Entscheidung zwischen einer sozialstaatlichen und einer libertären Konzeption der Gerechtigkeit wesentlich davon ab, wie man sich selbst und die Gemeinschaft, in der man lebt, versteht.
40 R. Alexy, Juristische Interpretation [Kap. 3, S. 84 ff.].
41 J. Habermas (Fn. 1), S. 287.
42 Ders. (Fn. 1), S. 282 f. Diese These ist allerdings nicht ganz eindeutig,

juristischen Diskurs verwendeten allgemeinen praktischen Argumente einerseits das bleiben, was sie sind, nämlich allgemeine praktische Argumente, daß aber andererseits der juristische Diskurs als Ganzer den »spezifisch eingeschränkten Sinn«[43] des Rechts[44] und seine »komplexere Geltungsdimension«[45] zum Ausdruck bringt. Die Sonderfallthese zielt auf beide Aspekte. Sie bringt damit die Einheit der im Recht realisierten und realisierbaren praktischen Vernunft zum Ausdruck.

denn Habermas fügt hinzu, daß die Argumente anderer Herkunft »insbesondere« aus »den im Gesetzgebungsprozeß zur Geltung gebrachten und im Legitimitätsanspruch von Rechtsnormen gebündelten pragmatischen, ethischen und moralischen Gründen« bestehen (ebd.). Die Wendung »insbesondere« zeigt, daß Habermas nicht der Meinung ist, daß alle im juristischen Diskurs zu berücksichtigenden pragmatischen, ethischen und moralischen Gründe bereits im Willen des Gesetzgebers und in den Rechtsnormen enthalten sind. Dennoch nähert er sich mit der zitierten Formulierung zu sehr der Idee an, daß letzthin schon alles im Willen des Gesetzgebers und im System des Rechts eingeschlossen sei.

43 Ders. (Fn. 1), S. 208.
44 Ders. (Fn. 1), S. 190 ff.
45 Ders. (Fn. 1), S. 286.

III.
Rechte und Prinzipien

8. Zum Begriff des Rechtsprinzips

1. Einleitung

H. L. A. Hart hat kürzlich von Zeichen für einen Epochenwechsel gesprochen.[1] Zu Ende gehen soll eine von Bentham eingeleitete zweihundertjährige Periode angelsächsischer Rechtstheorie und politischer Philosophie, die durch den Utilitarismus und die These der Trennung von Recht und Moral gekennzeichnet gewesen sei. Als Zeichen benennt Hart zum einen die gegen den Utilitarismus gerichteten Theorien Rawls'[2] und Nozicks[3] und zum anderen die gegen den Rechtspositivismus gewandte Theorie seines Oxforder Nachfolgers Dworkin. Ronald Dworkins Kritik des Positivismus stützt sich wesentlich auf seine Theorie der Rechtsprinzipien. Den Begriff des Rechtsprinzips in Auseinandersetzung mit Dworkin zu analysieren bietet damit nicht nur den Vorteil, einige der vielen noch offenen[4] Fragen, die mit diesem Begriff verbunden sind, im Rahmen der Kritik einer umfassenden und subtilen Theorie diskutieren zu können, sondern eröffnet zusätzlich die Möglichkeit, dabei der Hartschen Vermutung ein Stück weit nachzuspüren.

Dworkin entwickelt seine Auffassungen über den logischen Status, die Begründbarkeit und die Verwendung von Prinzipien im Rahmen eines »allgemeinen Angriffs auf den Positivismus«[5], bei

1 H. L. A. Hart, Law in the Perspective of Philosophy: 1776-1976, in: New York University Law Review 51 (1976), S. 541.
2 J. Rawls, A Theory of Justice, Cambridge, Mass. 1971.
3 R. Nozick, Anarchy, State, and Utopia, New York 1974.
4 Vgl. etwa die Feststellung Weinbergers, der »die adäquate Darstellung der Form von Rechtsgrundsätzen« »für ein bisher nicht gelöstes Problem« hält (O. Weinberger, Die logischen Grundlagen der erkenntniskritischen Jurisprudenz, in: Rechtstheorie 9 (1978), S. 131 f.).
5 R. Dworkin, The Model of Rules I, in: ders., Taking Rights Seriously, London 1977 (erstmals erschienen unter dem Titel: The Model of Rules, in: University of Chicago Law Review 35 (1967), S. 14 ff.; abgedr. unter dem Titel: Is Law a System of Rules?, in: R. Summers (Hg.), Essays in Legal Philosophy, Oxford 1968, S. 25 ff.; G. Hughes (Hg.), Law, Reason, and Justice, New York 1969, S. 3 ff.; R. Dworkin (Hg.), The Philosophy of Law, Oxford 1977, S. 38 ff.), S. 22.

dem ihm die Theorie Harts[6] als Angriffsziel dient. Gegenstand seiner Kritik sind drei Thesen, die nach Dworkin das Grundgerüst nicht nur der Hartschen, sondern jeder positivistischen Theorie bilden.[7] Die erste These betrifft die Struktur und die Grenzen des Rechtssystems. Nach ihr besteht das Recht einer Gesellschaft ausschließlich aus Regeln, die anhand von Kriterien, die sich nicht auf ihren Inhalt, sondern auf ihre Herkunft (pedigree) beziehen, identifiziert und von anderen sozialen Regeln, insbesondere von moralischen Regeln, unterschieden werden können. Das Hauptbeispiel für ein solches Identifikationskriterium ist Harts rule of recognition. Die zweite These ergibt sich aus der ersten. Wenn das Recht ausschließlich aus nach dem Identifikationskriterium gültigen Regeln besteht und wenn es, wie Hart hervorhebt,[8] Fälle gibt, in denen diese Regeln, etwa weil sie vage sind, den Entscheidenden nicht auf eine Rechtsfolge festlegen, dann muß der Entscheidende, weil das Recht ihm keinen Maßstab an die Hand gibt, nach nicht zur Rechtsordnung gehörenden Maßstäben urteilen. Wenn aber jemand nur nach nicht zur Rechtsordnung gehörenden Maßstäben urteilen kann, ist er bei seiner Entscheidung nicht durch die Rechtsordnung gebunden und hat insofern ein Ermessen (discretion).[9] Die dritte These bezieht sich auf den Begriff der recht-

---

6 H. L. A. Hart, The Concept of Law, Oxford 1961.
7 R. Dworkin (Fn. 5), S. 17.
8 H. L. A. Hart (Fn. 6), S. 121 ff.
9 Dworkin unterscheidet drei Arten von Ermessen (discretion). Ermessen in einem ersten schwachen Sinne liegt vor, wenn die Anwendung einer Regel nicht mechanisch erfolgen kann, sondern Urteilskraft voraussetzt; Ermessen in einem zweiten schwachen Sinne ist gegeben, wenn der oder die Entscheidenden die letzte Instanz sind, die Entscheidung also nicht mehr aufgehoben werden kann; Ermessen im dritten starken Sinne hat jemand, wenn er nicht durch Maßstäbe gebunden ist, die durch die Autorität, der er unterworfen ist, gegeben wurden (vgl. R. Dworkin (Fn. 5), S. 31 ff.; dens., Judicial Discretion, in: The Journal of Philosophy 55 (1963), S. 624 ff.). Dworkin wendet sich allein gegen die These, daß der Richter Ermessen im dritten Sinne habe. Zu Dworkins Begriff des Ermessens, der hier nicht diskutiert werden kann, vgl. G. C. MacCallum, Dworkin on Judicial Discretion, in: The Journal of Philosophy 55 (1963), S. 638 ff.; N. B. Reynolds, Dworkin as Quixote, in: University of Pennsylvania Law Review 123 (1974/75), S. 574 ff.; K. Greenawalt, Discretion and Judicial Decision: The Elusive Quest for

lichen Verpflichtung. Nach ihr kann nur dann davon gesprochen werden, daß jemand eine rechtliche Verpflichtung (und dementsprechend ein anderer ein Recht) hat, wenn es eine Regel gibt, die eine solche Verpflichtung ausspricht.[10] Hieraus folgt, daß der Richter in schwierigen Fällen, in denen er im Sinne der zweiten These aufgrund seines Ermessens wie ein Gesetzgeber eine Regel erst bilden muß, nicht lediglich eine bereits bestehende Verpflichtung ausspricht, sondern vielmehr eine bis zu seinem Spruch nicht existierende Verpflichtung erst festsetzt.[11]

Das Herzstück des Dworkinschen Angriffs auf Theorien dieser Art bildet die These, daß Individuen Rechte haben, unabhängig davon, ob vorher entsprechende Regeln geschaffen wurden.[12] Diese Rechte zu *entdecken*, nicht neue Rechte zu *schaffen*, sei Aufgabe des Richters.[13] Auch in schwierigen Fällen (hard cases) gebe es nur eine richtige Antwort.[14] Zwar gebe es kein Verfahren, diese Antwort in jedem Fall zwingend zu beweisen, hieraus folge jedoch nicht, daß nicht stets genau eine Aussage über Rechte wahr[15] sei.[16] Immerhin gebe es Verfahren, der richtigen Antwort nachzuspüren, und damit Kriterien für die Beurteilung der Richtigkeit oder Wahrheit von Behauptungen über Rechte auch in

the Fetters that Bind Judges, in: Columbia Law Review 75 (1975), S. 365 ff.

10 Vgl. hierzu H. L. A. Hart, Definition and Theory in Jurisprudence, Oxford 1953, S. 16.

11 R. Dworkin (Fn. 5), S. 17, 44.

12 Ders., Taking Rights Seriously, London 1977, Introduction, S. XI.

13 Ders., Hard Cases, in: ders. (Anm. 12) (erstmals erschienen in: Harvard Law Review 88 (1975), S. 1057 ff.), S. 81.

14 Ders., No Right Answer?, in: P. M. S. Hacker/J. Raz (Hg.), Law, Morality, and Society, Festschrift f. H. L. A. Hart, Oxford 1977, S. 58 ff. Kritisch hierzu Note: Dworkin's »Rights Thesis«, in: Michigan Law Review 74 (1976), S. 1191 ff.

15 Zu Dworkins Verwendung des Ausdrucks »wahr« vgl. dens. (Fn. 14), S. 82. Dworkins Aussagen über Rechte sind normative Aussagen. Ob es angemessen ist, sie als »wahr« zu bezeichnen, kann hier offenbleiben, denn von dem Gebrauch des Ausdrucks »wahr« hängt im Rahmen der Dworkinschen Theorie nichts Wesentliches ab. Er kann überall etwa durch »richtig« ersetzt werden.

16 R. Dworkin (Fn. 14), S. 76 ff.; ders. (Fn. 13), S. 81. Kritisch hierzu A. D. Woozley, No Right Answer, in: The Philosophical Quarterly 29 (1979), S. 25 ff.

zweifelhaften Fällen. Wahr oder richtig sei die Antwort, die durch die beste Theorie des Rechts (soundest theory of law) am besten gerechtfertigt werde.[17] Im Rahmen solcher Theorien sollen Prinzipien eine entscheidende Rolle spielen. Die beste Theorie sei die, die diejenigen Prinzipien und Gewichtungen von Prinzipien enthalte, die die Vorschriften der Verfassung, die gesetzten Rechtsnormen und die Präjudizien am besten rechtfertigen.[18] Unter »Prinzip« versteht Dworkin dabei alle Maßstäbe, die, ohne Regeln zu sein, als Argumente für individuelle Rechte dienen können.[19] Die drei nach Dworkin fehlerhaften Thesen des Positivismus sollen auf der Verkennung der Rolle beruhen, die Prinzipien in der juristischen Argumentation sowohl tatsächlich spielen[20] als auch zu spielen haben.[21] Die Bedeutung der Prinzipien sei schon daraus ersichtlich, daß viele Entscheidungen auf Prinzipien ge-

---

17 Dies Kriterium wird von Dworkin auf verschiedene Weisen formuliert. Vgl. etwa dens., The Model of Rules II, in: ders. (Fn. 12) (zuerst erschienen unter dem Titel: Social Rules and Legal Theory, in: The Yale Law Journal 81 (1972), S. 855 ff.), S. 66; dens. (Fn. 13), S. 105 ff.; dens. (Fn. 14), S. 82.

18 Vgl. etwa dens. (Fn. 5), S. 66; dens. (Fn. 13), S. 116 ff.

19 Ders. (Fn. 13), S. 90. Den Prinzipien stellt Dworkin die »policies« gegenüber. Hierunter versteht er kollektive soziale Ziele (ders. (Fn. 13), S. 82). Policies sollen bei der Beantwortung der Frage, welche Rechte Individuen haben, nur eine beschränkte Rolle spielen. Sie dürfen nach Dworkin nur im Rahmen der Anwendung statuierter Normen als deren Zwecke (purposes) (ders. (Fn. 13), S. 107 ff.) und im Falle großer Dringlichkeit (ders. (Fn. 13), S. 92) berücksichtigt werden. Die Dworkinsche Unterscheidung zwischen principles und policies ist nicht unproblematisch. Zu ihrer Kritik vgl. Note: Dworkin's »Rights Thesis« (Fn. 14), S. 1172 ff., 1177, in der die Existenz eines relevanten Unterschieds bestritten wird: »Whether judges make arguments of principle or arguments of policy (per Dworkin's definitions), they are really doing essentially the same kind of thing.« Dort findet sich auch eine Darstellung der Entwicklung der Unterscheidung von principle und policy bei Dworkin, die nicht immer in der angeführten Schärfe getroffen wurde (S. 1173, Anm. 40). Auf die Probleme dieser Dworkinschen Unterscheidung braucht an dieser Stelle jedoch nicht eingegangen zu werden, denn die Antwort auf die hier zu behandelnden Fragen hängt nicht von ihr ab.

20 R. Dworkin (Fn. 5), S. 22.

21 Dworkin charakterisiert seine Theorie als sowohl deskriptiv als auch normativ (ders. (Fn. 13), S. 123).

stützt seien; noch deutlicher zeige sie sich daran, daß Rechtsnormen durch sie eingeschränkt oder verdrängt werden könnten.[22] Prinzipien müßten deshalb als Teil der Rechtsordnung angesehen werden. Die Rechtsordnung sei somit kein System, das ausschließlich aus Regeln bestehe. Es sei auch nicht möglich, die Prinzipien durch eine *soziale* rule of recognition zu identifizieren.[23] Die Feststellung der jeweils zu berücksichtigenden Prinzipien setze wesentlich *moralische* Erwägungen voraus.[24] Die erste These sei deshalb falsch. Die Unhaltbarkeit der zweiten These ergebe sich daraus, daß Prinzipien anders als Regeln dem Richter stets Anhalt böten. Wenn eine Antwort aufgrund von Regeln nicht möglich sei, sei sie anhand von Prinzipien zu geben.[25] Da diese zur Rechtsordnung gehörten, habe der Richter nie Ermessen in dem Sinne, daß er nicht durch die Rechtsordnung gebunden sei. Die dritte These schließlich sei deshalb falsch, weil der Richter seine Antwort nicht erfinde, sondern anhand der Prinzipien entdecke, welche Rechte die Parteien haben.[26]

Bereits diese grobe Skizze der Theorie Dworkins macht die Rolle der Prinzipien in ihr deutlich. Von den vielfältigen Fragen, die diese Theorie aufwirft, sollen im folgenden nur die nach dem logischen Status, der Begründung und der Verwendung von Prinzi-

---

22 Ders. (Fn. 5), S. 37 f.
23 Ders. (Fn. 17), S. 59 ff. Anderer Auffassung in diesem Punkt ist Sartorius, der ein Testkriterium zur Identifikation von Prinzipien, die zur Rechtsordnung gehören, für möglich hält: »There is some ultimate criterion by which one can in principle determine whether or not any given standard *is a legal* standard; a criterion closely conforming to the spirit, if not to the letter, of Hart's rule of recognition.« Sartorius räumt allerdings ein, daß »the actual filling out of such an ultimate criterion, would be a complex and demanding task for any mature legal system, if it is indeed a practical possibility at all« (R. Sartorius, Social Policy and Judicial Legislation, in: American Philosophical Quarterly 8 (1971), S. 155 f.). Auch Raz ist der Auffassung, daß die Existenz von Prinzipien nicht dazu zwingt, den Gedanken einer rule of recognition aufzugeben. Er will die Prinzipien als »judicial customs« in die rule of recognition einbeziehen (J. Raz, Legal Principles and the Limits of Law, in: The Yale Law Journal 81 (1972), S. 851 ff.). Kritisch zu Sartorius und Raz R. Dworkin (Fn. 17), S. 59 ff., 64 ff.
24 R. Dworkin (Fn. 17), S. 67 f.
25 Ders. (Fn. 5), S. 35 f.
26 Ders. (Fn. 5), S. 44.

pien behandelt werden. Dabei soll die Analyse des Begriffs des Rechtsprinzips in Abgrenzung zu dem der Rechtsnorm oder Rechtsregel im Vordergrund stehen. Im Anschluß an diese Analyse sollen einige sich aus ihr ergebende Folgerungen für die Theorie der Begründung und Verwendung von Prinzipien behandelt werden.

II. Die Unterscheidung
zwischen Regeln und Prinzipien

Nach Dworkin besteht zwischen Regeln und Prinzipien ein logischer Unterschied. Der Ausdruck »logisch« wird dabei in einem weiten Sinn, in dem er auch allgemeine Eigenschaften der Normstruktur erfaßt, gebraucht. Da Mißverständnisse kaum zu befürchten sind, soll hier der Dworkinschen Terminologie gefolgt werden. Das erste Stück der These vom logischen Unterschied besagt, daß Regeln auf eine Alles-oder-Nichts-Weise (all-or-nothing fashion) anwendbar sind. Wenn die Merkmale des Tatbestandes vorliegen, gebe es nur zwei Möglichkeiten. Entweder sei die Regel gültig, dann müsse die Rechtsfolge akzeptiert werden, oder sie sei nicht gültig, dann trage sie nichts für die Entscheidung aus.[27] Die Tatsache, daß eine Regel Ausnahmen (exceptions) haben könne, beeinträchtige ihren Alles-oder-Nichts-Charakter nicht.[28] Eine vollständige Formulierung der Regel müsse sämtliche Ausnahmen enthalten. Die Ausnahmen seien damit Bestandteil der Regel. Liegen sie vor, folge zwingend, daß die Regel, zu der sie gehören, nicht anwendbar sei. Die Ausnahmen mögen noch so zahlreich sein, zumindest theoretisch sei es möglich, sie vollständig anzuführen.[29]

Prinzipien demgegenüber sollen, selbst wenn sich bei ihnen Tatbestand und Rechtsfolge unterscheiden lassen und die Voraussetzungen des Tatbestandes erfüllt sind, die Entscheidung nicht zwingend festlegen,[30] sondern lediglich Gründe enthalten, die für

27 Ders. (Fn. 5), S. 24.
28 Ders. (Fn. 5), S. 25.
29 Ebd.
30 Ebd.

die eine oder die andere Entscheidung sprechen, sie nahelegen.[31] Andere Prinzipien können ihnen vorgehen. Die Gegenbeispiele (counter-instances), die sich auf diese Weise zu Prinzipien finden ließen, könnten nicht wie bei Regeln als Ausnahmen behandelt werden. Es sei unmöglich, sie in einer vollständigen Formulierung des Prinzips zu erfassen, um dann das Prinzip wie eine Regel in einer Alles-oder-Nichts-Weise anzuwenden. Anders als die Ausnahmen von Regeln seien die Gegenbeispiele zu Prinzipien auch theoretisch nicht aufzählbar.[32]

Dies erste Stück der Dworkinschen Unterscheidungsthese impliziert ein zweites. Danach haben Prinzipien eine Dimension, die Regeln nicht haben, eine Dimension des Gewichts (dimension of weight),[33] die sich an ihrem Kollisionsverhalten zeige. Wenn zwei Prinzipien kollidieren, gebe das Prinzip mit dem relativ größeren Gewicht den Ausschlag, ohne daß das Prinzip mit dem relativ geringeren Gewicht dadurch ungültig werde. In einer anderen Fallkonstellation könnten die Gewichte umgekehrt verteilt sein. Demgegenüber sei bei einem Konflikt zwischen Regeln, wie er etwa vorliege, wenn eine Regel etwas gebiete und eine andere Regel dasselbe verbiete, ohne daß eine der Regeln eine Ausnahme zur anderen statuiere,[34] stets mindestens eine ungültig. Wie entschieden werde, was gilt, sei gleichgültig. Dies könne nach einer Regel wie »lex posterior derogat legi priori« oder danach, welche Regel durch wichtigere Prinzipien gestützt wird, geschehen.[35] Entscheidend sei, daß diese Entscheidung eine Entscheidung über Gültigkeit sei, was bedeute, daß die ungültige Regel anders als ein zurückweichendes Prinzip aus der Rechtsordnung verabschiedet werde.

Dies macht deutlich, daß die Dworkinsche Unterscheidung keine Unterscheidung dem Grade nach ist. Die Unterscheidungskriterien sind nicht komparativ, sondern strikt klassifikatorisch. Dem entspricht es, daß Dworkin die häufig bemühte[36] Unterscheidung

---

31 Ders. (Fn. 5), S. 26; ders. (Fn. 17), S. 72.
32 Ders. (Fn. 5), S. 25.
33 Ders. (Fn. 5), S. 26.
34 Ders. (Fn. 17), S. 74.
35 Ders. (Fn. 5), S. 27.
36 Vgl. etwa J. Raz (Fn. 23), S. 838; G. C. Christie, The Model of Principles, in: Duke Law Journal 1968, S. 669; G. Hughes, Rules, Policy and Decision Making, in: The Yale Law Journal 77 (1968), S. 419.

nach dem Grade der Generalität,[37] auf die noch einzugehen sein wird, ausdrücklich ablehnt.[38] Es ist daher gerechtfertigt, im Hinblick auf die Dworkinsche Auffassung von einer »strengen Trennungsthese« zu sprechen. Die *strenge Trennungsthese* besagt, daß die Unterscheidung von Regeln und Prinzipien keine Unterscheidung dem Grade nach ist, sondern daß Regeln und Prinzipien normative Maßstäbe ganz unterschiedlicher logischer Struktur sind. Wenn ein Maßstab eine Regel oder ein Prinzip sein kann, ist er stets entweder eine Regel oder ein Prinzip. Als Alternativen der strengen Trennungsthese kommen zwei Thesen in Betracht: die schwache Trennungsthese und die Übereinstimmungsthese. Die *Übereinstimmungsthese* besagt, daß zwischen Regeln und Prinzipien kein logischer Unterschied, und zwar auch kein logischer Unterschied in dem oben erwähnten weiten Sinne, besteht. Alle logischen Eigenschaften, die bei dem, was man herkömmlicherweise »Prinzip« nennt, vorkommen können, können auch bei dem, was man »Regel« oder »Norm« nennt, vorkommen. Demgegenüber hat die *schwache Trennungsthese* wie die strenge zum Inhalt, daß Regeln und Prinzipien unter logischen Gesichtspunkten unterschieden werden können. Dieser Unterschied ist aber ausschließlich ein Unterschied dem Grade nach.[39]

37 Eine Regel ist um so genereller, je unspezifischer die von ihr erfaßten Handlungsweisen sind. So hat die Regel, niemals zu lügen, einen relativ hohen, und die Regel, seiner Frau in Geldangelegenheiten stets die Wahrheit zu sagen, einen relativ niedrigen Generalitätsgrad. Vgl. hierzu R. M. Hare, Freedom and Reason, Oxford 1963, S. 39 f., sowie dens., Principles, in: Proceedings of the Aristotelian Society 73 (1972/73), S. 2 f.

38 R. Dworkin (Fn. 17), S. 78.

39 Die drei Thesen schließen sich in dem Sinne aus, daß sie nicht gleichzeitig im Hinblick auf dieselben Gegenstände gelten können. Dies besagt jedoch nicht, daß sie nicht im Hinblick auf Verschiedenes nebeneinander anwendbar sein können. Das höchste Maß paralleler Anwendbarkeit wäre in einem Modell gegeben, in dem drei Arten von Regeln oder drei Arten von Prinzipien so unterschieden werden, daß drei Paare gebildet werden können, die jeweils einer der Unterscheidbarkeitsrelationen entsprechen. Hier wird allerdings die Auffassung vertreten, daß ein solches Modell unzutreffend ist. Ferner wird die schwache Trennungsthese durch eine Abschwächung mit der starken vereinbar. Ein Beispiel für eine solche abgeschwächte schwache Trennungsthese ist die These, daß der Unterschied nicht *nur*, sondern *häufig auch* einer des Generalitätsgrades ist.

Die drei Thesen beziehen sich in dem weiten Sinne, der auch Dinge wie die Formen der Anwendung und die Formen der Kollision einschließt, auf die logische Struktur von Regeln und Prinzipien. Zahlreiche weitere Unterscheidungskriterien sind neben oder in Konkurrenz zu solchen der angeführten Art denkbar und werden häufig genannt. So könnte man erwägen, Regeln und Prinzipien nach ihrer Entstehungsweise, etwa danach, ob sie geschaffen wurden oder gewachsen sind,[40] der Explizitheit ihres Wertungsgehaltes,[41] ihrem moralischen Gehalt oder ihrem Bezug zur Rechtsidee[42] oder einem obersten Rechtsgesetz,[43] ihrer Bedeutung für die Rechtsordnung,[44] der Sicherheit ihrer Erkenntnis oder ihrer Allgemeingültigkeit oder Ubiquität zu unterscheiden. Auch weitere im weiten Sinne logische Unterscheidungskriterien kommen in Betracht. So ist vorgeschlagen worden, Regeln und Prinzipien danach, ob sie Gründe für Regeln oder selbst Regeln sind,[45] oder nach ihrem Regelungsgegenstand, z. B. danach, ob sie Argumentations- oder Verhaltensregeln sind,[46] zu unterscheiden. Zu der Vielfalt dieser Kriterien tritt die oft hervorgehobene Vielfalt der Arten von Prinzipien. Den farbigsten Katalog bietet Esser,

40 S. I. Shuman, Justification of Judicial Decisions, in: Essays in Honor of Hans Kelsen, The California Law Review 59 (1971), S. 723, 729; T. Eckhoff, Guiding Standards in Legal Reasoning, in: Current Legal Problems 29 (1976), S. 209 f.
41 C.-W. Canaris, Systemdenken und Systembegriff in der Jurisprudenz, Berlin 1969, S. 50.
42 K. Larenz, Methodenlehre der Rechtswissenschaft, 4. Aufl., Berlin/ Heidelberg/New York 1979, S. 207, 410.
43 H. J. Wolff, Rechtsgrundsätze und verfassungsgestaltende Grundentscheidungen als Rechtsquellen, in: Festschrift f. W. Jellinek, hg. v. O. Bachof/M. Drath/O. Gönnenwein/E. Walz, München 1955, S. 37 ff.
44 K. Larenz (Fn. 42), S. 464; A. Peczenik, Principles of Law. The Search for Legal Theory, in: Rechtstheorie 2 (1971), S. 30. Vgl. hierzu auch S. Wronkowska/M. Zieliński/Z. Ziembiński, Rechtsprinzipien. Grundlegende Probleme, in: Zasady prawa, Warschau 1974, S. 226. Soweit der Begriff der Bedeutung für die Rechtsordnung auf logische Relationen zwischen Prinzipien und Regeln zurückgeführt werden kann (vgl. hierzu A. Peczenik (Fn. 44), S. 31 f.), handelt es sich auch bei diesem Kriterium um ein im weiteren Sinne logisches.
45 J. Raz (Fn. 23), S. 839.
46 H. Gross, Standards as Law, in: Annual Survey of American Law 1968/69, S. 578; T. Eckhoff (Fn. 40), S. 207.

der u. a. zwischen axiomatischen, rhetorischen und dogmatischen,[47] immanenten und informativen,[48] juristischen Prinzipien und Prinzipien des Rechts[49] und Aufbau- und Wertprinzipien[50] unterscheidet.[51, 52] Es ist zu vermuten, daß die Adäquanz der angeführten Kriterien auch von deren Relationen zu verschiedenen Prinzipienarten abhängt. Wenn angesichts dieser Situation hier der von Dworkin erörterte im weiteren Sinne logische Unterschied zwischen Regeln und Prinzipien im Mittelpunkt steht, dann deshalb, weil die Analyse der Dworkinschen strengen Trennungsthese verspricht, einen guten Ausgangspunkt für die Analyse und Bewertung auch der weiteren Kriterien zu bieten.

Dworkin hat die strenge Trennungsthese zwar am weitesten ausgearbeitet, er ist aber nicht ihr einziger Anhänger. Im deutschen Sprachraum wird sie am deutlichsten von Esser vertreten, der betont, daß die Unterscheidung von Regel und Prinzip nicht vom Generalitätsgrad abhänge,[53] sondern von »der Qualität«[54]. Der

47 J. Esser, Grundsatz und Norm in der richterlichen Fortbildung des Privatrechts, 3. Aufl., Tübingen 1974, S. 47 f.
48 Ders. (Fn. 47), S. 73 ff.
49 Ders. (Fn. 47), S. 90.
50 Ders. (Fn. 47), S. 156.
51 Zu weiteren Klassifikationen von Prinzipien vgl. A. Peczenik (Fn. 44), S. 17 ff., der (1) »principles or ›laws‹ of logic«, (2) »principles of justice«, (3) »semi-logical« und (4) »instrumentally formulated legal principles«, (5) Prinzipien »similar to the instrumentally formulated« und (6) »all the other principles« unterscheidet.
52 Von den Klassifikationen ist die Auffassung der Prinzipien als beschreibende und als direktive oder normative Sätze zu unterscheiden (vgl. hierzu S. Wronkowska/M. Zieliński/Z. Ziembiński (Fn. 44), S. 225). So wie jede Rechtsnorm durch einen beschreibenden Satz (»Rechtssatz« im Sinne Kelsens, vgl. H. Kelsen, Reine Rechtslehre, 2. Aufl., Wien 1960, S. 73 ff.) wiedergegeben werden kann, so entspricht jedem direktiven Prinzip ein beschreibendes. Fraglich ist, ob das Umgekehrte zutrifft. Dies gilt insbesondere für »summary reference(s) to a great number of laws« (vgl. hierzu J. Raz (Fn. 23), S. 828 f.).
53 J. Esser (Fn. 47), S. 51. Scharf greift Esser (ders. (Fn. 47), S. 49) Simonius' These an, daß Prinzipien sich zu Rechtsnormen verhalten wie höherrangige Prinzipien zu Prinzipien niederen Ranges (A. Simonius, Über Bedeutung, Herkunft und Wandlung der Grundsätze des Privatrechts, in: Zeitschrift für Schweizerisches Recht, N. F. 71 (1972), S. 239).
54 J. Esser (Fn. 47), S. 95.

»moderne Rechtssatz des kontinentalen Systems« etwa wird auf folgende Weise als Alles-oder-Nichts-Angelegenheit charakterisiert: Er »muß ›anwendbar‹ sein, d. h. in seinem Bereich und seiner Wirkungsweise durch Kriterien festgelegt sein, die ein Beamtenstab in nachprüfbarer Weise als gegeben oder nicht gegeben festzustellen hat«[55]. Demgegenüber enthalte das Prinzip »keine verbindliche Weisung unmittelbarer Art für einen bestimmten Fragenbereich«[56], sei »nicht selbst ›Weisung‹, sondern Grund, Kriterium und Rechtfertigung der Weisung«[57]. Larenz hat sich dem unter direkter Bezugnahme angeschlossen.[58] Auch das Dworkinsche Kollisionstheorem findet sich bei Esser und Larenz. Es hat eine weitere Ausarbeitung durch Canaris erfahren. Während danach von zwei einander widersprechenden Normen mindestens eine ungültig ist,[59] entfalten Prinzipien, die als »gegenläufig wirkende Formeln«[60] charakterisiert werden, »ihren eigentlichen Sinngehalt erst in einem Zusammenspiel wechselseitiger Ergänzung und Beschränkung«[61]. Es kann deshalb, ohne daß auf weitere Qualifikationen[62] wie auch auf einige Äußerungen, die Abschwächungen nahelegen könnten,[63] eingegangen wird, gesagt

55 Ders. (Fn. 47), S. 51.
56 Ders. (Fn. 47), S. 50.
57 Ders. (Fn. 47), S. 51 f.
58 K. Larenz, Richtiges Recht. Grundzüge einer Rechtsethik, München 1979, S. 24 f.; ders. (Fn. 42), S. 458.
59 C.-W. Canaris (Fn. 41), S. 26, 116 f.; K. Larenz (Fn. 42), S. 250.
60 J. Esser (Fn. 47), S. 80.
61 C.-W. Canaris (Fn. 41), S. 55.
62 Hier ist vor allem an Larenz' Unterscheidung zwischen »offenen« und »rechtssatzförmigen Prinzipien« zu denken (K. Larenz (Fn. 42), S. 463 f.). Ein Prinzip soll rechtssatzförmig sein, wenn es »zu einer unmittelbar anwendbaren Regel verdichtet« ist (ders. (Fn. 42), S. 463). Beispiele für rechtssatzförmige Prinzipien sollen etwa der Grundsatz der Formfreiheit der Verträge und der Grundsatz »nulla poena sine lege« sein (ders. (Fn. 42), S. 464). Von Rechtsnormen mit sehr weit gefaßten Tatbeständen sollen sich rechtssatzförmige Prinzipien dadurch unterscheiden, daß ihnen eine herausragende Bedeutung zukommt (ebd.), also hinsichtlich ihres Inhalts oder hinsichtlich der Rolle, die sie in der Rechtsordnung spielen, nicht aber hinsichtlich ihrer Form. Nach der Dworkinschen Einteilung müssen sie deshalb als Regeln bezeichnet werden.
63 Abschwächungen könnten Äußerungen, die sich auf fließende Unter-

werden, daß die genannten Autoren die wesentlichen Elemente der strengen Trennungsthese vertreten. Eine Diskussion dieser These in der Form, in der sie von Dworkin vertreten wird, ist insofern zugleich eine Erörterung deren Auffassungen.

1. Der Alles-oder-Nichts-Charakter

Der erste Teil der Dworkinschen Trennungsthese, die These, daß Regeln eine Alles-oder-Nichts-Angelegenheit sind, steht und fällt mit seiner These der grundsätzlichen Aufzählbarkeit der Ausnahmen. Wenn die Ausnahmen nicht, wie Dworkin behauptet, wenigstens grundsätzlich aufzählbar sind, ist eine vollständige Formulierung der Regel nicht möglich. Wenn aber eine vollständige Formulierung nicht möglich ist, kann allein aufgrund der jeweils bekannten Voraussetzungen der Regel niemals mit Sicherheit auf die Rechtsfolge geschlossen werden. Stets ist es möglich, daß der Fall Anlaß gibt, eine neue Ausnahme in Form eines negativen Merkmals in den Tatbestand der Regel aufzunehmen.[64]

schiede beziehen, nahelegen. So spricht Larenz davon, daß »die Grenzen zwischen ›offenen‹ und ›rechtssatzförmigen‹ Prinzipien ... fließend (sind). Der Punkt, von dem an ein Prinzip bereits so weit konkretisiert ist, daß es als ein rechtssatzförmiges Prinzip angesehen werden kann, läßt sich nicht genau bezeichnen« (K. Larenz (Fn. 42), S. 464). Auch Canaris spricht gelegentlich von fließenden Übergängen: »Handelt es sich doch nur um verschiedene Stufen eines in sich kontinuierlichen Konkretisierungsvorganges«, der wie der vom Wert zum Prinzip »ähnlich fließende Übergänge aufweist« (C.-W. Canaris (Fn. 41), S. 52, Anm. 147 von S. 51).

64 Es handelt sich hierbei um einen Fall der Reduktion durch konjunktive Hinzufügung eines negierten Merkmals. Dieser Begriff kann folgendermaßen expliziert werden: Die Regel N, $(x)(Tx \rightarrow ORx)$, sei im Falle des a anwendbar, weil a ein T ist (Ta). ORa, das Gebot (O), daß R auf a zutreffen (Ra) soll, wird aber nicht als angemessen erachtet. N soll dennoch nicht als ungültig erklärt werden, denn in zahlreichen Fällen ist bei Tx die Rechtsfolge ORx angemessen. Nur wenn, wie im Falle des a, besondere Umstände (M) vorliegen, soll ORx nicht gelten. Die damit erstrebte Einschränkung von N wird durch konjunktive Hinzufügung des negierten Ausnahmemerkmals M erreicht. N wird zu N': $(x)(Tx \land \neg Mx \rightarrow ORx)$. N' ist die *Reduktion* von N durch $\neg M$. Gegen den Alles-oder-Nichts-Charakter spricht unter einer weiteren Voraus-

Geschieht dies, wird die Regel in ihrer bisher bekannten Fassung nicht angewandt.

Man könnte freilich meinen, daß dies ihren Alles-oder-Nichts-Charakter nicht berühre, weil sie in solchen Fällen in ihrer neuen Fassung angewandt bzw. nicht angewandt werde. Die These von der grundsätzlichen Aufzählbarkeit beziehe sich nicht nur auf die bislang bekannten, sondern darüber hinaus auf alle denkbaren Ausnahmen. Gegen diese Variante der Alles-oder-Nichts-These sprechen jedoch ihre systematischen Konsequenzen. Daß die Existenz einer Regel die Existenz aller ihrer möglichen Ausnahmen voraussetzt, bedeutet, daß jede Regel alle ihre Anwendungsfälle in allen für sie möglichen Welten enthält. Wenn es sinnvoll ist, dies im Hinblick auf Regeln anzunehmen, muß Entsprechendes auch im Hinblick auf Prinzipien sinnvoll sein. Zwischen Regeln, die alle ihre Anwendungsfälle in allen für sie möglichen Welten enthalten, und Prinzipien, die alle ihre Gegenbeispiele in allen für sie möglichen Welten enthalten, besteht hinsichtlich der Aufzählbarkeit aber allenfalls ein gradueller Unterschied. Die strenge Trennungsthese müßte fallengelassen werden. Wenn diese Konsequenz vermieden werden soll, ist deshalb von der Variante der Alles-oder-Nichts-These auszugehen, die auf die bekannten Ausnahmen abstellt.

Es sind normative Systeme denkbar, die ausschließlich aus Regeln bestehen, die keine Ausnahmen außer denen, die statuiert wurden, zulassen, also eine Regel enthalten, die die Einschränkung

setzung nicht nur diese Möglichkeit der Reduktion, sondern auch die Möglichkeit der Extension durch disjunktive Hinzufügung. Dieser Begriff ist wie folgt zu explizieren: Die Regel N, $(x)(Tx{\rightarrow}ORx)$, sei nicht anwendbar, weil a kein T ist. ORa soll aber gelten, weil a einem Individuum, das ein T ist, im Hinblick auf die Gründe, die für die Norm N sprechen, hinreichend ähnlich ist. M's sollen also wie T's behandelt werden. Die damit erstrebte Erweiterung von N wird durch disjunktive Hinzufügung von M erreicht. N wird zu N'': $(x)(Tx \lor Mx{\rightarrow}ORx)$. N'' ist die *Extension* von N durch M. Die erwähnte Voraussetzung besteht darin, daß dann, wenn sich aus der Möglichkeit der Extension ein Argument gegen den Alles-oder-Nichts-Charakter ergeben soll, N'' erstens als *eine* Norm und zweitens als eine Ergänzung von N aufgefaßt werden muß. Dies könnte zweifelhaft sein, weil N'' nichts anderes besagt als $(x)(Tx{\rightarrow}ORx)$ $\land$ $(x)(Mx{\rightarrow}ORx)$, also als die beiden Normen $(x)(Tx{\rightarrow}ORx)$ und $(x)(Mx{\rightarrow}ORx)$.

von Regeln durch neue Ausnahmeklauseln verbietet. Die modernen Rechtsordnungen, auf die Dworkin sich bezieht, sind aber keine normativen Systeme dieses Typs. Dies lehrt ein Blick auf die Praxis.[65] Daß man in zahlreichen Fällen nicht sicher sein kann, daß nicht noch eine neue Ausnahme zu statuieren ist,[66] läßt sich zudem durch das Verhältnis von Regeln und Prinzipien erklären. Dworkin selbst hebt hervor, daß jede Regel unter besonderen Umständen aufgrund jedes Prinzips unanwendbar werden kann.[67] Damit beseitigt gerade die Existenz von Prinzipien die Voraussetzungen für den Alles-oder-Nichts-Charakter als Unterscheidungskriterium zwischen Regeln und Prinzipien.

Wenn die Nichtanwendbarkeit einer Regel aufgrund eines Prinzips nicht dazu führt, daß sie schlechthin ungültig wird, bedeutet dies, daß aufgrund des Prinzips eine Ausnahmeklausel zur Regel statuiert wird.[68] Wenn angenommen wird, daß die Gegenbeispiele zu Prinzipien nicht aufzählbar sind, dann muß auch angenommen werden, daß ihre Anwendungsfälle nicht aufzählbar sind. Wenn ihre Anwendungsfälle nicht aufzählbar sind und wenn die Anwendung von Prinzipien zu Ausnahmen von Regeln führen kann, können deshalb die Ausnahmen von Regeln nicht aufzählbar sein. Wenn Prinzipien nicht auf eine Alles-oder-Nichts-Weise anwendbar sind, sind es deshalb auch Regeln nicht.

Es gibt freilich ein einfaches Verfahren, den Alles-oder-Nichts-Charakter von Regeln zu retten. Statt zu versuchen, Regeln dadurch zu vervollständigen, daß man sämtliche konkreten Ausnahmetatbestände in ihre Formulierung aufnimmt, was, wie dargetan, unter akzeptablen Voraussetzungen nicht möglich ist, kann man versuchen, dies Ziel durch Einfügung allgemeiner Vorbehaltsklauseln zu erreichen. So ist es ohne weiteres möglich, den bekannten Merkmalen des Vordersatzes einer Regel Klauseln wie »und wenn nicht nach einem Prinzip etwas anderes rechtlich geboten ist« oder »und wenn nicht vom Standpunkt des Rechts aus zu beachtende Gründe etwas anderes fordern« hinzufügen. Die

65 Vgl. etwa BGHZ 4, 153; 59, 236.
66 Vgl. hierzu G. C. Christie (Fn. 36), S. 658; R. S. Bell, Understanding the Model of Rules: Toward a Reconciliation of Dworkin and Positivism, in: The Yale Law Journal 81 (1972), S. 929, 945.
67 R. Dworkin (Fn. 5), S. 37 f.; vgl. ferner J. Raz (Fn 23), S. 837.
68 C. Tapper, A Note on Principles, in: The Modern Law Review 34 (1971), S. 630 f.

Regel wird sofort zu einer Alles-oder-Nichts-Angelegenheit. Wenn die bekannten Merkmale vorliegen und wenn kein Prinzip etwas anderes gebietet oder kein vom Standpunkt des Rechts aus zu beachtender Grund etwas anderes fordert, ergibt sich zwingend die Rechtsfolge.

Dieser Rettungsversuch hat jedoch Nachteile. Der geringere besteht darin, daß die Feststellung, ob die Klausel erfüllt ist, der Feststellung gleichkommt, ob ein Prinzip anwendbar ist. Regeln mit allgemeinen Vorbehaltsklauseln haben damit dieselbe Funktion, die sonst Regeln ohne Klauseln zusammen mit Prinzipien erfüllen. Der Alles-oder-Nichts-Charakter kommt bei Regeln mit allgemeinen Vorbehaltsklauseln erst dann zum Tragen, wenn die eigentlich entscheidenden Fragen beantwortet sind. Dies ist jedoch im Rahmen der Alles-oder-Nichts-These ganz allgemein so. Die These bezieht sich lediglich darauf, daß dann, wenn die Voraussetzungen einer Regel erfüllt sind, ganz gleich wie diese im einzelnen gefaßt sind, die Rechtsfolge notwendig eintreten muß. Regeln mit allgemeinen Vorbehaltsklauseln bilden lediglich einen Extremfall, in dem die technische Schwäche[69] der Alles-oder-Nichts-These besonders deutlich zum Ausdruck kommt. Sie ähneln insofern Regeln, die Ausdrücke wie »vernünftig«, »gerecht«, »sittenwidrig«, »verwerflich« usw. enthalten, etwa der Regel des § 1 Tierschutzgesetz (Niemand darf einem Tier ohne vernünftigen Grund Schmerzen, Leiden oder Schäden zufügen).[70] Doch auch bei Normen, die keine solchen Ausdrücke enthalten, kann sich die technische Schwäche der Alles-oder-Nichts-These in aller Deutlichkeit zeigen. So sind im Falle der Vagheit zur Rechtfertigung einer Interpretationsaussage häufig Argumente erforderlich, die von denen, die für die Erfüllung von allgemeinen Vorbehaltsklauseln vorzutragen

---

69 Eine Theorie ist im technischen Sinne um so schwächer, je weniger mit ihr behauptet wird. Unter dem Gesichtspunkt der Begründung bedeutet die technische Schwäche allerdings Stärke. Je schwächer eine Behauptung ist, um so weniger Einwänden ist sie ausgesetzt. Sie verliert aber mit zunehmender Schwäche an Relevanz. Es gilt damit das Postulat, beide Werte, die technische Stärke und die Stärke der Begründung, zu optimieren.

70 Dworkin sagt von solchen Regeln, daß sie logisch die Rolle einer Regel und substantiell die von Prinzipien spielen (R. Dworkin (Fn. 5), S. 28).

sind, strukturell kaum unterschieden werden können.[71] Erst wenn die Interpretation feststeht, kommt der Alles-oder-Nichts-Charakter zum Tragen. Der erste Nachteil ist damit nicht etwas, was durch die Einfügung von Vorbehaltsklauseln erst hervorgerufen wird, sondern lediglich eine besonders auffällige Folge der technisch schwachen Fassung der Alles-oder-Nichts-These.

Der eigentliche Nachteil der Einfügung allgemeiner Vorbehaltsklauseln besteht in den sich daraus ergebenden Folgen. Wenn Regeln mit Klauseln wie »und wenn nicht nach einem Prinzip etwas anderes rechtlich geboten ist« versehen werden können, ist Entsprechendes auch bei Prinzipien möglich. Versieht man aber Prinzipien mit einer Bedingung wie »wenn nicht ein anderes Prinzip mit widersprechendem Ergebnis vorgeht«, dann sind auch Prinzipien auf eine Alles-oder-Nichts-Weise anwendbar. Wenn in einem konkreten Fall festgestellt wird, daß einem einschlägigen Prinzip kein Prinzip mit widersprechendem Ergebnis vorgeht, dann folgt die Entscheidung zwingend aus diesem Prinzip.

Damit ergibt sich, daß dann, wenn man auf Vorbehaltsklauseln verzichtet, weder Regeln noch Prinzipien eine Alles-oder-Nichts-Angelegenheit sind, daß aber dann, wenn man sie verwendet, sowohl Regeln als auch Prinzipien auf diese Weise anwendbar sind. Der bloße Alles-oder-Nichts-Charakter bildet also, ganz gleich wofür man sich entscheidet, kein Unterscheidungskriterium für Regeln und Prinzipien.

2. Das Kollisionstheorem

Auch bei der Erörterung des zweiten Unterscheidungskriteriums, des Kollisionstheorems, ist es zweckmäßig, die Möglichkeit, Regeln und Prinzipien mit oder ohne Vorbehaltsklauseln zu rekonstruieren, im Auge zu behalten. Solche Vorbehaltsklauseln sind ein analytisches Instrumentarium, das es erlaubt, hier bedeutsame Eigenschaften von Regeln und Prinzipien auf der Ebene ihrer Formulierung darzustellen und damit präziser zu diskutieren. Die Verwendung der Klauseln bietet zudem den Vorteil, Unterschiede, die lediglich auf der Darstellungsweise von Regeln und Prinzipien beruhen, als solche erfassen zu können.

71 Vgl. R. Alexy, Theorie der juristischen Argumentation, Frankfurt a. M. 1978, S. 283 ff.

a) Kollisionen von Regeln

Viele Widersprüche[72] zwischen Regeln ohne Klauseln lassen sich durch Einfügen von Ausnahmen beseitigen. Wenn verboten ist, den Raum vor dem Klingelzeichen zu verlassen, und geboten ist, ihn bei Feueralarm zu verlassen, ist letzteres leicht als Ausnahme zu ersterem zu erkennen. Raz meint, daß solche Konstellationen, er bezieht sich auf das Verhältnis der Notwehrvorschrift zu den besonderen Strafvorschriften, Prinzipienkollisionen grundsätzlich gleichen. Es bestehe nur der Unterschied, daß bei Regelkonflikten die Vorzugsrelation für alle Fälle gelte, während sie sich bei Prinzipien von Fall zu Fall ändern könne.[73] Dies begründet jedoch einen grundsätzlichen Unterschied des Kollisionsverhaltens. Daß eine Regel einer anderen, ohne diese dadurch außer Kraft zu setzen, in bestimmten Fällen stets vorgeht, besagt, daß sie eine Ausnahme statuiert. Zumindest von dem Zeitpunkt an, in dem feststeht, daß eine der Regeln eine Ausnahme zur anderen begründet, kann von einem Konflikt zwischen den Regeln nicht mehr die Rede sein.[74] Der Konflikt ist genauso endgültig beseitigt wie bei der Verabschiedung einer von zwei einander widersprechenden Regeln aus der Rechtsordnung. Bei Prinzipien ist dies anders. In einem anderen Fall kann eine andere Vorzugsrelation gelten.

Wenn aber die Beseitigung eines Widerspruchs durch Einfügung einer Ausnahme nicht möglich ist, muß mindestens eine der Re-

---

72 Zu den verschiedenen Arten von Widersprüchen zwischen Regeln oder Normen bzw. deren Ausdrücken vgl. O. Weinberger, Rechtslogik, Wien/New York 1970, S. 214 ff.; C. Weinberger / O. Weinberger, Grundzüge der Normenlogik und ihre semantische Basis, in: Rechtstheorie 10 (1979), S. 43 ff. Hier sei nur hervorgehoben, daß, wie das im Text folgende Beispiel zeigt, Widersprüche häufig situationsabhängig sind. Das Verbot, den Raum vor dem Klingelzeichen zu verlassen, und das Gebot, ihn bei Feueralarm zu verlassen, widersprechen sich nur relativ auf Situationen, in denen zugleich das Klingelzeichen noch nicht ertönt ist und Feueralarm gegeben wurde. Die Möglichkeit dieses Widerspruchs hängt freilich von logischen Voraussetzungen ab: der logischen Möglichkeit, daß gleichzeitig sowohl das eine als auch das andere der Fall ist.

73 J. Raz (Fn. 23), S. 832 f.

74 Der Kritik Dworkins an Raz, Dworkin spricht von einem »bizarre notion of what a conflict is« (R. Dworkin (Fn. 17), S. 74), ist in diesem Punkt zuzustimmen.

geln ungültig sein. Die Möglichkeit, beide Regeln als Bestandteile der Rechtsordnung zu erhalten und je nach Gewicht im konkreten Fall zu entscheiden, ist ausgeschlossen. Ein Richter kann nicht zwei Regeln mit einander widersprechenden Rechtsfolgen, deren Voraussetzungen in einem Fall vorliegen, sowohl als zugleich gültig bezeichnen als auch nicht zugleich anwenden. Daß eine Regel gültig und in einem Falle anwendbar ist, *bedeutet*, daß ihre Rechtsfolge gilt. Wenn die beiden Regeln als zugleich gültig und anwendbar behandelt werden sollten, müßten deshalb zwei sich widersprechende konkrete rechtliche Sollensurteile[75] in einer Entscheidung ausgesprochen werden. Dies ist, ganz gleich wie man es im einzelnen begründet,[76] auszuschließen. Auf Regeln ohne Vorbehaltsklauseln trifft deshalb das Dworkinsche Kollisionstheorem zu.

Die Möglichkeit eines im Sinne des Kollisionstheorems zu lösenden Widerspruchs ist auch dann gegeben, wenn man Regeln mit Vorbehaltsklauseln rekonstruiert. Verwendet man Klauseln, die sich auf Prinzipien beziehen, also etwa den Inhalt »und wenn nicht nach einem Prinzip etwas anderes rechtlich geboten ist« haben, wird die Zahl der Fälle, in denen ein Widerspruch vorliegt, allerdings stark reduziert. So ist etwa dann, wenn das die eine Regel stützende Prinzip die Klausel der anderen erfüllt, nur die eine, nicht aber die andere anwendbar. Aus der Beschreibung der Situation, in der die Unanwendbarkeit eintritt, lassen sich in diesem Fall die Merkmale für die Formulierung einer Ausnahme gewinnen.

Es gibt aber auch Fälle, in denen die Klauseln nicht relevant werden, Prinzipien also keine andere Lösung gebieten als die, die die ohne Klauseln einander widersprechenden Regeln vorschreiben. Solche Fälle liegen stets dann vor, wenn die die gegenläufigen Regeln stützenden Prinzipien gleiches Gewicht haben. Sie können aber auch dann vorliegen, wenn die Gewichte der für die Regeln sprechenden Prinzipien sich unterscheiden, insbesondere dann, wenn für die eine Regel nur etwas bessere Gründe als für die andere sprechen, denn allein dies bedeutet noch nicht, daß die

---

75 Zu diesem Begriff vgl. K. Engisch, Logische Studien zur Gesetzesanwendung, 3. Aufl., Heidelberg 1963, S. 3 ff.

76 Vgl. etwa G. H. v. Wright, Norm and Action, London 1963, S. 135, 141 ff.; A. Ross, Directives and Norms, London 1968, S. 169 ff.

Klauseln erfüllt sind. Ob letzteres der Fall ist, hängt nicht nur von den für oder gegen die Regeln als solche sprechenden Prinzipien ab, sondern auch von Prinzipien und/oder Regeln, die sich allgemein auf die Zulässigkeit der Einschränkung und Aufgabe von Regeln beziehen. Hierin zeigt sich ein Unterschied zwischen Klauseln in Regeln und Klauseln in Prinzipien, der, wie noch darzutun sein wird, von erheblicher Bedeutung ist. Es ist in solchen Fällen trotz des unterschiedlichen Gewichts der Gründe für die Regeln als solche ein Widerspruch festzustellen. Daß dieser Widerspruch dann, weil er beseitigt werden muß, auch anhand des Kriteriums des nur etwas größeren Gewichts der Gründe gelöst werden kann, ist eine andere Sache. Sie berührt die Tatsache, daß ein Widerspruch vorliegt, nicht. Damit können sich, was freilich nur in geringerem Umfang eintreten wird, auch Regeln mit auf Prinzipien bezogenen Vorbehaltsklauseln im Sinne des Kollisionstheorems widersprechen.

Neben der Rekonstruktion von Regeln ohne Vorbehaltsklauseln und der mit auf Prinzipien bezogenen Vorbehaltsklauseln ist noch eine dritte Rekonstruktionsweise denkbar. Die Klauseln können statt auf Prinzipien auf Regeln bezogen werden, also etwa den Inhalt »und wenn nicht nach einer anderen Regel etwas anderes geboten ist« haben. Hierdurch wird das Kollisionstheorem jedoch nicht berührt. Eine solche schlichte auf Regeln bezogene Vorbehaltsklausel führt lediglich dazu, daß jede der einander widersprechenden Regeln die andere als anwendbar erklärt. Der Widerspruch wird hierdurch nicht beseitigt. Auch qualifizierte auf Regeln bezogene Klauseln bieten keinen Ausweg. Solche Klauseln können entweder absolut oder relativ auf den Fall sein. Sind sie absolut, haben sie also etwa den Inhalt »und wenn nicht durch eine gegenüber dieser in jedem Fall wichtigere Regel etwas anderes geboten ist«, dann wird mit der Auszeichnung einer Regel als wichtiger in jedem Fall die andere entweder als ungültig erklärt oder es wird eine Ausnahme zu ihr statuiert. Der Widerspruch ist im Sinne des Kollisionstheorems beseitigt. Sind sie relativ, haben sie also etwa den Inhalt »und wenn nicht durch eine gegenüber dieser im konkreten Fall wichtigere Regel etwas anderes geboten ist«, dann besagen beide Regeln zusammen nichts anderes als eine Regel, die zwei sich ausschließende Rechtsfolgen so zur Wahl stellt, daß zwischen ihnen im Einzelfall nach Wichtigkeit zu wählen ist. Ein Beispiel für eine solche Regel wäre etwa die Regel

»Wenn es regnet, ist das Fenster zu schließen oder zu öffnen, je nachdem, was wichtiger ist«. Damit aber liegt keine Kollision mehr, sondern eine neue Regel vor. Diese Regel kann mit anderen Regeln im Sinne des Kollisionstheorems kollidieren. Man könnte freilich meinen, daß die Wahl, die nach dieser neuen Regel erforderlich ist, der Abwägung zwischen zwei Prinzipien entspricht. Obwohl eine gewisse Verwandtschaft nicht zu verkennen ist, besteht jedoch ein wichtiger Unterschied. Eine Wahl zwischen zwei durch eine derartige Regel eröffneten Handlungsmöglichkeiten ist deshalb etwas anderes als eine Abwägung zwischen zwei Prinzipien, weil die beiden Regeln, die zu dieser Regel zusammengefügt wurden, keinen Grund für die Entscheidung abgeben, sondern lediglich das bestimmen, über das anhand von Gründen zu entscheiden ist. Die Rekonstruktion von Regeln mit regelbezogenen Vorbehaltsklauseln berührt damit das Kollisionstheorem nicht.

Insgesamt ist damit festzustellen, daß das Kollisionstheorem für Regeln gilt. Zwar verschwinden dann, wenn man prinzipienbezogene Klauseln verwendet, zahlreiche Kollisionen. Auch dann aber gibt es Fälle, die im Sinne des Theorems zu lösen sind, so daß dieses anwendbar bleibt. Jede Rekonstruktion führt dazu, daß stets entweder ein Widerspruch vorliegt, der nach dem Kollisionstheorem zu lösen ist, oder ein Konflikt gleich welcher Art nicht mehr existiert.

b) Kollisionen von Prinzipien

Gegen die Geltung des Kollisionstheorems im Bereich der Prinzipien,[77] dagegen also, daß bei Prinzipienkollisionen das Prinzip, das im konkreten Fall das höhere Gewicht hat, anzuwenden ist, ohne daß das zurückweichende Prinzip damit ungültig wird, läßt sich zunächst leicht anhand von Beispielen argumentieren.

77 Es ist bislang darauf verzichtet worden, die Begriffe der Regel und des Prinzips allgemein zu erläutern. Hieran soll auch im folgenden festgehalten werden. Da es sich bei Regeln und Prinzipien um Unterarten von Vorschriften oder, wenn man auf ihre Funktion als Beurteilungskriterien abstellt, von Maßstäben handelt, ist eine Erläuterung dieser Begriffe ohne Zuhilfenahme von Unterscheidungskriterien, wie sie hier diskutiert werden, nicht sinnvoll. Verzichtet werden muß hier auch auf eine Analyse der verschiedenen Formen von Regeln und Prin-

Ein wegen seiner Extremität als Demonstrationsobjekt gut geeignetes Beispiel liefert Dworkin selbst mit einem »abstract principle of equality«, das er als nicht wirksames Prinzip des Haftungsrechts formuliert und dabei auch auf das Schuldrecht bezieht.[78] Dies Prinzip besage, daß im Falle einer Leistungsstörung jeweils der Reichere den Schaden zu tragen hat. Daß ein solches Prinzip mit den Prinzipien des Schuldrechts kollidiert, ganz gleich, wie man sie im einzelnen formuliert, braucht nicht erwähnt zu werden. Wichtig ist allein, daß diese Kollision anderer Art ist als etwa die, die im Bereich der Rechtsgeschäfte zwischen dem Prinzip der Selbstgestaltung oder Selbstbindung und dem Vertrauensprinzip zu bewältigen ist.[79] Auf letztere trifft das Kollisionstheorem zu. Beide sind zu berücksichtigen. Dies ist im ersten Falle anders. Die Prinzipien des Schuldrechts schließen das Prinzip der Haftung des Reichsten aus. So, wie sie sind, können entweder nur sie oder dies Prinzip gelten. Die Kollision ist daher wie ein Widerspruch zwischen Regeln zu lösen. Damit gibt es Kollisionen zwischen Prinzipien, die wie Widersprüche zwischen Regeln zu behandeln sind.

Hiergegen kann nicht eingewandt werden, daß die Vorschrift der Haftung des Reichsten kein Prinzip, sondern eine Regel sei, die den Regeln des Schuldrechts widerspricht, eine Prinzipienkollision also nicht vorliege. Diese Vorschrift bildet ein Gegenstück zu den Prinzipien des Schuldrechts und könnte theoretisch mit ihnen interagieren.[80]

Es ist aber ein anderer Einwand möglich. Bei ihm spielt der Begriff der Zugehörigkeit zur Rechtsordnung eine wichtige Rolle. Es lassen sich ganz unterschiedliche Fassungen dieses Begriffs unterscheiden. Für die Zwecke der hier vorzutragenden Argumentation soll, ohne daß damit behauptet wird, daß diese Variante für alle Zwecke adäquat ist, ein sehr weiter Begriff der Zugehörigkeit verwendet werden. Ein Prinzip gehöre danach bereits dann zur

zipien sowie ihrer Elemente (zur Analyse des Begriffs der Regel vgl. G. H. v. Wright (Fn. 76), S. 70 ff.; A. Ross (Fn. 76), S. 106 ff.).

78 R. Dworkin (Fn. 13), S. 116.
79 Vgl. hierzu etwa K. Larenz (Fn. 58), S. 81 ff.
80 An dieser Stelle sei angemerkt, daß über eine Trivialisierung des Gedankens der Gegenstücke stets leicht ein Widerspruch zwischen Prinzipien konstruiert werden kann. Das Prinzip braucht nur als Ganzes negiert zu werden.

Rechtsordnung, wenn es mindestens einen Fall in seinem Bereich gibt, in dem es zu Recht ein Grund für die Entscheidung ist. Der Einwand beginnt mit einer Konzession. Zwar gebe es Fälle, in denen von zwei Prinzipien nur eines zur Rechtsordnung gehören und in diesem Sinne gelten könne. Kollisionen dieser Art, bei denen es um die Zugehörigkeit zur Rechtsordnung gehe, müßten aber von Kollisionen zwischen Prinzipien, deren Zugehörigkeit zur Rechtsordnung außer Frage stehe, unterschieden werden. Für diese gelte das Kollisionstheorem. Das Interessante an diesem Argument ist, daß eine bedeutsame Verschiebung des Problems eintritt. Während es bislang so schien, als seien Kollisionen zwischen Prinzipien ganz allgemein die Entsprechungen zu Widersprüchen zwischen Regeln, erscheinen die Kollisionen zwischen Prinzipien nunmehr auf einer kategorial anderen Ebene. Sowohl bei Regeln als auch bei Prinzipien kann es im Falle eines Widerspruchs darum gehen, welche Regel oder welches Prinzip zur Rechtsordnung gehört. Darüber hinaus kann es bei Prinzipien, wenn ihre Zugehörigkeit zur Rechtsordnung feststeht, auch noch darum gehen, welchem im Einzelfall der Vorrang gebührt. Als Einschränkung des Geltungsbereichs des Kollisionstheorems ist dies zu akzeptieren. Im weiteren ist zu fragen, ob das in diesem Sinne eingeschränkte Kollisionstheorem zutrifft.

Wieder lassen sich leicht Beispiele finden, die auch durch das eingeschränkte Kollisionstheorem nicht erfaßt werden. Es ist auf alle absoluten Prinzipien niemals anwendbar. Absolute Prinzipien sind Prinzipien, von denen man nicht sagen kann, daß sie wegen ihres im konkreten Fall geringeren Gewichts anderen Prinzipien weichen müssen. Als Beispiel für eine Vorschrift dieser Art kann man, wenn man, wie auch Dworkin dies tut,[81] Vorschriften der Verfassung als Vorschriften, die das logische Verhalten von Prinzipien zeigen können, auffaßt, Art. 1 Abs. 1 Satz 1 GG, »Die Würde des Menschen ist unantastbar«, anführen. Die Absolutheit solcher Prinzipien ist freilich weitgehend eine technische Angelegenheit. Zwar kann kein Gericht sagen, daß etwa der Schutz des Bestandes des Staates im konkreten Fall dem Schutz der Menschenwürde vorgehe und deshalb eine Verletzung der Menschenwürde rechtfertige. Bei der Interpretation des Begriffs der Unantastbarkeit der Menschenwürde sind aber Argumente erforderlich, die sich von

81 R. Dworkin (Fn. 13), S. 93. Vgl. auch K. Larenz (Fn. 58), S. 136 ff.

denen, die bei der Begründung einer Vorzugsrelation zwischen Prinzipien vorzutragen sind, strukturell nicht unterscheiden. Insofern ist folgende Feststellung des Bundesverfassungsgerichts im Abhörurteil kennzeichnend: »Was den in Art. 1 GG genannten Grundsatz der Unantastbarkeit der Menschenwürde anlangt, ... so hängt alles von der Festlegung ab, unter welchen Umständen die Menschenwürde verletzt sein kann. Offenbar läßt sich das nicht generell sagen, sondern immer nur in Ansehung des konkreten Falles.«[82] Letzteres kann nicht heißen, daß von Fall zu Fall zu entscheiden ist, sondern nur, daß der Inhalt des Begriffs der Verletzung der Menschenwürde, wenn die alten Präzisierungen nicht ausreichen, jeweils im Hinblick auf neue Fälle weiter zu präzisieren ist.[83] Dies bedeutet unter dem Gesichtspunkt der formalen Handhabung der Vorschrift nichts anderes, als daß wie bei einer Regel ein Ausdruck mit einem Spielraum durch eine semantische Regel präzisiert wird.[84] Damit ist das Kollisionstheorem zur Unterscheidung von absoluten Prinzipien und Regeln nicht geeignet. Es ist also noch einmal einzuschränken.

Es fragt sich, ob es wenigstens mit diesen beiden Einschränkungen aufrechterhalten werden kann. Dies ist der Fall, wenn man Prinzipien ohne Vorbehaltsklauseln rekonstruiert. Verwendet man demgegenüber Klauseln, können Kollisionen ausgeschlossen werden. Dies läßt sich leicht anhand der Güterabwägungen des Bundesverfassungsgerichts zeigen. Im Lebach-Urteil[85] ging es darum, ob ein Dokumentarspiel über eine schwere Straftat, in

---

82 BVerfGE 30, 1 (25).

83 Vgl. R. Alexy (Fn. 71), S. 274 ff.

84 Ders. (Fn. 71), S. 279, 290. Da absolute Prinzipien nur in dieser Form eine – freilich häufig sehr weite – Möglichkeit der Gestaltung bieten, also weder Ausnahmen noch Gegenbeispiele im Dworkinschen Sinne kennen, spielen sie auch im Rahmen der Alles-oder-Nichts-These eine besondere Rolle. Sie haben einen strikten Alles-oder-Nichts-Charakter. Hieran zeigt sich die oben erwähnte technische Schwäche der Alles-oder-Nichts-These besonders deutlich. Wenn diese These stichhaltig wäre, müßte sie deshalb, was absolute Prinzipien betrifft, eingeschränkt werden.

85 BVerfGE 35, 202. Zu einer umfassenden Analyse dieses Urteils vgl. R. Alexy, Die logische Analyse juristischer Entscheidungen, in: Archiv für Rechts- und Sozialphilosophie, Beiheft 14 (1980), S. 194 ff. [Kap. 1, S. 29 ff.].

dem die Namen der Beteiligten genannt und deren Bilder gezeigt
werden, die Rechte eines der Teilnehmer verletzt, wenn es kurz
vor dessen Entlassung aus der Strafhaft im Fernsehen ausgestrahlt
wird. Das Bundesverfassungsgericht beantwortet diese Frage im
Wege einer Abwägung »zwischen dem in Art. 2 Abs. 1 in Verbindung mit Art. 1 Abs. 1 GG garantierten Schutz der Persönlichkeit
und der Freiheit der Berichterstattung durch den Rundfunk gemäß Art. 5 Abs. 1 Satz 2 GG«[86]. Ersteres sei als N_1, letzteres als N_2
notiert. Gäbe es nur N_1, wäre die Ausstrahlung verboten, gäbe es
nur N_2, wäre sie erlaubt. Isoliert betrachtet, führen N_1 und N_2 also
auf einen Widerspruch. Kennzeichnend für den logischen Charakter von Grundrechtsnormen ist, daß das Verfassungsgericht
nicht von einem Widerspruch, sondern von einer Spannungslage
spricht. Ob N_1 oder N_2 »den Vorrang verdient«, ist, so das Verfassungsgericht, »durch Güterabwägung im konkreten Fall zu ermitteln«[87]. Damit entspricht das Vorgehen des Gerichts genau dem
Dworkinschen Kollisionstheorem.
Eine andere Rekonstruktion ist jedoch leicht möglich. Die Kennzeichnung der Kollision als Spannungslage bedeutet, daß weder
aus N_1 ohne weiteres das Verbot noch aus N_2 ohne weiteres die
Erlaubnis gefolgert werden kann. N_1 impliziert ersteres und N_2
letzteres nur unter der Voraussetzung, daß sich unter Berücksichtigung einer gegenläufigen Vorschrift, hier N_2 bzw. N_1, nichts
anderes ergibt. Nimmt man dies als Vorbehaltsklausel in die Formulierungen der Vorschriften auf, verschwindet die Kollision.
Es legt sich sofort der Einwand nahe, daß dies in der Sache keinen
Unterschied begründe. Es sei gleich, ob eine Abwägungssituation
so rekonstruiert werde, daß die Abwägung zwischen zwei Vorschriften stattfindet, oder so, daß genau diese Abwägung im
Rahmen einer der Vorschriften geschieht. Dieser Einwand trifft
etwas Richtiges. Er hat sich aber damit auseinanderzusetzen, daß
nicht nur bei Prinzipien, sondern auch bei Regeln Kollisionen
über prinzipienbezogene Vorbehaltsklauseln beseitigt werden
können. Da die Rekonstruktion über Klauseln nichts anderes als
die Darstellung von Eigenschaften ist, die in klauselfreien Fassungen nicht zum Ausdruck kommen, muß es, wenn das doppelt
eingeschränkte Kollisionstheorem zur Unterscheidung taugen

86 BVerfGE 35, 202 (219).
87 BVerfGE 35, 202 (221).

soll, einen Unterschied zwischen prinzipienbezogenen Klauseln in Regeln und Prinzipien geben außer dem, daß sie sich eben in Regeln oder Prinzipien befinden.

3. Der prima facie-Charakter von Regeln und Prinzipien

Ein solcher Unterschied kann im unterschiedlichen prima facie-Charakter von Regeln und Prinzipien gesehen werden.[88] Bei Regeln tritt im Normalfall dann, wenn die bekannten Voraussetzungen gegeben sind, die Rechtsfolge ein. Wer aufgrund eines Prinzips eine Ausnahme von einer Regel machen will, trägt, ganz ähnlich wie beim Abweichen von Präjudizien oder überhaupt beim Abweichen vom Bestehenden,[89] die Argumentationslast. Bei Prinzipien, die durch Prinzipien eingeschränkt werden können, ist dies anders. Eine gültige Rechtsregel enthält gegenüber Prinzipien eine Festlegung für die Entscheidung von Fällen, die erst überspielt werden muß, wenn ein Prinzip vorgehen soll; Prinzipien enthalten keine derartigen Festlegungen. Wenn man sagt, daß Regeln, weil mit ihnen eine solche Festlegung getroffen wurde, eine historische Existenz haben, kann man sagen, daß Prinzipien bezüglich ihres Festlegungsgehaltes relativ auf andere Prinzipien keine historische Existenz haben. In ihrem Festlegungsgehalt in bezug auf Fälle sind insofern alle grundsätzlich gleich. Es gibt deshalb keinen Grund, von vornherein eines zu bevorzugen. Daher muß der, der anhand von Prinzipien eine Festlegung erst treffen will, wenn Zweifel aufkommen, dartun, daß gegenläufige Prinzipien zurücktreten.[90]

---

88 Zum prima facie-Charakter von Regeln vgl. etwa M. G. Singer, Generalization in Ethics, New York 1961, S. 98 ff. Unzutreffend ist die These Raz', daß Regeln und Prinzipien ein gleiches »prima facie ›ought‹« enthalten (J. Raz (Fn. 23), S. 836).

89 Vgl. hierzu R. Alexy (Fn. 71), S. 242 ff., 305, 336 ff.

90 Der unterschiedliche prima facie-Charakter wirft Licht auf Raz' These, daß die unterschiedlichen Verhaltensweisen von Regeln und Prinzipien »a result of a legal policy« sind (J. Raz (Fn. 23), S. 834, 842). Es seien die Begriffe der *Härte* und der *Weichheit* einer Rechtsordnung eingeführt. Ein Aspekt dieser Begriffe kann grob folgendermaßen erläutert werden. Eine Rechtsordnung ist um so weicher, je größer die Rolle ist, die Prinzipien in ihr spielen. Wie der Umfang der Rolle, die

Der unterschiedliche Charakter der Vorbehaltsklauseln und damit der berechtigte Kern des Dworkinschen Kollisionstheorems kann damit durch den unterschiedlichen prima facie-Charakter erklärt werden. Es wäre interessant, wenn letzterem eine im oben erwähnten weiten Sinne logische Eigenschaft zugrunde läge, die nunmehr diesen erklärt.

4. Reales und ideales Sollen

Ein aussichtsreicher Kandidat für eine solche Eigenschaft kann darin gesehen werden, daß Vorschriften, die das Kollisionsverhalten zeigen, das Dworkin als kennzeichnend für Prinzipien betrachtet, etwas gebieten, verbieten oder erlauben, was mehr oder weniger stark erfüllt werden kann. Einer Regel wie § 5 Abs. 1 StVO, »Es ist links zu überholen«, kann nur entweder gefolgt oder nicht gefolgt werden.[91] Demgegenüber ist eine Vorschrift wie

Regeln und Prinzipien in Rechtsordnungen spielen, bestimmt werden soll, sei hier offengelassen. Die Härte oder Weichheit der Rechtsordnung oder eines Teils derselben kann ein politisches Postulat sein. Dies besagt aber nicht, daß, wie Raz meint, die unterschiedlichen Verhaltensweisen von Regeln und Prinzipien ein Resultat einer Politik sind. Vielmehr sind die unterschiedlichen Eigenschaften von Regeln und Prinzipien Voraussetzung dafür, daß sie verschiedenen Politiken dienen können: Regeln solchen, die auf Sicherheit, und Prinzipien solchen, die auf Flexibilität aus sind. Dazu, daß der Streit über die erforderliche Härte der Rechtsordnung kein neues Thema ist, vgl. O. Behrends, Institutionelles und prinzipielles Denken im römischen Privatrecht, in: Zeitschrift der Savigny-Stiftung für Rechtsgeschichte, Romanistische Abteilung 25 (1978), S. 187 ff.

91 § 5 Abs. 1 StVO ist eine Regel, an der dies besonders deutlich wird. Man kann nur entweder links oder rechts überholen. Die Eigenschaft, nur entweder befolgt oder nicht befolgt werden zu können, beschränkt sich nicht auf Regeln dieser einfachen Art. Sie ist nicht davon abhängig, daß die gebotene (verbotene, erlaubte) Handlung nur entweder ausgeführt oder nicht ausgeführt werden kann. Auch Regeln, die Handlungen vorschreiben, die in verschiedenen Graden ausgeführt werden können, können jene Eigenschaft haben. Sie haben jene Eigenschaft, wenn ein bestimmter Grad der Handlung oder Verhaltensweise geboten (verboten, erlaubt) ist. Ein Beispiel bilden die Vorschriften, die sich auf fahrlässiges Verhalten beziehen. Gefordert wird nicht ein Höchst-

»Die Freiheit der Berichterstattung ist zu schützen« angesichts kollidierender Vorschriften in höherem oder geringerem Maße erfüllbar. Indem der Schutz der Freiheit der Berichterstattung geboten wird, wird nicht geboten, sie in irgendeinem bestimmten Maße, sondern relativ zu den rechtlichen und tatsächlichen Möglichkeiten in möglichst hohem Maße zu schützen. Dies wird deutlich durch das Verhältnismäßigkeitsprinzip zum Ausdruck gebracht.[92] Kennzeichen solcher Vorschriften ist damit, daß sie Optimierungsgebote enthalten. Insofern ähneln kollidierende Prinzipien Zielvorschriften wie denen des § 1 des Stabilitätsgesetzes, der vorschreibt, gleichzeitig die Stabilität des Preisniveaus, einen hohen Beschäftigungsstand, das außenwirtschaftliche Gleichgewicht und ein stetiges und angemessenes Wirtschaftswachstum anzustreben. Statt von Optimierungsgeboten könnte man, etwa in Anspielung auf die Verwendung dieses Begriffs bei Moore, v. Wright und Scheler,[93] auch von »idealem Sollen« oder

maß an Sorgfalt, sondern, differenziert nach Rechtsgebieten, ein bestimmtes Maß der Sorgfalt. Zwar können bezüglich des Maßes der gebotenen Sorgfalt im Einzelfall Zweifelsfragen entstehen, dies ist jedoch bei der Anwendung jeder Norm möglich und begründet keine Besonderheit. Bei der Klärung dieser Zweifelsfragen geht es gerade darum, ob das Maß der durch die Vorschrift gebotenen Sorgfalt erfüllt wurde oder nicht. Diese Fragestellung ist kennzeichnend für eine Regel.

92 Vgl. etwa BVerfGE 35, 202 (226). Zum Verhältnismäßigkeitsprinzip vgl. L. Hirschberg, Der Grundsatz der Verhältnismäßigkeit, Göttingen 1981.

93 Keiner der genannten Autoren verwendet freilich diesen Begriff in genau dem Sinn, in dem es hier geschieht. Moore stellt auf den Unterschied zwischen Geboten, die etwas betreffen, was in der Macht des Handelnden steht, und solchen, die etwas betreffen, was nicht in seiner Macht steht, etwa Gefühle, ab. »The one is a set of rules which assert ... that it always *is* a duty to do or to refrain from certain actions, and assert therefore that it always is in the power of the agent's will to do or to refrain from them; whereas the other sort only assert that so and so *would* be a duty, if it *were* within our power, without at all asserting that it always is within our power« (G. E. Moore, The Nature of Moral Philosophy, in: ders., Philosophical Studies, London 1922, S. 319 f.). Wenn man dies statt auf die tatsächliche auf die rechtliche Möglichkeit bezieht, kommt der Mooresche Begriff des idealen Sollens dem hier verwendeten nahe. G. H. v. Wright bezieht den Begriff des Ideals auf das, was sein soll, im Gegensatz zu dem, was getan werden soll. Seine

von »Idealen« sprechen. Wegen ihrer vielfältigen und traditions-
trächtigen Konnotationen legen diese Begriffe freilich leicht Mißverständnisse nahe. Wenn diese Begriffe hier verwendet werden,
dann in folgendem allgemeinen und schwachen Sinne: Ein ideales
Sollen ist jedes Sollen, das nicht voraussetzt, daß das, was gesollt
ist, in vollem Umfang tatsächlich und rechtlich möglich ist, das
dafür aber möglichst weitgehende oder approximative Erfüllung
verlangt. Demgegenüber kann der Gebotscharakter von Vorschriften, die entweder nur erfüllt oder nicht erfüllt werden
können, als »reales Sollen« gekennzeichnet werden.[94] Dieser Begriff des idealen Sollens kann zur Erklärung des besonderen prima
facie-Charakters von Prinzipien und damit ihres Kollisionsverhaltens bzw. des besonderen Charakters ihrer Vorbehaltsklauseln
verwendet werden. Als Ideale sind Prinzipien in ihrer Realisierung sowohl von den tatsächlichen als auch von den durch andere
Prinzipien definierten rechtlichen Möglichkeiten abhängig. Eine
Aussage über ihren realen Gebotsgehalt setzt deshalb stets eine
Aussage über die tatsächlichen und rechtlichen Möglichkeiten
voraus. Der prima facie-Charakter einer bloß auf ein Ideal bezogenen Aussage ist deshalb deutlich schwächer als der einer auf
eine Regel bezogenen Aussage, denn letztere enthält als Fest-
schreibung der Anforderungen wohl stets mehrerer Ideale bereits

Beispiele zeigen, daß er dabei nicht an schlichte Zustände wie den, daß
das Fenster geschlossen ist, denkt, sondern an Zustände, die zumeist
nur approximativ erreicht werden können wie die Tugenden der Gerechtigkeit, der Mäßigung und der Tapferkeit (G. H. v. Wright (Fn. 76),
S. 14 f., 112 f.). Dies nähert seinen Begriff des Ideals dem hier verwendeten an. Scheler setzt das ideale Sollen in Gegensatz zum normativen
Sollen. Beispiele für Sätze, die ein ideales Sollen ausdrücken, sind »Unrecht soll nicht sein« und »Gutes soll sein« (M. Scheler, Der Formalismus in der Ethik und die materiale Wertethik, 5. Aufl., Bern/München
1966, S. 194, 218). Demgegenüber soll immer dann, wenn von
»Pflicht« oder von »Norm« die Rede ist, ein normatives, imperatives
oder reales Sollen vorliegen (ders. (Fn. 93), S. 211 ff.). Die Verwandtschaft zur hier getroffenen Unterscheidung ist auch in diesem Fall
deutlich.

94 Die Unterscheidung von realem und idealem Sollen impliziert nicht,
daß zwei deontische Operatoren erforderlich sind. Ideale und reale
Gebote der einfachsten Form können beide durch »Op« dargestellt
werden. Ob im Hinblick auf Op von einem idealen oder einem realen
Sollen zu sprechen ist, hängt allein von p ab.

eine Feststellung über tatsächliche und rechtliche Möglichkeiten.

Auch viele der anderen oben erwähnten Unterscheidungskriterien können mit Hilfe dieser Begriffe analysiert werden. Dies gilt insbesondere für das Kriterium der Generalität. Ein Grund dafür, daß Prinzipien in der Regel einen hohen Generalitätsgrad aufweisen, liegt darin, daß sie noch nicht auf die Grenzen der Möglichkeiten der tatsächlichen und der normativen Welt bezogen sind. Erklärungen für das regelmäßige oder das häufige Zusammentreffen anderer Eigenschaften wie der besonderen Entstehungsweise, der Explizitheit des Wertungsgehaltes, des moralischen Gehalts, des Bezugs zur Rechtsidee, der Verwendungsweise als Gründe für Regeln, der Bedeutung für die Rechtsordnung, der Sicherheit der Erkenntnis und der Ubiquität legen sich nahe. Auf sie kann hier nicht eingegangen werden. Hervorgehoben seien nur zwei Dinge: erstens, daß das Kriterium des idealen Sollens dem Kollisionstheorem nicht nur deshalb überlegen ist, weil es dieses erklärt und insofern tiefer ist, sondern auch deshalb, weil es anders als dieses auch absolut formulierte Prinzipien erfaßt;[95] zweitens, daß es, wenn man diesen Begriff so weit fassen will, ein logisches Kriterium für die Unterscheidung von Regeln und Prinzipien bietet, das der strengen Trennungsthese entspricht. Jede Vorschrift enthält entweder ein ideales oder ein reales Sollen.[96]

95 Absolut formulierte Prinzipien haben eine kompliziertere Struktur als die in dieser Studie analysierten relativen. Wenn hier gesagt wird, daß das Kriterium des idealen Sollens auch absolute Prinzipien erfaßt, dann soll damit lediglich behauptet werden, daß dies Kriterium einen wesentlichen Aspekt der Struktur auch dieser Prinzipien erfaßt.

96 Nicht alles, was als »Prinzip« bezeichnet wird, ist nach diesem Kriterium ein Prinzip. So ist etwa die Vorschrift »nulla poena sine lege« oder »Eine Tat kann nur bestraft werden, wenn die Strafbarkeit gesetzlich bestimmt war, bevor die Tat begangen wurde« (Art. 103 Abs. 2 GG; § 1 StGB) als Regel einzustufen. Man wird jedoch kaum darauf verzichten wollen, sie, etwa wegen ihrer Bedeutung für die Rechtsordnung, als »Prinzip« zu bezeichnen. Larenz hat aus diesem Grunde (vgl. oben Fn. 62) vorgeschlagen, zwischen offenen und rechtssatzförmigen Prinzipien zu unterscheiden. Das vorgestellte Kriterium gilt also nur für eine Teilklasse der Vorschriften, die als »Prinzipien« bezeichnet werden können. Dies mindert seine Bedeutung nicht. Zum einen ist diese Teilklasse sehr umfangreich, und zum anderen handelt es sich bei ihr insofern um eine ausgezeichnete Teilklasse, als die zu ihr gehören-

III. Die Begründung und Verwendung
von Prinzipien

Das bisher Gesagte hat unmittelbar Konsequenzen für die Theorie der Begründung und Verwendung von Prinzipien. Die Frage nach der Begründung von Prinzipien läßt sich in viele Fragen aufgliedern. Hier soll nur die nach der Zugehörigkeit zur Rechtsordnung in dem oben[97] erläuterten sehr weiten Sinn gestellt werden. Diese Frage hat zwei Aspekte. Es kann nach der bloßen Zugehörigkeit unabhängig vom Gewicht, d. h. nach Prinzipien mit prinzipienbezogenen Vorbehaltsklauseln gefragt werden. Es kann aber auch nach den relativen Gewichten und damit nach Prinzipienrelationen gefragt werden. Die Antwort auf die erste Frage ist leicht, aber wenig wert, die auf die zweite Frage viel wert, aber schwer. Relativ leicht zu beantworten ist die erste Frage deshalb, weil es wegen der Vorbehaltsklausel für die Zugehörigkeit ausreicht, daß ein Prinzip an irgendeiner Stelle seines Anwendungsbereichs zu Recht relevant ist. Nur wenn es stets in seinem Anwendungsbereich zu Recht zurückgedrängt wird, sei es, weil es ohne Vorbehaltsklausel mit allen akzeptablen Präjudizien und Normen unvereinbar ist, sei es, weil gegenläufige Prinzipien in allen Fällen gewichtiger sind, gehört es nicht zur Rechtsordnung. Mit der Be-

den Vorschriften eine andere logische Struktur haben als der Rest der zur Rechtsordnung zu zählenden Vorschriften. Diese besondere logische Struktur bedingt, daß diese Vorschriften in der juristischen Argumentation eine andere Rolle spielen als Regeln. Es soll nicht ausgeschlossen werden, daß es noch weitere Kriterien gibt, die es rechtfertigen, eine Vorschrift als »Prinzip« zu bezeichnen. Es ist auch denkbar, daß es Kriterien gibt, die es gebieten, das genannte einzuschränken. Es kommt allein darauf an, die verschiedenen Arten von Prinzipien sorgfältig zu unterscheiden. Dies nicht aus Klassifikationswut, sondern deshalb, weil von der Struktur der als »Prinzipien« zu bezeichnenden Vorschriften sowohl ihre Stellung in der Rechtsordnung als auch ihre Verwendung in der juristischen Argumentation abhängt. Es sei vermerkt, daß die hier getroffene Unterscheidung zwischen Regeln und Prinzipien eine gewisse Verwandtschaft zu der Luhmannschen zwischen Programmen und Werten aufweist (vgl. N. Luhmann, Positives Recht und Ideologie, in: ders., Soziologische Aufklärung, Bd. 1, 3. Aufl., Opladen 1972, S. 190 f.; dens., Rechtssoziologie, Bd. 1, Reinbek 1972, S. 88 ff.).

97 Vgl. oben S. 197 f.

gründung der Zugehörigkeit in diesem Sinne ist kaum etwas gewonnen. Man erhält nicht mehr als einen Topoikatalog, der nahezu alles einschließt.[98] Wenn Prinzipien mehr austragen sollen, als Gesichtspunkte zu liefern, ist eine Festlegung des gebotenen Erfüllungsgrades oder der Prinzipienrelation erforderlich. Es ist der Schritt aus der geräumigen Welt des idealen in die enge des realen Sollens zu vollziehen. In diesem Sinne stellt Dworkin an den Richter die Forderung, eine »theory of law« zu entwickeln, die auch die relativen Gewichte (relative weights) der Prinzipien enthält.[99] Solche Theorien des Rechts setzen voraus, daß es möglich ist, brauchbare Prinzipienrelationen aufzustellen und zu begründen. Ob dies möglich ist, hängt davon ab, wie Prinzipienrelationen beschaffen sein können.

Prinzipienrelationen können über *Vorrangbedingungen* konstruiert werden. Das schon erwähnte Lebach-Urteil liefert hierfür ein Beispiel. Auf einer ersten Stufe stellt das Gericht fest, daß weder der Schutz der Persönlichkeit (N_1) noch die Freiheit der Berichterstattung durch den Rundfunk (N_2) »einen grundsätzlichen Vorrang beanspruchen kann«[100]. Zwischen N_1 und N_2 besteht danach keine absolute Präferenzrelation. Auf einer zweiten Stufe kommt es zu dem Ergebnis, daß für die aktuelle Berichterstattung über Straftaten (diese Bedingung sei als C_1 notiert) »das Informationsinteresse im allgemeinen den Vorrang« verdient,[101] $N_2 \, N_1$ unter der Bedingung C_1 also im allgemeinen, d. h. falls nicht weitere Umstände vorliegen, die etwas anderes fordern, vorzuziehen ist. Auf der dritten und konkretesten Stufe entscheidet es schließlich, daß eine »wiederholte, nicht mehr durch das aktuelle Informationsinteresse gedeckte Fernsehberichterstattung über eine schwere Straftat jedenfalls dann unzulässig (ist), wenn sie die Resozialisierung des Täters gefährdet«[102]. Unter diesen Bedingungen, die zu C_2 zusammengefaßt werden können, ist damit $N_1 \, N_2$ vorzuziehen.[103]

98 Vgl. R. Dworkin (Fn. 17), S. 68: »... it is hard to think of a single principle ... that would not find some place ...«
99 Ders. (Fn. 17), S. 66; ders. (Fn. 13), S. 105 ff.
100 BVerfGE 35, 202 (225).
101 BVerfGE 35, 202 (231).
102 BVerfGE 35, 202 (237).
103 Zu einer eingehenderen Darstellung vgl. R. Alexy (Fn. 85), S. 204 ff. [Kap. 1, S. 41 ff.]. Anhand der Analyse dieser Entscheidung läßt sich

Eine perfekte Theorie der Prinzipienrelationen wäre eine Theorie, die alle denkbaren Prinzipienrelationen in einem Generalitätsgrad, der dem der dritten Stufe entspricht oder, falls zur Fallentscheidung erforderlich, noch niedriger ist, einschließt. Diese Theorie enthielte die Lösung eines jeden Falles. Eine solche Theorie ist jedoch nicht nur faktisch nicht zu erstellen, sie wäre auch keine eigentliche Prinzipientheorie mehr, sondern ein Regelsystem, das alles erfaßt, also ein perfekter Kodifikationsvorschlag. Dies deshalb, weil eine Feststellung wie die, daß im Falle einer nicht mehr durch das aktuelle Informationsinteresse gedeckten Fernsehberichterstattung über eine schwere Straftat, die die Resozialisierung des Täters gefährdet, der Schutz der Persönlichkeit gegenüber der Freiheit der Berichterstattung den Vorrang hat, nichts anderes besagt als die Regel, daß in diesem Fall die Berichterstattung verboten ist.[104]

Unter Abschwächungen gilt dies für alle Generalitätsstufen bis auf die erste. Da eine Prinzipienrelationstheorie, die auf die ersten Stufen beschränkt ist, kaum mehr als ein Zugehörigkeitskatalog austrägt, ausschließlich auf der dritten Stufe aber nicht möglich ist, kann sie, wenn sie wie im Beispiel über Vorrangbedingungen konstruiert wird, nur aus einem Gemenge von Relationen verschiedener Stufen bestehen. Dann ist sie aber, da sie nicht alle Prinzipienrelationen enthält, nicht perfekt. Sie beantwortet nicht alle Fragen, zu deren Beantwortung sie geschaffen wurde. Eine Alternative zu diesem nicht besonders attraktiven Modell bestünde, wenn eine kardinale oder ordinale Ordnung der Prinzipien hinsichtlich ihres Gewichtes möglich wäre. Gegen diese Möglichkeit ist jedoch bereits ein ganzes Bündel von überzeugenden Gründen vorgetragen worden, auf die hier Bezug genommen

zeigen, in welchen Argumentformen (zu diesem Begriff vgl. dens. (Fn. 71), S. 123) Prinzipien verwendet werden können. N_1 wie N_2 können je für sich wie Regeln in deduktiven Schemata (vgl. die Formen (4), (J.1.1), (J.1.2), ders. (Fn. 71), S. 246, 274, 279) verwendet werden. Bei unvereinbaren Konklusionen, also bei Kollisionen, ist die Festsetzung einer (in der Regel bedingten) Präferenzrelation (z. B. $(N_1 \ P \ N_2) \ C_2$; vgl. die Form (4.6), ders. (Fn. 71), S. 249) erforderlich. C_2 entspricht der Vordersatz einer Regel, aus der in den deduktiven Schemata (J.1.1), (J.1.2) dieselbe Rechtsfolge wie aus N_1 deduzierbar ist.

104 Ders. (Fn. 85), S. 207 ff. [Kap. 1, S. 45 ff.].

wird.[105] So setzt eine brauchbare Theorie dieser Art eine transitive Ordnung oder eine Funktion voraus, die unter Berücksichtigung von Erfüllungsgraden auch bei Kollisionen mehrerer Prinzipien aufgrund der bislang akzeptierten Relationen genau eine Antwort in neuen Fällen gibt, was, wie etwa Steiner gezeigt hat, nicht möglich ist.[106] Nicht nur die theoretischen Schwierigkeiten solcher Modelle legen es nahe, Relationentheorien, die über Vorrangbedingungen konstruiert sind, zu betrachten. Dies ist auch deshalb zweckmäßig, weil diese Theorien als Rekonstruktionsmodelle Einsichten erlauben, die unabhängig von der Haltbarkeit alternativer Modelle von Bedeutung sind. Eine von ihnen ist, daß zwischen der Begründung von Prinzipienrelationen unterhalb der generellsten Stufe und der Anwendung von Prinzipien, deren Relation hinsichtlich des zu entscheidenden Falles noch nicht feststeht, kein grundsätzlicher Unterschied besteht. In beiden Fällen wird im Hinblick auf bestimmte Umstände gefragt, welchem Prinzip der Vorrang gebührt. Die Antwort läßt sich dabei stets in eine Regel mit den Umständen als Vordersatz umformulieren. Diese Äquivalenz von Prinzipienrelationen, die über Bedingungen formuliert sind, und Regeln besagt, daß ebensowenig, wie aus den jeweils geltenden Regeln die zur Lösung aller Fälle erforderlichen Regeln gefolgert werden können, aus den jeweils akzeptierten Relationen alle neuen Relationen deduzierbar sind. Es ist stets möglich, daß ein neues Merkmal zusammen mit den bekannten die Bedingung für eine neue Relation ergibt. Die Äquivalenz besagt insbesondere, daß ebensowenig, wie aus einer generellen Regel zum Zwecke von Festlegungen in ihrem semantischen Spielraum eine speziellere Regel, aus einer generellen Relation zu diesem Zweck eine speziellere Relation gefolgert werden kann. Wenn die vorauszusetzenden Relationen nicht alle Fragen beantworten, können die Antworten auf die offenen Fragen aus ihnen nicht abgeleitet werden.

In einer Theorie, die aus Prinzipien und Relationen besteht, könnten sich aber neue Relationen statt aus den alten Relationen aus Prinzipien ergeben. So bietet sich als Kandidat für die Begrün-

---

105 Vgl. etwa B. Schlink, Abwägung im Verfassungsrecht, Berlin 1976, S. 130 ff., 154 ff.; J. M. Steiner, Judicial Discretion and the Concept of Law, in: Cambridge Law Journal 35 (1976), S. 152 ff.
106 J. M. Steiner (Fn. 105), S. 153 ff.

dung einer neuen Relation zwischen zwei Prinzipien (P_1 und P_2) ein drittes Prinzip (P_3) an. Daß P_1 P_2 aufgrund von P_3 vorgezogen wird, bedeutet aber nichts anderes, als daß P_1 und P_3 zusammen P_2 vorgezogen werden. Für diese neue Relation kann wieder eine Begründung gefordert werden. Wird P_4 angeführt, stellt sich dasselbe Problem, und so weiter. Dworkins Bild, daß Prinzipien auf dieser Ebene »rather hang together than link together«,[107] verdunkelt das Problem eher, als daß es zur Lösung beiträgt.

Aus dem vorauszusetzenden Material, soweit es aus Regeln, Prinzipien und Prinzipienrelationen besteht, ergeben sich damit ohne Hinzunahme weiterer Prämissen nicht die Prinzipienrelationen, die zur Entscheidung zweifelhafter Fälle erforderlich sind. Dies schwächt den Wert des Dworkinschen Gedankens des »institutional support«, nach dem diejenige Theorie des Rechts die beste ist, die die Klasse von »principles and assigned relative weights to each« enthält, die am besten die Präjudizien, die statuierten Normen und die Verfassung rechtfertigen,[108] sowie die Brauchbarkeit der bei ihm deutlich anklingenden Idee eines juristischen Holismus erheblich ab. In reiner Form vertritt allerdings auch Dworkin diese Idee, die den zahlreichen und häufig benutzten Formeln vom »inneren Wertungszusammenhang der Rechtsordnung«,[109] dem »Sinnganzen der Rechtsordnung«[110] oder dem »System der Rechtsordnung«[111] zugrunde liegt und deren Faszination in dem Gedanken eines autonomen Regiments des Rechtsstoffes liegt, nicht. Er selbst hebt hervor, daß der »test of institutional support ... no mechanical or historical or morally neutral basis for establishing one theory of law as the soundest« vorsieht, und fährt fort: »Indeed, it does not allow even a single lawyer to distinguish a set of legal principles from his broader moral or political principles.«[112] Damit wird Maßstäben der Moral im juristischen Entscheidungsprozeß eine wesentliche Rolle eingeräumt. So sollen

107 R. Dworkin (Fn. 5), S. 41.
108 Ders. (Fn. 17), S. 66.
109 Fr. Wieacker, Zur Topikdiskussion in der zeitgenössischen deutschen Rechtswissenschaft, in: Xenion, Festschrift f. P. J. Zepos, hg. v. E. v. Caemmerer / J. H. Kaiser / G. Kegel / W. Müller-Freienfels / H. J. Wolff, Athen 1973, S. 408.
110 K. Larenz (Fn. 42), S. 420.
111 BVerfGE 34, 269 (292); 49, 304 (322).
112 R. Dworkin (Fn. 17), S. 68.

etwa »arguments of political morality« die Kraft von Präjudizien überwinden können.[113] Dem entspricht die allgemeine These Dworkins, »that jurisprudential issues are at their core issues of *moral* principle, not legal fact or strategy«[114]. Damit schließt eine theory of law Elemente ein, die unter dem Gesichtspunkt des juristischen Holismus extern sind: moralische Argumente oder Theorien der Moral.

Dworkin versucht allerdings auch in diesem Zusammenhang noch eine Einbindung in die Rechtsordnung herzustellen. Der Richter dürfe nicht nach seinen persönlichen Wertvorstellungen urteilen, sondern müsse sich an die »community morality« halten, unter der er »the political morality presupposed by the laws and institutions of the community« versteht.[115] Er muß allerdings zugleich einräumen, daß der Inhalt der community morality, die nicht mit den tatsächlich verbreiteten Überzeugungen verwechselt werden darf,[116] nicht selten umstritten ist. Treffend kennzeichnet er sie als das, »what each of the competing claims claims to be«[117]. Über solche Ansprüche, man nehme etwa an, daß sie den sicherlich zur community morality zu rechnenden Begriff der Gerechtigkeit betreffen, kann, zumal wenn es dabei um »truth or soundness«[118] gehen soll, nur unter Einbeziehung moralischer oder allgemeiner praktischer Argumente entschieden werden. Dies wird durch die Idee einer wesentlich aus Prinzipien zu konstruierenden soundest theory of law sowie durch den mit ihr verknüpften Begriff der community morality nicht hinreichend erfaßt. Dworkins interessanter Hinweis auf holistische Gesichtspunkte kann, wenn seine Hart zur Vermutung eines rechtsphilosophischen Epochenwechsels provozierende These, daß die wesentlichen Fragen der Jurisprudenz »issues of moral theory«[119] sind, gelten soll, zureichend nur in einer Theorie entfaltet werden, die die Theorie der allgemeinen praktischen oder moralischen Argumentation in die Theorie der juristischen Argumentation einbezieht und diese auf

113 Ders. (Fn. 13), S. 122.
114 Ders., Jurisprudence, in: ders. (Fn. 12), S. 7 (Hervorhebung von R. A.).
115 Ders. (Fn. 13), S. 126.
116 Ders. (Fn. 13), S. 129.
117 Ebd.
118 Ders. (Fn. 13), S. 124.
119 Ders. (Fn. 114), S. 7.

jene gründet.[120] Die Dworkinsche Theorie müßte durch eine solche Theorie zumindest ergänzt werden. Dies hätte möglicherweise Folgen für seine Thesen, daß es stets nur eine richtige Antwort gibt und daß der Richter kein Ermessen hat. Hierauf kann an dieser Stelle jedoch nicht mehr eingegangen werden.

120 Zu einer solchen Theorie vgl. R. Alexy (Fn. 71), S. 17 ff., 261 ff.

9. Rechtssystem und praktische Vernunft*

1. Konstitutionalismus und Legalismus

In einem demokratischen Verfassungsstaat vom Typ des Grundgesetzes lassen sich zwei Grundkonzeptionen des Rechtssystems unterscheiden: die des Konstitutionalismus und die des Legalismus.

Das Hauptbeispiel einer *konstitutionalistischen* Position bietet die Werttheorie des Bundesverfassungsgerichts. Nach dieser im Lüth-Urteil aus dem Jahre 1958 erstmals voll ausgebildeten Auffassung enthält das Grundgesetz in seinem Grundrechtsabschnitt eine »objektive Wertordnung«, die als »verfassungsrechtliche Grundentscheidung« für alle Bereiche des Rechts gilt und von der Gesetzgebung, Verwaltung und Rechtsprechung »Richtlinien und Impulse« empfangen.[1] Die Annahme, daß zum Rechtssystem neben Normen herkömmlicher Art auch Werte gehören, die zudem als Werte von Verfassungsrang eine »Ausstrahlungswirkung« auf das gesamte einfache Recht entfalten, hat weitgehende Konsequenzen. Die Verfassung ist nicht mehr nur Ermächtigungsgrundlage und Rahmen für einfaches Recht. Sie wird, vor allem mit Begriffen wie denen der Würde, der Freiheit und der Gleichheit sowie denen des Rechtsstaats, der Demokratie und des Sozialstaats, zur inhaltlichen Mitte des Rechtssystems. In der Rechtsanwendung zeigt sich dies an der Allgegenwart des Verhältnismäßigkeitsgrundsatzes und der ihm innewohnenden Tendenz, die klassische Subsumtion unter Rechtsregeln durch eine verfassungsorientierte Abwägung von Werten oder Prinzipien zu ersetzen.

Die Kritik gegen diese Konzeption des Rechtssystems erhob sich früh und scheint sich gegenwärtig zu verstärken. Sie hat zwar nicht zu einem einheitlichen und geschlossenen Gegenmodell geführt, wohl aber zu einem Arsenal von Thesen, die insgesamt als

---

* Mit Anmerkungen versehener Text meiner am 16. Juni 1987 an der Rechtswissenschaftlichen Fakultät der Christian-Albrechts-Universität zu Kiel gehaltenen Antrittsvorlesung.
1 BVerfGE 7, 198 (205); st. Rspr.; vgl. aus jüngster Zeit BVerfGE 73, 261 (269). Frühe Beispiele werttheoretischen Argumentierens bieten BVerfGE 2, 1 (12 f.); 5, 85 (204 ff.); 6, 32 (40 f.).

»*legalistisch*« bezeichnet werden können. Bereits ein Jahr nach dem Lüth-Urteil fällt Forsthoffs berühmter Satz: »Die Jurisprudenz vernichtet sich selbst, wenn sie nicht unbedingt daran festhält, daß die Gesetzesauslegung die Ermittlung der richtigen Subsumtion im Sinne des syllogistischen Schlusses ist.«[2] Die Werttheorie führe zur »Auflösung klarer Begrifflichkeit im Gerede«[3]. Sie berge zudem die Gefahr, den freiheitlichen Gehalt des Grundgesetzes zugunsten einer – wie Carl Schmitt es im Anschluß an Nikolai Hartmann[4] formulierte – »Tyrannei der Werte«[5] zu eliminieren.[6] Nur Spott hat Forsthoff für die Vorstellung übrig, nach der das gesamte Rechtssystem nichts anderes als eine Konkretisierung der Verfassung ist oder zu sein hat. Er spricht in diesem Zusammenhang von der »Verfassung als juristisches Weltenei, aus dem alles hervorgeht vom Strafgesetzbuch bis zum Gesetz über die Herstellung von Fieberthermometern«[7].

Die damit angedeutete Gegenposition läßt sich in vier Kurzformeln zusammenfassen: (1) Norm statt Wert; (2) Subsumtion statt Abwägung; (3) Eigenständigkeit einfachen Gesetzesrechts statt Allgegenwart der Verfassung; (4) Autonomie des demokratischen Gesetzgebers im Rahmen der Verfassung statt verfassungsgestützter Omnipotenz der Gerichte, insbesondere des Bundesverfassungsgerichts.

Die Kritik an der Werttheorie blieb lange nur literarisch. Erst 1985 fand sie mit dem Sondervotum der Richter Böckenförde und Mahrenholz zum Urteil über die Dauer des Ersatzdienstes für Kriegsdienstverweigerer – wenn auch nur in Gestalt einer abweichenden Meinung – Einzug in die Rechtsprechung des Bundesverfassungsgerichts. Die beiden Richter erheben gegen den werttheoretisch orientierten Ansatz der Senatsmehrheit die im wesentlichen schon von Forsthoff formulierten Einwände. Das

---

2 E. Forsthoff, Die Umbildung des Verfassungsgesetzes, in: Festschrift für C. Schmitt, hg. v. H. Barion/E. Forsthoff/W. Weber, Berlin 1959, S. 41.

3 Ders., Der Staat der Industriegesellschaft, 2. Aufl., München 1971, S. 69.

4 N. Hartmann, Ethik, Berlin/Leipzig 1926, S. 523 ff.

5 C. Schmitt, Die Tyrannei der Werte, in: Säkularisation und Utopie, Festschrift für E. Forsthoff, Stuttgart/Berlin/Köln/Mainz 1967, S. 37 ff.

6 E. Forsthoff (Fn. 2), S. 47.

7 Ders. (Fn. 3), S. 144.

»klare normative Gefüge der Verfassung«[8] werde zugunsten der Abwägung zwischen Spannungselementen aufgelöst. Die Verfassung verliere damit ihre »inhaltliche Bestimmtheit«[9]. Die Verfassungsbestimmungen würden letztlich »zum Abwägungsmaterial richterlicher Entscheidungsfindung herabgestuft« werden;[10] die Grundrechte erhielten den Charakter bloßer »Abwägungsgesichtspunkte«[11]. Dies alles bewirke, daß das »anwendbare Recht... seinen Sitz nicht mehr in der Verfassung, sondern im Abwägungsspruch des Richters« habe.[12]

Dem Streit zwischen Konstitutionalisten und Legalisten liegen tiefgehende Differenzen über die Struktur des Rechtssystems zugrunde. Eine wohlbegründete Antwort auf die Frage, wer recht hat, ist deshalb nur auf der Basis einer Theorie des Rechtssystems möglich. Diese ist Gegenstand der hier anzustellenden Überlegungen.

In einem ersten Schritt soll auf der Grundlage der normtheoretischen Unterscheidung von Regeln und Prinzipien gezeigt werden, daß eine strikt legalistische Position inadäquat ist. In einem zweiten Schritt wird sodann dargelegt, daß eine von unhaltbaren Annahmen gereinigte Werttheorie als Prinzipientheorie rekonstruiert werden kann und als solche unverzichtbarer Bestandteil einer adäquaten Konzeption des Rechtssystems ist. Der dritte Schritt führt zu einem dreistufigen, am Begriff der praktischen Vernunft orientierten Modell des Rechtssystems, das ein Argument für einen gemäßigten Konstitutionalismus darstellt.[13]

8 BVerfGE 69, 1 (64).
9 BVerfGE 69, 1 (63).
10 BVerfGE 69, 1 (65).
11 BVerfGE 69, 1 (63).
12 Ebd.
13 Zur Verteidigung eines gemäßigten Konstitutionalismus (noch ohne Verwendung dieses Begriffs) vgl. aus neuerer Zeit R. Dreier, Der Rechtsstaat im Spannungsverhältnis zwischen Gesetz und Recht, JZ 1985, S. 353 ff. Die Unterscheidung zwischen Konstitutionalismus und Legalismus ist aus Gesprächen mit ihm hervorgegangen.

II. Ein Drei-Ebenen-Modell des Rechtssystems

1. Regeln und Prinzipien

Die Basis meines Arguments für einen gemäßigten Konstitutionalismus bildet die Unterscheidung von Regeln und Prinzipien.[14] Sowohl Regeln als auch Prinzipien können als Normen aufgefaßt werden. Geschieht dies, so geht es um eine Unterscheidung innerhalb der Klasse der Normen.

Der für die Unterscheidung von Regeln und Prinzipien entscheidende Punkt ist, daß Prinzipien *Optimierungsgebote* sind, während Regeln den Charakter von *definitiven Geboten* haben.[15] Als Optimierungsgebote sind Prinzipien Normen, die gebieten, daß etwas in einem relativ auf die rechtlichen und tatsächlichen Möglichkeiten möglichst hohen Maße realisiert wird. Dies bedeutet, daß sie in unterschiedlichen Graden erfüllt werden können und daß das gebotene Maß ihrer Erfüllung nicht nur von den tatsächlichen, sondern auch von den rechtlichen Möglichkeiten abhängt, die außer durch Regeln wesentlich durch gegenläufige Prinzipien bestimmt werden.[16] Letzteres impliziert, daß Prinzipien abwägungsfähig und -bedürftig sind. Die Abwägung ist die für Prinzipien kennzeichnende Form der Rechtsanwendung. Demgegenüber sind Regeln Normen, die stets nur entweder erfüllt oder nicht erfüllt werden können. Wenn eine Regel gilt und anwendbar ist, dann ist es geboten, genau das zu tun, was sie verlangt, nicht mehr und nicht weniger. Regeln enthalten in diesem Sinne Festsetzungen im Raum des tatsächlich und rechtlich Möglichen. Ihre Anwendung ist eine Alles-oder-Nichts-Angelegenheit.[17] Sie sind

14 Vgl. hierzu m.w.N. R. Alexy, Rechtsregeln und Rechtsprinzipien, in: Archiv für Rechts- und Sozialphilosophie, Beiheft 25 (1985), S. 13 ff.

15 Zu einer eingehenden Analyse dieser Unterscheidung, die zu einer Reihe von weiteren Differenzierungen führt, vgl. J.-R. Sieckmann, Regelmodelle und Prinzipienmodelle des Rechtssystems, Baden-Baden 1990, S. 52 ff.

16 Zu letzterem vgl. C.-W. Canaris, Systemdenken und Systembegriff in der Jurisprudenz, 2. Aufl., Berlin 1983, S. 53 ff.

17 R. Dworkin, Taking Rights Seriously, 2. Aufl., London 1978, S. 24 ff. Zu den Problemen des Alles-oder-Nichts-Kriteriums vgl. R. Alexy, Zum Begriff des Rechtsprinzips, in: Rechtstheorie, Beiheft 1 (1979), S. 68 ff. [Kap. 8, S. 188 ff.].

weder abwägungsfähig noch -bedürftig. Die für sie charakteristische Form der Rechtsanwendung ist die Subsumtion.
Der Unterschied zwischen Regeln und Prinzipien zeigt sich am deutlichsten bei Regelkonflikten und Prinzipienkollisionen. Ein Beispiel für einen Regelkonflikt bietet eine Entscheidung des Bundesverfassungsgerichts, in der es um den Konflikt zwischen einer landesrechtlichen Norm, die die Öffnung von Verkaufsstellen am Mittwoch ab 13.00 Uhr verbietet, und einer bundesrechtlichen Norm, die sie bis 19.00 Uhr erlaubt, geht.[18] Das Gericht löst diesen Fall nach der Konfliktnorm »Bundesrecht bricht Landesrecht« (Art. 31 GG), indem es die landesrechtliche Norm für nichtig erklärt. Dies ist ein klassischer Fall eines Regelkonfliktes. Die beiden Normen widersprechen sich. Die eine erlaubt, was die andere verbietet. Würden beide gelten, wäre die Öffnung am Mittwochnachmittag sowohl erlaubt als auch verboten. Der Widerspruch wird dadurch beseitigt, daß eine der beiden Normen für ungültig erklärt und damit aus der Rechtsordnung verabschiedet wird.
Ganz anders geht das Gericht in einem Beschluß über die Durchführung einer Hauptverhandlung gegen einen Beschuldigten, dem die Gefahr eines Schlaganfalls und eines Herzinfarkts droht,[19] vor. Das Gericht stellt fest, daß in derartigen Fällen zwischen der Pflicht des Staates zur Gewährleistung einer funktionstüchtigen Strafrechtspflege und dem Grundrecht des Beschuldigten auf Leben und körperliche Unversehrtheit (Art. 2 Abs. 2 Satz 1 GG) ein »Spannungsverhältnis« besteht. Dieses sei nach Maßgabe des Verhältnismäßigkeitsgrundsatzes durch Abwägung zu lösen. Dabei komme es darauf an, welchem der abstrakt gleichrangigen Belange im konkreten Fall das höhere Gewicht zukomme. Im zu entscheidenden Fall ging es um »die naheliegende, konkrete Gefahr, daß der Beschuldigte bei Durchführung der Hauptverhandlung sein Leben einbüßen oder schwerwiegenden Schaden an seiner Gesundheit nehmen würde«[20]. Unter diesen Umständen nimmt das Gericht einen Vorrang des Grundrechts des Beschwerdeführers auf Leben und körperliche Unversehrtheit an.
Dieser Fall weist alle Eigenschaften einer Prinzipienkollision auf.

18 BVerfGE 1, 283 (292 ff.).
19 BVerfGE 51, 324 (343 ff.).
20 BVerfGE 51, 324 (346).

Die »Spannungslage«, von der das Gericht spricht, besteht zwischen dem Gebot, für ein möglichst hohes Maß an Funktionstüchtigkeit der Strafrechtspflege zu sorgen, und dem Gebot, das Leben und die körperliche Unversehrtheit des Beschuldigten in einem möglichst hohen Maße unangetastet zu lassen. Gäbe es nur das Prinzip der Funktionstüchtigkeit der Strafrechtspflege, wäre die Durchführung der Hauptverhandlung geboten, mindestens erlaubt. Gäbe es nur das Prinzip des Schutzes des Lebens und der körperlichen Unversehrtheit, wäre sie verboten. Die beiden Prinzipien führen also, jeweils für sich angewandt, zu einem Widerspruch. Diese Situation wird nicht dadurch gelöst, daß eines der beiden Prinzipien für ungültig erklärt und aus der Rechtsordnung verabschiedet wird. Die Lösung besteht vielmehr in der Festsetzung einer auf die Umstände des Falles bezogenen Vorrangrelation zwischen den kollidierenden Prinzipien. Das vorgehende Prinzip schränkt auf diese Weise die rechtlichen Möglichkeiten der Erfüllung des zurückweichenden ein. Das zurückweichende Prinzip bleibt Teil der Rechtsordnung. In einem anderen Fall kann die Vorrangfrage umgekehrt zu lösen sein. Wie sie zu lösen ist, hängt von den relativen Gewichten der gegenläufigen Prinzipien im konkreten Fall ab. Damit ist zugleich deutlich, daß es bei Prinzipienkollisionen anders als bei Regelkonflikten nicht um die Zugehörigkeit zum Rechtssystem geht. Prinzipienkollisionen finden nicht in der Dimension der Geltung statt, sondern spielen sich, da nur geltende Prinzipien kollidieren können, innerhalb des Rechtssystems in der Dimension des Gewichts ab.[21]

Das Kollisionsverhalten der Prinzipien macht deutlich, daß zwischen Prinzipien und Werten eine weitgehende strukturelle Übereinstimmung besteht. Statt zu sagen, daß das Prinzip der Funktionstüchtigkeit der Strafrechtspflege mit dem des Lebens und der körperlichen Unversehrtheit kollidiert, kann man sagen, daß eine Kollision zwischen dem Wert der Funktionstüchtigkeit der Strafrechtspflege und dem des Lebens und der körperlichen Unversehrtheit besteht. Jede Prinzipienkollision kann als Wertekollision und jede Wertekollision kann als Prinzipienkollision dargestellt werden. Der einzige Unterschied besteht darin, daß es bei Prinzipienkollisionen um die Frage geht, was im Ergebnis, also definitiv, gesollt ist, während die Lösung einer Wertekollision darauf

21 Vgl. R. Dworkin (Fn. 17), S. 26 f.

antwortet, was im Ergebnis, also definitiv, besser ist. Ein Maßstab, der sagt, was gesollt, also geboten, verboten oder erlaubt ist,
hat deontologischen Charakter. Sagt er demgegenüber, was gut
und schlecht oder besser und schlechter ist, so hat er einen axiologischen Status. Prinzipien und Werte sind damit dasselbe, einmal in deontologischem und einmal in axiologischem Ge-
wande.[22]
Alle Probleme einer Werttheorie lassen sich somit im Rahmen
einer Prinzipientheorie diskutieren, und umgekehrt. Im Rahmen
einer Theorie des Rechtssystems ergibt sich die Vorzugswürdig-
keit der Prinzipientheorie daraus, daß der Sollenscharakter des
Rechts in dieser ohne Umschweife zum Ausdruck gelangt. Hinzu
kommt, daß der Begriff des Prinzips weniger als der des Wertes zu
problematischen Annahmen Anlaß gibt. Eine solche problematische Annahme ist die häufig mit dem Begriff der objektiven
Wertordnung verbundene Vorstellung eines »Sein(s) der Werte«,
wie sie etwa von Max Scheler vertreten wird.[23] Die Prinzipientheorie verzichtet auf derartige ontologische Thesen ebenso wie
auf die fragwürdige erkenntnistheoretische Behauptung eines spezifischen Vermögens der Wertschau. Prinzipien sind Normen, die
entweder gelten oder nicht gelten. Das Problem ihrer Erkenntnis
ist ein Problem der Normerkenntnis, das ihrer Anwendung ein
Problem der Normanwendung. Die Frage kann deshalb nur lauten, ob ausschließlich Normen mit der Struktur von Regeln oder
auch solche mit der Struktur von Prinzipien als Elemente des
Rechtssystems anzusehen sind.

2. Das Regelmodell des Rechtssystems

Um herauszubekommen, ob die besseren Gründe dafür oder dagegen sprechen, Prinzipien als Bestandteile des Rechtssystems
aufzufassen, ist zunächst zu fragen, was es bedeuten würde, wenn
das Rechtssystem ausschließlich Regeln enthielte. Eine Konzeption des Rechtssystems, nach der dieses nur aus Regeln be-

22 Eingehender hierzu R. Alexy, Theorie der Grundrechte, Baden-Baden
   1985 (Frankfurt a. M. 1986), S. 125 ff.
23 M. Scheler, Der Formalismus in der Ethik und die materiale Wertethik, 5. Aufl., Bern/München 1966, S. 195.

steht, kann als »*Regelmodell des Rechtssystems*« bezeichnet werden.[24]

Das Regelmodell des Rechtssystems ist durch eine eigentümliche Verknüpfung von Bindung und Offenheit gekennzeichnet. Soweit die Regeln die Entscheidung eines Falles festlegen, zeigt das Regelsystem ein Höchstmaß an Bindung. Die Regeln legen die Entscheidung eines Falles fest, wenn die Entscheidung entweder aus ihnen zusammen mit einer unbestrittenen Beschreibung des Sachverhaltes logisch folgt oder aus ihnen zusammen mit einer unbestrittenen Beschreibung des Sachverhaltes unter Verwendung gesicherter Regeln der juristischen Methodologie zwingend begründet werden kann. Soweit die Regeln die Entscheidung nicht derart festlegen – und sowohl Einsichten der juristischen Methodenlehre[25] als auch das alltägliche Vorkommen zweifelhafter Fälle belegen, daß dies in erheblichem Umfang der Fall ist – muß der Richter, da er im Regelmodell definitionsgemäß nur durch Regeln rechtlich gebunden sein kann, ohne jede rechtliche Bindung entscheiden. Er hat demgemäß jenseits der durch Regeln getroffenen Festsetzungen ein rechtlich nicht gebundenes, also rechtlich freies Ermessen, das sich, wenn es sich überhaupt an Maßstäben orientieren will, dies nur an außerrechtlichen Kriterien tun kann. Diese Konsequenz könnte im Regelmodell nur durch eine Gesetzgebung vermieden werden, unter der es keine zweifelhaften Fälle mehr gibt. Die historische Erfahrung wie auch logische, semantische und methodologische Überlegungen zeigen jedoch, daß eine

24 Das Regelmodell wird häufig mit der Positivismusthese verbunden. Die Theorien Kelsens und Harts sind hierfür Beispiele. Eine solche Verbindung liegt nahe, ist aber nicht notwendig. So zeigt Kants These von der Striktheit des Rechts, daß auch eine vernunftrechtliche Theorie sich an einem Regelmodell orientieren kann (I. Kant, Metaphysik der Sitten, in: Kant's gesammelte Schriften, hg. v.d. Königlich Preußischen Akademie der Wissenschaften, Bd. VI, Berlin 1907/14, S. 233 ff.).

25 Vgl. R. Alexy, Theorie der juristischen Argumentation, Frankfurt a. M. 1978, S. 17 f., 273 ff.; H.-J. Koch/H. Rüßmann, Juristische Begründungslehre, München 1982, S. 119 ff. E. Forsthoff, Zur Problematik der Verfassungsauslegung, Stuttgart 1961, S. 34, 39 f., empfiehlt eine Rückkehr zu den »alten, bewährten Regeln der juristischen Hermeneutik«, unter denen er die Savignyschen canones der Auslegung versteht. Eine Sicherheit des Ergebnisses kann damit nicht erreicht werden.

solche Gesetzgebung nicht möglich ist. Damit ist ein erster Nachteil des Regelmodells deutlich. Es vermag selbst bei optimaler Gesetzgebung und perfekter Handhabung der Regeln und Formen der juristischen Auslegung keine durchgängige Bestimmtheit und Sicherheit des Rechts zu garantieren. Die Bestimmtheit und Sicherheit des Rechts ist in ihm eine Alles-oder-Nichts-Angelegenheit. Entweder wird der Entscheidende strikt gebunden oder überhaupt nicht. Reine Regelmodelle weisen daher notwendig Lücken auf. Da das Rechtssystem nichts darüber sagt, wie sie zu schließen sind, können diese Lücken als »Offenheitslücken« bezeichnet werden. Es wird zu zeigen sein, daß eine Prinzipientheorie wesentlich zur Schließung der Offenheitslücken beitragen kann.

Das Problem der Offenheitslücken stellt sich in allen Rechtssystemen. Zusätzliche Schwierigkeiten bereitet das Regelmodell in Rechtssystemen vom Typ des demokratischen Verfassungsstaates. Am deutlichsten wird dies an den Grundrechten. Man nehme eine Verfassungsbestimmung, die erst ein Grundrecht gewährt und dann die Kompetenz des Gesetzgebers statuiert, das Grundrecht durch ein Gesetz einzuschränken. Liest man dies als zwei Regeln, so wird das Grundrecht vollständig oder bis an die Grenze seines Wesensgehalts (Art. 19 Abs. 2 GG) zur Disposition des Gesetzgebers gestellt. Es läuft insofern leer. Wenn dies verhindert und die durch Art. 1 Abs. 3 GG angeordnete Bindung des Gesetzgebers an die Grundrechte sichergestellt werden soll, ist die grundrechtsgewährende Norm als Prinzip aufzufassen, dessen Zurückdrängung nur dann zulässig ist, wenn ein gegenläufiges Prinzip sie rechtfertigt.[26]

Das Lücken- und das Leerlaufargument sagen nicht, daß das Regelmodell schlechthin unvernünftig ist. Sie zeigen aber, daß es Ausdruck einer eingeschränkten Konzeption der Realisierung praktischer Rationalität im Rechtssystem ist. Wer ein reines Regelmodell vertritt, überträgt dem Rechtssystem als solchem die Verwirklichung nur eines Rationalitätspostulats, nämlich nur die des Postulats der Rechtssicherheit.[27] Rechtssicherheit ist ohne Zweifel eine zentrale, aber nicht die einzige Anforderung der

26 Eingehender R. Alexy (Fn. 22), S. 106 ff.
27 Zur Rechtssicherheit als Forderung praktischer Vernunft vgl. grundlegend I. Kant (Fn. 24), S. 312.

praktischen Vernunft an das Rechtssystem.[28] Alle anderen Anforderungen haben im reinen Regelmodell rechtssystemexternen Charakter. Sie richten sich als politische oder moralische Forderungen an die am Rechtserzeugungsprozeß Beteiligten. Was von ihnen in geltende Rechtsregeln transformiert und damit dem Rechtssystem inkorporiert wird, ist vom Standpunkt des Regelmodells aus zufällig.

3. Das Regel/Prinzipien-Modell des Rechtssystems

Ein Vertreter des Regelmodells könnte all dies einräumen und dennoch sagen, daß auf Prinzipien als Bestandteile des Rechtssystems verzichtet werden müsse. Das Regelmodell habe zwar zahlreiche Schwächen, die Aufnahme von Prinzipien ins Rechtssystem würde diese aber erstens nicht wirklich mindern und zweitens nur zu zusätzlichen Problemen führen.

Das Regelmodell wäre leicht zu verteidigen, wenn als Alternative zu ihm nur ein reines *Prinzipienmodell* in Frage käme, also eine Konzeption, nach der das Rechtssystem ausschließlich aus Prinzipien besteht. Ein reines Prinzipienmodell würde wegen seiner Unbestimmtheit und Weichheit unverzichtbaren Anforderungen der Rechtssicherheit widersprechen.

Anders liegen die Dinge bei einer Theorie des Rechtssystems, nach der dieses sowohl aus Regeln als auch aus Prinzipien besteht, also bei einem *Regel/Prinzipien-Modell*. Im Regel/Prinzipien-Modell bleibt auf der einen Seite die Bindungskraft der Regelebene grundsätzlich erhalten. Auf der anderen Seite ist es insofern ein geschlossenes Modell, als stets Prinzipien einschlägig sind und in ihm deshalb kein Fall möglich ist, der nicht anhand rechtlicher Kriterien entschieden werden kann. Damit gelangt das Lückenproblem auf der Basis einer prinzipientheoretisch fundierten Geschlossenheitsthese, die, wie am Rande bemerkt sei, jedenfalls in Teilaspekten als rationale Rekonstruktion von Geschlossenheitsvorstellungen der Begriffsjurisprudenz angesehen werden kann,[29] in den Bereich der Lösbarkeit. Auch für das Leerlaufproblem

---

28 Vgl. G. Radbruch, Rechtsphilosophie, 8. Aufl., Stuttgart 1973, § 9.
29 Vgl. hierzu R. Dreier, Rechtsbegriff und Rechtsidee, Frankfurt a. M. 1986, S. 34 f.

scheint eine Lösung nahe zu sein, denn prinzipientheoretisch interpretierte Grundrechte haben eine gegen Einschränkungen wirkende eigene Kraft.

Die gegen dieses Modell vorgebrachten Argumente lassen sich zu drei Einwänden bündeln: einem substantiellen, einem kompetenziellen und einem methodologischen. Alle drei Einwände können entkräftet werden.

Der *substantielle Einwand* macht geltend, daß eine mit der Werttheorie strukturell übereinstimmende Prinzipientheorie zur Zerstörung der individuellen Freiheit im liberalen Sinne führe.[30] Es komme zu einer inhaltlichen Ausrichtung der grundrechtlichen Freiheit,[31] einer »Inpflichtnahme« auf Werte hin.[32] Dieser Einwand verkennt, daß die Freiheit, zu tun und zu lassen, was man will, selbst Gegenstand eines Prinzips sein kann.[33] Das Prinzip der rechtlichen Freiheit fordert einen Zustand rechtlicher Regelung, in dem möglichst wenig geboten und verboten ist. Das entscheidende Problem ist der optimale Erfüllungsgrad dieses Prinzips angesichts gegenläufiger Prinzipien. Seine Lösung wird durch die Prinzipientheorie nicht präjudiziert, wohl aber wird der Weg zu ihr rational strukturiert. Die Prinzipientheorie erweist sich insofern als inhaltlich neutral.

Der *kompetenzielle Einwand* ist Ausdruck der Befürchtung, daß die Prinzipientheorie zu einer unzulässigen Machtverschiebung von den Parlamenten zu den Gerichten, insbesondere zum Bundesverfassungsgericht, führe. Die Eigenständigkeit des einfachen Gesetzesrechts gehe zugunsten einer prinzipientheoretisch begründeten Allzuständigkeit des Verfassungsrechts verloren. Auch dieser Einwand verkennt die Vielfalt dessen, was Gegenstand eines Prinzips sein kann. Es gibt nicht nur materielle (inhaltliche),

---

30 E. Forsthoff, Zur heutigen Situation einer Verfassungslehre, in: Epirrhosis, Festgabe f. C. Schmitt, hg. v. H. Barion/E.-W. Böckenförde/E. Forsthoff/W. Weber, Berlin 1968, S. 190.

31 E.-W. Böckenförde, Grundrechtstheorie und Grundrechtsinterpretation, NJW 1974, S. 1533.

32 H. Goerlich, Wertordnung und Grundgesetz, Baden-Baden 1973, S. 37.

33 Vgl. hierzu B. Rüthers, Rechtsordnung und Wertordnung, Konstanz 1986, S. 27, der darauf hinweist, daß es darauf ankomme, welche Werte als geltend angenommen werden.

sondern auch formelle (prozedurale) Prinzipien.[34] Ein zentrales formelles Prinzip ist das der Entscheidungsbefugnis des demokratisch legitimierten Gesetzgebers. Dieses Prinzip schließt die Vorstellung aus, daß das gesamte einfachrechtliche Rechtssystem nichts anderes zu sein hat als die richtige Erkenntnis dessen, was die Verfassungsprinzipien fordern. Es sorgt, zusammen mit weiteren prozeduralen Prinzipien, für eine relative Eigenständigkeit des einfachen Gesetzesrechts[35] und ist ein wesentlicher Grund für die zahlreichen Spielräume, die das Bundesverfassungsgericht dem Gesetzgeber läßt.

Ein ernstes Problem bereitet erst der *methodologische Einwand*. Er wird geltend gemacht, wenn es heißt, daß mit der Aufnahme von Prinzipien ins Rechtssystem nichts gewonnen sei, weil wegen der stets gegebenen Anwesenheit gegenläufiger Prinzipien auf der Basis einer Prinzipientheorie alles begründet werden könne, und es deshalb keinen Unterschied mache, ob man sie zum Rechtssystem zähle oder nicht. Richterliche Dezisionen würden nur verhüllt werden.[36] Die Geschlossenheit, die die Prinzipientheorie verspreche, sei nur eine scheinbare. Sie bedeute lediglich, daß stets ein rechtliches Argument möglich sei, nicht aber, daß das Rechtssystem stets eine Lösung enthalte. An die Stelle der durch einen Mangel an rechtlichen Maßstäben hervorgerufenen Offenheitslücke des Regelmodells trete eine durch einen Überfluß an rechtlichen Maßstäben verursachte Unbestimmtheitslücke des Regel/Prinzipien-Modells. An der Sache ändere dies nichts.

Dieser Einwand könnte vollständig widerlegt werden, wenn eine Ordnung der Prinzipien oder eine Wertordnung möglich wäre, die auf intersubjektiv kontrollierbare Weise in jedem Fall zu genau einem Ergebnis führt. Eine solche Ordnung soll als »harte Ordnung« bezeichnet werden. Die Diskussion des Projekts einer derartigen harten Ordnung hat gezeigt, daß es nicht realisierbar ist.[37] Es scheitert letzthin an den Problemen einer Metrisierung

---

34 R. Alexy (Fn. 22), S. 89, 120.

35 Vgl. hierzu R. Wahl, Der Vorrang der Verfassung und die Selbständigkeit des Gesetzesrechts, NVwZ 1984, S. 401 ff.

36 Vgl. E.-W. Böckenförde (Fn. 31), S. 1534; ähnlich E. Forsthoff (Fn. 30), S. 190 ff.; E. Denninger, Staatsrecht, Bd. 2, Reinbek 1979, S. 184; U. K. Preuß, Die Internalisierung des Subjekts, Frankfurt a. M. 1979, S. 151 ff.

37 Vgl. statt vieler B. Schlink, Abwägung im Verfassungsrecht, Berlin

der Gewichte und Verwirklichungsintensitäten der Werte oder Prinzipien.

Das Scheitern harter Ordnungen sagt jedoch noch nicht, daß eine Prinzipientheorie, die mehr bietet als eine Ansammlung von Gesichtspunkten oder Topoi, deren man sich beliebig bedienen kann, unmöglich ist. Was möglich ist, ist eine weiche Ordnung, die aus drei Elementen besteht: (1) einem System von Vorrangbedingungen, (2) einem System von Abwägungsstrukturen und (3) einem System von prima facie-Vorrängen.

Wie ein System von *Vorrangbedingungen* entsteht, zeigt der bereits erwähnte Verhandlungsunfähigkeitsbeschluß. In ihm wird die Kollision zwischen der Pflicht des Staates zur Gewährleistung einer funktionstüchtigen Strafrechtspflege und dem Grundrecht des Beschuldigten auf Leben und körperliche Unversehrtheit dadurch gelöst, daß unter der Bedingung einer »naheliegende(n), konkrete(n) Gefahr, daß der Beschuldigte bei Durchführung der Hauptverhandlung sein Leben einbüßen oder schwerwiegenden Schaden an seiner Gesundheit nehmen würde«[38], ein Vorrang des Grundrechts festgesetzt wird. Dies bedeutet, daß unter der genannten Bedingung die Rechtsfolge des vorgehenden Prinzips gilt, also die Durchführung der Hauptverhandlung verboten ist. Letzteres läßt sich zu einem für alle Prinzipienkollisionen geltenden *Kollisionsgesetz* verallgemeinern. Es lautet: Die Bedingungen, unter denen das eine Prinzip dem anderen vorgeht, bilden den Tatbestand einer Regel, die die Rechtsfolge des vorgehenden Prinzips ausspricht.[39]

Die in einem Rechtssystem jeweils bislang festgesetzten Vorrangbedingungen bzw. die ihnen nach dem Kollisionsgesetz korrespondierenden Regeln geben Auskunft über die relativen Gewichte der Prinzipien. Allerdings läßt sich mit ihrer Hilfe wegen der Möglichkeit neuer Fälle mit neu zu bewertenden Merkmalskombinationen keine Ordnung konstruieren, die in jedem Fall genau eine Entscheidung festlegt. Immerhin eröffnen sie aber die Möglichkeit eines Argumentationsverfahrens, das es ohne Prinzipien nicht gäbe.

1976, S. 129 ff., 158 ff.; J. M. Steiner, Judicial Discretion and the Concept of Law, in: Cambridge Law Journal 35 (1976), S. 152 ff.

38 BVerfGE 51, 324 (346).

39 R. Alexy (Fn. 22), S. 83 f.

Das zweite Grundelement einer weichen Ordnung, ein System von *Abwägungsstrukturen*, ergibt sich aus dem Charakter der Prinzipien als Optimierungsgebote. Als solche fordern sie eine relativ auf die tatsächlichen und die rechtlichen Möglichkeiten möglichst weitgehende Realisierung. Die Bezugnahme auf die *tatsächlichen* Möglichkeiten führt zu den wohlbekannten Grundsätzen der Geeignetheit und Erforderlichkeit. Die Bezugnahme auf die *rechtlichen* Möglichkeiten impliziert ein *Abwägungsgesetz*, das sich wie folgt formulieren läßt: Je höher der Grad der Nichterfüllung oder Beeinträchtigung des einen Prinzips ist, desto größer muß die Wichtigkeit der Erfüllung des anderen sein.[40] Das Abwägungsgesetz formuliert nichts anderes als den Grundsatz der Verhältnismäßigkeit im engeren Sinne. Damit ist gesagt, daß der Verhältnismäßigkeitsgrundsatz mit seinen drei Teilgrundsätzen aus dem Prinzipiencharakter von Normen logisch folgt, und dieser aus jenem.[41] Wer Prinzipien aus dem Rechtssystem verbannt, muß auch den Verhältnismäßigkeitsgrundsatz verabschieden. Dieser bietet zwar kein Entscheidungsverfahren, das in jedem Fall zu genau einem Ergebnis führt. Er stellt aber eine rationale Argumentationsstruktur dar, die weder in einem reinen Regelsystem noch auf der Basis eines bloßen Topoikatalogs zur Verfügung stünde.

Das dritte Stück der weichen Ordnung sind *prima facie-Vorränge*. Ein Beispiel bietet das Lebach-Urteil, in dem für den Fall einer aktuellen Berichterstattung über eine schwere Straftat zugunsten der Freiheit der Berichterstattung ein prima facie-Vorrang gegenüber dem Schutz der Persönlichkeit des Täters festgesetzt wird.[42] Als prima facie-Vorrang genereller Art kann die »grundsätzliche Freiheitsvermutung« des Bundesverfassungsgerichts[43] interpre-

40 Ders. (Fn. 22), S. 146; als Beispiele aus der Verfassungsrechtsprechung seien angeführt: BVerfGE 7, 377 (404 f.); 17, 306 (314); 20, 150 (159); 35, 202 (226); 41, 251 (264); 72, 26 (31).
41 Vgl. R. Alexy (Fn. 22), S. 100 ff.
42 BVerfGE 35, 202 (231); vgl. ferner BVerfGE 51, 386 (397), wo für den Fall einer generalpräventiv motivierten Ausweisung eines wegen einer Straftat verurteilten Ausländers, der mit einer deutschen Frau verheiratet ist, ein prima facie-Vorrang des Erhalts der Ehe gegenüber dem Interesse an der Abschreckung anderer Ausländer von der Begehung ähnlicher Straftaten angenommen wird.
43 BVerfGE 6, 32 (42); 13, 97 (105); 17, 306 (313 f.); 32, 54 (72).

tiert werden.[44] Prima facie-Vorränge enthalten zwar keine definitiven Festsetzungen. Immerhin statuieren sie aber Argumentationslasten. Auf diese Weise stiften auch sie eine gewisse Ordnung
im Bereich der Prinzipien.

4. Das Regel/Prinzipien/Prozedur-Modell
des Rechtssystems

Das Ergebnis der Analyse des Regel/Prinzipien-Modells ist zwie-
spältiger Art. Auf der einen Seite vermag eine weich geordnete
Prinzipientheorie das juristische Entscheiden im Bereich der Offenheitslücke des Regelsystems ein gutes Stück weit rational zu
strukturieren. Bereits dies ist ein hinreichender Grund für die
Einbeziehung von Prinzipien ins Rechtssystem. Ein Verzicht auf
die Prinzipienebene wäre ein Rationalitätsverzicht.[45] Zu diesem
methodologischen Argument kommt ein substantielles. Mit den
leitenden Verfassungsprinzipien, insbesondere den drei grundrechtlichen Prinzipien der Würde, der Freiheit und der Gleichheit
und den drei Staatsziel- und -strukturprinzipien des Rechtsstaats,
der Demokratie und des Sozialstaats, sind die Hauptformeln des
neuzeitlichen Vernunftrechts als positives Recht in das Rechtssystem der Bundesrepublik Deutschland inkorporiert. Nur eine
Prinzipientheorie vermag die damit auf höchster Rangstufe und
als unmittelbar geltendes positives Recht ins Rechtssystem aufge-
nommenen praktischen Vernunftgehalte[46] adäquat zur Geltung
zu bringen.
Auf der anderen Seite führt die Hinzufügung der Prinzipienebene
nur begrenzt zu einer Bindung im Sinne einer strikten Festlegung
des Ergebnisses. Auch nach Beseitigung der Offenheitslücke der

44 Vgl. hierzu R. Alexy (Fn. 22), S. 517 ff.
45 Diesem normativen Argument kann das empirische Argument hinzugefügt werden, daß Prinzipien eine zentrale Rolle in der tatsächlich
stattfindenden juristischen Argumentation spielen, was zu der These
führt, daß ohne die Einbeziehung der Prinzipienebene kein adäquates
Bild des Rechtssystems, wie es ist, gewonnen werden kann; vgl. hierzu
N. MacCormick, Legal Reasoning and Legal Theory, Oxford 1978,
S. 231 ff.
46 Vgl. hierzu M. Kriele, Recht und praktische Vernunft, Göttingen 1979,
S. 15, 124.

Regelebene bleibt die Unbestimmtheitslücke der Prinzipienebene. Ein Argument für das Regel- und gegen das Regel/Prinzipien-Modell ließe sich hierauf jedoch selbst dann nicht stützen, wenn dies das letzte Wort wäre. Daß man nicht alles haben kann, ist kein Grund, auf das, was man haben kann, zu verzichten. Zudem ist das Regel/Prinzipien-Modell noch nicht das letzte Wort. Was bisher beschrieben wurde, die Regel- und die Prinzipienebene, ergibt noch kein vollständiges Bild des Rechtssystems. Prinzipien wie Regeln regeln ihre Anwendung nicht selbst. Sie stellen nur die passive Seite des Rechtssystems dar. Will man ein vollständiges Modell erhalten, so ist der passiven eine auf die Prozedur der Regel- und Prinzipienanwendung bezogene aktive Seite hinzuzufügen. Die Regel- und die Prinzipienebene sind also durch ein Drittes zu ergänzen. Dies Dritte kann in einem am Begriff der praktischen Vernunft orientierten Rechtssystem nur eine rationalitätssichernde Prozedur sein. Auf diese Weise entsteht ein Drei-Ebenen-Modell des Rechtssystems, das als »*Regel/Prinzipien/Prozedur-Modell*« bezeichnet werden soll.

Die Idee einer rationalitätssichernden Prozedur kann sowohl auf den Prozeß der Rechtsanwendung als auch auf den der Rechtsetzung bezogen werden.[47] Hier soll sie nur im Hinblick auf die Rechtsanwendung betrachtet werden. Unter dem Prozeß der Rechtsanwendung kann entweder der nicht institutionalisierte Gedanken- und Argumentationsprozeß desjenigen verstanden werden, der eine Antwort auf die Frage finden und begründen will, was in einem bestimmten Rechtssystem in einem bestimmten Fall rechtlich geboten ist, oder die diese Prozedur einschließende institutionalisierte Prozedur des gerichtlichen Verfahrens.[48] Im weiteren soll es ausschließlich um den nicht institutionalisierten Gedanken- und Argumentationsprozeß gehen.

---

47 Vgl. R. Alexy, Die Idee einer prozeduralen Theorie der juristischen Argumentation, in: Rechtstheorie, Beiheft 2 (1981), S. 185 ff. [Kap. 4, S. 104 ff.].
48 Ders. (Fn. 47), S. 187 f.

Voraussetzung des Drei-Ebenen-Modells ist, daß eine rationalitätssichernde Prozedur möglich ist, die der Regel- und der Prinzipienebene mit dem Ziel, deren Lücken zu schließen, hinzugefügt werden kann. Wenn diese Möglichkeit besteht, dann ist angesichts der bereits dargelegten Vernünftigkeit der Zugehörigkeit sowohl von Regeln als auch von Prinzipien zum Rechtssystem das Regel/Prinzipien/Prozedur-Modell dasjenige Modell des Rechtssystems, das ein Maximum an praktischer Vernunft im Recht sichert und aus diesem Grund allen anderen Modellen gegenüber vorzugswürdig ist.

Die Erarbeitung einer rationalitätssichernden Prozedur der Rechtsanwendung ist Gegenstand der Theorie der juristischen Argumentation.[49] Diese steht vor zwei Aufgaben. Die erste resultiert aus der Vernünftigkeit der Zugehörigkeit sowohl einer Regel- als auch einer Prinzipienebene zum Rechtssystem. Diese autoritativen Vorgaben verlangen die Entwicklung von Methodenregeln, die die Bindung an sie sichern.[50] Die zweite Aufgabe ergibt sich aus der inzwischen zum Allgemeingut der juristischen Methodenlehre gewordenen Erkenntnis, daß ein System von Methodenregeln, das in jedem Fall genau ein Ergebnis festlegt, nicht möglich ist. In allen halbwegs problematischen Fällen sind Wertungen erforderlich, die sich dem autoritativ vorgegebenen Material nicht zwingend entnehmen lassen. Die Rationalität der Rechtsanwendungsprozedur hängt damit wesentlich davon ab, ob und in welchem Umfang diese zusätzlichen Wertungen einer rationalen Kontrolle zugänglich sind. Die Beantwortung dieser Frage ist die zweite Aufgabe der Theorie der juristischen Argumentation.

Die Frage nach der Möglichkeit einer rationalitätssichernden Rechtsanwendungsprozedur führt somit zu der Frage nach der rationalen Begründbarkeit von Werturteilen. Die Diskussion dieser Frage ist lange durch eine unfruchtbare Gegenüberstellung von zwei in immer neuen Varianten auftauchenden Grundpositio-

---

49 Vgl. hierzu als zusammenfassende Darstellung U. Neumann, Juristische Argumentationslehre, Darmstadt 1986, sowie als neuere Monographie A. Aarnio, The Rational as Reasonable, Dordrecht/Boston/Lancaster/Tokio 1986.

50 Zu einem explizit formulierten System solcher Regeln vgl. R. Alexy (Fn. 25), S. 273 ff.

nen beeinträchtigt worden, von subjektivistischen und relativistischen Positionen auf der einen und von objektivistischen und kognitivistischen Positionen auf der anderen Seite. Zu einer derartigen Alles-oder-Nichts-Haltung besteht jedoch kein Anlaß. Zwar sind *materiale* Moraltheorien, denen für jede moralische Frage mit intersubjektiv zwingender Gewißheit genau eine Antwort entnommen werden kann, nicht möglich, möglich sind aber *prozedurale* Moraltheorien, die Regeln oder Bedingungen rationalen praktischen Argumentierens formulieren.[51] Eine besonders aussichtsreiche Version einer prozeduralen Moraltheorie ist die des rationalen praktischen Diskurses.[52]

Das Kernstück der Diskurstheorie bildet ein System von Diskursregeln und Diskursprinzipien, deren Beachtung die Rationalität der Argumentation und ihrer Ergebnisse sichert. Die Versuche, ein solches System detailliert und explizit zu formulieren und zu begründen, können hier nicht nachgezeichnet werden.[53] Faßt man grob zusammen, so lassen sich vier Postulate prozeduraler praktischer Rationalität identifizieren. Gefordert wird (1) ein Höchstmaß an sprachlich-begrifflicher Klarheit, (2) ein Höchstmaß an empirischer Informiertheit, (3) ein Höchstmaß an Verallgemeinerbarkeit und (4) ein Höchstmaß an Vorurteilsfreiheit.

Es ist deutlich, daß diese Forderungen idealen Charakter haben. Sie können unter realen Bedingungen nur approximativ realisiert werden. Dies schließt die Erzeugung absoluter Gewißheit in jeder Frage aus. Letzteres würde einen stichhaltigen Einwand begründen, wenn Rationalität mit Gewißheit gleichzusetzen wäre. Dies ist jedoch nicht der Fall. Die praktische Vernunft gehört nicht zu den Dingen, die entweder nur perfekt oder überhaupt nicht verwirklicht werden können. Sie ist approximativ realisierbar, und ihre hinreichende Verwirklichung verbürgt zwar keine endgültige, wohl aber eine relative Richtigkeit. Das reicht als Grund für die Unverzichtbarkeit der Inkorporation der Regeln und Prinzipien prozeduraler praktischer Rationalität in das Rechtssystem aus. Für das Drei-Ebenen-Modell bedeutet dies, daß jede der drei Ebe-

51 Vgl. R. Alexy (Fn. 47), S. 177 ff. [Kap. 4, S. 94 ff.].
52 Vgl. J. Habermas, Diskursethik – Notizen zu einem Begründungsprogramm, in: ders., Moralbewußtsein und kommunikatives Handeln, Frankfurt a. M. 1983, S. 53 ff.
53 Vgl. hierzu R. Alexy (Fn. 25), S. 221 ff.; A. Peczenik, Grundlagen der juristischen Argumentation, Wien/New York 1983, S. 167 ff.

nen einen notwendigen Beitrag zur Rationalität des Rechtssystems im ganzen liefert. Jede der drei Ebenen weist Defizite auf, die, für sich genommen, ernst sind. Ihre Verbindung bringt diese nicht zum Verschwinden, führt aber zu einem hohen Maß wechselseitiger Kompensation. Es kann vermutet werden, daß unter menschlichen Bedingungen mehr an praktischer Vernunft im Recht nicht möglich ist.

Ausgangspunkt der hier angestellten Überlegungen war die Kontroverse zwischen Legalismus und Konstitutionalismus. Mit dem Drei-Ebenen-Modell des Rechtssystems sind keinesfalls alle Fragen in diesem Streit entschieden. Wohl aber ist eine Grundlinie gewonnen. Auszuschließen ist ein strikt regelorientierter Legalismus. Die Anwesenheit von Prinzipien und damit – in anderer Terminologie – von Werten im Rechtssystem ist aus Gründen der praktischen Rationalität unverzichtbar. In einem demokratischen Verfassungsstaat haben die Prinzipien keinesfalls nur, aber doch zu einem guten Teil ihren positiv-rechtlichen Ort in der Verfassung. Die Eigenständigkeit des einfachen Gesetzesrechts geht dabei nicht verloren. Sie wird im Drei-Ebenen-Modell zu einem Problem der Abwägung zwischen dem formellen Prinzip der Entscheidungsbefugnis des demokratisch legitimierten Gesetzgebers und materiellen Verfassungsprinzipien. Die Ergebnisse dieser wie auch anderer Abwägungen sind rational begründbar. All dieses ist ein Argument dafür, daß ein gemäßigter Konstitutionalismus diejenige Konzeption des Rechtssystems ist, die ein Höchstmaß praktischer Vernunft zu realisieren vermag.

10. Individuelle Rechte und kollektive Güter

Das Verhältnis von individuellen Rechten und kollektiven Gütern gehört zu den rechtsphilosophischen Themen, deren Diskussion nicht enden will. Zwei Gründe hierfür sind schnell identifiziert: ein normativer und ein analytischer. Das normative Problem resultiert daraus, daß jede Verhältnisbestimmung im Sinne einer Gewichtung von individuellen Rechten und kollektiven Gütern Entscheidungen über die Grundstruktur des Staates und der Gesellschaft einschließt. Ein Konsens über deren richtige Ordnung setzt Einigkeit über das, was gerecht ist, voraus. Die Gewichtung von individuellen Rechten und kollektiven Gütern wird deshalb so lange im Streit bleiben, wie Dissens in der Theorie der Gerechtigkeit besteht. Das analytische Problem hat seine Ursache darin, daß die Verhältnisbestimmung Klarheit über das, was ins Verhältnis zu setzen ist, voraussetzt, also Klarheit über die Begriffe des individuellen Rechts und des kollektiven Gutes. Unklarheiten dieser Begriffe führen zu Verwirrungen bei der Lösung des normativen Problems.

Im Vordergrund meiner Überlegungen steht das analytische Problem. Meine Ausführungen gliedern sich in drei Teile. Im ersten Teil geht es um die Begriffe des individuellen Rechts und des kollektiven Gutes. Gegenstand des zweiten Teils sind die begrifflichen Relationen zwischen individuellen Rechten und kollektiven Gütern. Im dritten Teil schließlich werden einige normative Thesen zum Verhältnis von individuellen Rechten und kollektiven Gütern vorgetragen.

I. Die Begriffe des individuellen Rechts und des kollektiven Gutes

1. Der Begriff des individuellen Rechts

Die hier vorzutragende Analyse des Begriffs des individuellen Rechts ruht auf zwei Säulen:
1. einem Drei-Stufen-Modell individueller Rechte und
2. einer Prinzipientheorie dieser Rechte.

Das Drei-Stufen-Modell schließt ein System der rechtlichen Grundpositionen ein.

a) Ein Drei-Stufen-Modell individueller Rechte

Die Basis des Drei-Stufen-Modells bildet die Unterscheidung zwischen (1) den Gründen für individuelle Rechte, (2) den individuellen Rechten als rechtlichen Positionen und Relationen und (3) der Durchsetzbarkeit individueller Rechte.[1] Die mangelnde Unterscheidung zwischen diesen drei Stufen ist ein wesentlicher Grund für den anhaltenden Streit um den Begriff des individuellen Rechts.

(1) Gründe für Rechte

Als Grund für ein Recht kommt sehr Unterschiedliches in Frage. Klassische Gründe sind das Interesse des Trägers am Gegenstand des Rechts und die Ermöglichung der Betätigung seiner Willensfreiheit. Derartige Gründe für Rechte sind etwas anderes als die Rechte selbst. Diese bestehen in rechtlichen Positionen und Relationen und sind damit auf der zweiten Stufe des Drei-Stufen-Modells zu behandeln. So wie der Grund für eine Norm von der Norm, die durch diesen Grund gestützt wird, zu unterscheiden ist, so ist der Grund für ein Recht eine Sache und das Recht, das aufgrund dieses Grundes angenommen wird, eine andere. Zahlreiche Schwierigkeiten sowohl der Interessen- als auch der Willenstheorie entstehen dadurch, daß der Grund für ein Recht als Merkmal des Begriffs des Rechts behandelt wird. Beispiele für die Umwandlung der Grund-Relation in eine begriffliche Relation bieten Jherings Definition der subjektiven Rechte als »rechtlich geschützte Interessen«[2] und Windscheids Definition des subjektiven Rechts als »eine von der Rechtsordnung verliehene Willensmacht oder Willensherrschaft«[3]. Die Vorstellung, daß es genau einen maßgebenden generellen Grund für individuelle Rechte ge-

---

1 Vgl. hierzu R. Alexy, Theorie der Grundrechte, Baden-Baden 1985 (Frankfurt a. M. 1986), S. 164 ff.
2 R. v. Jhering, Geist des römischen Rechts auf den verschiedenen Stufen seiner Entwicklung, Teil 3, 5. Aufl., Leipzig 1906, S. 339.
3 B. Windscheid, Lehrbuch des Pandektenrechts, 9. Aufl., bearb. v. Th. Kipp, Bd. 1, Frankfurt a. M. 1906, S. 156.

ben muß, der in deren Definition einzuschließen ist, versperrt den Weg zu der Einsicht, daß hinter einem individuellen Recht ein Bündel von heterogenen Gründen stehen kann und daß verschiedene Rechte durch ganz unterschiedliche Gründe gestützt werden können.

Unterscheidet man zwischen Gründen für Rechte und den Rechten als rechtlichen Positionen und Relationen, so kommen als Gründe nicht nur individuelle Güter wie Interessen des jeweiligen Trägers des Rechts oder seine Willensfreiheit in Betracht, sondern auch kollektive Güter. So kann man versuchen, das Eigentumsrecht des einzelnen ausschließlich durch ein kollektives Gut zu rechtfertigen, z. B. durch die allgemeine ökonomische Effektivität einer auf Privateigentum beruhenden Wirtschaftsordnung.

Auf der Basis der Dichotomie von individuellen und kollektiven Gütern können drei Rechtfertigungen von Rechten unterschieden werden. Ein Recht kann generell oder in einer bestimmten Situation (1) ausschließlich durch individuelle Güter, (2) sowohl durch individuelle als auch durch kollektive Güter und (3) ausschließlich durch kollektive Güter gerechtfertigt werden. Dem kann terminologisch auf unterschiedliche Weise Rechnung getragen werden. Im Rahmen des Drei-Stufen-Modells ist ausschlaggebend, daß das Recht als solches, also die rechtliche Position, die besteht, wenn ein Recht existiert, auch dann ein Recht des einzelnen und deshalb ein individuelles Recht ist, wenn es durch kollektive Güter gerechtfertigt wird. Es erscheint daher gerechtfertigt, alle Rechte des einzelnen – nur diese sollen hier betrachtet werden – als »individuelle Rechte« zu bezeichnen. Dieser Begriff des individuellen Rechts deckt sich insoweit mit dem in der Rechtsdogmatik heimischen Begriff des subjektiven Rechts, als alle individuellen Rechte subjektive Rechte und alle subjektiven Rechte des einzelnen individuelle Rechte sind. Soweit – wie hier – von Rechten des einzelnen die Rede ist, können die Termini »individuelles Recht« und »subjektives Recht« also austauschbar verwendet werden.

Andere Terminologien sind möglich, und alles, was hier zu sagen ist, läßt sich auch in ihnen vortragen. So könnte man daran denken, nur Rechte, die ausschließlich oder wenigstens auch durch individuelle Gründe gerechtfertigt werden, als »individuell« zu bezeichnen. Rechte, die ausschließlich, und eventuell Rechte, die wenigstens auch durch kollektive Güter gerechtfertigt werden, könnten dann z. B. als »subjektive Rechte« eingestuft werden.

Aus den angeführten Gründen ist dieser Vorgehensweise ein weiter Begriff des individuellen Rechts vorzuziehen. Die Unterschiede in der Rechtfertigung lassen sich am besten dadurch erfassen, daß die Rechtfertigung selbst als »individuell« oder/und »kollektiv« bezeichnet wird.

(2) Rechte als rechtliche Positionen und Relationen

Die auf der zweiten Stufe anzusiedelnden Rechte als solche bestehen in rechtlichen Positionen und Relationen. Was rechtliche Positionen und Relationen sind und welche es gibt, läßt sich am einfachsten im Rahmen eines Systems der rechtlichen Grundpositionen darlegen. Ein für theoretische wie auch für praktische Zwecke brauchbares System entsteht, wenn man die als »Rechte« zu bezeichnenden Positionen in Anlehnung an Benthams Unterscheidung zwischen »rights to services«, »liberties« und »powers«[4] sowie an Bierlings Unterscheidung zwischen »Rechtsanspruch«, »einfachem rechtlichen Dürfen« und »rechtlichem Können«[5] in (1) Rechte auf etwas, (2) Freiheiten und (3) Kompetenzen einteilt.[6] Hier soll nur von Bedeutung sein, daß die der zweiten Stufe zuzuordnenden Rechte als solche in allen ihren Formen einen rein deontologischen Charakter haben.

Rechte auf etwas sind dreistellige Relationen zwischen dem Träger *(a)*, dem Adressaten *(b)* und dem Gegenstand *(G)* des Rechts.[7] Genau dann, wenn diese Relation zwischen *a, b* und *G* besteht, befindet sich *a* in einer rechtlichen Position, die dadurch charakterisiert ist, daß er gegenüber *b* ein Recht auf *G* hat. Die allgemeinste Form eines Satzes über ein Recht auf etwas kann durch:

$$RabG$$

wiedergegeben werden. Jeder Satz dieser Form ist mit einem Satz über die entsprechende relationale Verpflichtung:

4 J. Bentham, Of Laws in General, hg. v. H. L. A. Hart, London 1970, S. 57 f., 82 ff., 98, 119, 173 ff.

5 E. R. Bierling, Zur Kritik der juristischen Grundbegriffe, 2. Teil, Gotha 1883, S. 49 ff.

6 Vgl. hierzu sowie zum weiteren R. Alexy (Fn. 1), S. 171 ff.

7 Zu einer ähnlichen Konzeption, die aber entgegen den Anforderungen des Drei-Stufen-Modells auch den rechtfertigenden Grund einschließt, vgl. A. Gewirth, Why Rights are Indispensible, in: Mind 95 (1986), S. 328.

äquivalent. Rechte auf etwas sind damit auf relationale deontische Modalitäten reduzierbar.

Die einfachste Form der rechtlichen Freiheit besteht in der Konjunktion der Erlaubnis, etwas zu tun, und der Erlaubnis, dasselbe nicht zu tun. Kompliziertere Formen entstehen durch die Verbindung dieser Positionen mit Rechten auf etwas. Die Einzelheiten können hier auf sich beruhen. Für den an dieser Stelle interessierenden Charakter der zweiten Stufe des Drei-Stufen-Modells ist allein von Bedeutung, daß auch rechtliche Freiheiten in allen ihren Formen vollständig mit Hilfe der deontischen Modalitäten erfaßt werden können, wobei diese allerdings wieder zu relationieren sind.

Bei den Kompetenzen ist die Rückführbarkeit auf die deontischen Grundmodalitäten nicht so leicht zu erkennen. Der Schlüssel zu ihr ist der Begriff des möglichen oder potentiellen Sollens. Der normative Gehalt einer Kompetenz ist identisch mit der Klasse der nach ihr unmittelbar und mittelbar möglichen Gebote, Verbote und Erlaubnisse. Damit ist die Potentialisierung nach der Relationierung die zweite Operation, mit deren Hilfe die Positionen der zweiten Stufe ausschließlich aus den deontischen Grundmodalitäten entstehen.[8]

Damit ist deutlich, daß die der zweiten Stufe zuzuordnenden individuellen Rechte einen rein deontologischen Charakter haben. Auf der ersten Stufe, der der Gründe für Rechte, ist demgegenüber die Rede von Gütern und Interessen und damit die Verwendung von axiologischen und anthropologischen Begriffen[9] erforderlich.

(3) Durchsetzbarkeit

Auf der dritten Ebene sind die auf die Durchsetzung des Rechts

---

8 Nimmt man hinzu, daß die deontischen Grundmodalitäten (Gebot, Verbot, Erlaubnis) mittels der Negation aufeinander reduziert werden können, so erweist sich die Rosssche Reduktionsthese, die sagt, daß man im Bereich des Sollens mit einer Grundmodalität auskommt (A. Ross, Directives and Norms, London 1968, S. 117 ff.), mit der Maßgabe als richtig, daß hierfür drei Operationen erforderlich sind: die Negation, die Relationierung und die Potentialisierung.

9 Vgl. hierzu R. Alexy (Fn. 1), S. 126 f.

bezogenen Rechtspositionen anzusiedeln, die vor allem in Kompetenzen und Erlaubnissen bestehen. Nicht selten wird zwischen derartigen Positionen und dem Begriff des Rechts eine analytische Beziehung hergestellt, so etwa, wenn es bei Kelsen heißt: »Das subjektive Recht im spezifischen Sinn ist die Rechtsmacht, die Erfüllung einer bestehenden Pflicht geltend zu machen.«[10] Hiergegen ist einzuwenden, daß die Existenz eines Rechts ein substantieller Grund für seine Durchsetzbarkeit ist,[11] was nicht möglich wäre, wenn die Durchsetzbarkeit bereits im Begriff des Rechts enthalten wäre. Zur Grund-Relation zwischen der ersten und der zweiten Stufe kommt somit eine Grund-Relation zwischen dem Recht und seiner Durchsetzbarkeit, also zwischen der zweiten und der dritten Stufe. Bei Einschluß der Durchsetzbarkeit in den Begriff des Rechts könnte dies nicht erfaßt werden.

b) Prinzipientheorie

Eine für die Bestimmung des Verhältnisses von individuellen Rechten und kollektiven Gütern hinreichende Analyse des Begriffs des individuellen Rechts setzt neben dem Drei-Stufen-Modell ein zweites Theoriestück voraus: eine Prinzipientheorie individueller Rechte. Die Prinzipientheorie ist notwendig, um ein vertrautes und für das Verhältnis von individuellen Rechten und kollektiven Gütern zentrales Phänomen zu rekonstruieren, die Kollision zwischen individuellen Rechten und kollektiven Gütern sowie deren Lösung durch Abwägung.

Die hier vertretene Prinzipientheorie[12] knüpft an Essers Unterscheidung von Grundsatz und Norm[13] sowie an Dworkins Di-

10 H. Kelsen, Allgemeine Theorie der Normen, Wien 1979, S. 269; ders., Reine Rechtslehre, 2. Aufl., Wien 1960, S. 139 ff.
11 Vgl. N. MacCormick, Rights in Legislation, in: Law, Morality, and Society, Essays in Honour of H. L. A. Hart, hg. v. P. M. S. Hacker/ J. Raz, Oxford 1977, S. 203 f., 207 f.
12 Näher hierzu R. Alexy, Rechtsregeln und Rechtsprinzipien, in: Archiv für Rechts- und Sozialphilosophie, Beiheft 25 (1985), S. 13 ff.; ders. (Fn. 1), S. 71 ff.
13 J. Esser, Grundsatz und Norm in der richterlichen Fortbildung des Privatrechts, 3. Aufl., Tübingen 1974, S. 95 ff.

chotomie von Regeln und Prinzipien[14] an. Dabei wird die These vertreten, daß beide Autoren zwar einige Eigenschaften von Regeln und Prinzipien treffend herausarbeiten, zum Kern der Unterscheidung aber nicht vorstoßen. Dieser besteht darin, daß Prinzipien Optimierungsgebote sind. Das bedeutet, daß sie Normen sind, die gebieten, daß etwas in einem relativ auf die rechtlichen und die tatsächlichen Möglichkeiten möglichst hohen Maße realisiert wird. Regeln sind demgegenüber definitive Gebote. Sie enthalten Festsetzungen im Raum des tatsächlich und rechtlich Möglichen. Aus dieser Unterscheidung folgen alle weiteren Unterschiede, so etwa der, daß Prinzipien als Optimierungsgebote in unterschiedlichen Graden erfüllbar sind, während Regeln als definitive Gebote stets nur entweder erfüllt oder nicht erfüllt werden können.

Der Ausdruck »Gebot« in den Wortverbindungen »Optimierungsgebot« und »definitives Gebot« soll hier in einem weiten Sinne verwendet werden, in dem er auch Erlaubnisse und Verbote umfaßt. Oben wurde ausgeführt, daß alle rechtlichen Positionen auf die deontischen Grundmodalitäten reduzierbar sind. Daher kann gesagt werden, daß individuelle Rechte entweder den Charakter von Optimierungsgeboten oder den Charakter von definitiven Geboten haben.

Soweit Rechte den Charakter von Optimierungsgeboten haben, handelt es sich bei ihnen nicht um definitive Rechte, sondern um prima facie-Rechte, die, wenn sie mit kollektiven Gütern oder Rechten anderer kollidieren, eingeschränkt werden können. Nur Rechte mit Regelcharakter sind definitive Rechte. Dworkins These, daß Rechte »trumps over some background justification for political decisions that states a goal for the community as a whole« seien,[15] impliziert, daß sie, jedenfalls gegenüber kollektiven Gütern, wesentlich definitiven Charakter haben. Es wird darzulegen sein, daß diese These sowohl unter analytischen als auch unter normativen Aspekten zu grob ist. Dabei werden Folgerungen, die aus der Struktur der Optimierungsgebote für die Lösung von Kollisionen zu ziehen sind, eine entscheidende Rolle spielen. Zunächst aber ist auf den Begriff des kollektiven Gutes einzugehen.

14 R. Dworkin, Taking Rights Seriously, 2. Aufl., London 1978, S. 22 ff.
15 R. Dworkin, A Matter of Principle, Cambridge, Mass./London 1985, S. 359.

2. Der Begriff des kollektiven Gutes

Es ist leichter, Beispiele für kollektive Güter anzuführen, als zu sagen, was ein kollektives Gut ist. Beispiele für kollektive Güter sind die innere und äußere Sicherheit, die Prosperität der Volkswirtschaft, die Unversehrtheit der Umwelt und ein hohes kulturelles Niveau. Um darzutun, was derartiges zu kollektiven Gütern macht, sind drei Dinge zu unterscheiden:

1. die distributive Struktur kollektiver Güter,
2. deren normativer Status und
3. deren Begründung.

a) Die distributive Struktur kollektiver Güter

Der Begriff des kollektiven Gutes wird in allen praktischen Disziplinen verwendet. Am gründlichsten ist er in den Wirtschaftswissenschaften analysiert worden. Um ihn zu definieren, werden zumeist die Begriffe der Nicht-Ausschließbarkeit von der Nutzung und der Nicht-Rivalität des Konsums erörtert.[16] So ist die äußere Sicherheit ein relativ klarer Fall eines kollektiven Gutes, weil erstens niemand (genauer: niemand, der sich in den betreffenden Gebieten aufhalten darf) von ihrer Nutzung ausgeschlossen werden kann und weil zweitens die Nutzung durch *a* die durch *b* weder beeinträchtigt noch behindert. Im einzelnen führen die beiden Merkmale zu zahlreichen Problemen der ökonomischen Analyse, die hier nicht interessieren.

Um individuelle Rechte von kollektiven Gütern abzugrenzen, ist ein Begriff des kollektiven Gutes erforderlich, der ein taugliches Gegenstück zu dem des individuellen Rechts bildet. Ein solcher Begriff des kollektiven Gutes läßt sich mit Hilfe des Begriffs der Nicht-Distributivität bilden. Ein Gut ist ein kollektives Gut einer Klasse von Individuen, wenn es begrifflich, tatsächlich oder rechtlich unmöglich ist, das Gut in Teile zu zerlegen und diese den

---

16 Vgl. hierzu statt vieler M. Peston, Public Goods and the Public Sector, London/Basingstoke 1972, S. 13 ff. Zu einer der Sache nach auf das Ausschlußprinzip abstellenden Definition des Begriffs des kollektiven Gutes in der Rechts- und Moralphilosophie vgl. J. Raz, Right-Based Moralities, in: J. Waldron (Hg.), Theories of Rights, Oxford 1984, S. 187.

Individuen als Anteile zuzuordnen. Ist dies der Fall, so hat das Gut einen nicht-distributiven Charakter. Kollektive Güter sind nicht-distributive Güter.

b) Der normative Status kollektiver Güter

Der dargelegte nicht-distributive Charakter reicht zur Definition des Begriffs des kollektiven Gutes noch nicht aus. Er kann auch Dingen zukommen, die keine kollektiven Güter, sondern kollektive Übel sind, wie etwa eine hohe Kriminalitätsrate, die Häßlichkeit einer Stadt oder ein Klima der Intoleranz. Es ist deshalb zu fragen, was es bedeutet, daß etwas ein Gut ist.

Betrachtet man Argumentationen, in denen es um kollektive Güter geht, so findet man drei begriffliche Fassungen: eine anthropologische, eine axiologische und eine deontologische.[17] Die anthropologische Variante liegt etwa dann vor, wenn gesagt wird, daß das *Interesse* an äußerer Sicherheit gegen ein individuelles Recht abzuwägen sei. Um eine axiologische Fassung handelt es sich dagegen, wenn von dem *Wert* der äußeren Sicherheit die Rede ist. Dasselbe Gut erhält schließlich einen deontologischen Charakter, wenn es heißt, daß die Herstellung und Aufrechterhaltung der äußeren Sicherheit *geboten* ist.

In der Alltagssprache wie auch in der Sprache der Jurisprudenz werden die drei Versionen austauschbar verwendet. Vom Standpunkt der Jurisprudenz aus ist die deontologische Variante vorzugswürdig. Interessen können Gründe dafür sein, daß etwas ein rechtlich relevantes kollektives Gut ist. Um für ein Rechtssystem zu einem kollektiven Gut zu werden, muß das bloß faktische in ein rechtlich anerkanntes und in diesem Sinne berechtigtes Interesse transformiert werden. Ein solches berechtigtes Interesse aber ist nichts anderes als etwas, dessen Verfolgung prima facie oder definitiv geboten ist. Damit erhält das Interesse einen normativen Status. Der normative Status kollektiver Güter wird durch die deontologische Version adäquater erfaßt als durch die axiologische. Rechte haben, wie dargelegt, einen deontologischen Status. Wählt man auf der Seite der kollektiven Güter die axiologische

---

17 Zu dieser Dreiteilung der praktischen Begriffe vgl. G. H. v. Wright, The Logic of Preference, Edinburgh 1963, S. 7.

Fassung, so ist eine Kollision zwischen individuellen Rechten und kollektiven Gütern eine Kollision von kategorial Unterschiedlichem. Dies kann leicht durch die Wahl der deontologischen Variante vermieden werden. Ein Nachteil entsteht hierdurch nicht, denn die Prinzipientheorie ermöglicht es, alles, was in einer axiologischen Terminologie sagbar ist, in eine deontologische Sprache zu fassen. Berücksichtigt man ferner, daß Antworten auf Rechte-Fragen sagen, was geboten, verboten und erlaubt ist, so spricht alles dafür, schon bei ihrer Begründung die deontologische Ebene zu betreten.

Der Begriff des kollektiven Gutes kann damit wie folgt definiert werden: X ist ein kollektives Gut, wenn X nicht-distributiv ist und die Herstellung oder Aufrechterhaltung von X prima facie oder definitiv geboten ist. Diese Definition ist auf beliebige Normensysteme bezogen. Will man sie ausschließlich auf Rechtssysteme beziehen, ist sie wie folgt zu ergänzen: X ist für das Rechtssystem S ein kollektives Gut, wenn X nicht-distributiv ist und die Herstellung oder Aufrechterhaltung von X durch S prima facie oder definitiv geboten ist. Die Aufnahme der definitiv/prima facie-Dichotomie in diese Definition bringt zum Ausdruck, daß kollektive Güter ebenso wie individuelle Rechte Regel- oder Prinzipiencharakter haben können.

c) Die Begründung kollektiver Güter

Die angeführte Definition kollektiver Güter zeigt, daß immer dann, wenn für oder gegen eine Entscheidung ein kollektives Gut angeführt wird, auf ein Gebot und damit auf eine Norm Bezug genommen wird. Etwas ist für ein Rechtssystem genau dann ein kollektives Gut, wenn eine Norm gilt, die es dazu macht. Damit ist deutlich, daß das Problem der Begründung kollektiver Güter ein Problem der Begründung von Normen ist.

Von den zahlreichen Arten der Begründung sollen hier nur zwei interessieren: die wohlfahrtsökonomische und die konsenstheoretische. Sie sind deshalb von Bedeutung, weil man daran denken könnte, sie zur Definition des Begriffs des kollektiven Gutes zu verwenden. Dies würde bedeuten, daß man statt einer ausschließlich distributionsbezogenen entweder eine ausschließlich begründungsbezogene oder eine auch begründungsbezogene Definition erhielte. Es sei die These aufgestellt, daß es sich empfiehlt, den Begriff des kollektiven Gutes – wie schon den des individuellen Rechts – ohne Bezugnahme auf die Begründung zu definieren.

Eine wohlfahrtsökonomische Begründung eines kollektiven Gutes liegt vor, wenn versucht wird, dieses Gut als Funktion individueller Güter (Nutzen, Präferenzen) zu rechtfertigen. Derartige Begründungen stehen vor den Problemen der Agglomerierung individuellen zu kollektivem Nutzen.[18] Wird der zu agglomerierende individuelle Nutzen auf Kardinalskalen gemessen, so tauchen, jedenfalls wenn es um Güter wie die erwähnten geht, kaum zu überwindende Schwierigkeiten der Nutzenmessung und des Nutzenvergleichs auf.[19] Diese Probleme können zwar bei der Verwendung von Ordinalskalen vermieden werden. Hier aber stößt die Agglomeration auf das Arrowsche Unmöglichkeitstheorem.[20] Damit sieht sich schon die Begründung kollektiver Güter als Funktion individueller Güter vor großen Schwierigkeiten. Erst recht muß eine hierauf bezogene Definition ausscheiden. Falls es keine adäquate Funktion gibt, würde aus der Definition kollektiver Güter folgen, daß es keine kollektiven Güter geben kann.

Es gibt mehrere Varianten einer konsenstheoretischen Begründung. Nach einer anspruchsloseren ist ein kollektives Gut dann gerechtfertigt, wenn ihm alle faktisch zustimmen, nach einer anspruchsvolleren, wenn ihm alle zustimmen würden, wenn bestimmte Rationalitätsbedingungen erfüllt wären. Die zweite Variante kann in einer Theorie des rationalen Diskurses näher dargelegt werden.[21] Hier ist nur von Bedeutung, daß es sich auch dann nicht empfiehlt, die konsenstheoretische Begründung in die Definition aufzunehmen, wenn ihre Tauglichkeit erwiesen werden kann. Die faktische oder hypothetische Zustimmung aller ist kein auf kollektive Güter beschränktes Merkmal, was daran zu erken-

18 Vgl. hierzu B. Schlink, Abwägung im Verfassungsrecht, Berlin 1976, S. 131 ff.
19 Vgl. R. Alexy (Fn. 1), S. 139 ff.
20 K. J. Arrow, Social Choice and Individual Values, 2. Aufl., New York/London/Sydney 1963; R. D. Luce/H. Raiffa, Games and Decisions, New York/London/Sydney 1957, S. 327 ff.
21 Vgl. hierzu R. Alexy, Theorie der juristischen Argumentation, Frankfurt a. M. 1978, S. 53 ff., 221 ff.; dens., Probleme der Diskurstheorie, in: Zeitschrift für philosophische Forschung 43 (1989), S. 81 ff. [Kap. 5, S. 109 ff.].

nen ist, daß nicht nur über kollektive Güter, sondern auch über individuelle Rechte ein Konsens denkbar ist. Dies und die generelle Maxime, daß es nicht ratsam ist, Begriffe wie die der Norm,[22] des individuellen Rechts und des kollektiven Gutes mit Begründungsproblemen zu belasten, sind ein hinreichender Grund für eine ausschließlich distributionsbezogene Definition.

II. Begriffliche Relationen zwischen individuellen Rechten und kollektiven Gütern

1. Vier Thesen

Zur Untersuchung des begrifflichen Verhältnisses zwischen individuellen Rechten und kollektiven Gütern sollen vier Thesen betrachtet werden, die über die zwischen diesen Begriffen bestehenden Relationen aufgestellt werden können:

1. Zweck/Mittel-Relation I: Alle individuellen Rechte sind ausschließlich Mittel für kollektive Güter.
2. Zweck/Mittel-Relation II: Alle kollektiven Güter sind ausschließlich Mittel für individuelle Rechte.
3. Identitätsrelation: Alle kollektiven Güter sind identisch mit Zuständen, in denen individuelle Rechte existieren und erfüllt werden.
4. Unabhängigkeitsrelation: Zwischen individuellen Rechten und kollektiven Gütern bestehen keine Zweck/Mittel-Relationen und keine Identitätsrelationen.

Es ist sofort deutlich, daß diese vier Thesen den Bereich möglicher Relationen zwischen den Begriffen des individuellen Rechts und des kollektiven Gutes nicht erschöpfen. Man braucht nur die erste These zu betrachten. Es ist gut möglich, daß zwar nicht alle individuellen Rechte ausschließlich Mittel für kollektive Güter sind, wohl aber einige, und es ist ferner gut möglich, daß einige individuellen Rechte zwar nicht ausschließlich, wohl aber auch Mittel für kollektive Güter sind. Derartige Abschwächungen machen die Thesen plausibler, aber auch uninteressanter. Dies ist ein hinreichender Grund, sie zunächst in einer nicht abgeschwächten, also möglichst starken Form zu betrachten.

22 Vgl. dens. (Fn. 1), S. 42 ff., 63 ff.

Wichtiger als das Abschwächungsproblem ist die Frage nach dem Status der vier Thesen. Wer behauptet, daß alle individuellen Rechte ausschließlich Mittel für kollektive Güter sind, kann damit sagen wollen, daß diese Relation in allen denkbaren normativen Systemen besteht und daher begrifflich notwendig ist. Seine Behauptung hat dann einen analytischen Status. Um ein analytisches Problem geht es ferner, wenn gefragt wird, ob eine Konzeption individueller Rechte und kollektiver Güter unabhängig davon, ob sie inhaltlich gerechtfertigt werden kann, wenigstens denkbar und deshalb begrifflich möglich ist, bei der eine der vier Thesen wahr wird. Demgegenüber handelt es sich um eine nicht-analytische normative Behauptung, wenn eine der vier Thesen nicht wegen ihrer begrifflichen Unmöglichkeit, sondern aus inhaltlichen Gründen abgelehnt wird, also deshalb, weil sie nur auf der Basis einer nicht zu rechtfertigenden Konzeption individueller Rechte und kollektiver Güter aufrechterhalten werden kann. Das Verhältnis von begrifflicher Möglichkeit und inhaltlicher normativer Richtigkeit wird im weiteren eine zentrale Rolle spielen.

2. Individuelle Rechte als Mittel für kollektive Güter

Daß es begrifflich möglich ist, einige individuelle Rechte ausschließlich als Mittel für kollektive Güter aufzufassen, ist bereits oben behauptet worden.[23] Als Beispiel wurde das Eigentumsrecht angeführt. Es ist eine Konzeption des Eigentumsrechts denkbar, nach der dieses ausschließlich ein Mittel zur Herstellung und Förderung der ökonomischen Effektivität der Gesamtwirtschaft ist. Das läßt sich verallgemeinern. Begrifflich ist ein reiner Mittel-Charakter, also eine rein instrumentelle Rechtfertigung bei allen individuellen Rechten möglich. Man betrachte nur so fundamentale individuelle Rechte wie die auf Würde, Freiheit und Gleichheit. Es bereitet keine Schwierigkeiten, kollektive Güter zu finden, die als ausschließliche Zwecke dieser Rechte aufgefaßt werden können. Als Beispiele seien die Toleranz, die künstlerische, wissenschaftliche und ökonomische Prosperität sowie die Lebendigkeit und Solidarität einer Gesellschaft genannt. Wenn aber Rechte wie die drei genannten abstrakten Rechte ausschließ-

23 S. 234.

lich durch kollektive Güter gerechtfertigt werden können, dann ist dies auch bei allen konkreteren Rechten möglich.

Ein universeller Mittel-Charakter individueller Rechte kann also nicht an begrifflichen, sondern nur an normativen Problemen scheitern. Es lassen sich zwei Aspekte dieses Problems unterscheiden. Der erste besteht darin, daß ein individuelles Recht, das ausschließlich Mittel für ein kollektives Gut ist, diesem gegenüber definitionsgemäß keine eigene Kraft entfalten kann. Wenn das Recht seinen Mittel-Charakter für das kollektive Gut verliert oder gar dessen Realisierung verhindert, gibt es keinen Grund mehr für das Recht. In Relation zu dem kollektiven Gut hat es dann nicht einmal eine prima facie-Geltung. Eine Kollision im Sinne der Prinzipientheorie liegt nicht vor, zu einer Abwägung kann es nicht kommen. Jede Einschränkung und jeder Entzug des individuellen Rechts ist gerechtfertigt, wenn hierdurch das kollektive Gut gefördert wird.[24]

---

24 Im einzelnen ist zu differenzieren. So ist beim Eigentum zwischen dem Privateigentum als Rechtsinstitut und einzelnen individuellen Eigentumspositionen zu unterscheiden. Als Rechtsinstitut besteht das Eigentum aus einem Regelsystem, das den Erwerb, die Innehabung und den Verlust des Eigentums normiert. Wenn sich herausstellt, daß dieses Regelsystem kein notwendiges Mittel zur Sicherung der ökonomischen Effektivität mehr ist oder diese gar hemmt, so entfällt bei einer ausschließlichen Rechtfertigung des Eigentums durch die ökonomische Effektivität jeder Grund für die Beibehaltung jenes Regelsystems. Für die unter ihm geschaffenen Eigentumspositionen entsteht ein Übergangsproblem. Anders ist die Lage, wenn zwar nicht bezweifelt werden kann, daß das Rechtsinstitut des Privateigentums ein geeignetes und erforderliches Mittel zur Sicherung der ökonomischen Effektivität ist, aber feststeht, daß dies für bestimmte individuelle Eigentumspositionen nicht gilt. Unter moralischen Aspekten führt dies zu den Problemen des Akt- und des Regelutilitarismus (vgl. hierzu J. Rawls, Two Concepts of Rules, in: Ph. Foot (Hg.), Theories of Ethics, Oxford 1967, S. 144 ff.). In einem Rechtssystem läge es nahe, das Rechtsinstitut des Eigentums, also das das Eigentum definierende Regelsystem, durch den Gesetzgeber oder durch den Richter so umzugestalten, daß nur die der ökonomischen Effektivität dienenden Eigentumspositionen Schutz genießen. Eine Position, die das Effektivitätskriterium nicht oder nicht mehr erfüllt, würde nach diesem Modell nur bis zu einer legislativen oder judikativen Umgestaltung wegen der Existenz des Rechtsinstituts Schutz genießen. Insgesamt

Der zweite Aspekt bezieht sich auf Kollisionen von individuellen Rechten, die jeweils durch verschiedene kollektive Güter gerechtfertigt werden, sowie auf Kollisionen von individuellen Rechten mit anderen kollektiven Gütern als dem, das sie rechtfertigt. Bei diesen Konstellationen sind zwar Abwägungen möglich, diese sind aber wegen des universellen Mittel-Charakters in Wahrheit keine Abwägungen zwischen individuellen Rechten oder zwischen individuellen Rechten und kollektiven Gütern, sondern ausschließlich Abwägungen zwischen kollektiven Gütern.

Nimmt man beide Aspekte zusammen, so kann man sagen, daß es bei der Konzeption individueller Rechte als bloßer Mittel für kollektive Güter nicht einmal zu echten Kollisionen zwischen Rechtspositionen des einzelnen und kollektiven Gütern kommen kann. Individuelle Rechte spielen in Kollisionsfällen keine systematisch bedeutsame Rolle.

Die Anerkennung nicht kollektiv, sondern individuell begründeter individueller Rechte ist Ausdruck der Tatsache, daß der einzelne als einzelner ernst genommen wird. Umgekehrt ist deren Nichtanerkennung Ausdruck der Tatsache, daß der einzelne als einzelner nicht ernst genommen wird. Für die erste These bedeutet das, daß sie zwar begrifflich möglich ist, aber nur in einem normativen System wahr wird, in dem der einzelne als einzelner nicht ernst genommen wird. Es wird darzulegen sein, daß ein derartiges normatives System nicht rechtfertigungsfähig ist. Trifft diese Behauptung zu, so ist die erste These zwar begrifflich möglich, aber normativ unmöglich.

3. Kollektive Güter als Mittel für individuelle Rechte

Die zweite These trifft zu, wenn es begrifflich und normativ möglich ist, alle kollektiven Güter ausschließlich als Mittel für individuelle Rechte aufzufassen. Ein kollektives Gut soll ausschließlich als ein Mittel für individuelle Rechte angesehen werden, wenn seine

kann gesagt werden, daß dann, wenn das Eigentum ausschließlich ein Mittel für ein kollektives Gut ist, die Existenz einzelner Eigentumspositionen entweder unmittelbar oder mittelbar von der Existenz der Zweck/Mittel-Relation abhängt. Unabhängig von ihr haben moralische Rechte allenfalls eine regelutilitaristisch vermittelte und juristische Rechte allenfalls eine durch die Trägheit des Rechtssystems begründete Kraft.

Herstellung oder Aufrechterhaltung nichts anderes bedeutet, als daß Voraussetzungen für die Ausübung von Rechten durch ihre Träger und die Erfüllung durch ihre Adressaten geschaffen werden.[25] Um die Schaffung von Voraussetzungen für die Ausübung kann es bei Freiheiten und Kompetenzen gehen, um die Schaffung von Voraussetzungen für die Erfüllung bei Rechten auf etwas.

Die Frage lautet, ob kollektive Güter ausschließlich als Voraussetzungen für individuelle Rechte in dem oben skizzierten doppelten Sinn angesehen werden können. Man nehme als Beispiel die Vollbeschäftigung als Ziel der Wirtschaftspolitik. Dieses Ziel werde von zwei Regierungen verfolgt. Die eine Regierung vertritt eine strikt individualistische Theorie der Staatsaufgaben, die andere eine wesentlich kollektivistische. Die strikt individualistisch orientierte Regierung verfolgt das Ziel der Vollbeschäftigung ausschließlich zu dem Zweck, daß jedermann sein Recht auf die freie Wahl eines Arbeitsplatzes tatsächlich ausüben kann. Alle anderen Auswirkungen ihrer Vollbeschäftigungspolitik betrachtet sie teils als zwar willkommene, aber nicht gebotene Nebeneffekte und teils als notwendigen Preis für die möglichst umfassende Realisierung eines Rechts auf Arbeit. Daß eine ausschließlich individualistische Orientierung nicht nur behauptet, sondern auch praktiziert wird, ist daran zu erkennen, daß in Fällen, in denen das Ziel der Vollbeschäftigung mit anderen Zielen kollidiert, das Gewicht jenes Zieles ausschließlich durch das Gewicht der betroffenen individuellen Rechte bestimmt wird. Die willkommenen Nebeneffekte spielen in der Abwägung keine Rolle. Das Ziel der Vollbeschäftigung bleibt bei alledem ein kollektives Gut. Es ist nicht bestimmbar, wer welchen Anteil an ihm hat und wer, selbst bei äußerst weitgehender Realisierung, nicht von ihm profitiert. Für die wesentlich kollektivistisch orientierte Regierung ist die Sicherung individueller Rechte demgegenüber nur ein Grund unter vielen für die Vollbeschäftigungspolitik. In erster Linie strebt sie mit ihr Ziele wie den sozialen Frieden und die allgemeine Wohlfahrt der Bevölkerung an. Diese Ziele spielen in Kollisionsfällen die entscheidende Rolle.

Das Beispiel macht deutlich, daß die Frage, ob ein kollektives Gut ausschließlich ein Mittel für individuelle Rechte sein kann, nicht

25 Vgl. hierzu J. L. Mackie, Can There be a Right-Based Moral Theory?, in: J. Waldron (Hg.), Theories of Rights, Oxford 1984, S. 170.

allein anhand einer isolierten Betrachtung des kollektiven Gutes beantwortet werden kann. Die Antwort hängt vielmehr von der Rolle ab, die das kollektive Gut im jeweiligen System der Güter, Normen und Rechte spielt.[26] Diese Rolle wiederum ist durch die zugrundeliegende normative Theorie bedingt. Man kann daher sagen, daß es kollektive Güter gibt, die ausschließlich als Mittel für individuelle Rechte angestrebt werden können, und daß die Existenz derartiger kollektiver Güter von der zugrundeliegenden normativen Theorie abhängt. Das legt den Schluß nahe, daß es auch bei der Frage, ob kollektive Güter ausschließlich Mittel für individuelle Rechte sein können, um ein rein normatives und nicht um ein begriffliches Problem geht. Diese Annahme bedarf jedoch noch einer näheren Überprüfung.

Ein Gegner der These vom ausschließlich normativen Charakter des Problems könnte nach Beispielen für kollektive Güter suchen, die schon aus begrifflichen Gründen nicht ausschließlich Mittel für individuelle Rechte sein können. Die Schönheit der Städte und der Landschaft scheint ein solches Beispiel zu sein. Derartige Beispiele bereiten in der Tat Probleme, diese sind aber nicht begrifflicher, sondern normativer Art. Dem Vertreter einer strikt individualistischen Theorie stehen zwei Möglichkeiten zur Verfügung. Er kann individuelle Rechte anführen, für die dieses Gut ausschließlich ein Mittel ist, oder er kann behaupten, daß es sich überhaupt nicht um ein Gut und deshalb auch nicht um ein kollektives Gut handele. Wird der erste Weg gewählt, müssen Rechte auf die Schönheit der Umgebung angenommen werden, die so beschaffen sind, daß das kollektive Gut relativ zu ihnen als bloßes Mittel erscheinen kann. Das ist begrifflich möglich, normativ aber problematisch. Verallgemeinert läuft dieser Weg darauf hinaus, daß für alles, was der Staat an nützlichen, angenehmen und wertvollen Dingen schafft, schlicht entsprechende individuelle Rechte als deren Zwecke erfunden werden. Man kann zweifeln, ob sich

26 Dies eröffnet die Möglichkeit, zwischen zwei Begriffen des kollektiven Gutes zu unterscheiden, einem einfachen und einem voll ausgebildeten. Geht man vom einfachen Begriff aus, so kann man sagen, daß beide Regierungen dasselbe kollektive Gut verfolgen. Nach dem voll ausgebildeten Begriff bestimmt sich das, was ein kollektives Gut ist, wesentlich durch die Rolle, die das Gut im jeweiligen System der Güter, Normen und Rechte spielt. Nach diesem Begriff geht es den beiden Regierungen um unterschiedliche Güter.

alle derartigen Rechte normativ rechtfertigen lassen. Auch der zweite Weg ist begrifflich möglich, normativ aber problematisch. Es ist schwer zu bestreiten, daß die – wie immer zu definierende – Schönheit der Umgebung ein Gut ist. Das zweite Beispiel zeigt daher, daß an der begrifflichen Möglichkeit, kollektive Güter ausschließlich als Mittel für individuelle Rechte aufzufassen, auch in extremen Fällen festgehalten werden kann, es macht aber auch deutlich, daß hierfür der Preis einer problematischen normativen Theorie gezahlt werden muß. Es wird zu zeigen sein, daß dieser Preis zu hoch ist.

Begriffliche Probleme ergeben sich erst aus einem anderen Grund, nämlich aus der Unbestimmtheit der Zweck/Mittel-Relation. Diese Unbestimmtheit besteht zwar auch, wenn individuelle Rechte ausschließlich als Mittel für kollektive Güter angesehen werden, sie hat aber einen systematisch anderen Charakter, wenn kollektive Güter ausschließlich Mittel für individuelle Rechte sein sollen. Der Grund liegt im nicht-distributiven Charakter kollektiver Güter. Eine Erhöhung der Beschäftigungsquote ist kein Mittel zur Realisierung bestimmter einzelner individueller Rechte auf Arbeit. Erhöht wird nur die Chance einer Klasse von Individuen, ihre Rechte zu realisieren. Dies läßt sich auf alle kollektiven Güter übertragen, die nicht für alle Individuen die sichere Möglichkeit der Realisierung ihrer Rechte schaffen. In diesen Fällen ist das kollektive Gut aus begrifflichen Gründen nur potentiell ein Mittel für das individuelle Recht.

Zusammenfassend läßt sich daher sagen, daß es begrifflich möglich ist, kollektive Güter ausschließlich als Mittel für individuelle Rechte aufzufassen. In einigen Fällen ist die Zweck/Mittel-Relation aber aus begrifflichen Gründen nur eine potentielle, und in einigen Fällen setzt die Annahme der Zweck/Mittel-Relation problematische normative Thesen voraus.

4. Identitätsrelation

Die dritte der vier Thesen trifft zu, wenn alle kollektiven Güter identisch sind mit Zuständen, in denen individuelle Rechte existieren und erfüllt werden. Es sollen drei Varianten betrachtet werden: eine allgemeine Identitätsrelation, eine spezielle Identitätsrelation und die Abstraktionsrelation.

a) Allgemeine Identitätsrelation

Nach der ersten Variante bestehen kollektive Güter in nichts anderem als in einer Klasse existierender und erfüllter individueller Rechte grundsätzlich beliebigen Inhalts. Da das kollektive Gut hiernach dasselbe ist wie eine Klasse von existierenden und erfüllten Rechten allgemeiner, d. h. inhaltlich nicht festgelegter Art, kann von einer »allgemeinen Identitätsrelation« gesprochen werden. Diese Variante ist mit dem nicht-distributiven Charakter kollektiver Güter nicht vereinbar. Eine bloße Klasse von existierenden und erfüllten Rechten ist wegen ihres vollständig distributiven Charakters notwendig kein kollektives Gut. Sie ist etwas perfekt Distribuiertes und damit das Gegenteil eines kollektiven Gutes.

b) Spezielle Identitätsrelation

Ein Ausweg könnte darin bestehen, daß man nicht auf beliebige Rechte abstellt, sondern auf Rechte spezieller Art, nämlich auf solche, die die Herstellung oder Aufrechterhaltung des kollektiven Gutes zum Inhalt haben. Solche Rechte sind Rechte auf das kollektive Gut im ganzen. Es ist bereits unter normativen Gesichtspunkten fraglich, ob Individuen ein individuelles Recht auf die Herstellung und Aufrechterhaltung aller kollektiven Güter haben. Ernster sind die begrifflichen Probleme. Der Versuch, Identität dadurch herzustellen, daß individuelle Rechte angenommen werden, deren Gegenstände genau die kollektiven Güter sind, bedeutet nicht nur die Trivialisierung des Problems, sondern auch die Verfehlung seiner Lösung. Als Gegenstände individueller Rechte auf kollektive Güter bleiben die kollektiven Güter als das erhalten, was sie sind: als kollektive Güter. Die Beziehung zwischen einem Recht und seinem Gegenstand aber ist keine Identitätsrelation. Jeder Versuch, so etwas wie eine »spezielle Identitätsrelation« aufzufinden, muß deshalb scheitern. Es kann sie nicht geben.

c) Abstraktionsrelation

Die dritte Möglichkeit besteht in einer Abstraktion. Dabei wird als kollektives Gut nicht die Klasse der existierenden und erfüllten individuellen Rechte angesehen, sondern die Tatsache, daß sie existieren und erfüllt werden. Das kollektive Gut bezieht sich damit auf den Zustand der Existenz und Erfüllung individueller Rechte. Der Zustand der Existenz und Erfüllung individueller Rechte kann in der Tat als ein kollektives Gut angesehen werden. Er ist allerdings nicht dasselbe wie die Klasse der existierenden und erfüllten individuellen Rechte, denn er hat einen anderen logischen Status. Deshalb besteht zwischen jenem Zustand und den individuellen Rechten keine Identität im strengen Sinne. Was jedoch vorliegt, ist eine inhaltliche Identität. Gerade diese inhaltliche Identität aber bereitet Probleme. Wer den Zustand der Existenz und Erfüllung individueller Rechte als kollektives Gut ansieht, tut dies, weil dieser Zustand weitere Elemente einschließt. Andernfalls hätte er keinen Grund, statt von der Klasse der existierenden und erfüllten Rechte vom Zustand ihrer Existenz und Erfüllung zu reden. Zu den weiteren eingeschlossenen Elementen zählen etwa das wechselseitige Wissen um die Existenz und Erfüllung individueller Rechte, das daraus resultierende Vertrauen sowie die hiermit wahrscheinlich verbundene erhöhte Friedfertigkeit und Kooperationsbereitschaft. Bei diesen weiteren Elementen handelt es sich jeweils um kollektive Güter, die zwar mit individuellen Rechten verbunden, aber mit ihnen in keiner Hinsicht identisch sind. Es sind daher zwei Zustände der Existenz und Erfüllung individueller Rechte zu unterscheiden: einer, der derartige überschießende Elemente nicht einschließt, und einer, der dies tut. Beide sind kollektive Güter. Der erste ist mit individuellen Rechten inhaltlich identisch, gerade deshalb aber als kollektives Gut uninteressant; der zweite ist als kollektives Gut interessant, aber mit individuellen Rechten nicht inhaltlich identisch.

Die Identitätsthese kann damit zwar zu Recht geltend machen, daß der bloße Zustand der Existenz und Erfüllung individueller Rechte ein kollektives Gut ist und daß insofern eine inhaltliche Identität besteht. Es ist aber festzuhalten, daß eine inhaltliche Identität, die über diesen speziellen und zudem normativ uninteressanten Fall hinausgeht, schon aus begrifflichen Gründen ausscheidet und zudem normativ nicht zu rechtfertigen ist.

5. Unabhängigkeitsrelation

Zur Unabhängigkeitsrelation bleibt nach dem bislang Ausgeführten nicht mehr viel zu sagen. Eine Unabhängigkeit in dem Sinne, daß aus begrifflichen Gründen in keinem Fall eine der drei betrachteten Relationen gegeben sein kann, besteht nicht.

Was die erste Zweck/Mittel-Relation betrifft, so kann die Unabhängigkeitsthese schon deshalb nicht analytisch wahr sein, weil es begrifflich möglich ist, individuelle Rechte und kollektive Güter so zu konzipieren, daß alle individuellen Rechte ausschließlich Mittel für kollektive Güter sind. Aber auch normative Gründe führen nicht zu ihrer Wahrheit. Zwar ist, wie gleich zu zeigen sein wird, eine normative Theorie, nach der alle individuellen Rechte ausschließlich Mittel für kollektive Güter sind, nicht zu rechtfertigen, daß einige individuelle Rechte auch als Mittel für kollektive Güter in Frage kommen, ist jedoch durchaus plausibel.

Leichter noch läßt sich im Bereich der zweiten Zweck/Mittel-Relation gegen die Unabhängigkeitsthese in ihrer starken Form argumentieren. Daß einige kollektive Güter – wenn auch nur in dem dargelegten potentiellen Sinne – Mittel für individuelle Rechte sein können, ist nicht zu bezweifeln. Akzeptiert man problematische normative Thesen, so kann man sogar sagen, daß alle kollektiven Güter ausschließlich Mittel für individuelle Rechte sind.

Was schließlich die Identitätsrelation anbelangt, so ist festzustellen, daß die starke Unabhängigkeitsthese insofern nicht zutreffen kann, als es genau ein kollektives Gut gibt, bei dem eine inhaltliche Identität besteht, nämlich den bloßen Zustand der Existenz und Erfüllung individueller Rechte.

Die Unabhängigkeitsthese erweist sich damit in ihrer starken Form als leicht zu widerlegen und deshalb recht uninteressant. Wesentlich interessanter sind ihre schwachen Formen. In ihnen sagt sie, daß trotz verschiedener partieller Reduktionsmöglichkeiten eine vollständige Reduktion individueller Rechte auf kollektive Güter oder kollektiver Güter auf individuelle Rechte in keiner der drei Relationen möglich ist. Bei der dritten Relation ist eine solche Reduktionsmöglichkeit bereits aus begrifflichen Gründen auszuscheiden. Bei der ersten und zweiten hängt dies von normativen Gründen ab. Auf diese sei nun ein kurzer Blick geworfen.

III. Normative Relationen zwischen individuellen Rechten und kollektiven Gütern

Im normativen Verhältnis von individuellen Rechten und kollektiven Gütern stellen sich zwei Probleme: das Reduktions- und das Gewichtungsproblem. Das Reduktionsproblem ergibt sich daraus, daß, wie im vorhergehenden Abschnitt gezeigt, bei entsprechenden normativen Thesen mittels einer Zweck/Mittel-Relation sowohl individuelle Rechte auf kollektive Güter als auch kollektive Güter auf individuelle Rechte reduziert werden können. Das Gewichtungsproblem stellt sich, wenn derartige Reduktionen nicht akzeptabel sind, so daß es zu echten Kollisionen zwischen individuellen Rechten und kollektiven Gütern kommen kann, die durch Abwägung zu lösen sind. Beide Probleme führen zu tiefgehenden Fragen der praktischen Philosophie. Mehr als die Skizze eines Lösungsweges kann hier nicht geboten werden.

1. Das Reduktionsproblem

Begrifflich ist mit Hilfe der Zweck/Mittel-Relation sowohl eine vollständige Reduktion individueller Rechte auf kollektive Güter als auch eine vollständige Reduktion kollektiver Güter auf individuelle Rechte möglich. Es sei zunächst die normative Möglichkeit des ersten Weges betrachtet.

a) Die Nichtreduzierbarkeit individueller Rechte

Individuelle Rechte sind, wie dargelegt, nicht über eine Zweck/Mittel-Relation auf kollektive Güter reduzierbar, wenn es Gründe für sie gibt, die der Idee Ausdruck geben, daß der einzelne als einzelner ernst zu nehmen ist. Die Diskussion dieser Gründe ist so alt wie die Diskussion über die Menschenrechte. In dieser Diskussion vermengen sich zahlreiche Begründungsstrategien und viel Rhetorik. Sechs Strategien, die untereinander die verschiedensten Verbindungen eingehen können, sind zu unterscheiden: 1. die theologische, 2. die naturrechtliche, 3. die intuitionistische, 4. die dezisionistische, 5. die konventionalistische und 6. die vernunftrechtliche. Die Darstellung und Erörterung dieser Begründungsstrategien würde auf eine umfassende Rechts- und Moralphilosophie hinauslaufen. Hier soll nur ein kurzer Blick auf eine Variante der wohl aussichtsreichsten Strategie, der vernunftrechtlichen, geworfen werden. Falls intersubjektiv überzeugende Varianten der anderen Strategien gefunden werden können, ist dies als zusätzliche Stützung nur willkommen.

Die hier vertretene Variante der vernunftrechtlichen Begründung ist transzendentalpragmatischer Art.[27] Sie folgt in der Sache Kantischen Linien. Methodologisch bedient sie sich sprachphilosophischer Argumente, und zwar der Präsuppositionsanalyse.[28] Die Begründung erfolgt in zwei Schritten. In einem ersten Schritt wird gezeigt, daß im Diskurs jeder Argumentierende allgemeine und notwendige Präsuppositionen machen muß, die einschließen, daß er den Adressaten seiner Argumente als Diskurspartner und damit als einzelnen ernst nimmt. Ein expliziter Verstoß gegen derartige Präsuppositionen liegt etwa dann vor, wenn geäußert wird: »Ein Klügerer würde mein Argument leicht als fehlerhaft erkennen, du solltest dich aber von ihm überzeugen lassen.« Auch ohne eine tiefere Analyse dieser Äußerung ist dreierlei zu erkennen: (1) daß sie fehlerhaft ist, (2) daß sie wegen Verstoßes gegen notwendige Argumentationsvoraussetzungen fehlerhaft ist, u. a. gegen die, daß vom Versuch einer Überzeugung anders als von dem einer Überredung nur dann die Rede sein kann, wenn Argumente vorgetragen werden, von denen der Argumentierende glaubt, daß sie jeden überzeugen können,[29] und (3) daß die Fehlerhaftigkeit einschließt, daß der angesprochene Argumentationspartner als einzelner nicht ernst genommen wird.

Das bislang Gesagte betrifft freilich nur die Ebene des Diskurses. Auf dieser Ebene muß auch der, der Argumente dagegen anführt,

27 Vgl. hierzu J. Habermas, Diskursethik – Notizen zu einem Begründungsprogramm, in: ders., Moralbewußtsein und kommunikatives Handeln, Frankfurt a. M. 1983, S. 53 ff.; R. Alexy (Fn. 21), S. 161 ff., 230 ff.

28 Vgl. hierzu A. J. Watt, Transcendental Arguments and Moral Principles, in: The Philosophical Quarterly 25 (1975), S. 40 ff.

29 Zu der diesem Argument zugrundeliegenden Unterscheidung von Überzeugung und Überredung vgl. I. Kant, Kritik der reinen Vernunft, A 820, B 848.

daß der einzelne mit individuell begründeten individuellen Rechten auszustatten ist, den einzelnen als Argumentationspartner ernst nehmen, denn indem er argumentiert, läßt er sich notwendig auf entsprechende Argumentationsvoraussetzungen ein. Daraus, daß der einzelne als Diskurspartner ernst genommen werden muß, folgt aber noch nicht, daß er auch im Leben, d. h. außerhalb des Diskurses, als einzelner ernst zu nehmen ist.[30] Um dies darzutun, ist ein zweiter Begründungsschritt erforderlich.

Der zweite Begründungsschritt beginnt mit der Feststellung, daß der, der an der Normenbegründung als gleichberechtigter einzelner teilnehmen kann, jedenfalls insofern als autonomes Individuum qualifiziert ist. Als solches handelt er sowohl gegen seine Möglichkeiten als auch gegen seine mit dieser Qualifikation gegebenen Interessen, wenn er einer Einrichtung der normativen Ordnung des gesellschaftlichen Lebens zustimmt, die ihn als einzelnen nicht ernst nimmt. Eine derartige Ordnung ist deshalb kein möglicher Gegenstand eines diskursiv erzielten Konsenses. Sie ist diskursiv unmöglich.[31] Damit ist nicht gesagt, für welche individuellen Rechte eine individuelle Begründung notwendig ist. Es ist aber ausgeschlossen, daß eine normative Ordnung keine individuellen Rechte mit einer individuellen Begründung enthält. Dies reicht zur Widerlegung der Reduzierbarkeit individueller Rechte auf kollektive Güter aus.

b) Die Nichtreduzierbarkeit kollektiver Güter

Es ist deutlich geworden, daß es zwei Wege gibt, kollektive Güter auf individuelle Rechte zu reduzieren.[32] Der erste wird eingeschlagen, wenn zwecks Stützung der These, daß alle kollektiven Güter nichts anderes sind als Mittel für die Realisierung individueller Rechte, behauptet wird, daß sich zu jedem kollektiven Gut entsprechende individuelle Rechte als dessen ausschließliche Zwecke anführen lassen. Der zweite wird beschritten, wenn

---

30 Dazu, daß der unmittelbare Schluß von Diskursregeln auf Handlungsregeln ein Fehlschluß ist, vgl. J. Habermas (Fn. 27), S. 96.

31 Zu diesem Begriff vgl. R. Alexy, Die Idee einer prozeduralen Theorie der juristischen Argumentation, in: Rechtstheorie, Beiheft 2 (1981), S. 182 ff. [Kap. 4, S. 99 ff.].

32 Vgl. oben S. 246 ff.

zwecks Stützung jener These behauptet wird, daß alles, was gemeinhin als »kollektives Gut« bezeichnet wird, dann, wenn es nicht auf diese Weise auf individuelle Rechte reduzierbar ist, normativ bedeutungslos, also kein Gut und deshalb auch kein kollektives Gut ist. Beide Thesen führen dazu, daß kollektive Güter keine eigenständige normative Kraft in moralischen und rechtlichen Argumentationen mehr haben. Es sei behauptet, daß sowohl die eine als auch die andere falsch ist.

Man kann es als kollektives Gut ansehen, daß eine Gesellschaft so gestaltet ist, daß es sich in ihr angenehm und abwechslungsreich leben läßt, und man kann ferner behaupten, daß der Staat, wenn fundamentalere Dinge gesichert sind, verpflichtet ist, dieses kollektive Gut herzustellen und aufrechtzuerhalten. Es ist aber zu bestreiten, daß individuelle Rechte existieren, für die dieses Gut ausschließlich ein Mittel ist. Individuelle Rechte sind, wie oben dargelegt, Gründe für ihre Durchsetzbarkeit. Die Durchsetzung könnte sich wegen des nicht-distributiven Charakters nicht auf bloße Anteile an dem kollektiven Gut beschränken. Sie müßte deshalb darin bestehen, daß jeder einzelne das auf alle bezogene kollektive Gut durchsetzen könnte. Es kann Fälle geben, in denen es gute Gründe dafür gibt, den einzelnen so mit Rechten auszustatten, daß er für sich oder als Advokat der Gemeinschaft kollektive Güter durchsetzen kann. Dies kann jedoch nicht verallgemeinert werden. In der Regel sprechen die besseren Gründe dafür, für kollektive Rechte nur einen kollektiven Modus der Durchsetzung zu schaffen, wie ihn der politische Prozeß in einem demokratischen System darstellt.

Daß keine entsprechenden individuellen Rechte bestehen, bedeutet nicht, daß es das kollektive Gut nicht gibt. Dies ist daran zu erkennen, daß man den Staat für verpflichtet halten kann, nach Sicherung fundamentalerer Dinge dafür zu sorgen, daß angenehme und abwechslungsreiche Lebensumstände geschaffen und schöne und nützliche Dinge hergestellt werden. Damit soll nur die grundsätzliche Berechtigung der Annahme nicht reduzierbarer kollektiver Güter dargetan werden. Zu sagen, welche im einzelnen anzunehmen sind, ist Aufgabe einer normativen Theorie des Staates und der Gesellschaft, insbesondere einer Theorie der Staatsaufgaben.

2. Das Gewichtungsproblem

Akzeptiert man das bisher Gesagte, so ist davon auszugehen, daß es in jedem rechtfertigungsfähigen normativen System sowohl individuelle Rechte als auch kollektive Güter mit eigener Kraft gibt. Die Erfahrung zeigt, daß Kollisionen zwischen beiden etwas Alltägliches sind. Die Frage nach ihrer Lösung führt zu dem Gewichtungsproblem.

a) Die Kollision zwischen individuellen Rechten und kollektiven Gütern

Von einer Kollision individueller Rechte und kollektiver Güter kann nur gesprochen werden, wenn und insoweit sie Prinzipiencharakter haben, also Optimierungsgebote sind. Wenn und insoweit sie Regelcharakter haben, ist nur ein Regelkonflikt möglich, der etwas ganz anderes ist als eine Prinzipienkollision.[33] Ein Beispiel aus der Rechtsprechung kann dies verdeutlichen. In dem Verhandlungsunfähigkeitsbeschluß des Bundesverfassungsgerichts[34] geht es um die Zulässigkeit der Durchführung einer Hauptverhandlung gegen einen Beschuldigten, dem aufgrund der Belastungen eines solchen Verfahrens die Gefahr eines Schlaganfalls und eines Herzinfarkts droht. Das Gericht stellt eine Kollision zwischen dem kollektiven Gut einer funktionierenden Strafrechtspflege und dem individuellen Recht auf Leben und körperliche Unversehrtheit fest, die es durch Abwägung im konkreten Fall löst. Dies zeigt, daß es das individuelle Recht und das kollektive Gut als Prinzipien behandelt, was, wie oben gezeigt,[35] ohne weiteres möglich ist. Würde es von einem Regelkonflikt ausgehen, so müßte es zur Lösung des Falles entweder das individuelle Recht oder das kollektive Gut für ungültig erklären und aus der Rechtsordnung verabschieden oder in eines von beiden eine Ausnahme einfügen, die erlaubt, es in allen weiteren Fällen als entweder erfüllte oder nicht erfüllte Regel anzusehen. Das Gericht wählt einen anderen Weg. Es setzt eine bedingte Vorrang-

---

33 Vgl. R. Alexy (Fn. 1), S. 77 ff.
34 BVerfGE 51, 324.
35 S. 237 ff.

relation fest, indem es unter Bezug auf den Fall Bedingungen angibt, unter denen das eine Prinzip dem anderen vorgeht. Daß dies nicht zu einer bloßen ad hoc-Kasuistik führt, ist daran zu erkennen, daß die Bedingungen, unter denen das eine Prinzip dem anderen vorgeht, den Tatbestand einer – freilich relativ konkreten – Regel bilden, die die Rechtsfolge des vorgehenden Prinzips ausspricht.[36]

b) Die Abwägung zwischen individuellen Rechten und kollektiven Gütern

Die kollisionslösende bedingte Vorrangrelation bringt eine fallbezogene Festsetzung der relativen Gewichte der beteiligten Prinzipien zum Ausdruck und ist insofern Ergebnis einer Abwägung. Gegen das Konzept der Abwägung ist immer wieder der Irrationalismuseinwand erhoben worden.[37] Dieser Einwand trifft das Verfahren der Abwägung jedoch nicht stärker als die allgemeine praktische und juristische Argumentation als solche. Der Grund für diese relative Resistenz der Abwägung gegen den Irrationalismuseinwand ist, daß sich aus der Struktur der Prinzipien Regeln rationalen Abwägens ergeben.

Als Optimierungsgebote fordern Prinzipien eine relativ auf die rechtlichen und die tatsächlichen Möglichkeiten möglichst weitgehende Realisierung. Hieraus ergeben sich drei Folgerungen, die am Beispiel einer Kollision zwischen dem individuellen Recht auf Meinungsfreiheit und dem kollektiven Gut der äußeren Sicherheit des Staates dargelegt seien. Zwei betreffen die in der Definition des Optimierungsgebotes enthaltene Relativierung auf die tatsächlichen Möglichkeiten. Die erste sagt, daß eine Handlung dann, wenn sie nicht geeignet ist, die Realisierung des einen Prinzips, im Beispiel die des Prinzips der äußeren Sicherheit, zu fördern, aber geeignet ist, die Realisierung des anderen Prinzips, also die des Rechts auf Meinungsfreiheit, zu hemmen, in bezug auf beide Prinzipien verboten ist. Die zweite sagt, daß eine Hand-

---

36 Näher hierzu R. Alexy (Fn. 1), S. 81 ff.
37 Vgl. statt vieler E. Forsthoff, Zur heutigen Situation einer Verfassungslehre, in: Epirrhosis, Festgabe f. C. Schmitt, hg. v. H. Barion/E.-W. Böckenförde/E. Forsthoff/W. Weber, Berlin 1968, S. 190 ff.

lung dann, wenn es zu ihr eine Alternative gibt, die die Realisierung des einen Prinzips, im Beispiel die des Prinzips der äußeren Sicherheit, mindestens gleich gut fördert, die des anderen, also die des Rechts auf Meinungsfreiheit, aber weniger hemmt, in bezug auf beide Prinzipien verboten ist. In beiden Fällen enthält der Raum der tatsächlichen Möglichkeiten Handlungsalternativen, die den normativen Anforderungen der zu berücksichtigenden Prinzipien besser gerecht werden. Die genannten zwei Regeln geben der Idee der Pareto-Optimalität Ausdruck. Im deutschen Verfassungsrecht entsprechen ihnen die ersten beiden von drei Teilgrundsätzen des Verhältnismäßigkeitsgrundsatzes, die Grundsätze der Geeignetheit und Erforderlichkeit.[38]

Auf die rechtlichen Möglichkeiten bezogen folgt aus dem Prinzipiencharakter der dritte Teilgrundsatz des Verhältnismäßigkeitsgrundsatzes, der Grundsatz der Verhältnismäßigkeit im engeren Sinne, der auch als »Grundsatz der Proportionalität« bezeichnet werden kann. Er wird relevant, wenn – anders als bei den beiden auf die tatsächlichen Möglichkeiten bezogenen Grundsätzen – die Erfüllung des einen Prinzips nicht ohne die Nichterfüllung oder Beeinträchtigung des anderen möglich ist. Für diese Fälle läßt sich folgende Regel als Abwägungsgesetz formulieren:

> Je höher der Grad der Nichterfüllung oder Beeinträchtigung des einen Prinzips ist, desto größer muß die Wichtigkeit der Erfüllung des anderen sein.[39]

Das Abwägungsgesetz, das Ideen zum Ausdruck bringt, die sich mit Hilfe von Indifferenzkurven darstellen lassen,[40] bezieht sich auf die Abwägung im engeren und eigentlichen Sinne. Diese besteht in dem Gewichten von Prinzipien bei nur auf Kosten des jeweils anderen Prinzips möglicher Realisierbarkeit.

Gegen das Abwägungsgesetz kann zwar zu Recht geltend gemacht werden, daß es kein definitives Entscheidungsverfahren formuliert; dennoch ist es nicht wertlos. Es strukturiert die Abwägung, indem es dazu zwingt, Sätze über Nichterfüllungs- oder

---

38 Hierzu sowie zum weiteren R. Alexy (Fn. 1), S. 100 ff.
39 Zur Anwendung dieser Regel in der Rechtsprechung vgl. BVerfGE 7, 377 (404 f.); 17, 306 (314); 20, 150 (159); 35, 202 (226); 41, 251 (264); 72, 26 (31).
40 Vgl. R. Alexy (Fn. 1), S. 146 ff.

Beeinträchtigungsgrade sowie Sätze über Wichtigkeitsgrade zu formulieren und zu begründen, wobei jedes in der juristischen Argumentation mögliche Argument in Frage kommt. Dadurch wird die Argumentation in Bahnen geleitet, die es ohne das Abwägungsgesetz nicht gäbe. Es ist allerdings festzuhalten, daß diese Strukturierung inhaltlich neutral ist und in diesem Sinne formalen Charakter hat. Dies ändert zwar nichts an ihrer Unverzichtbarkeit und beseitigt nicht ihren Wert, es bedeutet aber, daß der Wunsch nach einer inhaltlichen Festlegung des Verhältnisses von individuellen Rechten und kollektiven Gütern durch sie unerfüllt bleibt. Daß dieser Wunsch nicht gänzlich unerfüllt bleiben muß, ist nunmehr zu zeigen.

c) Der prima facie-Vorrang individueller Rechte

Es sei behauptet, daß eine generelle inhaltliche Festlegung des Verhältnisses von individuellen Rechten und kollektiven Gütern durch einen prima facie-Vorrang zugunsten individueller Rechte aus normativen Gründen geboten ist. Das Hauptargument besteht in einer Erweiterung der oben gegebenen transzendentalpragmatischen Begründung der Notwendigkeit einer normativen Ordnung des gesellschaftlichen Lebens, die den einzelnen als einzelnen ernst nimmt. Der Begriff des Ernstnehmens schließt nicht ein, daß Positionen einzelner nicht zugunsten kollektiver Güter beseitigt oder eingeschränkt werden dürfen, er schließt aber ein, daß hierfür eine hinreichende Rechtfertigung möglich sein muß. Der Begriff des Ernstnehmens kann somit begründungstheoretisch expliziert werden. Keine hinreichende Rechtfertigung für eine Beseitigung oder Einschränkung liegt vor, wenn in einem Kollisionsfall zweifelhaft ist, ob für das individuelle Recht oder das kollektive Gut bessere Gründe vorliegen, oder wenn in einem solchen Fall feststeht, daß sich für beide gleich gute Gründe anführen lassen. Das durch das Erfordernis der hinreichenden Rechtfertigung zu explizierende Postulat des Ernstnehmens des einzelnen verlangt in beiden Fällen den Vorrang des individuellen Rechts. Der Vorrang in Zweifelsfällen und der Vorrang bei der Gewißheit gleich guter Gründe können unter dem Begriff des prima facie-Vorrangs zusammengefaßt werden. Es besteht also ein genereller prima facie-Vorrang zugunsten individueller Rechte. Dieser prima facie-Vorrang wirkt sich in einer Argumentationslast zugunsten individueller Rechte und zu Lasten kollektiver Güter aus.

Gegen einen prima facie-Vorrang individueller Rechte, der sich, was Freiheitsrechte anbetrifft, auch in die Formel »in dubio pro libertate« fassen läßt, ist geltend gemacht worden, daß er zu einer normativen Ordnung führe, die in einem nicht zu rechtfertigenden Maß individualistisch sei. So ist von einem anarchistischen Individualismus und einem überzogenen Wirtschaftsliberalismus als Konsequenz eines derartigen Grundsatzes die Rede.[41] Diesem Einwand liegt entweder eine Überschätzung der inhaltlichen Bedeutung des prima facie-Vorrangs oder ein Verkennen seiner Richtung oder eine nicht zu rechtfertigende kollektivistische politische Theorie zugrunde. Die inhaltliche Bedeutung des prima facie-Vorrangs wird überschätzt, wenn dieser mit einem definitiven Vorrang verwechselt oder auch nur im Sinne eines regelmäßigen Vorrangs interpretiert wird. Der prima facie-Vorrang schließt das Zurückdrängen individueller Rechte durch kollektive Güter nicht aus. Er verlangt lediglich, daß dabei für die durch kollektive Güter geforderte Lösung stärkere Gründe sprechen als für die durch individuelle Rechte geforderte. Damit erhält das normative System zwar eine individualistische Tendenz, diese ist aber so schwach, daß sie dem Vertreter einer strikt individualistischen politischen Theorie nicht ausreichen würde, was zusätzlich zeigt, wie wenig haltbar der Individualismuseinwand ist. Die Richtung des prima facie-Vorrangs wird verkannt, wenn er nicht als Vorrang aller zur Klasse der individuellen Rechte gehörenden Rechte gegenüber kollektiven Gütern, sondern als Vorrang nur einer Teilklasse dieser Rechte, etwa nur als Vorrang der Freiheitsrechte, interpretiert wird. Prima facie-Vorränge innerhalb der Klasse der individuellen Rechte sind ein neues, hier nicht zu behandelndes Problem. Eine nicht zu rechtfertigende kollektivistische politische Theorie schließlich liegt dem Individualismuseinwand zugrunde, wenn nicht einmal die durch den prima facie-Vorrang bewirkte schwache individualistische Tendenz akzeptiert wird. Ohne sie kann nicht davon gesprochen werden, daß der einzelne als einzelner ernst genommen wird.

41 Vgl. A. Keller, Die Kritik, Korrektur und Interpretation des Gesetzeswortlauts, Winterthur 1960, S. 279; vgl. ferner H. Ehmke, Prinzipien der Verfassungsinterpretation, in: VVDStRL 20 (1963), S. 87.

11. Grundrechte als subjektive Rechte und als objektive Normen

I.

Die objektive Dimension der Grundrechte ist in der Grundrechtsdogmatik der Nachkriegszeit das wichtigste Instrument zur Gewinnung neuer grundrechtlicher Gehalte.[1] Eine frühe und paradigmatische Ausprägung hat die Lehre von der objektiven Dimension im Lüth-Urteil aus dem Jahre 1958 erhalten.[2] Danach hat der Grundrechtsabschnitt des Grundgesetzes eine doppelte Bedeutung. Er gewährt in erster Linie »Abwehrrechte des Bürgers gegen den Staat«. Darüber hinaus aber soll er eine »objektive Wertordnung« oder ein »Wertsystem« enthalten, das als »verfassungsrechtliche Grundentscheidung für alle Bereiche des Rechts« gilt: »Gesetzgebung, Verwaltung und Rechtsprechung empfangen von ihm Richtlinien und Impulse«.[3] Diese Formulierungen weisen weit über das Problem der Drittwirkung hinaus, um das es im Lüth-Urteil ging. So kann es nicht verwundern, daß die Idee einer objektiven Dimension – häufig in enger Verbindung mit der des Wertes – nahezu überall Anwendung fand, wo der Rahmen einer bloß abwehrrechtlichen Grundrechtsinterpretation überschritten wurde. Das Spektrum reicht von originären grundrechtlichen Leistungsrechten[4] über grundrechtliche Schutzpflichten des Staates[5]

---

1 Vgl. K. Hesse, Bestand und Bedeutung der Grundrechte in der Bundesrepublik Deutschland, in: EuGRZ 1978, S. 431 ff.; H. D. Jarass, Grundrechte als Wertentscheidungen bzw. objektivrechtliche Prinzipien in der Rechtsprechung des Bundesverfassungsgerichts, in: AöR 110 (1985), S. 363 ff.; D. Grimm, Rückkehr zum liberalen Grundrechtsverständnis?, in: recht 1988, S. 41 ff.

2 BVerfGE 7, 198. In einer weniger entwickelten Form findet sich die Idee einer objektiven Dimension bereits in früheren Entscheidungen; vgl. etwa BVerfGE 6, 55 (72).

3 BVerfGE 7, 198 (204 f.).

4 BVerfGE 33, 303 (330); 43, 291 (313 ff.).

5 BVerfGE 39, 1 (41 f.); 46, 160 (164); 65, 54 (73); 76, 1 (49 ff.); 77, 170 (214).

und Rechte auf grundrechtsgemäße Verfahren[6] bis zu grundrechtlichen Anforderungen an die Organisation etwa der Hochschu-
len[7] und des Rundfunks[8]. Dabei gibt es im einzelnen große
Unterschiede. Gemeinsamkeiten und Kontinuität werden sicht-
bar, wenn das Bundesverfassungsgericht 1987 im fünften Fernsehurteil seine These, daß Art. 5 Abs. 1 GG die »Meinungsfreiheit als
objektives Prinzip der Gesamtrechtsordnung« normiere, mit einem Hinweis auf das Lüth-Urteil, und nur auf dieses, stützt.[9]
Die an der Idee des Objektiven orientierte Rechtsprechung ist
unter vielen Aspekten kritisiert worden. Dabei ging es jedoch zumeist nicht um die objektive Dimension als solche. Vielmehr
standen substantielle, funktionelle und methodologische Probleme im Vordergrund. Unter *substantiellen* Gesichtspunkten
wurde die Gefahr einer übermäßigen Zurückdrängung der ab-
wehrrechtlich garantierten liberalen Freiheit zugunsten sozial-
staatlicher, demokratischer und institutioneller Grundrechtsge-
halte diskutiert.[10] Hierbei handelt es sich letzthin um das
Problem, welche Grundrechtstheorie einer richtigen Grundrechtsinterpretation zugrunde zu legen ist.[11] Unter *funktionellen*
Aspekten zog die Extension grundrechtlicher Gehalte Kritik auf
sich, weil es bei ihr um positive Pflichten vor allem des Gesetzgebers geht.[12] Die Gefahr unzulässiger Übergriffe in die Kompetenzen anderer Gewalten ist bei positiven Pflichten größer als bei
negativen.[13] Im Zentrum der *methodologischen* Einwände stand
vor allem der Rekurs auf ein Wertsystem.[14] Es kann aber auch

6 BVerfGE 53, 30 (65).
7 BVerfGE 35, 79 (114 ff.).
8 BVerfGE 12, 205 (259 ff.); 31, 314 (326 ff.); 57, 295 (319 ff.); 73, 118
  (152 ff.); 74, 297 (323 ff.).
9 BVerfGE 74, 297 (323); ebenso BVerfGE 57, 295 (319 f.).
10 Vgl. etwa H. H. Klein, Die Grundrechte im demokratischen Staat,
   2. Aufl., Stuttgart/Berlin/Köln/Mainz 1974, S. 48 ff.
11 E.-W. Böckenförde, Grundrechtstheorie und Grundrechtsinterpretation, in: NJW 1974, S. 1529 ff.
12 G. F. Schuppert, Funktionell-rechtliche Grenzen der Verfassungsinterpretation, Königstein/Ts. 1980, S. 10 ff.
13 Vgl. G. Robbers, Sicherheit als Menschenrecht, Baden-Baden 1987,
   S. 160 ff.
14 Vgl. C. Schmitt, Die Tyrannei der Werte, in: Säkularisation und Utopie, Festschrift für E. Forsthoff, Stuttgart/Berlin/Köln/Mainz 1967,
   S. 37 ff.; E. Forsthoff, Zur heutigen Situation einer Verfassungslehre,

unabhängig hiervon die Unbestimmtheit objektiver Prinzipien kritisiert werden.

Hier soll die objektive Dimension als solche im Zentrum der Betrachtung stehen. Die Leitfrage lautet: In welchem Umfang gewähren Grundrechtsnormen subjektive Rechte und nicht nur einen bloß objektiven Schutz? Diese Frage steht quer zu gängigen Unterscheidungen zwischen der subjektiven und der objektiven Dimension, in denen die subjektive mit der abwehrrechtlichen und die objektive Dimension mit allen darüber hinausgehenden grundrechtlichen Gehalten identifiziert wird.[15] Daß derartige Unterscheidungen nur von begrenztem Wert sind, ist daran zu erkennen, daß bei allen Gehalten, die über ein Abwehrrecht hinausgehen, gefragt werden kann, ob der Schutz subjektiv oder bloß objektiv ist. Diese Frage ist eng mit den erwähnten substantiellen, funktionellen und methodologischen Problemen verbunden. Die Konzentration auf die Leitfrage kann deshalb nicht mehr als eine thematische Akzentuierung sein. Meine Überlegungen gliedern sich in zwei Teile. Gegenstand des ersten Teils ist der Begriff der objektiven Dimension. Im zweiten Teil wird es um das Verhältnis zwischen der subjektiven und der objektiven Dimension der Grundrechte gehen.

II.

Der *Begriff der objektiven Dimension der Grundrechte* ist alles andere als klar.[16] Ein äußeres Anzeichen hierfür ist ein terminologischer Wirrwarr. Man nehme nur einige der Ausdrücke, mit denen im Lüth-Urteil versucht wird, das Objektive zu umschreiben: »objektive Wertordnung«, »Wertsystem«, »verfassungsrechtliche Grundentscheidung«, »Grundrechte als objektive Normen«,

---

in: Epirrhosis, Festgabe f. C. Schmitt, hg. v. H. Barion/E.-W. Böckenförde/E. Forsthoff/W. Weber, Berlin 1968, S. 190 ff.; U. K. Preuß, Die Internalisierung des Subjekts, Frankfurt a. M. 1979, S. 151 ff.; B. Schlink, Abwägung im Verfassungsrecht, Berlin 1976, S. 127 ff.

15 Vgl. etwa D. Grimm (Fn. 1), S. 41 ff.

16 Das hat Schwabe veranlaßt, den Begriff des Objektiven als einen »Nebelbegriff« zu bezeichnen; vgl. J. Schwabe, Probleme der Grundrechtsdogmatik, Darmstadt 1977, S. 286.

»Richtlinien« und »Impulse«.[17] Ist mit diesen Ausdrücken dasselbe gemeint oder jeweils etwas anderes? Wenn letzteres der Fall
ist, worin bestehen die Unterschiede? Und was schließlich ist das
eigentlich Objektive? Das Gewicht dieser Fragen verstärkt sich,
wenn man in die weitere Rechtsprechung schaut. »Wertentscheidende Grundsatznorm«[18], »objektivrechtliche Wertentscheidung«[19], »Strukturprinzipien«[20], »Grundprinzipien«[21], »Leit-
norm«[22], »Maßstabsnorm«[23] und »Postulat«[24] sind nur einige
Beispiele für die dort aufzufindende terminologische Vielfalt. Das
alles wird von der Literatur noch übertroffen. Immerhin führt der
Blick auf die Terminologie auch zu etwas Positivem. Er legt die
Vermutung nahe, daß es bei der objektiven Dimension der Grundrechte nicht um einen einfachen, sondern um einen komplizierten
Gegenstand geht. Es soll versucht werden, ihn in einem begrifflichen Rahmenwerk zu erfassen, das drei Teile aufweist.

1. a) Der erste Teil des Rahmenwerkes besteht in der Einteilung
möglicher Grundrechtsnormen anhand von drei Unterscheidungen. Die erste ist die zwischen *bindenden* und *nicht bindenden*
Grundrechtsnormen.[25] Als »bindend« soll eine Grundrechtsnorm
bezeichnet werden, wenn es möglich ist, daß ihre Verletzung
durch das BVerfG festgestellt wird, in welchem Verfahren auch
immer.[26] Nicht bindende Grundrechtsnormen sind demgegenüber Normen, deren Verletzung in keinem Fall vom BVerfG
festgestellt werden kann. Sie sind in diesem Sinne bloße Pro-

17 BVerfGE 7, 198 (205).
18 BVerfGE 35, 79 (112); 39, 1 (47).
19 BVerfGE 49, 89 (142).
20 BVerfGE 31, 58 (69).
21 BVerfGE 31, 58 (70).
22 Ebd.
23 BVerfGE 21, 73 (85).
24 BVerfGE 35, 79 (114).
25 Vgl. R. Alexy, Theorie der Grundrechte, Baden-Baden 1985 (Frankfurt a. M. 1986), S. 456.
26 Diese Definition ist auf ein Rechtssystem wie das der Bundesrepublik
   Deutschland bezogen, das eine umfassende verfassungsgerichtliche
   Kontrolle kennt. Im Hinblick auf ein Rechtssystem, das den Schutz
   der Grundrechte gänzlich der einfachen Gerichtsbarkeit überläßt,
   wäre die Definition zu modifizieren. Entscheidend ist, daß auch in
   diesem Fall der Umfang der Bindung dem der gerichtlichen Kontrol-
   lierbarkeit entspricht.

grammsätze, nämlich Normen, denen keine rechtliche, sondern nur eine moralische oder politische Geltung zukommt. Nach dieser Einteilung sind Häberles nicht justitiable Verfassungsaufträge, die »als Appell an die politischen Instanzen« wirken sollen[27] und deren Erfüllung vor allem durch die Herstellung von Öffentlichkeit zu garantieren ist,[28] keine bindenden Grundrechtsnormen.

Die Frage lautet, ob derartige nicht bindende Normen zur objektiven Dimension der Grundrechte des Grundgesetzes zu rechnen sind. Das setzt voraus, daß den Bestimmungen des Grundgesetzes überhaupt nicht justitiable Grundrechtsnormen zugeordnet werden können. Dagegen spricht die Bindungsklausel des Art. 1 Abs. 3 GG. Sie ist gegen einen bloßen Programmsatzcharakter von Grundrechtsnormen gerichtet. Nun könnte man mit Häberle geltend machen, daß die Gleichsetzung von rechtlicher Bindung und gerichtlicher Kontrolle verfehlt sei.[29] Diese These ist als allgemeine rechtstheoretische These in der Tat gut vertretbar. So kann ohne weiteres gesagt werden, daß ein oberstes Rechtsprechungsorgan als Rechtsprechungsorgan einerseits rechtlich gebunden ist und andererseits als oberstes Rechtsprechungsorgan definitionsgemäß keiner richterlichen Kontrolle mehr unterliegen kann. Auch auf Normen des Völkerrechts kann verwiesen werden. Das aber sind Sonderfälle, in denen aus begrifflichen oder faktischen Gründen eine richterliche Kontrolle nicht möglich ist. Derartige Gründe existieren nicht, wenn es um die Grundrechtsnormen des Grundgesetzes geht. Dann aber kann der, der die Bindungsklausel des Art. 1 Abs. 3 GG ernst nimmt, den Grundrechtsbestimmungen nur Normen zuordnen, die verfassungsgerichtlicher Kontrolle fähig und in diesem Sinne rechtlich bindend sind. Das bedeutet, daß ein dem Grundgesetz entsprechender und in diesem Sinne richtiger Begriff der objektiven Dimension der Grundrechte nur dann entstehen kann, wenn zu ihr nur rechtlich bindende, d. h. justitiable Normen gerechnet werden.

Damit ist nicht gesagt, daß Grundrechtsnormen keine überschießenden oder idealen Inhalte haben können.[30] Diese haben jedoch

27 P. Häberle, Grundrechte im Leistungsstaat, in: VVDStRL 30 (1972), S. 115, 140.
28 Ders. (Fn. 27), S. 128.
29 Ders. (Fn. 27), S. 107 f.
30 Vgl. R. Alexy (Fn. 25), S. 469 ff.

nicht den Charakter von nicht bindenden, sondern den von prinzipiellen Inhalten. Der Unterschied besteht darin, daß prinzipielle Gehalte in Abwägungen eingestellt werden müssen, rechtlich nicht bindende demgegenüber nicht. Das Nähere wird bei der Unterscheidung zwischen Regeln und Prinzipien zu behandeln sein.

b) Die zweite Unterscheidung ist die zwischen Normen, die subjektive Rechte gewähren, und Normen, die ihren Adressaten bloß objektiv verpflichten. Ein *subjektives Recht* auf etwas ist eine dreistellige Relation zwischen dem Träger, dem Adressaten und dem Gegenstand des Rechts.[31] Genau dann, wenn der Träger gegenüber dem Adressaten ein Recht auf eine bestimmte Handlung hat, ist der Adressat *gegenüber dem Träger* verpflichtet, diese Handlung vorzunehmen. Derartige relationale Pflichten und inhaltsgleiche subjektive Rechte sind zwei Seiten derselben Sache. Das eine folgt logisch aus dem anderen.[32] Demgegenüber verpflichtet eine Norm ein Rechtssubjekt in dem Maße *bloß objektiv*, in dem sie Pflichten begründet, die nicht gegenüber anderen Rechtssubjekten bestehen. Hier sind nur Grundrechtsnormen zu betrachten. Von Grundrechtsnormen soll gesagt werden, daß sie den Staat bloß objektiv verpflichten, wenn die durch sie begründeten Pflichten nicht gegenüber irgendwelchen Grundrechtsträgern bestehen, also wenn sie keine Grundrechte in Gestalt subjektiver Rechte gewähren.

Der Begriff der objektiven Dimension der Grundrechte kann dadurch definiert werden, daß diese keine Norm enthält, die ein Grundrecht in Gestalt eines subjektiven Rechts gewährt. Das läßt zwei Deutungen zu. In der ersten Deutung enthält die objektive Dimension ausschließlich bloß objektive Normen im eben dargelegten Sinne. Auf diese Weise entsteht zwischen der objektiven und der subjektiven Dimension eine strikte Trennung. In der zweiten Deutung schließt die objektive die subjektive Dimension unter Ausklammerung des subjektiven Aspektes ein. Dieser Einschluß ist möglich, weil jedes subjektive Recht mit einer relationalen Verpflichtung äquivalent ist. Wenn aber der Staat gegenüber einem Grundrechtsträger verpflichtet ist, eine bestimmte Handlung zu vollziehen, dann ist er schlechthin verpflichtet, diese

31 Vgl. dens. (Fn. 25), S. 171 ff.
32 Ders. (Fn. 25), S. 186 ff.

Handlung zu vollziehen.[33] Auf die Möglichkeit, alle Grundrechtsnormen durch Abstraktion von der subjektiven Seite zu objekti-
vieren, wird weiter unten einzugehen sein. Hier ist festzustellen,
daß dann, wenn die Unterscheidung zwischen der subjektiven
und der objektiven Dimension als Unterscheidung zwischen zwei
Klassen von Normen sinnvoll sein soll, der Begriff der objektiven
Dimension so zu fassen ist, daß diese ausschließlich bloß objektive Grundrechtsnormen enthält, also ausschließlich Normen, die
keine Grundrechte in Gestalt subjektiver Rechte gewähren.

c) Die dritte Dichotomie gilt einer normtheoretischen Unterscheidung, die für die Grundrechtsdogmatik weit über das Problem des Objektiven hinaus von fundamentaler Bedeutung ist. Es
ist die Unterscheidung zwischen *Regeln* und *Prinzipien*.[34] Regeln
sind Normen, die bei Erfüllung bestimmter Voraussetzungen etwas definitiv gebieten, verbieten oder erlauben oder definitiv zu
etwas ermächtigen. Sie können deshalb vereinfachend als »*definitive Gebote*« bezeichnet werden. Die für sie charakteristische
Form der Anwendung ist die Subsumtion. Demgegenüber sind
Prinzipien *Optimierungsgebote.* Als solche sind sie Normen, die
gebieten, daß etwas in einem relativ auf die tatsächlichen und die
rechtlichen Möglichkeiten möglichst hohen Maße realisiert wird.
Das bedeutet, daß sie in unterschiedlichen Graden erfüllt werden
können und daß das gebotene Maß ihrer Erfüllung nicht nur von
den tatsächlichen, sondern auch von den rechtlichen Möglichkei-

---

33 Ders. (Fn. 25), S. 478. Insofern hat jede Grundrechtsnorm einen objek-
    tiven Charakter. Diese Einsicht bildet die Basis der Einstufung von
    Grundrechtsnormen als negative Kompetenznormen; vgl. hierzu
    K. Hesse, Grundzüge des Verfassungsrechts der Bundesrepublik
    Deutschland, 16. Aufl., Heidelberg 1988, S. 118.
34 Die Unterscheidung von Regeln und Prinzipien hat in Deutschland
    vor allem durch Josef Esser eine ausführliche Behandlung erfahren
    (J. Esser, Grundsatz und Norm in der richterlichen Fortbildung des
    Privatrechts, 3. Aufl., Tübingen 1974, S. 50 ff.). Eine breite internatio-
    nale Diskussion jenes Unterschiedes und seiner Implikationen ist erst
    durch Ronald Dworkin hervorgerufen worden (R. Dworkin, Taking
    Rights Seriously, 2. Aufl., London 1978, S. 22 ff.). Zur Auseinander-
    setzung mit Dworkins Theorie des Rechtsprinzips sowie zur Kritik
    einiger verbreiteter anderer Konzeptionen vgl. R. Alexy, Zum Begriff
    des Rechtsprinzips, in: Rechtstheorie, Beiheft 1 (1979), S. 59 ff.
    [Kap. 8, S. 177 ff.].

ten abhängt.[35] Gegenstand eines Prinzips kann sowohl ein individuelles Recht als auch ein kollektives Gut sein.

Die Prinzipientheorie bietet den Schlüssel zur Erklärung zentraler grundrechtsdogmatischer Figuren. Hier ist von Bedeutung, daß der Prinzipiencharakter den Verhältnismäßigkeitsgrundsatz impliziert. Seine ersten beiden Teilgrundsätze, die Grundsätze der Geeignetheit und der Erforderlichkeit, ergeben sich aus der Abhängigkeit des gebotenen Maßes der Erfüllung von den *tatsächlichen* Möglichkeiten. Man nehme an, ein bestimmtes Mittel, etwa ein absolutes Verkehrsverbot für bestimmte Lebensmittel, werde zur Realisierung eines bestimmten Prinzips, in diesem Falle zur Realisierung des Verbraucherschutzes, eingesetzt.[36] Das Mittel hemmt die Realisierung der Berufsfreiheit. Wenn das Verkehrsverbot zur Realisierung des Verbraucherschutzes nicht geeignet oder nicht erforderlich ist, dann gibt es angesichts der tatsächlichen Verhältnisse die Möglichkeit, das eine Prinzip, nämlich das der Berufsfreiheit, in höherem Maße zu realisieren, ohne daß Kosten für das andere Prinzip entstehen. Nimmt man beide Optimierungsgebote zusammen, so ist der Einsatz des Mittels verboten, was dem Grundsatz der Pareto-Optimalität entspricht. Der Grundsatz der Verhältnismäßigkeit im engeren Sinne läßt sich aus der Relativierung auf die *rechtlichen* Möglichkeiten deduzieren. Wenn ein Prinzip so mit einem anderen Prinzip kollidiert, daß das eine nur auf Kosten des anderen realisiert werden kann, dann hängt die rechtliche Möglichkeit der Realisierung beider Prinzipien von dem jeweils anderen ab. Um zu einer Entscheidung zu gelangen, ist eine Abwägung erforderlich. Da beide Optimierungsgebote gleichermaßen ihre Realisierung verlangen, kann diese sich nur an folgendem Abwägungsgesetz orientieren: Je höher der Grad der Nichtrealisierung des einen Prinzips ist, desto größer muß die Wichtigkeit der Realisierung des anderen sein.[37] Damit ist deutlich, daß zwischen dem Prinzipiencharakter von Normen und dem Verhältnismäßigkeitsgrundsatz der denkbar engste Zusammenhang besteht: Der Prinzipiencharakter impli-

35 R. Alexy (Fn. 25), S. 75 ff. Zur Verwendung des Ausdrucks »Optimierungsgebot« in der Rechtsprechung vgl. BVerwGE 71, 163 (165).
36 Vgl. hierzu BVerfGE 53, 135 (143 ff.).
37 Vgl. R. Alexy (Fn. 25), S. 146. Zum Abwägungsgesetz in der Rechtsprechung des BVerfG vgl. BVerfGE 7, 377 (404 f.); 17, 306 (314); 20, 150 (159); 35, 202 (226); 41, 251 (264); 72, 26 (31).

ziert den Verhältnismäßigkeitsgrundsatz, und dieser impliziert jenen.[38] Wer den Verhältnismäßigkeitsgrundsatz akzeptiert, muß auch den Prinzipiencharakter der Normen akzeptieren, in deren Bereich er Anwendung findet. Wenn das BVerfG in einer etwas dunklen Wendung sagt, daß sich der Verhältnismäßigkeitsgrundsatz »im Grunde bereits aus dem Wesen der Grundrechte selbst« ergebe,[39] dann kann das so interpretiert werden, daß er aus dem Prinzipiencharakter der Grundrechtsnormen logisch folgt.

Neben dem Zusammenhang zwischen dem Prinzipiencharakter und dem Verhältnismäßigkeitsgrundsatz ist hier ein zweiter Zusammenhang von Bedeutung: der zwischen dem Begriff des Prinzips und dem des Wertes. Im Lebach-Urteil spricht das BVerfG von einem Konflikt zwischen den »Verfassungswerten« des Persönlichkeitsschutzes und der Rundfunkfreiheit.[40] Es hätte in der Sache nichts geändert, wenn es statt von einem Konflikt zweier Werte von einer Kollision zwischen zwei Prinzipien gesprochen hätte: zwischen dem des Persönlichkeitsschutzes und dem der Rundfunkfreiheit. Das macht deutlich, daß zwischen Prinzipien und Werten eine strukturelle Übereinstimmung besteht. Sie unterscheiden sich nur in einem Punkt: Prinzipien sagen, was prima facie gesollt, Werte, was prima facie gut ist.[41] Die Prinzipientheorie kann deshalb als eine von unhaltbaren Annahmen gereinigte Werttheorie angesehen werden.

Die Frage ist, wie sich die Unterscheidung zwischen Regel und Prinzip zu der zwischen einer subjektiven und einer objektiven Dimension der Grundrechte verhält. Da Prinzipien und Werte strukturell übereinstimmen, könnte man angesichts der Tatsache, daß das BVerfG Ausdrücke wie »objektivrechtliche Wertentscheidung«[42] und »objektives Prinzip der Gesamtrechtsordnung«[43] als stehende Formeln verwendet, zu dem Ergebnis kommen, daß Prinzipien ganz generell zur objektiven Dimension zu rechnen seien. Das wäre jedoch ein Fehlschluß. Die Unterscheidung zwischen Regeln und Prinzipien ist gegenüber der zwischen einer subjektiven und einer objektiven Dimension neutral. Sowohl

38 Eingehender R. Alexy (Fn. 25), S. 100 ff.
39 BVerfGE 19, 342 (348 f.); 65, 1 (44); 76, 1 (50 f.).
40 BVerfGE 35, 202 (225).
41 R. Alexy (Fn. 25), S. 133 f.
42 Vgl. etwa BVerfGE 49, 89 (142).
43 Vgl. etwa BVerfGE 57, 295 (320).

Normen, die subjektive Rechte gewähren, als auch Normen, die den Staat bloß objektiv verpflichten, können Prinzipiencharakter haben. So ist eine Norm, die sagt, daß der Bürger ein möglichst weitgehendes Recht auf Meinungsäußerungsfreiheit hat, ein Prinzip, das ein subjektives Recht, und zwar ein subjektives prima facie-Recht, gewährt. Demgegenüber kann das Gebot, »die Vielfalt der bestehenden Meinungen im Rundfunk in möglichster Breite und Vollständigkeit Ausdruck« finden zu lassen,[44] als ein bloß objektives Prinzip aufgefaßt werden. Nur die bloß objektiven Prinzipien gehören zur objektiven Dimension.

d) Die drei Kriterienpaare des ersten Teils des begrifflichen Rahmenwerkes lassen sich beliebig kombinieren. Auf diese Weise erhält man acht Normen ganz unterschiedlicher Struktur, was sich folgendermaßen darstellen läßt:[45]

bindend				nicht bindend			
subjektiv		objektiv		subjektiv		objektiv	
def.	p. f.	def.	p. f.	def.	p. f.	def.	p. f.
1	2	3	4	5	6	7	8

Lediglich zwei dieser acht Normarten gehören zur objektiven Dimension: bindende bloß objektive Normen, die definitive Pflichten begründen, also Regelcharakter haben (3), und bindende bloß objektive Normen, die prima facie-Pflichten begründen, also Prinzipiencharakter haben (4).

2. Der erste Teil des begrifflichen Rahmenwerkes reicht noch nicht aus, um all das zu erfassen, was das BVerfG meint, wenn es von »objektiven Prinzipien der Gesamtrechtsordnung«[46], »objektivrechtlichen Wertentscheidungen«[47], »Grundrechten als objektiven Normen«[48], einer »objektivrechtlichen Funktion als ›wertentscheidende Grundsatznorm‹«[49] oder ähnlichem spricht. Das wird

44 Ebd.
45 R. Alexy (Fn. 25), S. 456.
46 Vgl. etwa BVerfGE 57, 295 (320).
47 Vgl. etwa BVerfGE 49, 89 (142).
48 Vgl. etwa BVerfGE 7, 198 (205).
49 Vgl. BVerfGE 77, 170 (214).

etwa dann deutlich, wenn das BVerfG im dritten wie im fünften Fernsehurteil erst bemerkt, daß Art. 5 Abs. 1 GG »Meinungsfreiheit als objektives Prinzip der Gesamtrechtsordnung« normiert, und dann fortfährt: »wobei subjektiv- und objektivrechtliche Elemente einander durchdringen und stützen«[50]. Das legt die Interpretation nahe, daß die Meinungsfreiheit als objektives Prinzip der Gesamtrechtsordnung sowohl objektiv- als auch subjektivrechtliche Elemente einschließt. Diese These klingt zunächst paradox. Wie soll etwas Objektives etwas Subjektives einschließen? Immerhin könnte sie aber erklären, wie aus dem »objektiven Prinzip der Gesamtrechtsordnung«, der »wertentscheidenden Grundsatznorm« oder dem »Gehalt der Grundrechtsnorm (als objektiver Norm)« ein subjektives Recht hervorgehen kann, das über den Bestand herkömmlicher Abwehrrechte hinausreicht. Beispiele hierfür bieten das Urteil zum Vorschaltgesetz für ein Niedersächsisches Gesamthochschulgesetz, in dem es heißt: »Dem einzelnen Träger des Grundrechts aus Art. 5 Abs. 3 GG erwächst aus der Wertentscheidung ein Recht auf solche staatlichen Maßnahmen auch organisatorischer Art, die zum Schutz seines grundrechtlich gesicherten Freiheitsraums unerläßlich sind«[51], und der C-Waffen-Beschluß, in dem das Gericht ausführt, »daß Art. 2 Abs. 2 Satz 1 GG nicht lediglich ein subjektives Abwehrrecht verbürgt, sondern zugleich eine objektivrechtliche Wertentscheidung der Verfassung darstellt, die für alle Bereiche der Rechtsordnung gilt und verfassungsrechtliche Schutzpflichten begründet ... Werden diese Schutzpflichten verletzt, so liegt darin zugleich eine Verletzung des Grundrechts aus Art. 2 Abs. 2 Satz 1 GG«[52]. Die Frage lautet, wie dies zu verstehen ist.

Der Weg zu einer Antwort führt über eine dreifache *Abstraktion*. Man nehme die Meinungsfreiheit als Abwehrrecht, also als Recht des Bürgers gegenüber dem Staat darauf, daß dieser Eingriffe in seine Meinungsäußerungsfreiheit unterläßt. Dieses Recht ist zwar für den Inhalt des Rechtssystems von großer Bedeutung. Es ist aber zu speziell, um auf das gesamte Rechtssystem auszustrahlen und in diesem Sinne ein objektives Prinzip der Gesamtrechtsordnung zu sein. Letzteres setzt voraus, daß von dem Träger des

50 BVerfGE 57, 295 (319f.); 74, 297 (323).
51 BVerfGE 35, 79 (116); vgl. schon BVerfGE 7, 198 (206f.).
52 BVerfGE 77, 170 (214).

Rechts (dem Berechtigten), dem Adressaten des Rechts (dem Verpflichteten) und den Modalitäten des Gegenstandes des Rechts (hier: der Unterlassung von Eingriffen) abstrahiert wird. Durch diese dreifache Abstraktion wird aus dem wohlstrukturierten Recht des Bürgers gegenüber dem Staat auf Unterlassung von Eingriffen in seine Meinungsäußerungsfreiheit das bloße Gesolltsein der Meinungsfreiheit.[53] Derartige Prinzipien sollen als »*Grundprinzipien*« bezeichnet werden. Die Annahme, daß der Grundrechtskatalog Grundprinzipien enthält, hat Vorteile und Nachteile. Die Vorteile liegen in ihrer Flexibilität. Sie können als Ausgangspunkte einer dogmatischen Begründung beliebiger konkreter grundrechtlicher Anforderungen sowohl subjektiver als auch objektiver Art verwendet werden. Genau darin liegt aber auch ihr Nachteil. Sie laden ein zu einer der obskursten Formen der juristischen Begründung, der »Deduktion« oder der »Ableitung« konkreten Gehalts aus abstrakten Prinzipien.

Eine solche nicht-rationale Verwendung ist freilich nur eine mit den Grundprinzipien verbundene Möglichkeit, nicht aber eine Notwendigkeit. Ebensogut ist es möglich, daß sie als Ausgangspunkte einer rationalen Begründung Verwendung finden, bei der die präzisierenden Prämissen angegeben und gerechtfertigt werden.

Was das bedeutet, läßt sich anhand der Thesen Grimms zur objektiven Dimension der Grundrechte veranschaulichen. Seine erste These lautet, daß Grundrechte als »oberste Leitprinzipien der Sozialordnung« fungieren. Genau hierin soll die »objektivrechtliche Grundrechtsfunktion« bestehen.[54] Damit wird die Tür zu Grundrechtsgehalten, die über die Abwehrrechte hinausgehen, aufgestoßen, inhaltlich aber noch nichts gesagt. Die zweite These sagt, daß der Inhalt des obersten Leitprinzips der Grundrechte in dem »Ziel gleicher individueller Freiheit« besteht.[55] Das läßt noch viele Fragen offen, so die nach dem Verhältnis von Freiheit und Gleichheit und insbesondere die, was unter Freiheit zu verstehen ist. Eine dritte These gibt auf letzteres Antwort. Nach ihr schützen die Grundrechte auch »die materiellen Voraussetzungen des Frei-

53 Vgl. R. Alexy (Fn. 25), S. 479; ähnlich H. D. Jarass (Fn. 1), S. 366.
54 D. Grimm (Fn. 1), S. 43.
55 Ders. (Fn. 1), S. 45.

heitsgebrauchs«[56]. Daß auch die faktische Freiheit Schutzgegenstand der Grundrechte ist, ist eine inhaltsreiche und umstrittene grundrechtsdogmatische Behauptung. Sie folgt nicht aus der These, daß der Grundrechtskatalog Leit- oder Grundprinzipien statuiert, denn diese könnten sich auch auf die rechtliche Freiheit beschränken. Deshalb ist eine substantielle grundrechtsdogmatische und grundrechtstheoretische Begründung erforderlich.[57] Die Leit- oder Grundprinzipienthese trägt zu dieser Begründung nichts bei. Sie stellt nur so etwas wie eine Erlaubnis dar, mit einer solchen Begründung überhaupt zu beginnen.

Das führt zu zwei Einsichten. Die erste sagt, daß die wie auch immer bezeichneten Grundprinzipien äußerst inhaltsleere dogmatische Formeln sind, mit deren Hilfe sich den Grundrechtsbestimmungen des Grundgesetzes grundrechtliche Gehalte zuordnen lassen, die über die Abwehrrechte hinausgehen. Wer die Grundrechte auf Abwehrrechte beschränken will, wird dazu neigen, auf Grundprinzipien zu verzichten. Wer zusätzliche grundrechtliche Gehalte nicht ablehnt, kann sich ihrer bedienen. Dabei ist aber hervorzuheben, daß die Grundprinzipien nur eine Hülse sind. Entscheidend ist die substantielle grundrechtliche Argumentation, mit der sie gefüllt wird. Die zweite Einsicht sagt, daß es äußerst mißverständlich ist, die Grundprinzipien als »objektiv« zu bezeichnen. Mit ihrer Hilfe können sowohl bloß objektive Normen als auch Normen, die subjektive Rechte gewähren, begründet werden. Damit verhalten sich die Grundprinzipien gegenüber der subjektiv/objektiv-Dichotomie neutral. Ob ein subjektives Recht oder eine bloß objektive Norm anzunehmen ist, hängt nicht von ihnen ab, sondern von substantiellen grundrechtlichen Argumenten. Es empfiehlt sich daher, auf ihre Kennzeichnung als »objektiv« zu verzichten. Sie können zwar Gründe für Normen sein, die zur objektiven Dimension zu zählen sind, sie gehören aber selbst nicht zu dieser, denn sie können auch Gründe für Normen sein, die man zur subjektiven Dimension rechnen muß.

3. Im dritten Teil des begrifflichen Rahmenwerkes geht es um die Unterscheidung zwischen einer subjektiven und einer objektiven Begründung von Grundrechtsnormen. Eine Begründung ist *sub-*

56 Ebd.
57 Vgl. hierzu R. Alexy (Fn. 25), S. 458 ff.

jektiv, wenn sie auf die Bedeutung der Grundrechtsnorm für den *einzelnen*, für seine Lebenssituation, seine Interessen, seine Freiheit abstellt. Sie ist *objektiv*, wenn sie sich auf die Bedeutung der Grundrechtsnorm für die *Gesamtheit*, also für Gemeinschaftsinteressen oder kollektive Güter stützt.[58] Statt von einer »subjektiven« und einer »objektiven« könnte man auch von einer »individuellen« und einer »kollektiven« Begründung sprechen.

Um eine objektive Begründung handelt es sich, wenn das BVerfG im ersten Fernsehurteil sagt, daß die »Freiheit des Rundfunks von so fundamentaler Bedeutung für das gesamte öffentliche, politische und verfassungsrechtliche Leben in den Ländern« sei, daß daraus eine »verfassungsrechtliche Position des Gliedstaats im Bundesstaat« erwachse, die in einem Bund-Länder-Streit verteidigt werden könne.[59] Eine objektive Begründung klingt ferner an, wenn die Rundfunkfreiheit in den ersten beiden Urteilen als »institutionelle Freiheit« bezeichnet wird[60] oder wenn im zweiten Fernsehurteil von der »besonderen Natur des Rundfunks als einer der Allgemeinheit verpflichteten Veranstaltung« die Rede ist.[61]

Demgegenüber sind die drei nachfolgenden Fernsehurteile durch eine deutliche Abschwächung der objektiven und Verstärkung der subjektiven Begründung gekennzeichnet. Es ist aufschlußreich, die Bedeutungsthese des ersten mit der des dritten Urteils zu vergleichen. Im ersten Urteil ist von einer »Bedeutung für das gesamte öffentliche, politische und verfassungsrechtliche Leben« die Rede.[62] Im dritten Urteil wird von der »Bedeutung ... für das *individuelle* und öffentliche Leben« gesprochen.[63] Man könnte meinen, daß eine subjektive oder individuelle Begründung stets zu einem subjektiven Recht führen müsse. So einfach ist die Sache jedoch nicht. Wer die Pflicht des Gesetzgebers, für eine grundrechtsgemäße Organisation etwa des Rundfunks zu sorgen, ausschließlich objektiv, also ausschließlich mit Hinweisen auf Gemeinschaftsinteressen begründet, wird regelmäßig[64] dazu kom-

---

58 Vgl. dens. (Fn. 25), S. 448.
59 BVerfGE 12, 205 (259).
60 BVerfGE 12, 205 (261 f.); 31, 314 (326).
61 BVerfGE 31, 314 (328).
62 BVerfGE 12, 205 (259).
63 BVerfGE 57, 295 (321) – Hervorhebung von R. A.; vgl. ferner BVerfGE 73, 118 (152); 74, 297 (323).
64 Notwendig ist dies nicht, denn subjektive Rechte können auch objek-

men, daß die grundrechtlichen Anforderungen einen bloß objektiven Charakter haben. Demgegenüber kann eine subjektive Begründung zwar, wie das Hochschulurteil zeigt,[65] zu einem subjektiven Recht führen, dies muß jedoch nicht regelmäßig der Fall sein.

Daß trotz einer subjektiven Begründung nur eine bloß objektive Grundrechtsnorm anzunehmen ist, kann man auf mindestens vier Weisen zu begründen versuchen. Die erste Strategie nutzt die von Häberle hervorgehobene Unterscheidung zwischen Grundrechtsinteresse und Grundrecht.[66] So kann etwa gesagt werden, daß die »Gebote oder Verbote der Rundfunkfreiheit«[67], die die Organisation des Rundfunks betreffen, nicht Grundrechte der Rundfunkteilnehmer schützen sollen, sondern nur deren *Grundrechtsinteressen*. Zu deren Sicherung aber seien bloß objektive Normen ausreichend. »Es bestehen dann nur Grundrechtsreflexe.«[68] Auch die zweite Strategie räumt ein, daß eine grundrechtsbezogene Organisation wie die des Rundfunks zwar letzthin stets dem einzelnen diene. Sie macht aber geltend, daß sie dies oft dadurch tue, daß sie dem einzelnen als *Glied einer Gesamtheit* von einzelnen diene. Das schließe aus begrifflichen und prozessualen Gründen die Annahme subjektiver Rechte aus. Eine dritte Strategie stützt sich auf *funktionelle oder kompetenzielle* Einwände.[69] Schließlich können viertens *verfassungsprozessuale* Bedenken vorgetragen werden. Die Frage lautet, ob und in welchem Umfang derartige Argumente zugunsten einer bloß objektiven und zu Lasten der subjektiven Dimension der Grundrechte berechtigt sind. Diese Frage betrifft das Verhältnis zwischen der subjektiven und der objektiven Dimension der Grundrechte. Ihr ist nunmehr nachzugehen.

tiv begründet werden; vgl. R. Alexy, Individuelle Rechte und kollektive Güter, in: Internationales Jahrbuch für Rechtsphilosophie und Gesetzgebung 1 (1989), S. 50 f. [Kap. 10, S. 233 ff.].

65 BVerfGE 35, 79 (116).

66 P. Häberle (Fn. 27), S. 122.

67 BVerfGE 74, 297 (342).

68 K. Stern, Das Staatsrecht der Bundesrepublik Deutschland, Bd. III/1, München 1988, S. 992.

69 Ders. (Fn. 68), S. 988 ff.

1. Meine These zum *Verhältnis zwischen der subjektiven und der objektiven Dimension der Grundrechte* lautet, daß eine Vermutung zugunsten der subjektiven Dimension besteht. Wer behauptet, daß eine Grundrechtsnorm einen bloß objektiven Charakter hat, trägt hierfür die Argumentationslast. Diese These kann »*Subjektivierungsthese*« genannt werden. Sie besagt, daß jeder bindenden grundrechtlichen Pflicht des Staates, mag diese einen definitiven oder bloß einen prima facie-Charakter haben, grundsätzlich Grundrechte in Gestalt subjektiver Rechte korrespondieren.[70] Damit ist der begrenzte Inhalt der Subjektivierungsthese deutlich. Die Subjektivierungsthese als solche sagt nicht, wie weit die Grundrechte über den abwehrrechtlichen Bereich hinaus ausgedehnt werden sollen. Mit ihr wird lediglich behauptet, daß dann, wenn eine Ausdehnung erfolgt, diese grundsätzlich zu entsprechenden subjektiven Rechten führen muß. Das kann zwar Rückwirkungen auf die neuen Inhalte haben, betrifft diese aber nicht unmittelbar.

a) Für die Subjektivierungsthese lassen sich zwei Argumente anführen. Zu diesen positiven Argumenten tritt die Widerlegung der Einwände. Das erste Argument ist das Argument des *Grundrechtsindividualismus*. Es sagt, daß der Zweck und damit der Grund für die Grundrechte der Schutz des einzelnen ist und nicht die Garantie objektiver Ordnungen oder kollektiver Güter. Dieses Argument kann sich auf das Mitbestimmungsurteil stützen, in dem es heißt: »Nach ihrer Geschichte und ihrem heutigen Inhalt sind sie in erster Linie individuelle Rechte ... Die Funktion der Grundrechte als objektiver Prinzipien besteht in der prinzipiellen Verstärkung ihrer Geltungskraft ..., hat jedoch ihre Wurzel in dieser primären Bedeutung ... Sie läßt sich deshalb nicht von dem eigentlichen Kern lösen und zu einem Gefüge objektiver Normen verselbständigen, in dem der ursprüngliche und bleibende Sinn der Grundrechte zurücktritt.«[71] Mit dem Argument des Grundrechtsindividualismus wird nicht behauptet, daß es kollektive grundrechtliche Güter nicht geben kann. Es wird aber geltend gemacht, daß sie niemals den Charakter eines eigenständigen

70 Vgl. R. Alexy (Fn. 25), S. 452.
71 BVerfGE 50, 290 (337).

Schutzzwecks, sondern stets nur den eines Mittels zum Schutz des einzelnen haben können. Der Zweck der Grundrechte spricht deshalb in allen Fällen für eine Subjektivierung.

b) Das zweite Argument ist das der *Grundrechtsoptimierung*. Grundrechte haben – jedenfalls auch – Prinzipiencharakter. Als Prinzipien verlangen sie, daß sie relativ auf die tatsächlichen und die rechtlichen Möglichkeiten in möglichst hohem Maße realisiert werden. Es gilt ganz allgemein, daß die Zuerkennung subjektiver Rechte ein höheres Maß an Realisierung bedeutet als die Statuierung inhaltsgleicher bloß objektiver Pflichten. So ist eine bloß objektive Schutzpflicht weniger als ein inhaltsgleiches Schutzrecht. Deshalb ist die Subjektivierung aller Grundrechtsnormen prima facie geboten.[72] Der Prinzipiencharakter schließt damit eine Reduktion von Grundrechten auf bloße Grundrechtsinteressen oder Grundrechtsreflexe grundsätzlich aus.

c) Die beiden Argumente sagen, für sich genommen, noch wenig. Ihre Kraft kann erst angesichts der Gegenargumente bestimmt werden.

(1) Der erste Einwand stellt auf die *funktionellen Grenzen der Verfassungsgerichtsbarkeit* ab. Er macht geltend, daß eine umfassende Subjektivierung eine unzulässige Ausweitung der Kompetenzen des BVerfG bedeute. Begründet wird dies mit den Unterschieden, die zwischen den hier in Frage stehenden subjektiven Rechten und den Abwehrrechten bestehen. Sie verpflichten den Staat zu einem positiven Tun. Dabei richten sie sich insbesondere an den Gesetzgeber. Zudem haben sie überwiegend Prinzipiencharakter.[73] Dieser Einwand zielt in der Tat auf ein zentrales Problem. Dieses Problem stellt sich jedoch gleichermaßen bei bloß objektiven Pflichten und bei ihnen korrespondierenden subjektiven Rechten. Man nehme die objektive Pflicht des Gesetzgebers zum Schutz des Lebens und der körperlichen Unversehrtheit der Bürger. Diese positive Pflicht unterscheidet sich grundlegend von den negativen Pflichten, die den Abwehrrechten korrespondieren. Wenn es *verboten* ist, etwas zu zerstören oder zu beeinträchtigen, dann ist *jede* Handlung, die eine Zerstörung oder Beeinträchtigung darstellt oder bewirkt, verboten. Demgegenüber ist dann, wenn es *geboten* ist, etwas zu schützen oder zu

72 R. Alexy (Fn. 25), S. 414.
73 Vgl. K. Stern (Fn. 68), S. 988 ff.

fördern, *nicht jede* Handlung, die einen Schutz oder eine Förderung darstellt oder bewirkt, geboten. So impliziert das Tötungsverbot jedenfalls prima facie das Verbot jeder Tötungshandlung, ein Rettungsgebot demgegenüber nicht das Gebot jeder Rettungshandlung. Wenn es möglich ist, einen Ertrinkenden sowohl schwimmend als auch durch den Wurf eines Rettungsringes als auch mit Hilfe eines Bootes zu retten, sind keinesfalls alle drei Rettungshandlungen zugleich geboten. Geboten ist vielmehr, die erste *oder* die zweite *oder* die dritte Handlung vorzunehmen. Das aber heißt, daß der Adressat des Rettungsgebotes, wenn nicht weitere Gründe einschränkend hinzutreten, einen *Spielraum* hat, innerhalb dessen er wählen kann, wie er das Gebot erfüllen will.[74] Dieser Spielraum, der sich aus der Struktur positiver Rechte ergibt, kann als »struktureller Spielraum« bezeichnet werden. Der strukturelle Spielraum führt dazu, daß zwei andere Spielräume besonderes Gewicht gewinnen: der Prognosespielraum und der Abwägungsspielraum.

Die Diskussion dieser Probleme hat gezeigt, daß sich eine einfache Regel, die die Entscheidungskompetenz des Gesetzgebers von der Kontrollkompetenz des BVerfG in allen Fällen klar abgrenzt, nicht formulieren läßt. Erforderlich sind »differenzierte Maßstäbe«[75]. Bei ihrer Erarbeitung geht es letzthin um eine Abwägung zwischen dem jeweils betroffenen materiellen grundrechtlichen Prinzip und dem formellen Prinzip der unmittelbar demokratisch legitimierten Entscheidungskompetenz des Gesetzgebers in einem gewaltenteilenden System.[76] Die Besonderheiten der verschiedenen Fallgruppen sind im Rahmen dieser Abwägung zum Tragen zu bringen.

Hier ist nur von Interesse, daß es definitive positive grundrechtliche Pflichten gibt,[77] mag ihr Umfang auch in vielen Fällen durch ein Kriterium wie die Evidenzformel des Fluglärmbeschlusses[78] eng zu begrenzen sein. Wenn es definitive positive grundrechtliche Pflichten gibt, dann kann ihre Erfüllung verfassungsgerichtlich kontrolliert werden. Ihre Subjektivierung bedeutet keinerlei in-

74 Vgl. R. Alexy (Fn. 25), S. 420 f.
75 BVerfGE 50, 290 (333); 77, 170 (215); vgl. hierzu statt vieler K. Stern (Fn. 68), S. 991.
76 Vgl. BVerfGE 56, 54 (81).
77 Vgl. etwa BVerfGE 39, 1 (51 ff.).
78 BVerfGE 56, 54 (80 f.).

haltliche Verstärkung der Kontrollkompetenz. Sie hat lediglich zur Folge, daß den Verfahren, in denen die Kontrolle durchgeführt werden kann, eines hinzugefügt wird, nämlich das der Verfassungsbeschwerde. Das aber ist kein Problem der Abgrenzung der Kompetenzen des BVerfG insbesondere gegenüber dem Gesetzgeber, sondern ein verfassungsprozessuales Problem, das weiter unten anzusprechen sein wird. .

Nicht ganz so einfach ist die Sache bei den positiven grundrechtlichen prima facie-Pflichten. Deren Subjektivierung führt, um an eine treffende Formulierung aus der Rechtsprechung zum numerus clausus anzuknüpfen, zu »an sich«-Rechten,[79] die der Einschränkung bedürfen.[80] Derartige überschießende an sich- oder prima facie-Rechte sind der Grundrechtsdogmatik wohlvertraut. Sie liegen der für die Abwehrrechte konstitutiven Unterscheidung zwischen Schutzbereich und Schranke zugrunde. Gegen die Übertragung dieses Schemas auf Rechte auf positive Leistungen des Staates lassen sich zwar Bedenken erheben, diese können jedoch ausgeräumt werden.[81] Unter kompetenziellen Aspekten bereiten prima facie-Rechte nicht mehr Probleme als inhaltsgleiche prima facie-Pflichten. Die Kompetenz des Gerichts endet an der Grenze des definitiv Gesollten. Diese bestimmt sich nicht nur nach dem Gewicht der gegenläufigen materiellen, sondern auch nach dem der gegenläufigen formellen Prinzipien. Zu letzteren zählt vor allem das der Entscheidungskompetenz des demokratisch legitimierten Gesetzgebers. Probleme können allenfalls unter verfassungsprozessualen Gesichtspunkten auftauchen.

(2) Bei dem zweiten Einwand geht es um die *Struktur subjektiver Rechte*. Der unmittelbare Gegenstand zahlreicher objektiver grundrechtlicher Pflichten ist ein kollektives Gut, also ein Gut, das durch die Nicht-Ausschließbarkeit von der Nutzung und die Nicht-Rivalität des Konsums gekennzeichnet ist.[82] Ein Beispiel für ein solches kollektives Gut ist der Zustand des Rundfunks, in dem gleichgewichtige Vielfalt herrscht.[83] Korrespondiert dem grundrechtlichen Gebot, diesen Zustand herzustellen und auf-

79 BVerfGE 43, 291 (315).
80 BVerfGE 43, 291 (314).
81 R. Alexy (Fn. 25), S. 468.
82 Vgl. M. Peston, Public Goods and the Public Sector, London/Basingstoke 1972, S. 13 ff.
83 Vgl. BVerfGE 57, 295 (323 ff.); 73, 118 (156); 74, 297 (326).

rechtzuerhalten, ein subjektives Recht des Bürgers gegen den Staat darauf, daß der Staat den Rundfunk so organisiert, daß gleichgewichtige Vielfalt herrscht? Die Meinungen zur Subjektivierung der durch Art. 5 Abs. 1 Satz 2 GG geforderten »Gebote oder Verbote der Rundfunkfreiheit«[84] sind gespalten. Ein gerichtlich durchsetzbares Recht des Bürgers »auf eine Rundfunkorganisation und ein Verfahren bei der Gremienbestellung, die ein ausgewogenes Programm sicherstellen«, wird von Starck bejaht, dies freilich noch bezogen auf das öffentlich-rechtliche Rundfunkmonopol und unter einer Bedingung, nämlich nur unter der Voraussetzung, daß die von Starck primär[85] befürworteten Rechte der gesellschaftlich relevanten Gruppen nicht akzeptiert werden können. Starck stützt dieses Recht sowohl auf die Informations- als auch auf die Rundfunkfreiheit.[86] Rupp hält es jedenfalls für möglich, »daß jedermann aus Art. 5 Abs. 1 Satz 2 GG ein Anspruch auf freiheitssichernde Organisation der öffentlichen Informationsmonopole erwachse«, weil »eine verfassungsmäßige Rundfunkorganisation nicht nur dem Allgemeininteresse, sondern primär dem Interesse jedes einzelnen diene«[87]. Demgegenüber vertritt die 1. Kammer des Ersten Senats des BVerfG die Auffassung, daß der Bürger als Rundfunkteilnehmer oder Rezipient nicht Träger der durch Art. 5 Abs. 1 Satz 2 GG geschützten Rundfunkfreiheit sei und daß auch die durch Art. 5 Abs. 1 Satz 1 GG gewährleistete Informationsfreiheit ihm nicht die Befugnis gebe, sich im Wege der Verfassungsbeschwerde gegen Organisationsnormen zu wenden, »die der Gesetzgeber in Wahrnehmung seiner verfassungsrechtlichen Aufgabe zur Ausgestaltung der Rundfunkfreiheit geschaffen« habe.[88] Von denen, die die Meinung teilen, daß Pflichten des Gesetzgebers wie etwa der, im Bereich des Rundfunks für gleichgewichtige Vielfalt zu sorgen, keine sub-

---

84 BVerfGE 74, 297 (342).
85 Vgl. v. Mangoldt/Klein/Starck, Das Bonner Grundgesetz, 3. Aufl., München 1985, Art. 5 Abs. 1, 2, Rdnr. 80, wo nur von einem Recht der »offensichtlich gesellschaftlich relevanten Kräfte« die Rede ist.
86 C. Starck, Teilhabeansprüche auf Rundfunkkontrolle und ihre gerichtliche Durchsetzung, in: Presserecht und Pressefreiheit, Festschrift f. M. Löffler, München 1980, S. 388.
87 H. H. Rupp, Urteilsanmerkung, in: JZ 1979, S. 29.
88 BVerfG, JZ 1989, S. 339.

jektiven Rechte korrespondieren, sei hier nur Bethge angeführt,[89] der gegenüber einer »Klagebefugnis in Sachen Pluralismussicherung« den Einwand der Popularklage geltend macht. Eine solche Klagebefugnis würde den einzelnen in die Position eines »bloßen Funktionärs der objektiven Rechtsordnung« versetzen.[90] Die Argumente des Grundrechtsindividualismus und der Grundrechtsoptimierung sprechen für eine Subjektivierung. Es fragt sich jedoch, ob die besondere Struktur des Gegenstandes des in Frage stehenden Rechts diese nicht dennoch ausschließt.[91] Hierfür

89 H. Bethge, Urteilsanmerkung, in: JZ 1989, S. 339 f.
90 H. Bethge, Rechtsschutzprobleme eines rundfunkspezifischen Pluralismus, in: UFITA 81 (1978), S. 92; vgl. ferner H. D. Jarass, Die Freiheit der Massenmedien, 1978, S. 261 f.
91 Hier soll nur diese Frage erörtert werden. Sie stellt sich bei jeder Subjektivierung verfassungsrechtlicher Gebote, deren unmittelbarer Gegenstand ein kollektives Gut ist. Neben derartigen generellen dogmatischen Problemen sind spezielle Probleme der Interpretation der jeweils einschlägigen Grundrechtsbestimmung zu lösen. So könnte man meinen, daß schon der *Text* des Grundgesetzes eine Subjektivierung der Rundfunkfreiheit zugunsten des Rezipienten ausschließe. Die Formel »Freiheit der Berichterstattung durch Rundfunk« läßt in der Tat eine objektive Interpretation nicht nur zu, sondern legt sie auch nahe (vgl. E.-W. Böckenförde/J. Wieland, Die »Rundfunkfreiheit« – ein Grundrecht?, in: AfP 1982, S. 78). Das allein kann jedoch nicht ausschlaggebend sein. Es finden sich zahlreiche objektiv formulierte Sätze im Grundgesetz, die ohne Zweifel jedenfalls auch subjektiv zu interpretieren sind. Beispiele sind Art. 5 Abs. 3 Satz 1, Art. 6 Abs. 1 und Art. 14 Abs. 1 Satz 1 GG. Auch die *Entstehungsgeschichte* kann – jedenfalls was den Rezipienten betrifft – nicht gegen eine Subjektivierung angeführt werden. Böckenförde und Wieland haben versucht zu zeigen, daß die Entstehungsgeschichte gegen eine subjektive Deutung der Rundfunkfreiheit im Sinne einer privaten Veranstaltungsfreiheit spricht. Sie kommen dabei zu dem Ergebnis, daß die »freie Meinungsbildung der Bürger ... im Blickpunkt der Abgeordneten (stand), nicht ihre (wirtschaftliche) Betätigung als Rundfunkveranstalter« (dies. (Fn. 91), S. 79). Es kann hier dahinstehen, welche Kraft dieses Argument gegen die Annahme einer grundrechtlich garantierten Veranstaltungsfreiheit zu entfalten vermag. Jedenfalls ist festzustellen, daß die Tatsache, daß die Verfasser des Grundgesetzes primär die freie Meinungsbildung der Bürger wollten, eher für als gegen ein genau hierauf bezogenes Rezipientenrecht spricht. In Frage kommt ferner ein *systematisches* Argument gegen die Subjektivierung der Rundfunk-

könnte das oben bereits erwähnte Gesamtheitsargument angeführt werden, das zwar einräumt, daß eine grundrechtsgebotene
Organisation des Rundfunks letzthin stets dem einzelnen diene,
aber geltend macht, daß sie dies dadurch tue, daß sie dem einzelnen als Glied einer Gesamtheit diene. Den Kern dieses Arguments
faßt Ossenbühl in folgende Formel: »Wo *alle* gleichermaßen betroffen sind, kann von einer *individuellen* Betroffenheit keine
Rede mehr sein.«[92] Mit diesem Satz kann nicht gemeint sein, daß
dann, wenn alle Individuen einer Klasse betroffen sind, nicht jedes
einzelne Individuum betroffen ist, denn letzteres folgt logisch aus
ersterem. Was gemeint sein kann, ist, daß die einzelnen Individuen
nicht allein, sondern zusammen mit anderen Individuen betroffen
sind. Das aber schließt die Verletzung subjektiver Rechte einzelner nicht aus.[93] Der einzelne, der für sich die Möglichkeit freier

freiheit zugunsten des Rezipienten. Seine erste Prämisse sagt, daß die
Position des Rezipienten ausschließlich durch Art. 5 Abs. 1 Satz 1,
2. Halbs. GG geschützt sei, also gänzlich von der Informationsfreiheit
erfaßt werde (vgl. H. D. Jarass (Fn. 90), S. 261 f.). Seine zweite Prämisse lautet, daß die Informationsfreiheit ausschließlich als Abwehrrecht zu deuten sei (BVerfGE 27, 71 (81 ff.); JZ 1989, S. 339; BVerwG,
VerwRspr. 1979, 20 (21); v. Mangoldt/Klein/Starck (Fn. 85), Art. 5
Abs. 1, 2, Rdnr. 35). Akzeptiert man beide Prämissen, so kommt ein
Recht des Rezipienten auf Herstellung und Aufrechterhaltung gleichgewichtiger Vielfalt von vornherein nicht in Frage. Die Schwäche
dieses Arguments besteht darin, daß beide Prämissen bestritten werden können. Hier soll nur die erste interessieren. Um darzutun, daß
positive Rezipientenrechte nicht bestehen, reicht es nicht aus, den Re-
zipientenschutz lediglich in eine negativ interpretierte Informationsfreiheit zu verlagern. Es ist zu begründen, daß er sich hierauf
beschränkt. Um das darzutun, sind substantielle Argumente gegen
eine Subjektivierung der der Rundfunkfreiheit zuzuordnenden objektiven Pflicht zur Herstellung und Aufrechterhaltung gleichgewichtiger
Vielfalt vorzubringen. Wenn, wie im Text zu zeigen versucht wird, die
Argumente für eine Subjektivierung stärker sind als die Argumente
gegen eine Subjektivierung, dann ist das Recht der Norm zuzuordnen,
die subjektiviert wird, also der durch Art. 5 Abs. 1 Satz 2 GG gewähr-
leisteten Rundfunkfreiheit. Dafür spricht auch, daß es bei dem Recht
auf Herstellung und Aufrechterhaltung gleichgewichtiger Vielfalt um
eine spezifisch rundfunkrechtliche Problematik geht.

92 F. Ossenbühl, Kernenergie im Spiegel des Verfassungsrechts, in: DÖV
1981, S. 7.
93 R. Alexy (Fn. 25), S. 453; K. Stern (Fn. 68), S. 713, 715.

Meinungsbildung im Rahmen eines Rundfunksystems, das durch gleichgewichtige Vielfalt gekennzeichnet ist, beansprucht, macht sein Recht und nicht für die Gemeinschaft ein kollektives Gut geltend. Daß sein Recht nur erfüllt werden kann, indem auch Rechte anderer erfüllt werden, ändert nichts daran, daß er sein Recht wahrnimmt. Unter einer Verfassung, die den einzelnen ernst nimmt, können diesem Rechte nicht allein deshalb abgesprochen werden, weil deren Erfüllung in einem verfassungsgemäßen Verhalten des Staates besteht, das auch anderen und der Allgemeinheit zugute kommt. Damit entfällt der Popularklageeinwand. Der klagende einzelne wird nicht als Funktionär der objektiven Rechtsordnung tätig, sondern in Durchsetzung seiner Rechte.

Bislang ging es um Einwände, die sich auf die Subjektivierung einer objektiven grundrechtlichen Norm beziehen, deren unmittelbarer Gegenstand ein kollektives Gut ist. Einen strukturellen Gesichtspunkt ganz anderer Art bringt Jarass ins Spiel. Es geht dabei um das Problem, ob die Anerkennung subjektiver Rechte von der Art des hier erörterten Rezipientenrechts eine unzulässige Teilhabe an den subjektiven Rechten anderer bedeutet. Jarass meint, daß Rezipientenrechte ausgeschlossen seien, weil sich aus einem Freiheitsgrundrecht nur für die Personen subjektive Rechte ergeben können, denen individuelle Freiheit gewährt wird.[94] Das aber sind nach Jarass im Falle der Rundfunkfreiheit nur die Rundfunkunternehmen und die Rundfunkmitarbeiter.[95] Die Rezipienten sollen durch die Gewährung von Freiheit gegenüber diesen Grundrechtsträgern nur mittelbar begünstigt werden. Jarass vergleicht in diesem Zusammenhang die Position des Rezipienten mit der des Konsumenten, der durch den mit der Unternehmensfreiheit verbundenen Wettbewerb zwar begünstigt werde, aber kein subjektives Recht auf Beachtung der Unternehmensfreiheit habe.[96] Dieses Argument verkennt einen wesentlichen Unterschied. Im Falle der Rezipientenrechte geht es nicht um ein Recht darauf, daß die subjektiven Rechte anderer gewahrt bleiben, sondern um die Subjektivierung objektiver grundrechtlicher Gebote und Verbote. Es werden nicht Vorteile der freien Tätigkeit Privater

94 H. D. Jarass (Fn. 90), S. 262.
95 Ders. (Fn. 90), S. 258 ff.
96 Ders. (Fn. 90), S. 262.

in den Rang subjektiver Rechte erhoben, sondern Pflichten des Staates, die sich im dualen Rundfunksystem auch auf die Kontrolle der Tätigkeit Privater beziehen, subjektiviert. Letzthin sind es die Gründe, die bei der Rundfunkfreiheit – anders als bei der Unternehmensfreiheit[97] – zu einer Objektivierung geführt haben,[98] die für eine Subjektivierung auf der Seite der Rezipienten sprechen.

(3) Es bleiben Einwände, die sich auf *verfassungsprozessuale Gesichtspunkte* beziehen. Aus Gründen der Vereinfachung soll die Betrachtung hier auf den Aspekt beschränkt werden, der die meisten Probleme aufwirft, nämlich auf den der verfassungsgerichtlichen Kontrolle des Gesetzgebers. Es ist bereits bemerkt worden, daß die Subjektivierung keinerlei inhaltliche Verstärkung der Kontrollkompetenz bedeutet, sondern lediglich zur Folge hat, daß den Verfahren, in denen die Kontrolle durchgeführt werden kann, das der Verfassungsbeschwerde hinzugefügt wird. Gerade das aber könnte unter dem Gesichtspunkt eines Anschwellens der Zahl der Verfassungsbeschwerden und damit einer Überlastung des BVerfG problematisch sein. Es ist wahrscheinlich, daß bei einer Ausweitung der Subjektivierung über das hinaus, was jetzt anerkannt wird, zunächst nicht nur die Zahl der erhobenen Verfassungsbeschwerden, sondern auch die Zahl der vom Senat zu entscheidenden Verfassungsbeschwerden zunehmen wird. Das dürfte sich jedoch einpendeln, sobald eine hinreichende Zahl von Präjudizien vorliegt. Verfassungsrechtliche Fragen von politischem Gewicht werden ohnehin im Wege der anderen Verfahren zur Entscheidung gebracht. Wirklich neu eröffnet wird der Weg nur für solche Fragen, die erstens subjektive Rechte betreffen und für die zweitens keine stärkere politische Kraft sich einzusetzen bereit ist. Wer Grundrechte als individuelle Rechte ernst nimmt, muß dies wünschen.

Zudem darf die Gefahr einer Überbeanspruchung des BVerfG nicht überschätzt werden. Eine weitgehende Subjektivierung hat zwar zur Folge, daß die Unzulässigkeit als Grund für die Ablehnung der Annahme der Verfassungsbeschwerde durch die Kammern an Bedeutung verliert. Das kann jedoch weitgehend durch eine Inanspruchnahme des zweiten Ablehnungsgrundes des § 93 b

97 Vgl. BVerfGE 50, 290 (337 f.).
98 Vgl. etwa BVerfGE 73, 118 (152 ff.).

Abs. 1 Nr. 2 BVerfGG aufgefangen werden, der eine Ablehnung zuläßt, wenn die Verfassungsbeschwerde »aus anderen Gründen keine hinreichende Aussicht auf Erfolg hat«. Kann auch dieser Grund nicht bemüht werden und läßt sich die Ablehnung auch nicht auf § 93 b Abs. 1 Nr. 3 BVerfGG stützen, der eine Ablehnung erlaubt, wenn zu erwarten ist, daß der Senat die Verfassungsbeschwerde nicht annehmen wird, sollte eine Ablehnung durch die Kammer nicht in Frage kommen. Es sprechen also auch verfassungsprozessuale Gründe, die auf die Funktionsfähigkeit des BVerfG abstellen, nicht gegen die Subjektivierung.[99]

2. Grundrechte sind Positionen des einzelnen, die vom Standpunkt des Verfassungsrechts aus so wichtig sind, daß ihre Gewährung oder Nichtgewährung nicht der einfachen parlamentarischen Mehrheit überlassen werden kann.[100] Das ist die formale Leitidee der Grundrechte, die letzthin auch der Subjektivierungsthese zugrunde liegt. Es ist möglich, daß diese auf Grundrechte des einzelnen bezogene Leitidee mit Ideen Verbindungen eingeht, die auf verfassungsgebotene kollektive Güter und auf Interessen einzelner bezogen sind, die nicht den Rang von grundrechtlich geschützten Interessen haben. Ein Beispiel mag dies verdeutlichen. Im fünften Fernsehurteil spricht das BVerfG davon, daß der Auftrag des Rundfunks nicht nur die »Meinungs- und politische Willensbildung«, »sondern auch seine kulturelle Verantwortung umfaßt«[101]. Vorher war von den »essentiellen Funktionen des Rundfunks« auch »für das kulturelle Leben in der Bundesrepu-

99 Die Novellierung des Annahmeverfahrens durch das Fünfte Gesetz zur Änderung des Gesetzes über das Bundesverfassungsgericht vom 2. August 1993 (BGBl. I, S. 1442) ändert an diesem Befund nichts; sie verstärkt ihn vielmehr. Die jetzt geltende Regelung normiert anders als die alte keine Ablehnungsgründe, sondern Gründe, die positiv zur Annahme verpflichten. Eine Verfassungsbeschwerde ist nunmehr zur Entscheidung anzunehmen, wenn ihr »grundsätzliche verfassungsrechtliche Bedeutung zukommt« (§ 93 a Abs. 2 lit. a BVerfGG) oder wenn die Annahme zur Durchsetzung der in § 90 Abs. 1 BVerfGG genannten Rechte »angezeigt« ist, was »auch« dann der Fall sein »kann«, wenn »dem Beschwerdeführer durch die Versagung der Entscheidung zur Sache ein besonders schwerer Nachteil entsteht« (§ 93 a Abs. 2 lit. b BVerfGG). Diese Regelung bedeutet eine Erweiterung des Annahmespielraums des BVerfG.
100 Vgl. R. Alexy (Fn. 25), S. 406 f.
101 BVerfGE 74, 297 (324).

blik« die Rede.[102] Ein gehobenes Niveau des kulturellen Lebens ist ein kollektives Gut, und viele Bürger haben ein Interesse daran, daß es existiert. Es ist jedoch nicht Gegenstand eines Grundrechts, auch nicht eines prima facie-Grundrechts. Daß sowohl dieses kollektive Gut als auch das daran bestehende nicht grundrechtsgeschützte individuelle Interesse in grundrechtlichen Begründungen Verwendung finden können, liegt an der Möglichkeit kumulativer Begründungen. So kann eine verfassungsrechtlich gebotene Organisation des Rundfunks primär durch die grundrechtlich geforderte Meinungs-, Willensbildungs- und Informationsfreiheit des einzelnen begründet werden. Insoweit ist zu subjektivieren. Diese subjektive Begründung kann durch weitere Argumente verstärkt werden. Sie wird durch einen objektiven, also auf ein kollektives Gut bezogenen Grund verstärkt, wenn der Kulturstaatsauftrag angeführt wird. Sie wird durch einen nicht grundrechtlichen subjektiven Grund verstärkt, wenn auf das Interesse einzelner an Kultur verwiesen wird.

Damit ist die *Grenze der Subjektivierung* deutlich. Sie ist dort zu ziehen, wo die subjektiven grundrechtlichen Gründe enden. Wo objektive Gründe zusammen mit nicht grundrechtlichen subjektiven Gründen mehr fordern, als die Grundrechte des einzelnen, für sich genommen, es tun, können subjektive Rechte nicht mehr geltend gemacht werden. Wenn jene Gründe etwas fordern, was über das grundrechtlich Geforderte hinausgeht, kann von »grundrechtsakzessorischen objektiven Gehalten« gesprochen werden. Grundrechtsakzessorischen objektiven Gehalten korrespondieren keine subjektiven Rechte.

---

102 BVerfGE 73, 118 (157f.).

Abkürzungen

AfP	Archiv für Presserecht
AöR	Archiv des öffentlichen Rechts
ArbGG	Arbeitsgerichtsgesetz
BGBl.	Bundesgesetzblatt (Teil, Seite)
BGHSt	Entscheidungen des Bundesgerichtshofes in Strafsachen (Band, Seite)
BGHZ	Entscheidungen des Bundesgerichtshofes in Zivilsachen (Band, Seite)
BVerfG	Bundesverfassungsgericht
BVerfGE	Entscheidungen des Bundesverfassungsgerichts (Band, Seite)
BVerfGG	Bundesverfassungsgerichtsgesetz
BVerwG	Bundesverwaltungsgericht
BVerwGE	Entscheidungen des Bundesverwaltungsgerichts (Band, Seite)
DÖV	Die Öffentliche Verwaltung
EuGRZ	Europäische Grundrechte-Zeitschrift
GG	Grundgesetz für die Bundesrepublik Deutschland
GRUR	Gewerblicher Rechtsschutz und Urheberrecht
JZ	Juristenzeitung
KUG	Kunsturhebergesetz
LG	Landgericht
NJW	Neue Juristische Wochenschrift
NVwZ	Neue Zeitschrift für Verwaltungsrecht
ÖZöR	Österreichische Zeitschrift für öffentliches Recht und Völkerrecht
OLG	Oberlandesgericht
StGB	Strafgesetzbuch
StPO	Strafprozeßordnung
st. Rspr.	ständige Rechtsprechung
StVO	Straßenverkehrsordnung
UFITA	Archiv für Urheber-, Film-, Funk- und Theaterrecht
VerwRspr.	Verwaltungsrechtsprechung
VVDStRL	Veröffentlichungen der Vereinigung der Deutschen Staatsrechtslehrer
VwGO	Verwaltungsgerichtsordnung
ZPO	Zivilprozeßordnung

Drucknachweise

1. *Die logische Analyse juristischer Entscheidungen*, aus: Archiv für Rechts- und Sozialphilosophie, Beiheft NF 14 (1980), S. 181–212
2. *Normenbegründung und Normanwendung*, aus: Rechtsnorm und Rechtswirklichkeit, Festschrift für Werner Krawietz, hg. v. A. Aarnio/S. L. Paulson/O. Weinberger/G. H. v. Wright/D. Wyduckel, Berlin 1993, S. 3–17
3. *Juristische Interpretation*, deutsche Fassung des Artikels *Interpretazione giuridica*, geschrieben für die Enciclopedia delle Scienze Sociali, hg. v. dem Istituto della Enciclopedia Italiana, Rom
4. *Die Idee einer prozeduralen Theorie der juristischen Argumentation*, aus: Rechtstheorie, Beiheft 2 (1981), S. 177–188
5. *Probleme der Diskurstheorie*, aus: Zeitschrift für philosophische Forschung 43 (1989), S. 81–93
6. *Diskurstheorie und Menschenrechte*: bisher unveröffentlicht
7. *Jürgen Habermas' Theorie des juristischen Diskurses*, erscheint auf Englisch in: Cardozo Law Review
8. *Zum Begriff des Rechtsprinzips*, aus: Rechtstheorie, Beiheft 1 (1979), S. 59–87
9. *Rechtssystem und praktische Vernunft*, aus: Rechtstheorie 18 (1987), S. 405–419
10. *Individuelle Rechte und kollektive Güter*, aus: Internationales Jahrbuch für Rechtsphilosophie und Gesetzgebung, hg. v. O. Weinberger, Bd. 1 (1989), S. 49–70
11. *Grundrechte als subjektive Rechte und als objektive Normen*, aus: Der Staat 29 (1990), S. 49–68

Personenregister

suhrkamp taschenbücher wissenschaft
Rechtswissenschaft

suhrkamp taschenbücher wissenschaft
Rechtswissenschaft

– Abweichendes Verhalten.
Bd. 2: Die gesellschaftliche
Reaktion auf Kriminalität I.
Strafgesetzgebung und Straf-
rechtsdogmatik. stw 85
– Abweichendes Verhalten.
Bd. 3: Die gesellschaftliche
Reaktion auf Kriminalität II.
Strafprozeß und Strafvollzug.
stw 86
– Abweichendes Verhalten.
Bd. 4: Kriminalpolitik und
Strafrecht. stw 87
Müller/Staff (Hg.): Staatslehre in
der Weimarer Republik.
stw 547

Riedel (Hg.): Materialien zu He-
gels Rechtsphilosophie. 2 Bde.
stw 88/89
Schumann: Der Handel mit Ge-
rechtigkeit. stw 214
Simitis u.a.: Kindeswohl.
stw 292
Stolleis: Staat und Staatsräson in
der frühen Neuzeit. stw 878
Wesel: Aufklärungen über Recht.
stw 368
– Juristische Weltkunde. stw 467
– Der Mythos vom Matriarchat.
stw 333
Zenz: Kindesmißhandlung und
Kindesrechte. stw 362

Über sämtliche bis Mai 1992 erschienenen suhrkamp taschenbücher
wissenschaft (stw) informiert Sie das Verzeichnis der Bände 1 – 1000
(stw 1000) ausführlich. Sie erhalten es in Ihrer Buchhandlung.

suhrkamp taschenbücher wissenschaft
Politische Ökonomie, Staats- und Politiktheorie

Über sämtliche bis Mai 1992 erschienenen suhrkamp taschenbücher
wissenschaft (stw) informiert Sie das Verzeichnis der Bände 1 – 1000
(stw 1000) ausführlich. Sie erhalten es in Ihrer Buchhandlung.

207/1/8.92